Imprensa feminina e feminista no Brasil

Século XIX

DICIONÁRIO ILUSTRADO

Constância Lima Duarte

Imprensa feminina e feminista no Brasil

Século XIX

DICIONÁRIO ILUSTRADO

1ª reimpressão

autêntica

Copyright © 2016 Constância Lima Duarte
Copyright © 2016 Autêntica Editora

Todos os direitos reservados pela Autêntica Editora. Nenhuma parte desta publicação poderá ser reproduzida, seja por meios mecânicos, eletrônicos, seja via cópia xerográfica, sem a autorização prévia da Editora.

EDITORA RESPONSÁVEL
Rejane Dias

EDITORA ASSISTENTE
Cecília Martins

REVISÃO
Carla Neves

CAPA
Diogo Droschi

PROJETO GRÁFICO DO MIOLO
Enrique Tavares

DIAGRAMAÇÃO
Lidiane Oliveira
Guilherme Fagundes

Dados Internacionais de Catalogação na Publicação (CIP)
(Câmara Brasileira do Livro, SP, Brasil)

Duarte, Constância Lima
  Imprensa feminina e feminista no Brasil : Século XIX : dicionário ilustrado / Constância Lima Duarte. – 1. ed.; 1. reimp. – Belo Horizonte : Autêntica Editora, 2017.

  Bibliografia.
  ISBN 978-85-8217-844-7

  1. Feminismo 2. Liderança em mulheres 3. Mulheres - Condições sociais 4. Mulheres - Direitos 5. Mulheres - Educação 6. Mulheres - Trabalho 7. Mulheres na imprensa I. Título.

16-00820   CDD-305.4209

Índices para catálogo sistemático:
1. Mulheres : Condições sociais : Século 19 : Sociologia 305.4209

APOIO

Belo Horizonte
Rua Carlos Turner, 420
Silveira . 31140-520
Belo Horizonte . MG
Tel.: (55 31) 3465-4500

Rio de Janeiro
Rua Debret, 23, sala 401
Centro . 20030-080
Rio de Janeiro . RJ
Tel.: (55 21) 3179 1975

São Paulo
Av. Paulista, 2.073,
Conjunto Nacional, Horsa I
23º andar . Conj. 2310-2312 .
Cerqueira César . 01311-940
São Paulo . SP
Tel.: (55 11) 3034 4468

www.grupoautentica.com.br

O primeiro grande ato de rebeldia das mulheres foi o de querer ler, e o segundo, o de aprender a ler. Porque ler é saber.

Christine de Pisan,
Livro das três virtudes, 1405.

Agradecimentos

Muitas pessoas, direta ou indiretamente, contribuíram para a realização desta pesquisa.

Meu agradecimento especial aos dedicados funcionários que cuidam de arquivos e atendem aos pesquisadores com respeito e solicitude. Na figura de Emerson Luís M. da Costa, do Arquivo Edgard Leuenroth, agradeço também aos funcionários da Fundação Casa de Rui Barbosa, da Biblioteca Nacional do Rio de Janeiro, do Setor de Obras Raras e Especiais da Biblioteca Central da UFMG, e demais instituições.

Agradeço ainda às caras colegas Adelaine LaGuardia Nogueira, Cecília Maria Cunha, Luzilá Gonçalves Ferreira e Zahidé Lupinacci Muzart, por facilitarem o acesso a preciosas fontes, e ao colega Jacyntho Lins Brandão, pelas traduções das epígrafes em latim.

E agradeço à historiadora Luana Tolentino, bolsista de Apoio Técnico do CNPq, que acompanhou boa parte do trabalho, visitando arquivos, conferindo informações, organizando imagens e, principalmente, partilhando com entusiasmo cada nova descoberta.

Por fim, agradeço a Eduardo de Assis Duarte, pelo companheirismo e o incentivo carinhoso de sempre.

Dedico este trabalho às amigas e pesquisadoras

Diva Maria Cunha Pereira de Macêdo
Luzilá Gonçalves Ferreira
Maria Thereza Caiuby Crescenti Bernardes
Miriam Moreira Leite (*in memorian*)
Nádia Battella Gotlib
Schuma Schumacher
Zahidé Lupinacci Muzart (*in memorian*)

Sumário

Introdução – A história possível: imprensa e emancipação
da mulher no Brasil no século XIX – *Constância Lima Duarte* 13

Sumário por ordem cronológica...31

Verbetes – Dicionário ilustrado...37

Sumário por ordem alfabética 395

Sumário por ano de publicação 400

Referências 407

Acervos, arquivos, bibliotecas e sites pesquisados...............................413

Sobre a autora..415

Introdução

A história possível: imprensa e emancipação da mulher no Brasil no século XIX

Constância Lima Duarte

Un texto descubierto en algún archivo polvoroso no será bueno e interesante sólo porque lo escribió una mujer. Es bueno e interesante porque nos permite llegar a nuevas conclusiones sobre la tradición literaria de las mujeres; saber más sobre cómo las mujeres se enfrentan, en una forma literaria, a su situación actual, las expectativas vinculadas a su rol como mujeres, sus temores, deseos y fantasías, y las estrategias que adoptan para expresarse públicamente a pesar de su confinamiento en lo personal y lo privado.

Sigrid Weigel, 1986.

Uma das razões para a criação dos periódicos de mulheres no século XIX partiu da necessidade de conquistarem direitos. Em primeiro lugar, o direito à educação; em segundo, o direito à profissão e, bem mais tarde, o direito ao voto. Quando falamos dos periódicos do século XIX, há que se destacar, pois, essas grandes linhas de luta.

Zahidé Muzart, 2003.

A presente publicação é resultado do desdobramento de pesquisas que realizo há alguns anos sobre a história das mulheres, a literatura de autoria feminina e o movimento feminista no Brasil. Desde a investigação sobre Nísia Floresta, em meados da década de 1980, busco conhecer a produção intelectual da mulher brasileira em suas diferentes modalidades. E a pesquisa de periódicos naturalmente se impôs. Afinal, para compreender o percurso realizado pelas mulheres, bem como as especificidades de nosso movimento feminista, e ainda recuperar as protagonistas desta história em sua abrangência, era preciso abarcar a produção letrada feminina como um todo, que se manifestou não apenas no formato ficcional e poético, mas também em crônicas, ensaios, memórias e escritos militantes.

A constatação de que a literatura, a imprensa e a consciência feminista surgiram praticamente ao mesmo tempo no Brasil, nas primeiras décadas do século XIX, contribuiu para ampliar a investigação. Quando as primeiras mulheres tiveram acesso ao letramento, imediatamente se apoderaram da leitura, que por sua vez as levou à escrita e à crítica. E independente de serem poetisas, ficcionistas, jornalistas ou professoras, a leitura lhes deu consciência do estatuto de exceção que ocupavam no universo de mulheres analfabetas, da condição subalterna a que o sexo estava submetido, e propiciou o surgimento de escritos reflexivos e engajados, tal a denúncia e o tom reivindicatório que muitos deles ainda hoje contêm. Mais do que os livros, foram os jornais e as revistas os primeiros e principais veículos da produção letrada feminina, que desde o início se configuraram em espaços de aglutinação, divulgação e resistência.

O marasmo dos tempos coloniais – sabemos – só se rompeu com a vinda da família real, legítimo estopim para as mudanças que se faziam urgentes à sociedade brasileira. A convivência com a corte e os novos costumes importados da Europa, como a etiqueta, os modismos, o gosto pela literatura, a imprensa se encarregou de difundir, impondo à parcela esclarecida da elite o passo ditado pelo novo século. E as mulheres foram especialmente beneficiadas. Se predominava a indigência cultural, o sentimento de inferioridade e a reclusão mourisca – resumida no velho ditado: "A mulher só deve sair de casa três vezes: para batizar, casar e enterrar" –, o quadro começa a mudar com os ventos soprados da Europa e lentamente vai deixando de ser "heresia social" instruir o sexo feminino.

Foram muitas as questões examinadas, a começar pela nomeação do objeto de estudo: imprensa para mulheres ou imprensa feminina? Porque esta é – definitivamente – uma imprensa que se define pelo sexo de suas consumidoras. Dulcília Buitoni foi precisa ao afirmar que "Imprensa feminina é um conceito definitivamente sexuado: o sexo de seu público faz parte de sua natureza. Desde que surgiu no mundo ocidental, no fim do século XVII, já trouxe a distinção às mulheres no próprio título do jornal – *Lady's Mercury* – prática a persistir até hoje" (BUITONI, 1986, p. 7). E se esta imprensa é dirigida e pensada para mulheres, a feminista – também destinada ao mesmo público – se diferenciará por protestar contra a opressão e a discriminação e exigir a ampliação de direitos civis e políticos. Como ambas tiveram participação decisiva na formação intelectual da mulher e na construção cultural e discursiva de sua identidade, decidi examinar o conjunto de periódicos destinados ao público feminino – independente de terem sido escritos ou dirigidos por homens ou mulheres e de se identificarem ou não com o ideário feminista.

A insuficiência de trabalhos existentes sobre a temática também justificou a realização desta pesquisa. Basta examinar os principais estudos sobre a história da imprensa brasileira para constatar a quase invisibilidade do periodismo feminino. Independente da extensão e da importância desses estudos, em sua maioria eles realizam análises pontuais de um jornal, ou tratam do conjunto a partir de uma visão historicista, sem se deter na especificidade daqueles pensados para mulheres. Em *Jornal, história e técnica – História da imprensa no Brasil* (1967; 4. ed. 1990), de Juarez Bahia, e *200 anos de imprensa no Brasil* (2009), de Silvia Carla Pereira de Brito Fonseca e Maria Letícia Corrêa, por exemplo, são apresentadas perspectivas diferenciadas dos períodos históricos desde o surgimento da imprensa no país, mas não tratam dos jornais femininos, até porque não tinham esse propósito. Da mesma forma, os livros de Marialva Barbosa, *Os donos do Rio: imprensa, poder e público* (2000) e *História cultural da imprensa – Brasil 1800-1900* (2007), que privilegiam apenas a figura da leitora e as estratégias dos jornais em lançar mão de folhetins, suplementos e concursos para conquistá-las. Já *Revistas Ilustradas: modos de ler e ver no segundo reinado* (2011), organizado por Paulo Knauss e outros, amplia significativamente a abordagem histórica da imprensa ao considerar a importância das revistas, incluindo as femininas, no imaginário social brasileiro daquele contexto.

A obra de Nelson Werneck Sodré, *História da imprensa no Brasil* (1966) referência importante nessa área de estudos, abrange um vasto panorama da imprensa brasileira de sua origem aos anos 1960 e, quando menciona as folhas das mulheres, por vezes o faz superficialmente e sem indicar o público alvo. O caso do periódico *O Corymbo* (RS, 1884-1944) é exemplar. Apesar da inédita longevidade – 60 anos – e da consistente contribuição que representou para a cultura brasileira e para a história das mulheres, é citado em meio a "jornais de oposição, de combate, lutando pelas reformas de que o país carecia, particularmente a federativa, a do trabalho, a do regime [...]" (SODRÉ, 1966, p. 263).

Já *Contribuição à história da imprensa brasileira (1812–1869)* (1945), de Hélio Viana, apesar de não ter como foco esta imprensa, contribuiu para esclarecer um pouco a respeito da autoria do jornal *A Mineira no Rio de Janeiro*, de 1833. Da mesma forma, *Revistas em revista: imprensa e práticas culturais em tempos de República, São Paulo (1890-1922)* (2008), de Ana Luiza Martins, que inclui publicações femininas da *belle époque* de São Paulo ao lado de científicas, pedagógicas, esportivas, religiosas, infantis e teatrais, e propõe interessantes reflexões sobre o público leitor e a força das revistas naquele momento específico. E *História da imprensa no Brasil* (2008), organizado pela mesma autora com Tânia Regina de Luca, que chama a atenção para a tímida participação feminina, consumidora ou produtora, na primeira metade do século XIX enquanto relaciona alguns títulos.

Por fim, lembro o trabalho de Matías M. Molina, História dos jornais no Brasil, que, no primeiro volume – *Da era colonial à regência (1500-1840)* (2015) –, praticamente não faz menção a esses periódicos, apesar do excelente estudo dedicado a Pierre Plancher e outros. Fundador de diversos jornais – *O Spectador Brasileiro, Diário Mercantil* e *Jornal do Commercio* –, Plancher foi responsável ainda pela primeira folha dedicada às mulheres no Brasil: O *Espelho Diamantino* (1827-1828), que surgiu antes mesmo da promulgação da Lei de Instrução Pública autorizando a abertura de escolas primárias. Molina apenas inclui seu título entre outros, seguido de lacônica informação: "o primeiro jornal de moda" (MOLINA, 2015, p. 233). A meu ver, o comentário de Molina não procede, uma vez que a literatura, a política e a defesa da instrução feminina tiveram bem mais espaço no periódico do que a moda. Desde o primeiro editorial, de 20 de setembro de 1827, o jornalista se posicionou firmemente na defesa do sexo feminino, provocando inclusive reação por parte de leitores.

Quando iniciei o levantamento do *corpus*, algumas publicações dedicadas à imprensa regional, ou focadas em um estado específico, foram de grande utilidade. Lembro alguns títulos: *Anais da imprensa da Bahia* (1. ed. 1911; 2. ed. 2007), de Alfredo de Carvalho e João Nepomuceno; *Imprensa mineira – memória histórica* (1922), de Sandoval Campos e Amynthas Lobo; a monumental História da imprensa de Pernambuco (1982), em sete volumes, de Luís do Nascimento; o *Dicionário da imprensa do Rio Grande do Norte* – 1909-1987 (1987), de Manoel Rodrigues de Melo; o *Dicionário biográfico imprensa mineira* (1994), de André Carvalho e Waldemar Barbosa, entre outros. Essas obras, resultado de inaudito esforço de investigação, então realizada apenas in loco, nos permitem conhecer hoje parte substancial dos periódicos que um dia existiram naqueles estados. Tornam-se ainda mais valiosas se considerarmos que nenhuma daquelas pesquisas poderia ser refeita, tendo em vista a inexistência de exemplares da maioria dos velhos jornais e o desaparecimento de vários dos antigos acervos e hemerotecas. Resta-nos, portanto, recuperar os seus registros e valermo-nos das informações constantes nessas preciosas investigações.

Apenas a partir da década de 1980, quando no Brasil as mulheres tomam de assalto a construção da própria história, o periodismo feminino é "descoberto" e se torna objeto de inúmeros artigos, dissertações, teses e livros. Para representar o esforço realizado, seleciono algumas estudiosas, começando por Dulcília Buitoni e June E. Hahner, cujos trabalhos pioneiros tornaram-se referências para todos que enveredam pela temática. A primeira – autora de *Imprensa feminina* e de *A mulher de papel*, ambos de 1981, além de realizar um levantamento inicial desse periodismo, propõe reflexões pertinentes sobre o caráter dessa imprensa – se debate entre a estética da utilidade e a estética da futilidade (ainda hoje válida e provocativa). June Hahner, autora de *A mulher no Brasil* (1978) e *A mulher brasileira e suas lutas sociais e políticas: 1850-1937* (1981), reúne documentos até então desconhecidos do período colonial às primeiras décadas do século XX, além de questionar a ausência feminina na história oficial e propor sua revisão.

Também a contribuição de Maria Thereza Caiuby Crescenti Bernardes, consubstanciada no livro *Mulheres de ontem? Rio de Janeiro – Século XIX* (1989), é de grande valor. Resultado de intensa pesquisa de fontes primárias, tem o mérito de questionar a assertiva de que a mulher brasileira vivia sufocada pela atmosfera autoritária da família patriarcal enquanto revela as estratégias utilizadas no enfrentamento das adversidades. Outras publicações – *Um discurso feminino possível: pioneiras da imprensa em Pernambuco* (1995), de Elizabete Siqueira e outros; *Suaves amazonas: mulheres e abolição da escravatura no nordeste* (1999), de Luzilá Gonçalves Ferreira e outros; *A produção literária feminina nos jornais capixabas na segunda metade do século XIX* (1999), de Letícia Nassar Matos Mesquita; *Além do amor e das flores: primeiras escritoras cearenses* (2008), de Cecília Maria Cunha; *Cultura impressa e educação da mulher no século XIX* (2010), de Mônica Yumi Jinzenji; e *Mulheres, escrita e feminismo no Piauí (1875-1950)* (2011), de Olívia Candeia Lima Rocha – também ajudaram no estabelecimento do *corpus* e forneceram informações preciosas.

Além das publicações em livro, valemo-nos ainda de inúmeros artigos e ensaios que, independente de sua extensão, apontam para novas e instigantes reflexões. Para não me estender nessa enumeração, cito dois: de Tania Regina de Luca e Zahidé Lupinacci Muzart. Da primeira, trago o ensaio "Mulher em revista" (LUCA, 2012, p. 447-468), consistente leitura sobre o surgimento e a consolidação das revistas dedicadas ao público leitor feminino. Da segunda, conhecida pesquisadora da literatura de autoria feminina, destaco "Uma espiada na imprensa das mulheres no século XIX" (MUZART, 2003, p. 226), que empreende uma interessante reflexão acerca dos periódicos fundados por Maria Josefa Pereira Pinto e Joana Paula Manso de Noronha.

Estou, portanto, seguindo as trilhas abertas pelos que me antecederam. Aos poucos, como quem constrói um mosaico, recolhi títulos, datas e nomes das (e dos) que ensaiaram as primeiras investidas. Os periódicos foram surgindo de todos os cantos do país. Como iniciei ainda em meados da década de 1990, fui testemunha da rápida transformação pela qual passou a pesquisa. Se antes era preciso visitar pessoalmente os arquivos para ter acesso a antigos jornais e poder examiná-los no formato impresso ou através de máquinas leitoras de microfilmes, a partir da revolução digital muitos acervos passam a permitir acesso à distância.

O volume de informações aqui reunido pode surpreender. No total, são 143 títulos de revistas e jornais femininos e feministas, que circularam no país ao longo do século XIX. Quero crer que representam a "ponta do iceberg", pois outros devem ter também existido e se perderam por falta de conservação. O material surpreende também pela multiplicidade de títulos e a larga amplitude alcançada no território nacional, pois esta imprensa tensionou a opinião pública não só no centro, como também nas periferias. Circulou no litoral e no interior; na metrópole e nas mais afastadas províncias. Circulou no Rio de Janeiro, São Paulo, Recife e Salvador; e também em São Luiz, Teresina, Belém, Natal, Manaus, Maceió, Aracaju, Belo Horizonte, Curitiba e Porto Alegre. E não só nas capitais, mas também em Maragogipe, Cachoeira e Conde d'Eu, na Bahia; São João del-Rei, Oliveira, Juiz de Fora, Barbacena, Rio Branco, Viçosa e Mar de Espanha, em Minas Gerais; Rio Grande, Bagé e Santa Maria, no Rio Grande do Sul; Pão de Assucar, em Alagoas; Açu, no Rio Grande do Norte; Estância, em Sergipe; Angra dos Reis, no Rio de Janeiro; Caxias, no Maranhão; Bananal, em São Paulo, dentre outras.

Como é previsível, pelo destaque político, econômico e cultural, o maior número – 45 periódicos – circulou na cidade do Rio de Janeiro. Em seguida, vem Recife, com 25; São Paulo, com 14; Salvador, com 9; e Fortaleza, com 4. Os restantes distribuem-se pelas demais cidades, além dos 3 publicados no exterior – Nova York, Lisboa e Paris. Dentre os estados, Minas Gerais se destaca com 7 cidades sediando jornais femininos. Depois Bahia e Rio Grande do Sul, com 4 cada.

Também os títulos merecem ser observados. Muitos trazem nomes de flores (*Rosa, Tulipa, Lírio, Miosótis, Violeta, Falena, Camélia, Jasmim,*

Bonina, Madressilva, Ramalhete); outros se referem a objetos identificados ao público a que se destinavam (*Leque, Grinalda, Brinco, Bandolim, Pérola, Esmeralda*); ou a pequenas aves e insetos (*Colibri, Beija-Flor, Crisálida, Borboleta*). Foram muitos os Espelhos – *das Belas, das Brasileiras, Diamantino, Fluminense...* Assim como os Jornais – *das Moças, das Senhoras, das Damas, das Famílias, de Variedades.* E os Recreios – *da Mocidade, da Tarde, das Belas, das Moças, das Senhoras, do Belo Sexo...* Alguns foram mais criativos – *República das Moças, Escrinio, A Estação, Ave Libertas, A Mensageira* – e por vezes revelaram um cuidado gráfico e editorial surpreendente, em especial os que traziam figurinos.

Se era comum os jornais sucumbirem após o segundo ou terceiro ano de vida, vencidos pelas dificuldades inerentes ao empreendimento, outros – muitos outros – tiveram vida longa. Como *A Mai de Familia* e *Echo das Damas*, ambos do Rio de Janeiro, que circularam durante nove anos ininterruptamente, de 1879 a 1888; *A Familia* (SP-RJ), por onze anos, de 1888 a 1897; *O Escrinio* (RS), por doze, de 1898 a 1910; *A Mulher do Simplicio ou A Fluminense Exaltada* (RJ), por catorze, de 1832 a 1846; *A Marmota*, por quinze anos, de 1849 a 1864; *O Jornal das Familias* (Paris-RJ), também quinze anos, de 1863 a 1878; *O Correio das Damas* (Lisboa-RJ), por dezesseis anos, de 1836 a 1852; e *O Sexo Feminino* (MG-RJ), por dezessete anos, de 1873 a 1889. Alguns comemoraram décadas de circulação: *A Estação* (RJ, 1879-1904), vinte e cinco anos; *Almanach das Senhoras* (Portugal/Brasil, 1871-1927), cinquenta e seis anos; e o mais longevo: *O Corymbo* (RS, 1884-1944), sessenta anos.

Por tudo isso, quero crer que, redescobertos, muitos periódicos devem propiciar novas reflexões acerca da tradição literária das mulheres, da profissionalização das primeiras jornalistas, do papel das revistas e dos jornais na ampliação do público leitor e na conscientização feminina, além de revelar as estratégias usadas para driblar a censura e se expressar publicamente. Também vão permitir conhecer os gêneros em voga e os avanços na política educacional para o segmento feminino, entre outros aspectos. Como os jornais se constituíram no grande veículo da literatura, e a maioria das escritoras publicou antes em suas páginas para depois se aventurar em livros, como costumava acontecer, é quase certo que o caráter engajado de muitos dos textos destinados a um público mais amplo tenha contribuído para a posterior exclusão de certas autoras da história literária nacional. É uma hipótese a se verificar.

De leitora a redatora

Até hoje têm os homens mantido o falso e funesto princípio de nossa inferioridade. Mas nós não somos a eles inferiores porque somos suas semelhantes, embora de sexo diverso. Temos, segundo nossa natureza, funções especiais, como eles pela mesma razão as têm. Mas isso não é razão de inferioridade [...]. Portanto, em tudo devemos competir com os homens – no governo da família, como na direção do estado.

Josephina Álvares de Azevedo, 1888[1]

Pugnar pelos escravos continua a ser a nossa divisa, que procuraremos com todas as nossas forças nunca deixar no olvido. Escusado é dizer o mal que nos faz essa nefanda instituição da escravidão; escusado é dizer que precisamos expurgá-la de nosso solo para podermos então ter uma pátria livre e civilizada. [...] Sejamos as mártires do presente para sermos as heroínas do futuro.

Ernestina Uchôa, 1885[2]

Antes que a autoria feminina protagonizasse os próprios periódicos, alguns homens da imprensa, atentos às novidades e às mudanças de costumes, se apressaram em oferecer jornais destinados às leitoras. Como se sabe, o primeiro título hoje conhecido – *O Espelho Diamantino*, "Periódico de Política, Literatura, Belas Artes, Teatro e Modas, Dedicado às Senhoras Brasileiras" – circulou no Rio de Janeiro de 1827 a 1828, fundado por Pierre Plancher. Na edição de 1º de outubro de 1827, ele se posiciona sobre a questão feminina ao afirmar que conservar as mulheres "em estado de estupidez, pouco acima dos animais domésticos é uma empresa tão injusta quanto prejudicial ao bem da humanidade". E ao longo de quatorze edições brinda as leitoras com textos variados sobre literatura, arte e também moda e política.

Dois anos depois, em São João del-Rei, MG, o professor José Alcebíades Carneiro lança *O Mentor das Brasileiras*, que também defendia com surpreendente ênfase o acesso das mulheres à educação e ao debate político. O periódico circulou de 1829 a 1832 e era distribuído em outras cidades mineiras, como Ouro Preto, Sabará e Campanha, além da corte, no Rio de Janeiro. Em 1830, surgiu em São Paulo o

---

[1] In *A Família*, São Paulo, ano I, n. 1, 18 de novembro de 1888.
[2] In *Ave Libertas*, Recife, ano I, n. 1, 8 de setembro de 1885.

Manual das Brasileiras, imbuído do desejo de contribuir para o esclarecimento do público feminino. Em Salvador, no mesmo ano começou a circular *O Despertador das Brasileiras*, sob a responsabilidade de Domingos Mondim Pestana. E, em Recife, o tipógrafo francês Adolphe Emile de Bois Garin criou *O Espelho das Brasileiras*, em 1831, em que Nísia Floresta (1810-1885) inaugurou sua carreira de escritora.

É interessante observar como os títulos dos primeiros jornais e revistas se relacionam ao campo semântico da educação, revelando a ideologia patriarcal que os dominava. Ao se apresentarem como *Mentor, Farol, Manual, Despertador* ou *Espelho*, eles se colocam acima das mulheres e como guias responsáveis pela mudança de seu *status quo*. Naquela época, jornal e revista, observo, tinham a mesma aparência, distinguindo-se apenas na diversidade de gêneros literários e nas matérias de entretenimento, que costumavam ser maiores nas denominadas revistas.

A partir da década de 1830 surgem outras folhas, principalmente na corte, algumas com intenções pedagógicas, outras voltadas apenas para o *divertissement* "do belo sexo". Destacam-se nesse momento os periódicos editados por Francisco de Paula Brito, que, adotando por vezes o discurso da mulher e conciliando poesia, humor e política, publicou, entre outros, *A Mulher do Simplicio ou A Fluminense Exaltada* (RJ, 1832-1846), *A Marmota na Corte* (RJ, 1849-1852), *A Marmota Fluminense* (RJ, 1852-1857) e, por fim, *A Marmota* (RJ, 1859-1864).

As primeiras iniciativas femininas de que se tem notícia – bem antes do *Jornal das Senhoras*, de 1852 – surgiram em Porto Alegre, em 1833, sob a responsabilidade da escritora Maria Josefa Barreto (1786-1837), sob os títulos *Belona Irada contra os Sectários de Momo* (1833-1834) e *Idade d'Ouro* (1833). Ambos, francamente políticos, posicionavam-se a favor do Partido Conservador. Outros surgidos na mesma época no Rio de Janeiro também merecem ser citados – *A Filha Unica da Mulher do Simplicio* (1832) e *A Mineira no Rio de Janeiro* (1833) – por terem sido escritos na primeira pessoa e sugerirem que uma mulher estava à sua frente. No primeiro número de *A Filha única*, há um longo poema assinado apenas por "Redatora", dedicado exclusivamente a defender "os interesses do país". Da mesma forma, *A Mineira no Rio de Janeiro*, escrito do ponto de vista de uma mulher, faz apelos enfáticos "às Brasileiras" para que se envolvessem mais com a política. Foi o ineditismo dessa voz feminina que levou alguns estudiosos da imprensa a tentarem "corrigir" seu título, registrando-o como "O Mineiro no Rio de Janeiro".[3] A par disso, não deixa de ser interessante observar que os quatro primeiros prováveis periódicos dirigidos por mulheres não trataram de questões específicas do gênero. O clima conturbado que dominava o país durante o período regencial levava também o "segundo sexo" – quisessem ou não os homens – a tomar partido e eleger a política como tema prioritário.

Em 1852 surge no Rio de Janeiro aquele que se tornará conhecido como fundador do periodismo feminino – o *Jornal das Senhoras*, de Joana Paula Manso de Noronha (1819-1875), que vai circular até 1855. A folha – que logo foi transferida para Violante Atabalipa Bivar e Velasco (1816-1874) – teve a seu favor o fato de circular na corte e tratar de questões relacionadas à mulher. Com o objetivo de "propagar a ilustração" e cooperar "para o melhoramento social e a emancipação moral da mulher", trazia a bandeira que muitos dos periódicos que se seguem também vão ostentar: a reivindicação por uma instrução mais consistente para as meninas. Ao lado de notas sociais e comentários sobre moda e receitas, são estampados artigos clamando por melhores condições de vida. O leitor pretendido era a mulher, naturalmente, mas buscava-se o homem como forma de convencê-lo a aceitar (e a apoiar) o novo quadro que se desenhava para as jovens.

Em 1862, surgiu também no Rio de Janeiro *O Bello Sexo*, fundado por Júlia de Albuquerque Sandy Aguiar, que pretendia "provocar a manifestação feminina na imprensa, a favor do progresso social". Em Minas Gerais, o primeiro que veio a público em 1873, em Campanha das Princesas, foi editado por Francisca Senhorinha da Mota Diniz[4] e nomeado *O Sexo Feminino*. Em 1875, ela se transfere com o jornal para o Rio de Janeiro e intensifica a reivindicação do acesso à educação e da necessidade das mulheres se emanciparem da tutela "eterna e injusta" que pesava sobre o gênero.

E os periódicos são surpreendentemente múltiplos em sua diversidade. Há os assumidamente feministas; os assumidamente conservadores; os que não se comprometem; os que se limitam ao passatempo; os que visam certos segmentos, como a jovem, a mãe de família, a adolescente, a estudante; e os que se dedicam a temas específicos: literatura, educação,

---

[3] Ver verbete sobre *A Mineira no Rio de Janeiro*.

[4] Como ocorre com outras mulheres brasileiras de relevo intelectual, não são conhecidas as datas de nascimento e morte de Francisca Senhorinha, nem de Júlia de Albuquerque Sandy Aguiar e Josephina Álvares de Azevedo.

política, lazer, moda, humor. Há também os que trazem um pouco de tudo em suas páginas: poesia, romance, charadas e escritos militantes. Muitos, dentre os dirigidos por homens, deram voz e vez às mulheres – o *Mentor das Brasileiras* (1829-1832), de São João del-Rei, e *O Porvir* (1877), de Campinas, são bons exemplos. Nesse último, o editor comparou a opressão vivida pelas mulheres ao regime escravocrata, e ainda denunciou os disfarces usados cotidianamente pelos homens para submetê-las ao seu jugo. Como Machado de Assis, alguns jornalistas consideravam a imprensa uma escola em potencial – legítima "república do pensamento" – capaz de fornecer às mães e esposas informações úteis sobre elas mesmas e o contexto em que viviam.

Muitos dentre os editados por mulheres foram usados para que elas se posicionassem politicamente a favor ou contra a monarquia, a Revolução Farroupilha, a Constituinte, a abolição ou a república, tais como *Idade d'Ouro* (1833), *República das Moças* (1879), *O Abolicionista do Amazonas* (1884) e *Ave Libertas* (1885). Ou para divulgarem o ideário feminista, contestar o mandonismo patriarcal e o comportamento domesticado das mulheres, como *O Sexo Feminino* (1873-1889), *A Mulher* (1881-1883), *A Mensageira* (1897-1900), *O Escrinio* (1898-1910), entre outros.

A pesquisa atentou sempre para o horizonte pretendido por cada periódico: não só *a quem* se dirigia, mas também *como* se dirigia às leitoras. E objetivou captar as articulações que os e as jornalistas estabeleciam entre si, apoiando e divulgando novos jornais e transcrevendo notícias já publicadas sobre os avanços da questão no Brasil e em outros países.

E, à medida que se avança na história das mulheres contada pelos jornais, constata-se a força das estruturas limitadoras: Igreja, Estado, família e escola. Segundo Bourdieu (1999), foi através dessas instituições que o patriarcado eternizou seu poder e legitimou a opressão sobre as mulheres. Tanto é verdade que, quando se tornou conveniente valorizar a maternidade, tendo em vista os altos índices de mortalidade infantil, ela foi investida de uma mística religiosa e filosófica que naturalizou ainda mais o papel da mãe, incentivou a amamentação e contribuiu para mantê-la mais apegada à família. Os ideólogos do patriarcado nacional – aí incluindo homens e mulheres, filósofos, moralistas, jornalistas, políticos e médicos – determinavam em seus escritos os novos comportamentos, direitos e deveres. E o redimensionamento do papel da mulher com que umas e outras sonhavam vai consistir na supervalorização das figuras da

Imprensa feminina e feminista no Brasil

esposa e da mãe, alçadas à categoria de "santas". Com a entronização da "divina missão" materna, de "guardiã privilegiada" da família, a autoridade do pai parecia diminuir na proporção que a mãe aumentava seu espaço de poder. Mas no fundo, no fundo, continuava cabendo ao mantenedor a última palavra. Ela, a "rainha do lar"; ele, o cabeça, o chefe, o juiz.

Daí tantos jornais criados por médicos, padres e jornalistas, empenhados exclusivamente em convencer as mulheres, sobretudo as da elite, então indiferentes à criação dos próprios filhos, a se transformarem em mães "perfeitas". *A Mai de Familia* (1879-1888) foi um que se destacou nessa linha. E não deixa de ser irônico: o "fato novo" que permite à mulher elevar seu *status* na sociedade – a maternidade – é o mesmo que vai contribuir para seu afastamento do espaço público. Simone de Beauvoir dirá, mais tarde, que a maternidade foi nosso *hand cap*, e Elizabeth Badinter, que o amor materno foi um mito cuidadosamente construído para melhor manipular as mulheres.

O apelo por educação, presente na maioria, era mais que pertinente. Até a década de 1870, poucas brasileiras estavam alfabetizadas, pois o senso comum patriarcal se opunha com firmeza à instrução feminina e às mudanças de comportamento que daí podiam advir. O Censo de 1872, o primeiro realizado no país, contém dados interessantes. O Brasil tinha 81,43% da sua população livre analfabeta; e apenas 19,85% entre os homens e 11,5% entre as mulheres eram alfabetizados. Dentre os escravos, menos de 1% sabia ler e escrever, a maioria residente na corte. A população contava com 9.930.478 habitantes, sendo 5.123.869 homens e 4.806.609 mulheres. Os jornais e revistas dessa época destinavam-se, portanto, às poucas brasileiras que começavam a superar a reclusão doméstica, a frequentar teatros, saraus e a apreciar literatura (Diretoria Geral de Estatística, 1872).[5]

Diante de tal quadro, compreende-se porque os liberais defendiam a melhoria do sistema de ensino, pois a educação era vista como chave para o progresso. Ainda assim, o direito das mulheres frequentarem a escola secundária e superior enfrentou forte resistência por parte da sociedade que considerava tais estudos desnecessários para a formação das jovens. O androcentrismo da família patriarcal reservava aos homens os benefícios da cultura e se encarregava de excluir as mulheres desse universo. Por isso a imposição de uma educação diferenciada como forma de respeitar

---

[5] Conferir Censo demográfico de 1872, na Biblioteca do IBGE. Disponível em: < http://biblioteca.ibge.gov.br/biblioteca-catalogo.html?view=detalhes&id=225477>.

as "diferenças biológicas e morais" de cada sexo. Aos homens, uma educação que os preparasse para o mundo do trabalho; às mulheres bastava a "educação da agulha", saber se comportar e atuar dentro da casa. Numa formação mais sofisticada, a jovem aprendia francês, música, pintura, as quatro operações, e ainda etiqueta, catecismo, culinária e princípios morais, o suficiente para formar a mulher que o discurso senhorial prescrevia: educada, meiga, acomodada.

Em 1879, o governo abriu as instituições de ensino superior às mulheres, seguindo exemplos estrangeiros, e as primeiras brasileiras, como Rita Lobato, Ermelinda Lopes de Vasconcelos e Mirtes de Campos, puderam ingressar nas faculdades de Medicina e de Direito, apesar da hostilidade e preconceito dominantes.[6] Em 1880, o Colégio Pedro II também aceitou o ingresso de meninas, mas por pouco tempo. Cinco anos depois, um novo diretor achou por bem transferir as quinze alunas matriculadas para estabelecimentos "mais adequados ao sexo", voltando a atender somente aos meninos. Apenas em 1927 o Colégio Pedro II voltará a aceitar a matrícula das jovens. Ainda na década de 1880, outras instituições de renome, como o Liceu de Artes de Ofícios e o Liceu Santa Isabel, este último fundado por Francisca Senhorinha da Mota Diniz, oferecem o curso secundário às meninas, além de música, desenho e línguas. Se essa era a situação educacional das jovens da elite na principal cidade do país, pode-se imaginar como devia ser nas demais províncias.

Os periódicos vão refletir – portanto – a dicotomia vigente: alguns se empenham em acompanhar a transformação dos tempos e defendem que as mulheres devem ser respeitadas, ter direito de frequentar as escolas e o espaço público. Já outros reiteram sua fragilidade e delicadeza, a especificidade dos papéis sociais, e se limitam a falar de moda e criança. Ocorria muitas vezes, inclusive, de propostas antagônicas se misturarem no mesmo periódico, e artigos investidos de tom progressista ficarem próximos de outros com ideias contrárias. A emancipação intelectual, política e social da brasileira ficou, assim, à mercê de forças que ora a impulsionavam para a frente, ora a queriam estacionada na ignorância e na dependência.

A partir de 1870, os órgãos feministas se multiplicam com uma rapidez espantosa, minimizando o isolamento das mulheres, divulgando

---

[6] Nesta época, duas jovens – Maria Augusta Generosa Estrela e Josefa Águeda Felisbella Mercedes – estudavam no New York Medical College and Hospital for Women. Elas foram responsáveis pela criação do periódico *A Mulher* (1881-1883), que circulou em Nova York e, mais tarde, em Recife. Mais informações no verbete de *A Mulher*.

as conquistas e realizando uma espécie de rede de apoio e intercâmbio intelectual entre eles. Os mais radicais propagavam que o gênero está submetido ao fator econômico. Isto é, que a dependência financeira determina a subjugação e que o progresso do país depende de suas mulheres. Essa tese, que surge na Europa ainda no final do século XVIII, toma força no XIX e está presente já no primeiro livro de Nísia Floresta – *Direitos das mulheres e injustiça dos homens*, de 1832. E é abraçada por redatoras – Josefina Álvares de Azevedo, Narcisa Amália, Júlia Lopes de Almeida e Presciliana Duarte de Almeida, entre outras – empenhadas em conscientizar as leitoras de seus direitos à educação, à propriedade, ao voto e ao trabalho. Assim, o protagonismo feminino adentra as redações e toma para si a direção política e ideológica de muitas das folhas destinadas às mulheres. De leitoras a redatoras, abrem espaço às vozes femininas antes reclusas às alcovas, e empreendem a transformação hoje perceptível no perfil dessa imprensa: de "revistas de moda" a órgãos de reflexão.

O dicionário

Os jornais aqui elencados foram organizados por ordem cronológica de publicação, tendo em vista o público a que o dicionário se destina – estudantes, professores e pesquisadores do periodismo e da história intelectual da mulher. Também está disponível um índice alfabético remissivo para facilitar a consulta por título. Os verbetes contêm, sempre que possível, o subtítulo do jornal ou revista, o nome do editor ou da editora, a cidade de origem, a tipografia, as datas do primeiro e do último número, a proposta editorial, o formato gráfico e a relação dos principais colaboradores e colaboradoras. Trazem ainda a relação das fontes utilizadas, os exemplares examinados e sua localização, as referências bibliográficas, quando existem, e notas explicativas no rodapé. Foi mantida a grafia original apenas nos títulos e nomes das (e dos) jornalistas, enquanto os subtítulos e a transcrição de editoriais, poemas e artigos tiveram a ortografia atualizada. A extensão dos verbetes varia principalmente em função de se ter tido ou não acesso aos originais e a fontes de informação. Enquanto alguns já possuem um volume razoável de estudos, outros podem ser conhecidos apenas pelo registro que receberam um dia de outros pesquisadores. E nem todos os verbetes trazem comentários críticos sobre o jornal e seu conteúdo. Em muitos casos era tão óbvio, que se fez desnecessário observar o quanto era conservador ou se incentivava a emancipação. Após o último verbete, estão listados os

Dicionário Ilustrado – Século XIX

acervos, arquivos e bibliotecas onde foi realizada a pesquisa e a relação da bibliografia consultada ou utilizada.

Ao longo dessa trajetória, foram muitas as indagações que se impuseram. Se desde o século XIX existiu uma imprensa feminista editada quase ininterruptamente em todas as regiões do país, pode-se considerá-la um "fenômeno contínuo e vigoroso socialmente", como sugere Elizabeth Cardoso, referindo-se às últimas décadas?[7] Que divisões ou subdivisões poderiam ser sugeridas para dar conta desse imenso acervo jornalístico? O movimento feminista costuma ser pensado como ondas que surgem, crescem e depois refluem, para novamente crescer e se avolumar em torno de novas bandeiras. Também a imprensa feminista poderia ser pensada assim? Indagações como essas, que partilho com outras pesquisadoras, surgiram enquanto me debruçava sobre os originais e, confesso, continuam vivas nos dias de hoje, quando vemos as jovens militantes usarem o próprio corpo, não mais o papel, para inscreverem suas propostas de luta. É o corpo gendrado, construindo a história de seu tempo.

Retomando a metáfora do *iceberg*, pode-se dizer que estes 143 jornais são a face visível de um vasto universo de papel construído para a leitora daqueles tempos, que a informava sobre as transformações históricas e sociais em processo, enquanto a distraía na rotina de seus afazeres cotidianos. Alimentado por fontes primárias raras ou de difícil acesso, este dicionário busca cumprir seu papel de mapa e guia norteador de novas pesquisas. Vem, pois, preencher lacunas que persistem acerca da história da mulher brasileira na busca por seus direitos e na construção de sua identidade e de uma dicção literária própria.

***

O segundo volume – sobre os jornais e revistas do século XX – encontra-se em preparo. Até o momento, somam cerca de 300 periódicos que circularam de 1900 a 1999, e desempenharam importante papel na difusão dos ideais femininos e feministas. Para dar conta de um leque cada vez mais amplo de interesses – casa, aparência, autoestima, relacionamento amoroso – e acompanhar a rápida transformação pela qual passavam as mulheres, eles se segmentaram ainda mais, e se dirigem às

---

[7] Amplio aqui o questionamento que Elizabeth Cardoso faz referindo-se à imprensa feminista pós-1974. Ver <http://www.teses.usp.br/teses/disponiveis/27/27142/tde-17052004-165710/>.

adolescentes, às solteiras, às mães, às maduras, às que assistem novela, às executivas, às brancas, às negras, às esportistas, às que querem emagrecer, às independentes, etc., etc.

Os títulos falam por si: *A Violeta, Renascença, Momento Feminino, Frou-Frou, Revista Feminina, A Cigarra, Jóia, Manequim, Cláudia, Desfile, Mais, Nova, Vogue, Criativa, Marie Claire, Grande Hotel, Capricho, Sétimo Céu, Ilusão, Noturno...* A partir da década de 1970, o cenário adquire novo impulso com o movimento feminista e surgem *ChanacomChana, Brasil Mulher, Nosotras, Jornal Fêmea, Nós Mulheres, Mulherio...* Hoje, as publicações voltadas para o público feminino incorporaram o cotidiano da vida nacional e representam o setor mais importante das revistas especializadas. E ostentam um número surpreendente de títulos relacionados direta ou indiretamente a esse público: decoração, astrologia, horóscopo, casamento, estética, beleza, gravidez, moda e saúde. Cada uma com sua personalidade, seu público, seu nicho no mercado editorial. Curiosamente – ou não – as revistas femininas se apoderaram de vez do privado, da intimidade, da vida sensível e da busca do prazer. E assumiram a feminilidade – para o bem e para o mal.

A reflexão continua, portanto. E o novo volume pretende dar conta desse universo cada vez mais multifacetado, mais plurissignificado e mais representativo das mulheres.

***

Sumário por ordem cronológica

O Espelho Diamantino. Rio de Janeiro, 1827-1828 39

O Mentor das Brasileiras. São João del-Rei, MG, 1829-1832 44

Manual das Brasileiras. São Paulo, 1830 51

O Despertador das Brasileiras. Salvador, 1830-1831 52

Espelho das Brasileiras. Recife, 1831 54

Verdadeira Mai do Simplicio ou A Infeliz Viuva Peregrina.
Rio de Janeiro, 1831 58

A Mulher do Simplicio ou A Fluminense Exaltada.
Rio de Janeiro, 1832-1846 60

A Filha Unica da Mulher do Simplicio.
Rio de Janeiro, 1832 65

Belona Irada Contra os Sectarios de Momo.
Porto Alegre, 1833-1834 68

Idade D'Ouro. Porto Alegre, 1833 70

A Mineira no Rio de Janeiro. Rio de Janeiro, 1833 72

Jornal de Variedades. Recife, 1835 75

O Correio das Damas.
Lisboa, Rio de Janeiro, 1836-1852 76

Relator de Novelas. Recife, 1837 78

Correio das Modas. Rio de Janeiro, 1839-1840 79

Espelho das Bellas. Recife, 1841-1843 81

Espelho Fluminense ou Novo Gabinete de Leitura.
Rio de Janeiro, 1843 83

A Violeta. São Paulo, 1848 86

O Beija-Flor. Rio de Janeiro, 1849-1850 89

A Filha de Timandro ou A Brasileira Patriota.
Rio de Janeiro, 1849 90

O Brinco das Damas. Recife, 1849 93

A Marmota na Corte/ A Marmota Fluminense/ A Marmota.
Rio de Janeiro, 1849-1864 97

O Recreio das Bellas. Recife, 1849-1850 103

A Grinalda. Recife, 1849-1850 104

Novo Gabinete de Leitura. Rio de Janeiro, 1850................................... 105

O Bello Sexo. Recife, 1850-1851 107

O Jasmim. Recife, 1850.. 111

O Beija-Flor. Belém, 1850-1851 112

A Esmeralda. Recife, 1850.. 115

Novellista Brasileiro ou Armazem de Novellas Escolhidas.
Rio de Janeiro, 1851 116

O Jornal das Senhoras. Rio de Janeiro, 1852-1855........................... 117

O Jardim das Damas. Recife, 1852 122

Recreio do Bello-Sexo. Rio de Janeiro, 1852-1856........................... 124

Novo Correio das Modas. Rio de Janeiro, 1852-1854 126

A Bonina. Recife, 1854 129

A Camelia. Recife, 1854 130

Estrella das Bellas. Recife, 1856 131

A Borboleta. Rio de Janeiro, 1857.. 132

A Violeta Fluminense. Rio de Janeiro, 1857-1858 134

Figaro-Chroniqueur. Paris, Rio de Janeiro, 1859............................. 136

O Espelho. Rio de Janeiro, 1859-1860 137

O Monitor das Familias. Recife, 1859-1861 140

A Borboleta. Aracaju, 1859 143

Espelho das Bellas. Maragogipe, BA, 1860-1861............................. 145

A Primavera. Rio de Janeiro, 1861 149

Recreio das Senhoras. Salvador, 1861.. 151

O Jardim das Maranhenses. São Luiz, 1861 152

A Grinalda. Rio de Janeiro, 1861 156

Bello Sexo. Rio de Janeiro, 1862 159

Jornal das Damas. Recife, 1862... 162

Jornal das Famílias. Paris, Rio de Janeiro, 1863-1878...................... 164

A Aurora. Salvador, 1866-1867 167

A Marqueza do Norte. Recife, 1866-1867 169

A Nova Sempre-Viva. Salvador, 1867 173

A Grinalda. Cachoeira, BA, 1869-1870 175

A Madressilva. Recife, 1869-1870.. 177

Lyra de Apollo. Rio de Janeiro, 1869-1875 178

O Boulevard. Conde D'Eu, BA, 1870.. 180

Almanach das Senhoras. Portugal, Brasil, 1871-1927 184

O Sexo Feminino. Campanha, MG, Rio de Janeiro, 1873-1889 188

O Domingo. Rio de Janeiro, 1873-1875 195

Bibliotheca das Senhoras. Rio de Janeiro, 1874 197

Primavera. Açu, RN, 1875 199

A Mulher. Recife, 1875 201

A Brisa. Fortaleza, 1875 202

Lirio. Fortaleza, 1875 204

O Myosotis. Recife, 1875 206

O Iris. Natal, 1875-1876 208

Recreio das Moças. Rio de Janeiro, 1876-1877 211

O Porvir. Campinas, 1877 214

Phalena. Recife, 1877 216

Violeta. Rio Grande, 1878-1879 219

Jardim Recreativo. BA, 1879 221

A Estação. Rio de Janeiro, 1879-1904 223

A Mai de Familia. Rio de Janeiro, 1879-1888 228

Echo das Damas. Rio de Janeiro, 1879-1888 231

Ideal. BA, 1879 236

Republica das Moças. Rio de Janeiro, 1879 237

A Tulipa. Estância, SE, 1879-1880 241

A Chrysalida. BA, 1879 243

O Sorriso, Rio de Janeiro, 1880-1882 246

Recreio da Tarde. Angra dos Reis, RJ, 1880 249

O Beija-Flor. Recife, 1880 251

Primavera. Rio de Janeiro, 1880 253

A Mulher. Nova York, Recife, 1881-1883 256

Revista das Senhoras. Cachoeira, BA, 1881-1885 259

O Beijo. Rio de Janeiro, 1881 260

A Sensitiva. Bananal, SP, 1881 262

Archivo das Familias. Rio de Janeiro, 1881 264

O Beija-Flor. BA, 1881 266

O Beija-Flor. Recife, 1883 267

Revista Familiar. Belém, 1883 269

A Rosa. Rio de Janeiro, 1883 272

Chrysalida. Caxias, MA, 1883-1884 274

O Abolicionista do Amazonas. Manaus, 1884 276

O Corymbo. Rio Grande, RS, 1884-1944 277

Voz da Verdade. Rio de Janeiro, 1885 282

Ave Libertas. Recife, 1885 283

O Cherubim. Rio de Janeiro, 1885-1887 287

O Domingo. São João del-Rei, MG, 1885-1886 291

O Correio Familiar. Rio de Janeiro, 1886 295

O Leque. São Paulo, 1886-1887 297

Revista Alagoana. Maceió, 1887 299

O Ramalhete. Salvador, 1887 301

A Violeta. São Paulo, 1887 302

Pyrilampo. Maragogipe, BA, 1887-1889 305

O Colibri. Manaus, 1888 306

A Mocinha. Curitiba, 1888 308

O Bisbilhoteiro. Rio de Janeiro, 1888-1889 309

A Familia. São Paulo, Rio de Janeiro, 1888-1897 313

Orvalho. Fortaleza, 1888 320

A Borboleta. Teresina, 1888 322

Almanach Litterario Alagoano das Senhoras.
Jaraguá, AL, 1888-1889 324

Pátria Mineira. São João del-Rei, MG, 1889-1894 326

A Palavra. Pão d'Assucar, AL, 1889-1898 329

O Bandolim. Rio de Janeiro, 1889 331

O Bandolim. Barbacena, MG, 1889-1890 333

O Quinze de Novembro do Sexo Feminino.
Rio de Janeiro, 1889-1890 336

Jornal das Damas. São Paulo, 1890 341

O Leque. Aracaju, 1890 342

O Bond. Fortaleza, 1890-1891 344

A Camelia. São Paulo, 1890 346

A Rosa. Recife, 1890-1893 348

O Bandolim. Oliveira, MG, 1891 350

A Bonina. Oliveira, MG, 1891 352

O Recreio. Rio de Janeiro, 1892..354

A Perola. Oliveira, MG, 1895-1896 355

O Bandolim. Juiz de Fora, MG, 1895...359

O Beijo. Rio de Janeiro, 1896..360

O Recreio da Mocidade. Rio de Janeiro, 1896-1899 361

O Leque. Rio Branco, MG, 1897 362

O Beija-Flor. Viçosa, MG, 1897..365

O Mimo. Jaguari, MG, 1897 367

A Mensageira. São Paulo, 1897-1900..371

O Escrinio. Bagé, RS, Santa Maria, RS,
Porto Alegre, 1898-1910 377

Cecy. São Paulo, 1898 380

O Amor. São Paulo, 1898...381

Album das Meninas. São Paulo, 1898-1901 382

Ave Maria. São Paulo, 1898 385

O Anjo do Lar. Belém, 1898...387

A Camelia. Mar de Espanha, MG, 1898...388

O Ramilhete. São Paulo, 1898-1901...390

A Perola. São Paulo, 1899 392

VERBETES
Dicionário ilustrado

O ESPELHO DIAMANTINO,

PERIODICO

DE POLITICA, LITTERATURA, BELLAS ARTES, THEATRO, E MODAS.

DEDICADO

AS SENHORAS BRASILEIRAS.

PROSPECTO.

A influencia das mulheres sobre as vontades, as accões, a a felicidade dos homens, abrange todos os momentos, e todas as circunstancias da existencia, e quanto mais adiantada a civilisação, tanto mais influente se mostra este innato poder, de forma que, se a companheira do homem inda salvagem, cultiva as terras, carrega os fardos, orna, e tinge o corpo do consorte, não deixando de lhe dar conselhos para a guerra, para a paz, e para a caça, a esposa do homem civilisado, não satisfeita com o tomar sobre si todo o peso do governo interior da familia, e estes immumeraveis trabalhos que a industria tem tornado indispensaveis para as commodidades, e regalos da vida, está tambem pronta a repartir os cuidados do marido involvido nos lances, e tormentas dos negocios privados, ou publicos, a sugerir-lhe expedientes mais delicados, e appropriados do que as suas mais intensas meditações, a sustentar seu animo na adversidade, a inclina-lo á moderação e suaves sentimentos, quando o orgulho dos successos lhe inspiraria egoismo, ou insolencia.

O Espelho Diamantino

1827-1828

Coube ao jornalista Pierre Plancher[8] a criação do primeiro jornal destinado ao público feminino que se tem notícia no Brasil. *O Espelho Diamantino* – "Periódico de Política, Literatura, Belas Artes, Teatro e Modas. Dedicado às Senhoras Brasileiras" – surgiu no Rio de Janeiro em 20 de setembro de 1827, antes mesmo da promulgação da Lei de Instrução Pública de 15 de outubro de 1827, que autorizava a abertura de escolas primárias, inclusive para meninas, nas vilas mais populosas do país. Como eram bem poucas as brasileiras alfabetizadas,[9] esse e outros jornais se dirigiam a um seleto número de leitoras e a seus familiares. Impresso na Tipografia Imperial de Plancher-Seignot com periodicidade quinzenal, nos dias 1° e 15 de cada mês, as assinaturas mensais, trimestrais e semestrais eram vendidas a 1.600, 3.200 e 6.000 réis, respectivamente. Ao longo de quatorze números publicou contos, poesias, comentários sobre arte, notícias sobre acontecimentos políticos, além de artigos sobre moda e culinária.

O editorial do primeiro número – muito lúcido e incisivo – trata da urgência da instrução feminina e explica o título do jornal: pretendia que as leitoras se mirassem nesse *espelho* para nele encontrar as respostas e os esclarecimentos que buscavam:

---

[8] Pierre Plancher (1779-1844), editor e jornalista francês, durante os anos que residiu no Rio de Janeiro foi dono de tipografia na Rua do Ouvidor, tendo publicado obras de ficção de escritores brasileiros e também clássicos do pensamento político europeu em português. Na qualidade de Impressor Real, foi responsável pela impressão da Constituição do Império do Brasil. Além de *O Espelho Diamantino*, editou o *Spectador Brasileiro* (1824), *Diário Mercantil* (1827) e *Jornal do Commercio* (1827). Após a renúncia de D. Pedro I, retornou à sua pátria, em 1834.

[9] O Censo de 1872, o primeiro a ser realizado no Império, oferece dados interessantes para se conhecer melhor o país. O analfabetismo, por exemplo, era a regra. O Brasil tinha 81,43% da sua população livre analfabeta, sendo 19,85 homens, e 11,5% mulheres. Dentre os escravos, apenas 1403 sabiam ler e escrever, sendo que 329 estavam na Corte, e os demais em São Paulo, Bahia e Rio de Janeiro. Mas em percentuais, ficava abaixo do 1%. Ao todo, o país tinha 9.930.478 habitantes, sendo 5.123.869 homens e 4.806.609 mulheres. Os estados mais populosos eram: Minas Gerais, Bahia, Pernambuco, Rio de Janeiro São Paulo, Ceará, Rio Grande do Sul e Paraíba. Os dados estão disponíveis em diversos sites na internet, inclusive em <http://goo.gl/T2Kcmk>.

[...] Tendo as mulheres uma parte tão principal nos nossos interesses e negócios, necessário é que se lhes dê conta destes mesmos negócios, e dos princípios que originam os deveres e os acontecimentos, para que elas fiquem à altura da civilização e dos seus progressos, pois que pretender conservá-las em um estado de preocupação, e estupidez, pouco acima dos animais domésticos, é uma empresa tão injusta como prejudicial ao bem da humanidade, e as nações que a tem ensaiado têm caído no maior embrutecimento e relaxação moral.

Tais verdades, tão antigas como a raça dos filhos de Eva, não são hoje desconhecidas por nação alguma da Europa, e lá, as ciências, artes e novidades estão ao alcance do belo sexo até em obras, aulas e periódicos privativos delas; porém cá precisam, mais de uma vez, serem ecoadas, logo que costumes caseiros e que cheiram alguma coisa ao ranço dos mouros, entretido até a época da Independência pelo servilismo colonial, reinam ainda em quase todas as classes da sociedade, opondo-se ao desenvolvimento do caráter das Senhoras [...].

Devemos aqui declarar que o título de *Espelho Diamantino* não foi meramente escolhido por fantasia. O espelho é o confidente mais estimado das Senhoras, e poucas há que com ele se não entretenham um bom bocado cada dia... Além disso, ninguém se persuada que o nosso *Espelho* está simplesmente alegórico... [...] Resta-nos implorar a indulgência e favor do público, e em particular da porção mais amável a qual, inspirados por vivos sentimentos de admiração, respeito e amor, ousamos dedicar o nosso periódico.
(*O Espelho Diamantino*, Rio de Janeiro, ano I, n. 1, 20 set. 1827, p. 3-4)

O primeiro número, com apenas quatro páginas, foi na verdade uma amostra do que viria se tornar *O Espelho*, pois as edições seguintes tiveram em média dezoito páginas e mantiveram o propósito de levar informação às leitoras e não apenas divertimento. No terceiro número, o editor rebate a opinião de alguém que não acreditava na capacidade e no interesse das mulheres em ler matérias relacionadas à política:

"Com efeito, isto é Política demais!", exclamou o Amigo, de quem já falamos, ao ouvir nosso terceiro artigo. "Que! Vós estais persuadidos", continuou ele enfadado, que "hajam as Senhoras de ter paciência para ler estas abstrusas?". Sim, lhe respondemos apressadamente, para evitar a torrente da sua eloquência; sim o esperamos, e Deus nos livre de formarmos tão fraca ideia do talento e prudência de que são dotadas, que não cuidássemos senão em diverti-las com novelinhas ou anedotas. Nós desejamos sem dúvida obrigar o Belo Sexo a sorrir-se de quando em quando por algumas graças decentes e historietas de circunstância; porém o nosso objeto principal é de fornecer às Mães e Esposas a instrução necessária (*ao menos o sentimento da necessidade de tal instrução*), para dirigir a educação dos filhos, e idear as ocupações, perigos e deveres da carreira que os esposos e filhos são chamados a seguir. E como os nossos leitores pela mor parte pertencem às altas hierarquias da sociedade, devemos consagrar alguns instantes ao estudo da Política: não podíamos decerto dar às Senhoras maior prova da nossa devoção e do muito em que temos o seu juízo, do que principiar a nossa obra pelo assunto mais abstrato e de maior ponderação [...].

(*O Espelho Diamantino*, Rio de Janeiro, ano I, n. 3, 15 out. 1827, p. 35-36, grifo nosso)

Mas a iniciativa não foi bem recebida por todos. No editorial do número 4, o redator registra uma cena – verdadeira ou não – em que um velho protesta com veemência contra a mudança da condição de vida das mulheres. O texto merece ser transcrito.

O Ginja

"Tudo está perdido!... Tudo está perdido!... Tudo está perdido!..." Assim gritava um velho levantando-se arrebatadamente, lançando no chão um papel que estava lendo, e correndo atropelado por uma das ruas do passeio público, sem reparar que deixara a boceta em cima de um banco em que estava sentado. Eu peguei a boceta, lancei mão do papel que reconheci com admiração ser o prospecto do *Espelho Diamantino* e, não podendo perceber porque motivo meu ancião exclamara com tal excesso, fui procurá-lo, e atalhando por uma rua travessa, ainda o alcancei; fácil introdução me proporcionou a remessa da boceta, e imediatamente expus a minha dúvida sobre o papel: "ah! Rapazes! Rapazes!", exclamou o velho, "vocês não veem as funestas consequências de nada neste mundo; vocês querem é brincar e dançar com as Madamas, tocar viola, cantar modinhas, glosar, passear, e isto tudo com o fim de namorar.... de namorar.... E os pobres pais! Os pobres maridos... E agora" – continuou ele suspirando – "querem ensinar às Senhoras

a Política, as Belas Artes, a Literatura, e não sei o que diabólicas ciências mais... elas também vão ter o seu periódico particular". [...] No tempo do Conde de Rezende [...] todas as casas tinham rótulas e grades de alto abaixo, que tiravam luz e vista aos de fora, nada de balcões, nada de pianos, nada de passeios, companhias, teatros. As mulheres não sabiam ler, nem escrever, elas comiam com a mão; a peste dos livros que os Franxinotes [franceses] nos trouxeram, o que antes deviam ter ido com eles e as modistas no profundíssimo dos mares, era ignorada, enfim, não existiam *Diários*... Ah, feliz tempo!" [...]
Quem será, perguntei eu, um velho assim e assim, com cara de judeu, olhar de revés, nariz cheio de esturro; risada de usurário, andar de pato, e chapéu do tempo do Despotismo?... porém já chegou a hora da lição de Política. No próximo folheto talvez saibamos da resposta do clubista. Agora vamos à Política.
(*O Espelho Diamantino*, Rio de Janeiro, ano I, n. 4, 1 nov. 1827, p. 55-58)

Até a edição de 7 de dezembro de 1827, o jornal foi dirigido por Júlio Floro das Palmeiras, tinha em média dezoito páginas e as seções: "Política", "Literatura", "Belas Artes" e "Teatro". A partir do número 7, *O Espelho Diamantino* passou a ser editado pelo sr. Chevalier, cuja redação ficava na Rua do Ouvidor, n. 95. Em 5 de janeiro de 1828, no sétimo número, os redatores informam "aos assinantes que desejarem fazer coleção do *Espelho*" que procurem "em casa de P. Planche, à Rua do Ouvidor, n. 95, os seis números já publicados" (*O Espelho Diamantino*, ano II, n. 7, 5 jan. 1828, p. 117). A partir de então, o periódico passou a ter as seguintes seções: "Memórias Históricas", "Notícias Políticas", "Negócios Nacionais", "Literatura e Teatro" e "Crônica e Anedota".

Segundo Gisele Ambrósio Gomes (2009), ao propor às mulheres reflexões sobre o mundo dos negócios, o jornal pretendia prepará-las para atuar como mediadoras capazes de apaziguar os ânimos ou auxiliar nos momentos de crise. Dessa maneira, as notícias sobre política passariam por uma "adaptação", devido ao público para o qual se direcionavam. É o que se deduz do fragmento:

Nossa política se mostrará indulgente e conciliadora como as amáveis pessoas às quais destinamos. A mulher mais dócil às inspirações da natureza, mais semelhantes a si mesma nas circunstâncias extremosas de que o homem, menos feroz que o republicano; menos vil de que o escravo dos tiranos, aparece

Dicionário Ilustrado – Século XIX

em todas as revoluções como um anjo tutelar, sempre pronta a intervir, sempre pronta a moderar o fogo da vingança com o bálsamo da generosidade.

(*O Espelho Diamantino*, Rio de Janeiro, Prospecto, [s.d.], *apud* GOMES, 2009, p. 47-48)

Em 28 de abril de 1828, circulou a última edição do periódico, de número 14, com 28 páginas.

Fontes: *O Espelho Diamantino*, Rio de Janeiro, 14 exemplares em formato digitalizado, do 1 ao 6, de 1827; e do 7 ao 14, de 1828, na Hemeroteca Digital Brasileira.

JINZENJI, Mônica Yumi. *Cultura impressa e educação da mulher no século XIX*. Belo Horizonte: Ed. UFMG, 2010.

GOMES, Gisele Ambrósio. *Entre o público e o privado: a construção do feminino no Brasil do oitocentos, 1827-1946*. Juiz de Fora: UFJF, 2009. Dissertação (Mestrado em História) – Programa de Pós-Graduação em História, Instituto de Ciências Humanas, Universidade Federal de Juiz de Fora, Juiz de Fora, 2009. Disponível em: <http://www.bdtd.ufjf. br/tde_arquivos/13/TDE-2010-03-23T125801Z-565/Publico/giseleambrosiogomes.pdf. Acesso em: 12 jul. 2012>.

O Mentor das Brasileiras

1829-1832

Concebido pelo professor José Alcebíades Carneiro,[10] *O Mentor das Brasileiras* foi publicado pela primeira vez em 30 de novembro de 1829, na cidade mineira de São João del-Rei, tendo circulado até junho de 1832. Impresso na Tipografia do *Astro de Minas*, saía regularmente nas sextas-feiras e era distribuído também em Ouro Preto, Campanha, Sabará e Rio de Janeiro. Mantinha-se através de assinaturas trimestrais ao preço de 800 réis, e da venda de exemplares avulsos por 80 réis. Possuía oito páginas e tratava de assuntos variados, como belas artes, política, educação moral e

---

[10]José Alcebíades Carneiro era também advogado e professor de Latim em Baependi e São João Del Rei. Colaborou no jornal Astro de Minas, que circulou de 1827 a 1839 na mesma cidade; dirigiu a Sociedade Defensora da Liberdade e Independência Nacional, e exerceu os cargos de vereador da Câmara Municipal São-Joanense e Promotor Público (*apud* GOMES, 2009, p. 28).

familiar, moda e história. A epígrafe resume seu projeto educacional para as mulheres: "*Rendez-vous estimables par votre sagesse et vos moeurs*". Ou seja, "Tornem-se estimáveis por vossa sabedoria e vossos costumes".

No primeiro editorial encontrava-se a exposição dos motivos que levaram à fundação do jornal:

> As Senhoras, pelos deveres que lhes são inerentes, fazem o fundamento principal da sociedade humana, e por isso são dignas de uma instrução mais sólida, e capaz de promover o bem geral de uma Nação. É, pois, para dar maior expansão ao gênio que tanto se desenvolve nesta alma da sociedade (como chamou certo filósofo), que tomamos a árdua mas interessante tarefa de redigir esta Folha, dedicada somente às estudiosas Brasileiras, que algum dia serão colocadas a par, e talvez acima das heroínas tão celebradas nas outras Nações civilizadas.
>
> Este nosso periódico não tem outro maior merecimento que abrir o caminho para os mais hábeis escritores, que gratos aos benefícios que de suas Mães receberam hajam de pagar à posteridade com os frutos de sua instrução: apresentaremos, portanto, ao belo sexo, as notícias e novidades dignas de sua atenção, e algumas vezes nos será indispensável dar algumas lições sobre política, persuadidos de que este sexo é bem capaz de conceber ideias sublimes, e de dar um realce não pequeno à marcha e bom andamento do Sistema de Governo que nos rege; a experiência confirma esta verdade quando lemos nos faustos da História as Cornélias, as Pórcias, e as Lucrécias, que tanto concorreram para o bem de sua Pátria. [...]
>
> Mas conhecendo que nos faltam muitos dados, para bem desempenharmos esta tão nobre tarefa, rogamos a nossos patrícios nos queiram coadjuvar com suas lucubrações, e com especialidade convidamos às Senhoras para que nos dirijam os seus ensaios de literatura, que contenham matéria importante por sua natureza, ficando certas de nosso inviolável segredo quando assim o exijam. (*O Mentor das Brasileiras*, São João del-Rei, MG, ano I, n. 1, 30 nov. 1829, p. 2-4)

No número seguinte, o editor defende com ênfase a escolarização do sexo feminino, tema que estará presente em praticamente todas as edições.

> Sendo tão necessário reformar a educação do belo sexo [...], meditem os nossos concidadãos um pouco sobre a grande desigualdade de condição moral entre os dois sexos no Brasil, na útil influência

que podem exercer as Mães e Esposas sobre o espírito dos Cidadãos, e se convencerão facilmente da urgente necessidade de uma mudança na nossa Legislação e costumes, em favor do belo sexo. Deixando aos nossos Legisladores a parte que lhes pertence nesta grande tarefa, procurem os nossos chefes de família, por dever, justiça e humanidade promover, quando esteja da sua parte, os meios que podem conduzir a este fim. Então não duvidamos, de que também o Brasil venha a ter um dia os seus Gracos, denodados defensores do Povo e de seus foros, se começarmos a formar dignas imitadoras da Romana Cornélia.
(*O Mentor das Brasileiras*, São João del-Rei, MG, ano I, n. 2, 7 dez. 1829, p. 16)

As ideias veiculadas nas páginas de *O Mentor* com certeza foram bem acolhidas. Uma leitora do Rio de Janeiro, por exemplo, escreveu à redação manifestando entusiasmo pelo jornal são-joanense nos seguintes termos:

Srs. Redatores do *Mentor*,

Parabéns à minha Pátria pela aparição da nova folha dedicada ao meu sexo!!! Esta grande e interessante porção da sociedade é também destinada a preencher deveres que não são inferiores aos dos homens. É verdade que a mulher, sedentária pela natureza de sua constituição física; menos forte, porém mais vigilante que o homem; pela delicadeza do seu sexo, pelo uso, e pelas leis excluída de quase todas as funções civis; a mulher, digo, parece destinada pela natureza e espírito das instituições sociais de todas as nações, ainda as mais livres, à administração caseira. E será de pouco momento o governo de uma família? Uma família, a meu ver, é uma pequena sociedade; é um império em miniatura: para bem governá-lo é preciso alguns conhecimentos práticos, conhecimentos que unicamente são adquiridos pelo estudo do coração humano. Ainda mais: as mulheres são encarregadas da educação da espécie humana nos primeiros anos da vida; são elas que lançam nas tenras almas das crianças as primeiras sementes das virtudes ou dos vícios; são elas que lhes comunicam as primeiras verdades ou erros: em uma palavra são elas que principiam as primeiras lições dos bons costumes; e haverá quem duvide que estes valem tanto, ou mais que as boas leis? [...]
Portanto, eu concluo esta minha mal arranjada correspondência, agradecendo da minha parte a VV. MM. o trabalho que tomam de transmitir a meu sexo conhecimentos de que possa utilizar-se para bem desempenhar seus não pequenos deveres.
Assinado: A Brasileira Constitucional.

Rio de Janeiro, 20 de dezembro de 1829.
(*O Mentor das Brasileiras*, São João del-Rei, MG, ano I, n. 5, 30 dez. 1829, p. 57)

Para Adelaine LaGuardia Rezende (2008), *O Mentor*, embora incentivasse as senhoras a enviar seus textos, endossava a mentalidade conservadora ao sugerir que os pais ficassem atentos à educação das filhas. Em texto publicado na edição 2, de 7 de dezembro de 1829, encontra-se que

> Alguns Pais de famílias há que apenas julgam que uma Senhora nada mais deve saber que o regime doméstico de uma casa, o qual consiste em administrar os escravos, arranjar uma caixa de roupa, cerzir uma camisa, e tratar de seus enfeites; ora é verdade que estas prendas muito concorrem para formar uma Senhora digna de um feliz himeneu; mas não é nisto só que consiste todo seu merecimento; muitas outras circunstâncias a devem caracterizar como uma Senhora perfeita.
>
> A dança e a música presentemente formam parte da civilização de algumas Senhoras de certas classes; mas quão grande deve ser o cuidado de um Pai nesta parte de instrução, cujo abuso pode bem facilmente deteriorar a morigeração de uma família? Não porque tais artes tenham em si defeitos, mas porque sendo exercidas em sociedades lá se encontra imprevistamente um perverso, que com sagacidade abusa da confiança que dele se faz, e vai ser um sedutor da incauta jovem, a qual nem sempre está prevenida contra tal gênero de homens destros em inverter a virtude para plantar o vício e o crime.
>
> (*O Mentor das Brasileiras*, São João del-Rei, MG, ano I, n. 2, 7 dez. 1829)

Mas sempre é bom ressaltar o importante e definitivo espaço que o periódico abriu para as mulheres. Na seção reservada para as opiniões e produções literárias das leitoras, encontram-se alguns textos, a maioria anônima ou com pseudônimos. As exceções são da poetisa mineira Beatriz Brandão,[11] que sempre assinou o próprio nome. Na p. 112 da edição de

---

[11] Beatriz Francisca de Assis Brandão (1779-1868) nasceu em Vila Rica, atual Ouro Preto-MG. Além de poetisa, foi tradutora, musicista e educadora. É autora de mais de doze livros, dentre eles *Contos da mocidade* (1856) e *Cartas de Leandro e Hero* (1859). Mais informações em *Contestado fruto: a poesia esquecida de Beatriz Brandão (1779-1868)* (2011), de Cláudia Gomes Pereira.

número 14, de 5 de março de 1830, ela publicou um longo poema político dedicado à liberdade e, na edição 17, de 26 de março do mesmo ano, o jornal transcreveu na íntegra um hino patriótico de sua autoria, enviado por uma assinante.

Em muitas edições é frequente também encontrar cartas – algumas extensas, verdadeiros artigos – usadas para denunciar a lamentável educação oferecida às meninas e, sobretudo, para se manifestar politicamente. Numa delas, na edição número 61, de 4 de fevereiro, que já havia sido publicada n'*O Despertador das Brasileiras* em dezembro de 1830, a autora, que não se identifica, descreve a precária educação que recebeu de sua mãe – "persuadida que o nosso sexo fora unicamente criado para cuidar dos negócios domésticos, rezar aos Santos, e propagar a espécie, [...] ela me instruiu, como fora instruída, acostumando desde logo ao Rosário, a ouvir missa, confessar, jejuar e estremecer dos trovões, como da ira Celeste [...]". Com lucidez, conclui que interessava aos governantes "apartar dos nossos olhos tudo o que era capaz de formar o nosso Espírito, e cultivar o nosso Entendimento" para "nos conservar na dependência e na ignorância das nossas forças, das nossas riquezas, e dos inesgotáveis recursos do nosso imenso e abençoado País [...]" (*O Mentor das Brasileiras*, São João del-Rei, MG, ano III, n. 61, 4 fev. 1831, p. 182-183).

Defensor do regime monárquico, o jornal se empenhava em informar às mulheres sobre as decisões do governo, para que acompanhassem a "marcha dos negócios públicos, assim como das tramas que a maldade dos homens costuma urdir nos gabinetes, nos tribunais e nos tronos, para forjarem a desgraça e ecos semelhantes". E continua:

> Nós queremos, pois, que as Senhoras conheçam qual é a posição de um Monarca sobre o trono, qual a vigilância que ele deve ter sobre seus cavilosos Ministros e Conselheiros, que manhosamente o iludem para não atender ao bem da Nação, que em fim metem na mão do Monarca o arado com que cultivam os férteis campos das graças e favores, e depois ajuntam os lucros em seus celeiros, ficando o Monarca feito escravo de seus particulares interesses, enquanto pensava que trabalhava para o bem geral da Nação. [...]
> A Nação vos será sempre grata, senão concorrerdes para a sua ruína: vossos concidadãos terão algum dia a glória de vos chamar Libertadoras da Pátria.
> (*O Mentor das Brasileiras*, São João del-Rei, MG, ano II, n. 7, 11 jan. 1830, p. 49-56)

Com relação à moda, o jornal manteve uma posição contraditória: ora divulgava o que era usado na corte e na França (cf. edição de 06 de dezembro de 1830); ora trazia críticas ao comportamento mundano, considerando "o luxo um dos principais agentes do despotismo":

> Vede, Leitores, quantos prejuízos tem produzido a imoralidade que por moda foi vinda da Europa, e como tal acolhida por aqueles mesmos que mais deviam detestá-la! O Luxo é um dos principais agentes do despotismo; ele tem o poder de seduzir e corromper corações, desviando-os dos sentimentos de virtude e de amor da Pátria, essa sublime partilha com que a natureza dotou os peitos Americanos.
> (*O Mentor das Brasileiras*, São João del-Rei, MG, ano IV, n. 109, 13 jan. 1832, p. 870)

Na edição número 129, de 1º de junho de 1832, *O Mentor* encerrava sua trajetória. Ao lado de explicações para o fim da publicação, os redatores reiteram o convite para as leitoras lutarem pela manutenção da monarquia:

> Incômodos continuados de saúde obrigam ao *Mentor das Brasileiras* interromper a sua publicação. Ele agradece aos benéficos Leitores o acolhimento que lhe tem prestado, e promete as Sras. Brasileiras que voltará à mesma tarefa logo que cessem os impedimentos que o privam de fazer maior aplicação, pois que o seu grande prazer é sem dúvida promover a educação do belo sexo, a quem a Sociedade deve tanto a sua ventura.
> Entretanto o *Mentor* roga encarecidamente a todas as Senhoras que atentam para a Causa pública, que de sua parte promovam quanto puderem a paz e a concórdia entre todos os Cidadãos Brasileiros, para que esse partido infame, que tem insurgido na Capital do Império para aniquilar o Brasil, não possa contar o triunfo de suas malvadezas.
> (*O Mentor das Brasileiras*, São João del-Rei, MG, ano IV, 1 jun. 1832, p. 1017-1018)

A coleção completa está disponível na Hemeroteca Digital Brasileira para a consulta dos interessados. Além dos estudos citados, *O Mentor das Brasileiras* possui uma significativa fortuna crítica constituída de artigos, teses e dissertações.[12]

---

[12] No artigo "Memória dos jornais mineiros do século XIX: revisão crítica das fontes historiográficas", de 2005, Jairo Faria Mendes informou equivocadamente que *O Mentor* teria sido dirigido por mulheres, o que lamentavelmente não é verdade.

Fontes: Coleção de *O Mentor das Brasileiras*, São João del-Rei, MG, num total de 119 edições, assim distribuídas: de 1829, 5; de 1830, 47; de 1831, 46; e de 1832, 21 edições, em formato digital, na Hemeroteca Digital Brasileira.

Coleção *O Mentor das Brasileiras*, São João del-Rei, MG, em formato microfilme, no Acervo de Periódicos Raros da Biblioteca Nacional do Rio de Janeiro.

GOMES, Gisele Ambrósio. *Entre o público e o privado: a construção do feminino no Brasil do oitocentos, 1827-1946*. Juiz de Fora: UFJF, 2009. Dissertação (Mestrado em História) – Programa de Pós-Graduação em História, Instituto de Ciências Humanas, Universidade Federal de Juiz de Fora, Juiz de Fora, 2009. Disponível em: <http://www.bdtd.ufjf.br/tde_arquivos/Publico/giseleambrosiogomes.pdf>. Acesso em: 06 maio 2012.

MENDES, Jairo Faria. *Memória dos Jornais Mineiros do Século XIX: revisão crítica das fontes historiográficas*. In: ENCONTRO NACIONAL DA REDE ALFREDO DE CARVALHO, III, 2005, Novo Hamburgo. *Artigos...* Novo Hamburgo: PUC-RS, 2005.

REZENDE, Adelaine LaGuardia. O Mentor das Brasileiras e a resistência feminina na ordem nacional oitocentista. In: CONGRESSO INTERNACIONAL DA BRAZILIAN STUDIES AS-SOCIATION (BRASA), IX, 2008, New Orleans. *Anais...* New Orleans: Brown University, 2008, p. 1-10. Disponível em: <http://www.brasa.org/Documents/BRASA_IX/Adelaine-Resende.pdf>. Acesso em: 21 out. 13.

Dicionário Ilustrado – Século XIX

Manual das Brasileiras

1830

Segundo Luciano da Silva Moreira (2010), o *Manual das Brasileiras* surgiu no cenário paulista para atender a um apelo de *O Farol Paulistano* (1827-1831). Como *O Mentor das Brasileiras*, de São João del-Rei, também o *Manual* pretendia contribuir para a instrução e o esclarecimento do público feminino, apesar de considerar a maternidade como a principal tarefa da mulher – ou seja, a "nobre tarefa de dar novos campeões às públicas liberdades". As representantes do "belo sexo" deveriam ser educadas para apoiar o marido e inspirar civicamente seus filhos, pois seu destino maior era ser "esposa e mãe de um cidadão" (MOREIRA, 2010, p. 5).

Em 21 de janeiro de 1830, *O Farol Paulistano* fez uma saudação ao novo periódico nestes termos:

> Tem saído o primeiro e o segundo números do *Manual das Brasileiras*, e podemos afirmar aos nossos leitores que é em muito bom sentido esse periódico, e bem escrito. Damos os parabéns às senhoras brasileiras, e mormente às paulistanas de terem uma folha tão digna delas. Os ilustres redatores se esforçam por mostrar quanto releva que o sexo amável se instrua, e tome parte ativa nos nossos negócios políticos, quanto proveitoso será para a causa da liberdade [...]. Na verdade se conseguirmos que as mulheres sejam instruídas, que se decidam pelas instituições liberais, que igualmente são proveitosas aos homens e a elas, está decidida a questão. [...]
> Limitar-nos-emos, pois, a recomendar a leitura desse periódico a todas as nossas amáveis patrícias, pois que a todas ele é sumamente interessante. Aceitem os redatores do *Manual das Brasileiras* nossos agradecimentos.
> (*O Farol Paulistano*, São Paulo, ano IV, n. 298, 21 jan. 1830, p. 1294)

Não foram encontrados exemplares do jornal nas conhecidas hemerotecas do país, como a Biblioteca Nacional do Rio de Janeiro, e nem mesmo no Arquivo Público de São Paulo e no Arquivo Edgar Leuenroth, da Unicamp.

Fonte: MOREIRA, Luciano da Silva. Mineiros além da Província: relações interprovinciais por meio da imprensa periódica (São Paulo e Minas Gerais, 1827-1842). In: SEMINÁRIO INTERNACIONAL JUSTIÇA, ADMINISTRAÇÃO E LUTA SOCIAL: DIMENSÕES DO PODER EM MINAS, 1., 2010, Ouro Preto. *Anais...* 2010. Disponível em: <http://www.seminariojals.ufop.br/anaisjals.htm>. Acesso em : 23 jul. 2012.

O Despertador das Brasileiras

1830-1831

Com o interessante título de *O Despertador das Brasileiras*, surgiu em Salvador, em 8 de agosto de 1830, aquele que deve ter sido o primeiro jornal baiano voltado para o público feminino. Sob a responsabilidade de Domingos Mondim Pestana,[13] teve 25 números e circulou até 30 de janeiro de 1831, saindo sempre aos domingos (CARVALHO; TORRES, 2005, p. 50).

Em *O Mentor das Brasileiras*, de São João del-Rei, de 29 de outubro de 1830, encontra-se um elogio ao jornal, além da transcrição de parte do editorial do primeiro ou segundo número:

> Acabamos de ler alguns números do novo periódico *Despertador das Brasileiras*, que se publica na Bahia; a sua doutrina é boa, e conhecemos ser um grande apologista das Senhoras, segundo os princípios em que se funda em seus dois primeiros números; somos concordes com o nosso colega nos argumentos que produz, e dele transcrevemos o seguinte: "Nós bem sabemos, que temos de não agradar a muitos homens e que não é somente a um vulgo ignorante com quem temos de entrar em contenda; testemunha temos sido das altercações que se hão suscitado entre os defensores das mulheres, e seus antagonistas; temos por vezes observado que defender as mulheres tem sido o mesmo que ofender a quase todos os homens. [...] Por esta razão, e mesmo por outras, como sejam o infundir-lhe amor ao Sistema Constitucional, ao Patriotismo e a deveres sociais e pátrios, depois de defendê-las, discorreremos na continuação de nosso periódico, sobre sua aptidão para todo gênero de ciências e conhecimentos sublimes".
> Louvores sejam dados a todos aqueles que têm concorrido para a ilustração do belo sexo, e possam sempre os diretores desta tão importante tarefa trilhar uma vereda juncada de flores!
> (*O Mentor das Brasileiras*, São João del-Rei, MG, n. 48, 29 out. 1830, p. 378)

No ano seguinte, o periódico de São João del-Rei transcreveu a carta de uma senhora pernambucana dirigida a uma amiga da Bahia, que

---

[13] Domingos Mondim Pestana, militar e jornalista atuante, também foi responsável por outros periódicos baianos, como *Eco da Liberdade*, *Cidadão Soldado* e *Nova Sentinela*.

havia sido publicada no *Despertador* de 5 de dezembro de 1830. Na carta, a autora se regozija em ver

> [...] o quanto se vai desenvolvendo o belo sexo, e as livres e virtuosas Fluminenses vão também se despertando do letargo em que as sepultou uma educação fanática, supersticiosa, e cheia de carunchosos abusos, porque sempre assim conveio aos nossos tiranos, que por ventura ainda se conservam empoleirados, posto que com mais cobertas.
> (*O Mentor das Brasileiras*, Salvador, ano II, n. 61, 4 fev. 1831)

Não foram encontrados exemplares de *O Despertador das Brasileiras* nos arquivos pesquisados.

Fontes: CARVALHO, Alfredo de. TORRES, João Nepomuceno. *Anais da imprensa da Bahia: 1º Centenário (1811-1911)*. 2. ed. Salvador: IGHB, Universidade Católica do Salvador, 2005.

O Mentor das Brasileiras, São João del-Rei, MG, de 29 de outubro de 1830; n. 61, 4 de fevereiro de 1831.

Espelho das Brasileiras
1831

Espelho das Brasileiras surgiu em Recife em 1º de fevereiro de 1831 e circulou até abril do mesmo ano, perfazendo um total de trinta edições. Antes de ser lançado, foi publicado um anúncio no *Diário de Pernambuco* nestes termos:

> O Redator, animado pelo seu ardente desejo de contribuir para a instrução de suas compatriotas, espera que as pessoas sensatas, longe de admitirem as objeções fúteis dos inimigos da civilização, auxiliarão

Dicionário Ilustrado – Século XIX

seus esforços, promovendo no seio de suas famílias a leitura desta folha, cujo único fim é oferecer às senhoras exemplos capazes de desenvolver seus talentos e lhes inspirar o amor de seus deveres. (*Diário de Pernambuco*, Recife, 26 jan. 1931, *apud* NASCIMENTO, 1969, p. 79)

O responsável pelo periódico – o primeiro em Recife voltado para as mulheres – foi Adolphe Emile de Bois-Garin, jornalista de nacionalidade francesa então residente em Pernambuco. O jornal era impresso na Tipografia Fidedigna, situada na Rua das Flores, n. 18, a mesma em que Nísia Floresta[14] publicou seu primeiro livro – *Direitos das mulheres e injustiça dos homens*, em 1832, e Padre Lopes Gama imprimiu a satírica folha *O Carapuceiro* (1831-1847). De periodicidade bissemanal, formato 21x15 cm e quatro páginas, o *Espelho das Brasileiras* saía às terças e sextas. A assinatura mensal custava 300 réis, e o número avulso 40 réis. Tinha como subtítulo a frase: "A virtude, os talentos, e não a vaidade/ Te guiarão, Perilla,/ À imortalidade". Segundo Nascimento (1969), trata-se da tradução de Ovidio Ad Perillum. Ely. VII.

Com o firme propósito de contribuir para a instrução moral e política das leitoras, o jornal insiste na necessidade de as mulheres cultivarem as boas virtudes para se tornarem dignas de respeito por parte dos homens. Em 2 de março de 1831, encontra-se a proposta de um "ideal feminino" que as senhoras pernambucanas deveriam buscar, sintetizado numa frase: "Uma senhora bem educada e discreta é um dom tão raro da natureza, que sabê-la apreciar é um talento mais que humano". O editor também insiste na doutrinação e participação cívica das mulheres, manifestando uma posição contrária ao governo de D. Pedro I:

> O tirano que oprimia nossa pátria, reconhecendo sua nulidade para encandear corações brasileiros nascidos para a liberdade, cedeu à necessária força da opinião pública, esse inconquistável baluarte da liberdade, deixando na efusão do mais doce prazer os felizes habitantes do Império da Santa Cruz; porém, amadas Patrícias, não devemos ainda pensar que temos chegado à metade da felicidade;

---

[14] Nísia Floresta Brasileira Augusta (1810-1885) nasceu no Rio Grande do Norte, mas residiu em Recife, Rio Grande do Sul e Rio de Janeiro antes de se transferir para a Europa e morar em Portugal, França e Itália. Colaborou no jornal *O Brasil Illustrado* (1855), e publicou ao todo quinze títulos, entre romances, poemas, novelas e ensaios, em português, francês e italiano. Para mais informações, ver DUARTE, Constância L. *Nísia Floresta: vida e obra* (1995; 2008); DUARTE, Constância L. *Nísia Floresta, a primeira feminista do Brasil* (2005), entre outros.

agora talvez mais do que nunca, é mister saber que sejamos livres; agora mais que nunca, importa pregarmos aos nossos filhinhos, aos nossos caros esposos a moderação e a tolerância, companheiras fiéis da liberdade; pois para sermos livres, é força que respeitemos os direitos de nossos semelhantes.

(*Espelho das Brasileiras*, Recife, 7 abr. 1831)

Em 06 de maio de 1831, ele saúda entusiasticamente as leitoras, em comemoração ao retorno de D. Pedro I a Portugal:

Parabéns, Brasileiras em geral! Parabéns, parabéns, Pernambucanas! Quem intentava perder-nos já não existe em nosso território, já não respira o ar de nossa atmosfera. Pedro I, esse homem civiloso, cuja maldade tanto abusou de nossa paciência, cessou para sempre de ser nosso Imperador, ou antes, nosso Opressor.

(*Espelho das Brasileiras*, Recife, 06 maio 1831)

Uma novidade desse jornal é o fato de, desde o primeiro número, aceitar a colaboração de mulheres. Nísia Floresta, por exemplo, iniciou a carreira literária nas páginas do *Espelho das Brasileiras*, tendo publicado artigos sobre condição feminina em quase todos os números, depois ampliados e transcritos no livro *Opúsculo Humanitário*, de 1853. No número 20, de 8 de abril de 1831, ela assim escrevia:

[...] seria impossível abranger nos limites dessa Folha todas as ações ilustres praticadas pelas senhoras romanas, nessa época feliz; todavia é do nosso dever citar para honra do sexo feminino, e confusão de seus injustos detratores, os principais feitos dessas verdadeiras heroínas, cujo patriotismo provou a que ponto as mulheres, sem jamais se intrometerem na repartição dos homens, podem ser úteis nas crises que ameaçam a segurança do estado.

(*Espelho das Brasileiras*, Recife, 08 abr. 1831)

Outra colaboradora foi a professora Maria Guilhermina, que usou versos para falar de educação:

Patrícias minhas amadas
Prestai-me séria atenção,
Que vou traçar-vos um breve
Plano de vossa instrução.
[...]

Cultivai o vosso espírito,
Desenvolvei os talentos,
Gravando nos vossos peitos
Da moral os fundamentos.

Vós tendes disposições
Para serdes ilustradas,
Pois sois espirituosas,
Ternas, dóceis, delicadas.

Com tão nobres predicados
Só por falta de instrução
Não quereis merecer
De todos a estimação?
(*Espelho das Brasileiras*, Recife, 06 maio 1831)

Assim, em verso ou em prosa, o jornal manteve-se coerente com a proposta de instruir e informar as leitoras, principalmente na conscientização de sua cidadania.

Fontes: Coleção completa *Espelho das Brasileiras*, Recife, em formato digital, na Hemeroteca Digital Brasileira. Disponível em: <www.hemerotecadigital.bn.br>.

GOMES, Gisele Ambrósio. *Entre o público e o privado: a construção do feminino no Brasil do oitocentos, 1827-1946*. Juiz de Fora: UFJF, 2009. Dissertação (Mestrado em História) – Programa de Pós-Graduação em História, Instituto de Ciências Humanas, Universidade Federal de Juiz de Fora, Juiz de Fora, 2009. Disponível em: <http://www.bdtd.ufjf.br/tde_arquivos/Publico/giseleambrosiogomes.pdf>. Acesso em: 14 jul. 2012.

NASCIMENTO, Luiz do. Periódicos do Recife (1821-1850). In: *História da Imprensa de Pernambuco (1821-1954)*. Recife: Ed. da UFPE, 1969. v. IV. Disponível em: <http://www.fundaj.gov.br/geral/200anosdaimprensa/historia_da_imprensa_v04.pdf>. Acesso em: 10 set. 2010.

Verdadeira Mai do Simplicio
ou A Infeliz Viuva Peregrina
1831

Com o título de *Verdadeira Mai do Simplicio ou A Infeliz Viuva Peregrina*, surgiu em agosto de 1831, no Rio de Janeiro, um folheto no mínimo curioso. A responsável, D. Fortunata Eugênia de Mello, em sete páginas narra sua história de vida e a de seu filho Simplício que, ao falecer, deixou em testamento uma herança para os tios que o haviam criado. "A verdadeira mãe do Simplicio" utiliza o expediente de publicar a complexa história familiar para arrecadar fundos para sua sobrevivência, pagar advogados e, por extensão, assegurar seu direito de receber os bens deixados pelo filho.

No cabeçalho encontra-se que:

> Este periódico se publicará para mostrar ao público que o Simplicio não tem filhos, netos, nem outros parentescos que sua mãe, há pouco chegada de Santa Catarina, e os leitores igualmente saberão a vida do pai, da mãe, e do filho, contada por ela mesma.
> (*Verdadeira Mai do Simplicio ou A Infeliz Viuva Peregrina*, Rio de Janeiro, ago. 1831, p. 1)

A edição não apresenta qualquer gravura ou ilustrações, nem aponta para a possibilidade da publicação de outros números. Segue-se um fragmento do apelo de Dona Fortunata:

> A Vós, fiéis esposas e carinhosas mães dos frutos dos vossos amores. Onde contemplais os verdadeiros retratos de quem lhes deu o ser: eu vos peço que escuteis uma infeliz que tendo perdido o seu marido, muito digno deste nome, igualmente busca um filho, único penhor que lhe deixou seu adorado Pai, mas que inutilmente tem malogrado aquilo que muito preza, e procura, mendigando de província em província, e de porta em porta, tendo perdido a consolação de tornar de minha vida, a de meu marido, e a de meu filho. [...]
> Peço aos meus patrícios e patrícias, e também rogo aos estrangeiros e estrangeiras, queiram comprar a minha história, para com o seu produto sustentar o direito de uma pobre mãe, que de outra forma lhe faltam os meios de recorrer à Justiça; e dos que se passar, fará ciente aos seus protetores e protetoras.
> (*Verdadeira Mai do Simplicio ou A Infeliz Viuva Peregrina*, Rio de Janeiro, n. 1, ago. 1831, p. 1-7)

A folha, impressa na Tipografia do *Diário*, difere dos demais periódicos por não dar sequência à publicação nem ter uma proposta editorial definida. Mas fez sucesso, pois foi comentada em praticamente todos os jornais da cidade e deu origem a outros que parecem brincar com o seu título, mencionando ora o Simplicio, ora a mãe, ora a mulher do Simplicio... "Simplicio" – aquele que só diz tolices – tornou-se metáfora de uma imprensa que quer falar a linguagem comum e chegar a um público cada vez mais amplo.

Fonte: *Verdadeira Mai do Simplicio ou A Infeliz Viúva Peregrina*, Rio de Janeiro, n. 1, agosto de 1831, em formato digitalizado e em microfilme, na Hemeroteca Digital Brasileira e no Acervo de Periódicos Raros da Biblioteca Nacional do Rio de Janeiro.

A Mulher do Simplicio
ou A Fluminense Exaltada
1832-1846

Com o título de *A Mulher do Simplicio ou A Fluminense Exaltada*, surgiu no Rio de Janeiro o primeiro dos periódicos editados por Francisco de Paula Brito.[15] Como outros de responsabilidade do conhecido

---

[15] Francisco de Paula Brito (1809–1861), mulato e de origem humilde, foi o editor responsável pela publicação de inúmeros escritores, como Machado de Assis, José de Alencar, Gonçalves de Magalhães e Basílio da Gama. Considerado o pioneiro da imprensa negra no Brasil com a publicação em 1833 do periódico *O Homem de Cor*, posteriormente rebatizado a partir da 3ª edição de *O Mulato ou*

tipógrafo, também esse defendia a monarquia e revelava interesse pela condição feminina. Segundo Gisele Ambrósio Gomes, foram impressos pelo menos 83 números e um suplemento entre os anos de 1832 e 1846, em três tipografias: Tipografia de Thomas B. Hunt & CA, Tipografia de Lessa & Pereira e Tipografia Imparcial de Brito. O exemplar custava 80 réis, e o número de páginas variava entre oito e trinta. Era vendido em várias lojas, como a de Pierre Plancher, localizada à Rua do Ouvidor; a de Baptista, à Rua da Candeia; e a de Brito, à Praça da Constituição (GOMES, 2009, p. 30).

No site da Hemeroteca Digital Brasileira é possível pesquisar 21 edições, sendo a primeira a de número 3, de 10 de março de 1832, e a última a de número 83, datada de 30 de abril de 1946. Um dado interessante é que as notícias, críticas, reflexões, enfim, todas as matérias estão redigidas no formato de poemas. A edição de 10 de março de 1831, por exemplo, traz três longos poemas narrativos. O primeiro, essencialmente político, intitula-se "Sonho visionário que tive uma destas noites passadas"; o segundo, também político, intitulado "Entusiasmo patriótico de uma jovem francesa na Revolução de 1831"; e o terceiro, uma curiosa "Resposta dada ao meu desconhecido Marido, o Simplicio Poeta da Roça, que tudo é o mesmo". Em todas as edições encontra-se a informação que "esta Folha sai indeterminadamente", e uma quadra como epígrafe:

> Frágil fez-me a Natureza,
> Mas com firme opinião.
> É justo que a Pátria escute
> A voz do meu coração.

Mas um detalhe merece destaque: nesse terceiro número os versos são assinados por "Da Autora", e, nos demais, por "Da Redatora". Seria o caso de se pensar que o jornal teria sido da responsabilidade de uma mulher? Se assim for, esse seria o primeiro dirigido por uma mulher no Brasil! Ou a assinatura no feminino era apenas estratégia de Paula Brito? Na página 27 da edição de 24 de março de 1832, encontra-se uma "Carta, que ao Governo de S.M.L. o Senhor D. Pedro II, dirige a Redatora de *A Mulher do Simplicio*", da qual foram transcritas algumas estrofes:

O Homem de Cor. No campo jornalístico, levou a público um vasto número de periódicos, inclusive femininos, como *A Marmota na Corte* (1849-1852), *Marmota Fluminense* (1852-1857), *A Marmota* (1857-1864) e *A Grinalda* (1861).

Onde sábios escritores
Têm tacado com assento,
Decerto chegar não pode
Meu diminuto talento.

Mas se eu tenho igual direito
Que dá-me a Constituição,
Prestai atentos ouvidos
À voz da minha razão.

Não julgueis que a tosca pena
Da – Fluminense Exaltada –
Por espírito de partido
Vai ser agora levada.

Se do mal que nos empesta
Não cortares as raízes,
Nem vós sereis Governantes
Nem nós seremos felizes.
[...]
Sede fraterno e mais doce,
Marchando com a Lei na mão
E prestai sempre os ouvidos
À PÚBLICA OPINIÃO.

Queira o Céu, que a Pátria nossa
Siga a marcha agigantada,
Que é tudo quanto deseja
A – Fluminense Exaltada.
(*A Mulher do Simplicio*, Rio de Janeiro, ano I, n. 4,
24 mar. 1832)

Ao final, "a autora" revela que tudo não passou de um sonho que transformou em versos para apresentar aos leitores. A política praticamente domina as páginas do periódico, ora denunciando brasileiros e portugueses corruptos que se apoderam do governo aproveitando a instabilidade política devido à minoridade de Pedro II, ora tratando da pobreza e da prostituição que se espalhavam pela cidade. Quando finalmente a moda surge nas páginas do jornal é para receber críticas, tanto pelo exagero e estrangeirismo, como pela alienação que representa para as mulheres.

As minhas caras Patrícias
Ao Brasil não tem amor,

Porque só as coisas da Europa
Para elas têm valor.

[...]

Vós sois em tudo formosas,
Tendes graça natural,
Deixai o luxo perverso
Que é fonte de todo o mal.
(*A Mulher do Simplicio*, Rio de Janeiro, n. 8,
4 set. 1832, p. 65)

A escritora Delfina Benigna da Cunha (1791-1857), em 22 de dezembro de 1838, publicou um elogio ao jornal por defender as mulheres e orientá-las no caminho da "verdade" e da "virtude", citando explicitamente a mão que toma a palavra na figura da redatora:

Tu que a defesa tomaste
Do meu sexo infeliz
Manifestando o alto dom
Com todo o céu brindar-te quis

[...]

Minhas ternas companheiras,
De gratidão possuídas,
Bendizem, louvam teu nome,
Exclamando agradecidas:

Praza o céu, que venturosos
Sejam sempre os dias teus!
Estes são os votos delas,
São estes os votos meus.
(*A Mulher do Simplicio*, Rio de Janeiro, ano VII, n. 60,
22 dez. 1838, p. 40)

No último número, datado de 30 de abril de 1846, quase todo dedicado ao regresso de D. Pedro II da Europa, traz uma interessante enumeração de 51 itens, intitulada "Meio de aumentar as rendas do Estado sem Vexame Público", que denuncia e penaliza os desvios de conduta de políticos, juízes e pessoas comuns. A leitura destes itens, alguns transcritos abaixo, pode revelar como certos comportamentos são atávicos na cultura brasileira.

(1) Todo Ministro de Estado que despachar os seus parentes ou amigos, preferindo-os aos homens que tiveram serviços e ilustração, pagará por cada um que tiver despachado ou despachar 50$0000.

(2) Todo deputado que não estiver na Câmara na hora da abertura da sessão, ou se retirar antes de se fechar, pagará por cada meia hora que faltar 2$880.

(3) O deputado que solicitar para si ou para os seus parentes, amigos e afilhados, empregos ou condecorações, por cada um 24$000.

(13) Todo periódico que mentir, por cada mentira 200rs.

(14) Todo o periódico que caluniar ou devassar a vida privada, por cada vez pagará 40$.

(35) Todo aquele que entrar nos botequins mais de duas vezes ao dia, 240rs.

(23) Todo o que se encostar às portas dos teatros ou das igrejas para ver as mulheres e filhas dos outros, 12$000.

(*A Mulher do Simplicio*, Rio de Janeiro, ano XV, n. 83, 30 abr. 1846, p. 40)

Como se vê, o texto adota uma estratégia discursiva que passa também pelo humor ao falar de coisas sérias. Com isso, ganha suas leitoras pelo riso, em substituição à escuta contrita da pregação moral. Nesse sentido, torna-se mais um precursor na linhagem cômica e satírica da imprensa brasileira.

Fontes: Coleção de 21 edições de *A mulher do Simplicio ou A Fluminense Exaltada*, assim distribuídas: ano 1832, números 3, 4 e 8; 1835: n. 45; 1836: n. 48; 1837: n. 54 e 55; 1838: n. 60; 1839: n. 63; 1840: n. 64, 65, 66 e 67; 1841: n. 70 e 71; 1842: n. 72 e 73; 1843: n. 76; 1844: n. 77 e 78; 1846: n. 83, em formato digital, no site da Hemeroteca Digital Brasileira.

GOMES, Gisele Ambrósio. *Entre o público e o privado: a construção do feminino no Brasil do oitocentos, 1827-1946*. Juiz de Fora, UFJF, 2009. Dissertação (Mestrado em História) – Programa de Pós-Graduação em História, Instituto de Ciências Humanas, Universidade Federal de Juiz de Fora, Juiz de Fora, 2009. Disponível em: <http://www.bdtd.ufjf.br/tde_arquivos/13/Publico/giseleambrosiogomes.pdf>. Acesso em: 21 jul. 2012

A Filha Unica da Mulher do Simplicio

1832

Numa explícita referência às folhas *Verdadeira Mai do Simplicio ou A Infeliz Viuva Peregrina* e *A Mulher do Simplicio ou A Fluminense Exaltada*, surgiu sete meses depois, no Rio de Janeiro, o periódico *A Filha Unica da Mulher do Simplicio*, editado na Tipografia de Thomas B. Hunt e C.A., situada na Praça da Constituição, n. 51. São conhecidos apenas dois números: o primeiro, de 14 de março de 1832, e o terceiro, de 17 de abril de 1832. No cabeçalho encontrava-se uma frase meio jocosa: "Esta Folha sairá todas as vezes que sua Autora estudar as lições que sua mãe lhe der, e vende-se em casa do Sr. Plancher e na de Sr. Brito".

No primeiro número encontra-se um longo poema narrativo escrito em primeira pessoa e no feminino, sugerindo tratar-se de uma mulher, que faz a defesa do país enquanto dá conselhos aos leitores. Os textos são assinados por "Fluminense Menor de Idade", ou simplesmente "Redatora".

> Apesar de pequenina,
> E de mui débil idade,
> Sou forte quando se trata
> Defender a Liberdade.
>
> Filha sou de Brasileiros
> Mora em mim a inocência,
> Deles só sigo a doutrina
> Como tenho a descendência.
>
> Meu Pai se sabe é Poeta
> Minha Mãe o igualou;
> Tal como a eles, benigna,
> A natura me dotou.
>
> Por dever e convicção
> A eles quero imitar,
> Seguindo suas doutrinas
> Sempre verdade falar.
>
> [...]
>
> Jovem, livre e Brasileira
> Te suplico, te requeiro,

recordes o que bem pouco
sofreu ex-Pedro primeiro.

Para aqui o meu discurso
Até não dia marcado;
Vou tomar de novo assunto,
Terei logo começado.

Rogo pois a meus leitores
Tenham sempre bem presente,
Que a jovem Simpliciana
Será livre eternamente.
(*A Filha Unica da Mulher do Simplicio*, Rio de Janeiro,
14 mar. 1832)

Na edição de número 3, de 17 de abril de 1832, com oito páginas, o poema continua defendendo os interesses dos brasileiros, e ora se dirige ao leitor, ora à leitora, ao pai ou à mãe:

Não vejo fazer justiça
Aos tiranos opressores
Que passeando entre nós,
Zombam dos nossos clamores.

Não vejo Patriotismo
Mesmo em muitos Brasileiros,
Que pela parte corcunda
São os traidores primeiros

[...]

Dizei-me minha querida
Mãe do meu coração:
Quem são os nossos traidores?
São Brasileiros ou não?

Dizei-me: quais são que hoje
Nos tem tratado tão mal!
São Brasileiros Nativos,
Ou filhos de Portugal?
(*A Filha Unica da Mulher do Simplicio*, Rio de Janeiro,
17 abr. 1832, p. 3)

Interessante observar a fala da redatora/personagem em tom absolutamente revolucionário diante do mandonismo patriarcado então vigente ao vincular o ponto de vista da mulher com a preocupação política com os destinos da pátria.

Em estudo sobre a imprensa feminina do século XIX, Gisele Ambrósio Gomes destaca a atitude decidida "da autora" e explica os motivos que a levaram a escrever sobre política: evitar que as leitoras se deixassem "ludibriar pelas falsas doutrinas e tramas" (GOMES, 2009, p. 53). A pesquisadora também chama atenção para os diversos periódicos surgidos nessa época ostentando o título de "Simplicio", e informa que o primeiro teria sido *O Simplicio* (1831-1833), de Antônio José do Amaral (GOMES, 2009, p. 29), esquecendo-se que já havia circulado antes o *Verdadeira Mai do Simplicio ou A Infeliz Viuva Peregrina.*

Fontes: *A Filha Unica da Mulher do Simplicio,* Rio de Janeiro, n. 1, 14 de março de 1832; *A Filha Unica da Mulher do Simplicio,* Rio de Janeiro, número 3, 17 de abril de 1832, em formato digital, na Hemeroteca Digital Brasileira.

GOMES, Gisele Ambrósio. *Entre o público e o privado: a construção do feminino no Brasil do oitocentos, 1827-1946.* Juiz de Fora: UFJF, 2009. Dissertação (Mestrado em História) – Programa de Pós-Graduação em História, Instituto de Ciências Humanas, Universidade Federal de Juiz de Fora, Juiz de Fora, 2009. Disponível em: <http://www.bdtd.ufjf.br/tde_arquivos/Publico/giseleambrosiogomes.pdf>. Acesso em: 12 out. 2010.

Belona Irada Contra os Sectarios de Momo
1833-1834

Belona Irada Contra os Sectarios de Momo teria sido o primeiro jornal fundado por uma mulher no Brasil, segundo Zahidé Lupinacci Muzart (2003), pois pela primeira vez alguém do sexo feminino assume a responsabilidade por um periódico, exibindo seu nome junto ao título. De caráter nitidamente político, *Belona Irada* foi editado em Porto Alegre, em 1833 e 1834, sob a direção de Maria Josefa Barreto,[16] defensora do Partido Caramuru contra os Farrapos, que aspiravam um governo liberal e republicano. Se a folha de Maria Josefa não teve repercussão nacional como o *Jornal das Senhoras* (1852-1855), de Joana Paula Manso de Noronha, considerado o primeiro dirigido por mulher entre nós, deveu-se ao fato de circular numa cidade afastada da corte e ter objetivos essencialmente políticos. Nessa época, ainda segundo Muzart, o "que se passava nesse fim de mundo da Província de São Pedro realmente ali ficava confinado. À diferença do que era realizado na Corte" (MUZART, 2003, p. 230).

Segundo consta, o periódico teve pelo menos 10 edições, mas nenhuma foi até hoje localizada nos arquivos e bibliotecas do país. O estranhamento causado pelo título sugere a adoção, pela redatora, de um tom explicitamente satírico que remete às origens do gênero, que são contemporâneas ao surgimento da figura momesca como paródia do panteão clássico. Belona era uma das deusas primitivas romanas, de origem sabina, considerada divindade da guerra. Seu nome deriva do latim *bellum*, guerra, e no seu templo realizavam-se as reuniões relativas aos atos bélicos. Na mitologia, aparece também ora como mulher ora como irmã de Marte, o deus da guerra, ou como a versão romana da deusa Ênio, originária da Grécia. As imagens conhecidas dessa deusa mostram-na com traços faciais refletindo a ira (daí "Belona Irada"), enquanto empunha instrumentos de morte como o gládio ou a lança, ou, em alternativa, uma tocha (que simboliza o fogo da destruição) e dirige um carro. No mito, Belona acompanhava o deus Marte durante as batalhas e o carro

---

[16] Maria Josefa Barreto Pereira Pinto (1877-1837), educadora, poetisa e jornalista, criou também a primeira escola mista de Porto Alegre, na década de 1830. Além de atender meninos e meninas no mesmo local, ensinava latim, geografia e filosofia. O *Belona* circulou até 1834, quando os dirigentes da província do Rio Grande do Sul romperam com Império brasileiro, no episódio conhecido como Guerra dos Farrapos.

que conduzia por entre os combatentes era o de Marte. Os gladiadores tinham uma função especial no culto a Belona.[17]

Em *Escritoras brasileiras do século XIX* (1999, p. 75-81), é possível conhecer interessantes dados biográficos de Maria Josefa Barreto recolhidos por Zahidé Muzart em sua vasta pesquisa sobre a autora.

Fontes: MUZART, Zahidé L. Maria Josefa Barreto. In: _____. (Org.). *Escritoras brasileiras do século XIX*. Florianópolis: Mulheres; Santa Cruz do Sul: EDUNISC, 1999. p. 75-81. v. I.

MUZART, Zahidé L. Uma espiada na imprensa das mulheres no século XIX. *Revista Estudos Feministas*, Florianópolis, v. 11, n. 1, p. 225-233, jan./jun. 2003. Disponível em: <http://www.periodicos.ufsc.br/index.php/ref/article/viewFile/9494/8720>. Acesso em: 28 abr. 2009.

---

[17] Estas informações encontram-se em *Língua Portuguesa com Acordo Ortográfico*. Porto: Porto Editora, 2003-2015, e foram fornecidas por Zahidé L. Muzart. Disponível em: <http://www.infopedia.pt/$belona>.

Idade D'Ouro

1833

Com o subtítulo de "Jornal Político, Agrícola e Miscelânico", *Idade D'Ouro*[18] surgiu em Porto Alegre no ano 1833, também sob a responsabilidade de Maria Josefa Barreto e Manuel dos Passos Figueroa. Como o *Belona Irada*, o periódico tinha acentuado cunho político e defendia a monarquia e o partido dos Caramurus. Segundo Zahidé L. Muzart, citando Abeillard Barreto, teve pelo menos 32 números, embora se conheça apenas o 31, que se encontra no Museu da Biblioteca Pública de Pelotas.

Segundo a pesquisadora, "o artigo da primeira página, que seria o editorial do jornal, embora sem assinatura, dá acesso às ideias dos dois editores, que muito provavelmente seriam os únicos trabalhadores do periódico!" (MUZART, 2003, p. 229-230). Esse artigo seria uma resposta aos ataques da oposição e, "pela linguagem de tom virulento", pode ter sido escrito pela própria Maria Josefa. O trecho que se segue testemunha o tom irônico e agressivo da redatora:

> Ora eis aqui os nossos fazedores de Repúblicas! E que tal! Sem saberem os primeiros elementos, querem dar-nos regras, e obrigar-nos a seguir suas doutrinas! Não há maior desaforo! Além de perversos, ignorantes, a ponto de não entenderem o que com a maior clareza está escrito! Quanto é desgraçado o Brasil, a quem esta corja de pedantes afeta querer endireitar!! Ora bravos os Solons, e os Licurgos que nos querem dar a Lei! Malvados aproveitai-vos da época; e temei Pan! Pan! Que já vos prognosticou a invicta *BELONA*. Brasileiros, o vosso Governo é traído, e vós o sois com ele igualmente: no centro da vossa Província se há suscitado uma facção, que tem por fim somente dominar-vos, espezinhando o Pacto Social, postergando as Leis, e não atendendo mais que a seus caprichos: não vos aconselhamos a que violentamente recobreis vossos direitos, nada há mais perigoso que um semelhante modo de proceder: desenganai-vos, porém, e lançai mão dos recursos legais que vos assistem; ainda é tempo de dardes remédio ao mal, reagindo com a mesma arma, que contra vós empregarão."
> (*Idade D'Ouro*, Porto Alegre, n. 31, 1833, p. 122)

---

[18] Com praticamente o mesmo título, *Idade D'Ouro do Brasil*, já havia circulado no Rio de Janeiro outro periódico também de cunho político, de 14 de maio de 1811 a 11 de fevereiro de 1823.

Cabe observar, nesse caso, a assunção de um discurso político que passa ao largo dos direitos da mulher. O clima de conflagração vigente no contexto certamente deve ter pesado, e a mulher sentia-se no direito de também tomar partido em questões de identidade nacional, ou mesmo regional. E com certeza isso já representa um avanço em termos da mentalidade feminina da época.

Fontes: MUZART, Zahidé L. Maria Josefa Barreto. In: _____. (Org.). *Escritoras brasileiras do século XIX*. Florianópolis: Mulheres; Santa Cruz do Sul: EDUNISC, 1999.p. 75-81. v. I.

MUZART, Zahidé L. Uma espiada na imprensa das mulheres no século XIX. *Revista Estudos Feministas*, Florianópolis, v. 11, n. 1, p. 225-233, jan./jun. 2003. Disponível em: <http://www.periodicos.ufsc.br/index.php/ref/article/viewFile/9494/8720>. Acesso em: 09 out. 2014.

A Mineira no Rio de Janeiro
1833

Como "Jornal político-literário", surgiu no Rio de Janeiro, em 26 de julho de 1833, o interessante periódico *A Mineira no Rio de Janeiro* que, impresso na Tipografia Fluminense, teve mais três números: 6 de agosto, 10 de agosto e 26 de agosto do mesmo ano. Junto ao cabeçalho trazia uma epígrafe em latim: *"Inest sua gratia parvis"* – que pode ser traduzido como "Há uma graça própria nas coisas simples" ou "As coisas simples têm sua graça". Cada exemplar era vendido ao preço de 40 réis. Defensor do trono e da Dinastia Bragantina, portanto de tendência Caramuru, desde o primeiro número faz enfáticos apelos às "Brasileiras", conclamando-as a se envolverem mais com a política do país.

Apresentado como dirigido por uma mulher e tendo os textos assim identificados, ainda não foi descoberto o nome da mineira responsável por tal proeza. *A Mineira do Rio de Janeiro* seria, pois, um dos primeiros órgãos da imprensa feminina no Brasil, ao lado de *Belona Irada contra os Sectarios de Momo* e *Idade D'Ouro*, ambos de Maria Josefa Barreto, que também circularam em 1833, mais de vinte anos antes do conhecido *Jornal das Senhoras*, de Joana Paula Manso de Noronha, de 1852.

Foi esse ineditismo que provavelmente levou alguns estudiosos da imprensa, como Moreira de Azevedo, em *Origem e desenvolvimento da imprensa no Rio de Janeiro*, de 1865, e Max Fleuss, em *Evolução da imprensa brasileira*, de 1940, a registrarem o periódico como *O Mineiro no Rio de Janeiro* (*apud* VIANNA, 1945, p. 230). Mas as coleções encontradas na Biblioteca Nacional e no Arquivo Edgard Leuenroth, cada uma com quatro números, atestam não só sua existência no feminino e o público a que se destinava ("Às amáveis e corajosas Fluminenses"), como permite que se conheça a trajetória do jornal e as ideias de sua Redatora.

De literatura praticamente não há nada; apenas notícias e comentários políticos ocupam as páginas. Em 6 de agosto de 1833, por exemplo, há uma crítica à participação de padres nos governos nestes termos:

> Que males não nos tem causado o Ministério do Padre Feijó e dos seus colegas? Quanto sangue se não tem derramado em todo o Império, por causa desse e outros sacerdotes? Os cearenses foram vítimas das intrigas de um Padre Alencar, como se tem visto em diversos impressos. Os Mineiros, de um Padre Bento. [...] "O Sacerdote é o único Cidadão para quem é um dever e um direito a neutralidade na luta dos partidos, que dividem as opiniões e os homens, porque antes de tudo é Cidadão do Reino Eterno [...]".
> (*A Mineira no Rio de Janeiro*, Rio de Janeiro, ano I, n. 2, 6 ago. 1833)

E termina com um apelo às leitoras:

> Brasileiras, não deixeis de animar aos vossos Maridos, Irmãos e Amantes, em defesa de Deus, da Constituição Jurada, e D. Pedro II. Eu serei o alvo do cego furor das paixões; terei de lutar com inimigos astutos e implacáveis como a boreal aurora, etc.; porém sendo a minha divisa a concórdia, a paz e a vossa felicidade, não desmaiarei no nobre designo de trabalhar contra o despotismo. [...] Favorecei os meus esforços, generosas Fluminenses: pois, nunca mais que agora me é necessária a vossa eficaz cooperação para salvar a nossa Liberdade. E fazer respeitar a nossa Soberania Nacional, para que se afiance à nossa desgraçada Pátria uma Paz Eterna.
> (*A Mineira no Rio de Janeiro*, Rio de Janeiro, ano I, n. 3, 10 ago. 1833, p. 3)

Sem qualquer modéstia, e demonstrando muita energia e convicção, a redatora coloca-se como exemplo para estimular o amor patriótico e a luta em prol da soberania nacional. Destaque-se que o contexto era de crise da identidade nacional que, para algumas mulheres como essa, se sobrepunha a qualquer reflexão sobre a condição feminina naquele momento.

Fontes: Coleção de 4 números de *A Mineira no Rio de Janeiro*, Rio de Janeiro, de 26 de julho; 6 de agosto; 10 de agosto; e 26 de agosto de 1833, em formato digital, na Biblioteca Nacional do Rio de Janeiro e no Arquivo Edgard Leuenroth, da Unicamp, Campinas (SP).

VIANNA, Hélio. *Contribuição à História da Imprensa Brasileira (1812-1869)*. Rio de Janeiro: Imprensa Nacional, 1945.

Dicionário Ilustrado – Século XIX

Jornal de Variedades

1835

Em 14 de junho de 1835, começou a circular o *Jornal de Variedades*, em Recife, com quatro páginas, impresso na Tipografia de M. F. Faria, à Rua das Cruzes, n. 5. Era vendido em vários pontos da cidade a 60 réis o exemplar. A assinatura mensal custava 240 réis, e a trimestral 640 réis, "pagos no recebimento do primeiro número".

A edição de estreia tinha, entre outras seções, o "Prospecto", "Modas", "A Sonâmbula" e "Variedades". Segundo Luiz do Nascimento (1969, p. 137), "prosseguiu aos domingos, obediente à indicação do título, mas só chegou ao número 4, datado de 8 de julho de 1835".

A ausência de edições nos arquivos pesquisados impede que se conheça o posicionamento adotado pelo diretor diante de suas leitoras, bem como a proposta editorial.

Fonte: NASCIMENTO, Luiz do. Periódicos do Recife (1821-1850). In: *História da Imprensa de Pernambuco (1821-1954)*. Recife: Ed. da UFPE, 1969. v. IV. Disponível em: <http://www.fundaj. gov.br/geral/200anosdaimprensa/historia_da_imprensa_v04.pdf>. Acesso em: 10 set. 2010.

O Correio das Damas
1836-1852

Conhecido como "Jornal de Literatura e de Modas", *O Correio das Damas* era impresso em Lisboa, mas teve ampla circulação no Brasil, em especial no Rio de Janeiro, ao longo dos 17 anos de sua existência – de 1º de janeiro de 1836 a 31 de dezembro de 1852. Dirigido por Jacinto da Silva Mengo, tinha em torno de dez páginas, 23 cm, e era impresso na Tipografia Lisbonense, localizada à Rua Larga de São Roque, n. 13. Durante dois anos foi publicado quinzenalmente, passando a mensal em 1838.

Embora fossem divulgados poemas e romances em folhetins, a moda era o tema mais importante e ocupava maior espaço. Praticamente toda edição trazia um encarte com figurinos, descrições minuciosas de *toilettes* e comentários sobre os costumes sociais da alta burguesia lisboeta. Não custa lembrar que, no campo semântico da moda dessa época, estavam incluídos os conceitos de feminilidade, beleza, riqueza, elegância e até mesmo de ocupação e distração para as mulheres.

No editorial do primeiro número, assinado por L.F.M., são expostos os objetivos do jornal:

O nosso *Correio* não trata de objetos políticos; mas se por uma parte nos achamos livres desse trabalho, outro não menos árduo nos coube por sorte, qual é o de descrever a história das modas. Numerosas são as dificuldades que a passo encontraremos para chegar inda mesmo aproximadamente à fonte de onde dimanam os enfeites e os adornos. Apesar de conhecermos a dificuldade da empresa, é tal o apreço e valor que damos à parte mais bela e interessante da nossa espécie que, pelo desejo de lhe agradar, nenhuma fadiga ou trabalho nos fará mudar de atenção, nem abandonar o campo, por difícil que seja a empresa. [...]
Concluiremos enviando o nosso *Correio* às belas damas que se dignarem admiti-lo no seu toucador, assegurando-lhes que as espirituosas invenções das modas, tanto francesas como inglesas, não só ocuparão constantemente uma parte de nossas colunas, mas que sempre em outra parte de cada número lhes ofereceremos alguns artigos originais, ou traduzidos de recreio e instrução, que lhes possam servir de agradável passatempo nas horas de melancolia ou de terno desafogo.
(*O Correio das Damas*, Lisboa, ano I, n. 1, 1 jan. 1936, p. 4)

A utilização de pseudônimos e abreviaturas de nomes foi constante no *Correio das Damas*. Na primeira edição, por exemplo, Elvira de*** assina como responsável pela coluna "Modas", e ***M, pela tradução do conto "O fiador generoso".

Na edição de 15 de fevereiro de 1836, o jornal aumentou o número de páginas para onze, e apresentou mudanças significativas, a começar pelas ilustrações. As primeiras páginas são ocupadas com figurinos coloridos de roupas e penteados, seguidos de legendas para orientar as leitoras. Mas o conteúdo permanece o mesmo: uma crônica de abertura dedicada à moda, seguida de textos variados e notícias de eventos sociais. Essa estrutura, inspirada em revistas francesas e inglesas, será copiada por inúmeros outros periódicos nacionais, em especial os que tinham como proposta divulgar um estilo de vida burguês como um todo.

Fonte: *O Correio das Damas*, seis exemplares referentes aos meses de janeiro, fevereiro e março de 1836, em formato digital na Biblioteca Nacional de Portugal. Disponível em: <www.bnportugal. pt>. Acesso em: 10 out. 2014.

Relator de Novelas

1837

Destinado "ao entretenimento de todas aquelas pessoas apaixonadas por ler novelas, com especialidade o Belo Sexo, de quem esperava toda a proteção", o *Relator de Novelas* surgiu em 29 de junho de 1837, em Recife. Impresso na Tipografia Fidedigna, de J. N. de Melo, cada exemplar custava 80 réis. A periodicidade provavelmente era bissemanal, pois o número 5 foi publicado em 13 de julho do mesmo ano.

Numa interessante jogada de marketing, o *Diário do Pernambuco* de 22 de junho de 1837 publicou um anúncio informando que a primeira edição do *Relator* seria distribuída gratuitamente aos seus assinantes, enquanto oferecia por apenas 40 réis mensais a nova assinatura aos que quisessem continuar recebendo-o (NASCIMENTO, 1969, p. 158).

Não foram encontrados exemplares nos arquivos e bibliotecas pesquisados.

Fonte: NASCIMENTO, Luiz do. Periódicos do Recife (1821-1850). In: *História da Imprensa de Pernambuco (1821-1954)*. Recife: Ed. da UFPE, 1969. v. IV. Disponível em: <http://www.fundaj. gov.br/geral/200anosdaimprensa/historia_da_imprensa_v04.pdf>. Acesso em: 10 set. 2010.

Dicionário Ilustrado – Século XIX

Correio das Modas

1839-1840

Na ficha catalográfica da Biblioteca Nacional encontram-se as seguintes informações sobre o periódico: de propriedade dos Irmãos Laemmert, *Correio das Modas*, ou "Jornal Crítico e Literário das Modas, Bailes, Teatros, etc.", circulou na corte de janeiro de 1839 a 31 de dezembro de 1840. Inicialmente saía aos sábados, mas no segundo ano passou a circular nas quintas e domingos, com onze páginas e formato 24x17 cm. No total, foram 131 fascículos.

Diferente de outros jornais de seu tempo, *Correio das Modas* teve algumas edições coloridas. A epígrafe também surpreende pela modernidade: *"Tout change, la raison change aussi de methode, ecrits, habillemens, systeme, tout est mode!"*. Isso é: "Tudo muda. A razão também muda de método. Escritos, vestimentas, sistema, tudo é moda". Abaixo do cabeçalho ficava uma elaborada vinheta de um homem tocando uma lira com outros objetos e, do lado esquerdo, as informações: "Publica-se todos os sábados. Assinatura: Rs5$000 adiantados por 4 meses. Assina na Livraria de E. e H. Laemmert, Editores. Rua da Quitanda, 77, Rio de Janeiro".

Na apresentação, o editor comenta as dificuldades de se escrever sobre a moda, pois precisava procurar costureiras, modistas e casas de roupas em busca de novidades.

> Moda: tendes enfim, amáveis leitoras, um "Jornal de Modas" de que estava em falência o Rio de Janeiro e as outras províncias. – O desejo de agradar-vos obriga-nos a vencer muitas dificuldades. Pois que! Julgais que não é tarefa importante o escrever para o belo sexo a quem a natureza largueou uma infinidade de gostos variadíssimos? Entrai em um formoso jardim no qual Flora alardeia toda a sua riqueza, vereis flores muito mimosas, porém notareis uma prodigiosa diversidade delas; pois bem; assim são também os pensamentos, gostos e inclinações das Senhoras. Ora, que trabalho não tem um pobre escritor para apresentar uma combinação que infunda um prazer geral! Contudo, um sorriso vosso, um elogio, uma proteção decidida, eis a nossa maior recompensa.
> (*Correio das Modas*, Rio de Janeiro, ano 1, n. I, 5 jan. 1839, p. 1)

Ainda nesse editorial encontra-se o incentivo para as jovens seguirem a moda parisiense: "Cravai, minhas leitoras, os vossos belos olhos na gravura que acompanha o nosso Jornal... Tende alguma de vós a bondade de contemplar e observar, decerto direis: 'Oh, se eu me trajar assim, hei de ficar mais bonita'."

No quinto número, de 2 de fevereiro de 1839, o texto de abertura traz uma interessante reflexão, bem de acordo com a proposta da epígrafe:

> Em nosso pensar, é uma loucura querer-se que a moda percorra um caminho fixo e idêntico, porque ela divaga em todos os sentidos, corre todos os países, extrai o que lhe agrada, enfeita-se de diversas maneiras, enfim, faz todos os seus gostos e ainda assim suas exigências são satisfeitas. [...]
>
> Temos enfim que merecer a benevolência de nossos detratores rabugentos por quê?! Porque recomendamos os móveis da Idade Média, quando tudo está em progresso. Lance-se os olhos para a gravura e veja-se essa cadeira antiga, com seus lavores e ornatos! Então, é bonita ou não é? Que mal há em que seja ela gótica, se além de ser bonita, é exigida pela moda! Esta Senhora Moda dá trabalhos ao seu *Correio*!
>
> (*Correio das Modas*, Rio de Janeiro, ano I, n. 5, 2 fev. 1839, p. 1)

Os artigos eram assinados, em sua maioria, com pseudônimos ou iniciais, como "M. da C.", autora de textos literários e sobre moda. O jornal traz ainda peças teatrais, poemas, notícias sobre a chegada de navios e de estoques das principais lojas da cidade, além de sugestões de vestuário masculino.

Fontes: Coleção de 78 números do *Correio das Modas*, Rio de Janeiro, de 1839 a 1840, em formato digital, na Hemeroteca Digital Brasileira.

Coleção de 131 números do *Correio das Modas*, Rio de Janeiro, de 1839 a 1840, em formato microfilme, no Acervo de Periódicos Raros da Biblioteca Nacional.

COSTA, Carlos Roberto da. *A Revista no Brasil*. São Paulo: USP, 2007. Tese (Doutorado em Ciências da Comunicação). – Programa de Pós-Graduação em Ciências da Comunicação, Escola de Comunicações e Artes, Universidade de São Paulo, São Paulo, 2007. Disponível em: <http://www.teses.usp.br/teses/disponiveis/27/27152/tde-24042009-152705/pt-br.php>. Acesso em: 12 out. 2010.

Espelho das Bellas

1841-1843

Com o subtítulo de "Periódico Literário e Recreativo – Debaixo dos auspícios do Belo Sexo", o pequeno jornal *Espelho das Bellas* começou a circular em Recife, sempre aos domingos, em 16 de dezembro de 1841. Era impresso na oficina gráfica de L. I. R. Roma, no formato 22x16 cm, com quatro páginas e coluna dupla. Logo abaixo do título encontram-se os versos de Richardson: "Nada é belo, nada é amável/ Sem modéstia e sem virtude".

Segundo o pesquisador Luiz do Nascimento (1969, p. 170), o jornal tinha por objetivo "a moralidade e instrução das senhoras, e não tratava de política", dedicando-se a divulgar principalmente "apólogos, anedotas, máximas, charadas, contos, novelas e modas". A assinatura trimestral custava 960 réis, e o número avulso, 80 réis.

O décimo terceiro número foi publicado em 13 de abril de 1842, sendo o único existente na Biblioteca Pública do Estado de Pernambuco e na Companhia Editora de Pernambuco (CEPE). CEPE. Nessa edição encontra-se uma curiosa notícia intitulada

"Imprensa regida por mulheres", que destaca certas "qualidades" femininas propícias ao trabalho braçal e meticuloso:

> Principiou a formar-se em Rowen [Inglaterra] no ano de 1834 uma grande imprensa a qual tem a particularidade de só nela trabalharem mulheres e raparigas da Cidade, pertencentes a famílias de operários. O sexo feminino destinou-se a esta ocupação com os estudos especiais de leitura, escrita e gramática, que se ensinam na mesma oficina, e uma experiência de seis meses provou que resultava a vantagem de um trabalho bem feito e econômico. Às mulheres, pelos seus hábitos sedentários, convém perfeitamente ao mecanismo da imprensa; e esta descoberta promete aumentar este ramo de indústria que, certamente, será de grande utilidade para os habitantes de Rowen.
> (*Espelho das Bellas*, Recife, ano 2, n. 13, 13 abr. 1842, p. 3)

Na última página, toda dedicada às anedotas e charadas, encontra-se esta, com uma crítica ferina ao casamento:

> Um sujeito falando do casamento de um seu amigo disse que a mulher com quem ele havia de casar era muitíssimo linda, e que tinha uma bela figura, e que seu amigo era de muito bom gênio. Neste caso, disse um engraçado da companhia, a pior coisa que eles podem fazer é casar, porque há de arruinar a figura de uma, e o gênio do outro.
> (*Espelho das Bellas*, Recife, ano 2, n. 13, 13 abr. 1842, p. 4)

Em 24 de agosto de 1843 alcançou a edição número 23, que traz um resumo da história de Pernambuco. Consta que, no primeiro ano, contava com 41 assinaturas femininas.

Fontes: *Espelho das Bellas*, Recife, n. 13, de 13 de abril de 1842, em formato digital, na CEPE.

NASCIMENTO, Luiz do. Periódicos do Recife (1821-1850). In: *História da Imprensa de Pernambuco (1821-1954)*. Recife: Ed. da UFPE, 1969. v. IV. Disponível em: <http://www.fundaj.gov.br/geral/200anosdaimprensa/historia_da_imprensa_v04.pdf>. Acesso em: 10 set. 2010.

Espelho Fluminense
ou Novo Gabinete de Leitura
1843

Espelho Fluminense ou Novo Gabinete de Leituras – "Modas, Poesias, Charadas, etc" – foi mais uma publicação dos irmãos Henrique e Eduardo Laemmert, importantes nomes no mercado editorial brasileiro do século XIX. Com oito páginas, a edição de estreia surgiu no Rio de Janeiro em 1º de janeiro de 1843. No cabeçalho, constam diversas informações, como local de venda, preço das assinaturas e os locais onde era impresso: primeiro na Tipografia Universal, na Rua do Lavradio, n. 53; depois na Rua da Quitanda, n. 77.

No primeiro editorial, *Espelho Fluminense* promete ser uma publicação inovadora, destinada ao recreio, instrução e moral da família:

> Quem pode suportar a leitura de uma enorme folha de papel, às vezes em letra miúda, a qual só contém discursos deste ou daquele parlamento, comentados pelo espírito de facção, ou intrigas diplomáticas e políticas? O folhetim romancista é um ponto de descanso da maçada jornalística: ainda é mais, os romances nos periódicos, quando escritos com o fim de moralizar e instruir, tem um alcance muito mais subido.
>
> É essa a especialidade do *Espelho Fluminense*: nada de políticas, nada de diplomacias; uma hora de recreio é somente o que queremos dar a nossos leitores, – uma hora de passatempo, de esquecimento das lidas do dia, dos desgostos e enfados da vida. Felizes seremos se o conseguirmos. [...] Recreio, instrução, moral, é a nossa divisa.
>
> (*Espelho Fluminense ou Novo Gabinete de Leituras*, Rio de Janeiro, ano I, n. 1, 1 jan. 1843, p. 1-2)

No cabeçalho constam ainda as datas de publicação: dias 1, 6, 11, 16 e 21 de cada mês, sendo que em quatro edições as leitoras recebiam os figurinos com "as últimas modas de Paris". O jornal publicava romances em fascículos e, como informavam as datas, os editores impediam que as leitoras perdessem algum número.

Em sua maioria, os folhetins são assinados por pseudônimos e cumprem a função normalizadora da imprensa dedicada ao público feminino: as personagens precisam ser honradas, puras e fiéis, para merecerem um casamento feliz. O romance intitulado "A prisão por dívida", de Salustio de Ribeira, começa apresentando as diversas possibilidades de casamentos que existiam em meados do século XIX:

> Muito se nos tem falado de todas as qualidades de casamentos que hoje se fazem entre o povo o mais engenhoso da terra: o casamento de razão, que quase nunca é razoável; o casamento de amor entre jovens mediocremente amorosos; o casamento de conveniência, que de ordinário não convém a nenhum dos dois esposos; temos o casamento de dinheiro, que dá a um belo dote todas as aparências de uma bela mulher; o casamento de ocasião, que se assemelha ao casamento dos passarinhos, isto é, a um casamento da primeira vista; o casamento de aversão que somente deixa aos dois noivos a esperança de se odiarem um pouco menos se é possível; enfim,

o casamento de resignação, que lança nos braços de um rico velho uma moça pobre, de juízo e linda; em tal caso, a moça esforça-se por levantar no fundo de seu coração um pequeno monumento imaginário, uma espécie de altar dedicatório sobre o qual ela não cessa de escrever no pensamento: "Ao tempo... àquele que consola!".
(*Espelho Fluminense ou Novo Gabinete de Leituras*. Rio de Janeiro, ano I, n. 3, 11 jan. 1843, p. 1)

O segundo, "Um matrimônio desgraçado", tem um desfecho trágico, bem coerente com a época:

Dawlison, que fizera um grande esforço para conter-se durante este discurso, não pode reprimir a sua comoção por muito tempo, deu livre curso a dor e, sufocadas pelos soluços, se lhe ouviam de quando em quando estas palavras: desonrada! [...]
Dirigiu-se ao quarto da sua mulher, abriu a porta, entrou vagarosamente e pronunciou com voz comovida, mas firme, estas palavras:
– Senhora, amanhã partiremos para o continente; não tornareis a ver mais Inglaterra, nunca vosso pai saberá a vossa falta.
Emelina lançou-se a seus pés, e abraçou seus joelhos.
– Oh! quanto vos agradeço! Sois o mais generoso dos homens! O sacrifício da minha vida não poderá pagar-vos... [...]
Alguns dias depois dois corpos humanos boiavam à superfície do lago, eram os cadáveres de Mr. e Mistriss Dawlison.
(*Espelho Fluminense ou Novo Gabinete de Leitura*, Rio de Janeiro, ano I, n. 28, 16 nov. 1843, p. 1)

Ao examinar a coleção disponível do *Espelho Fluminense*, chama a atenção a regularidade e a organização, pois não alterou o projeto gráfico, nem ocorreu interrupção na publicação ao longo das 36 edições. As últimas páginas eram sempre dedicadas a charadas e poesia. Na edição 36, de 26 de dezembro de 1843, a última localizada, trouxe o poema "A pedra D'Arzilla", do poeta português Alexandre Herculano.

Fontes: Coleção de *Espelho Fluminense ou Novo Gabinete de Leitura*, Rio de Janeiro, com 36 edições, em formato microfilme, no Acervo de Periódicos Raros da Biblioteca Nacional.

Coleção de *Espelho Fluminense ou Novo Gabinete de Leitura*, Rio de Janeiro, com 36 edições, em formato digital, no Arquivo Edgar Leuenroth, da Unicamp e na Hemeroteca Digital Brasileira.

A Violeta
1848

A Violeta, tendo como subtítulo *"Dames et fleurs"* ["Damas e flores"], circulou em São Paulo de 11 de agosto a 23 de outubro de 1848, totalizando doze edições. Com quatro páginas e duas colunas, saindo uma vez por semana, às segundas-feiras, era impresso na Tipografia de Viúva Sobral. A folha avulsa custava 80 réis, a assinatura mensal, 320 réis, e a trimestral, 1000 réis. Assinava-se na Casa n. 1, do Pátio da Sé.

Sua proposta era a de sempre: dedicada às jovens brasileiras, prometia uma folha literária que as distraísse. No primeiro número, o editor, identificado como F.V., assim justifica a iniciativa:

> É imperdoável a nós outros, que prezamos o belo sexo brasileiro, e prezamos a instrução e distração literária das nossas patrícias, ainda não curamos de um trabalho, que lhes seja útil, e ao mesmo tempo totalmente dedicado: é imperdoável tal falta, mormente quando já em algumas das províncias do Império algumas pessoas a isso se tem dedicado, como se vê na Bahia, com a publicação do *Beija-Flor*, e no Maranhão, com o *Ramalhete das Damas*.
> Para suprirmos tão grande lacuna, vamos dar começo a uma empresa, que receamos não poder sustentar, mas cujas vantagens ninguém decerto negará. Se acaso não preenchermos a missão que nos impusemos, por falta de conhecimento e gosto, sirva de desculpa ao nosso arrojo a bondade dos nossos desejos. [...]
> O nosso fim, com a publicação deste jornalzinho, [...] é inocente e profícuo: é levar, senão ideias e conhecimentos, ao menos o gosto das letras às nossas patrícias que bem merecem, que delas e do desenvolvimento da sua inteligência nos ocupemos, e por isso, e movidos somente por esse desejo, empreendemos a publicação da *Violeta*. Queremos que as nossas patrícias tenham no seu cestinho de costura, no seu *toilettes* de cheiros, e no seu gabinete de estudo, um estímulo que as mova a não só curar dos enfeites do corpo,

como também dos ornamentos da alma e do espírito, que é o único ornamento apreciável e duradouro. [...]

Como a nossa folhazinha, pois bem pequena e acanhada é ela – é inteiramente dedicada ao belo sexo brasileiro, desejamos muito que algumas das nossas patrícias nos auxiliem com seus escritos, pois muito nos honraremos, vendo-os publicados nas colunas do nosso jornal. [...]

É tempo de imitardes, senão de excederdes, as vossas contemporâneas inglesas, francesas e mesmo portuguesas. [...]

(*A Violeta*, São Paulo, n. 1, 11 ago. 1848, p. 1)

Não é possível saber se o convite de colaboração foi aceito pelas leitoras, pois não aparecem nomes femininos nos exemplares examinados. Os poemas são anônimos ou estão assinados com iniciais ou pseudônimos, assim como as charadas e os folhetins "Meus Amores" e "Conversa entre uma filha da Cidade de São Paulo e outra da Cidade de Santos".

Mas, apesar da aparente boa intenção, o periódico se alinha ao pensamento conservador no que diz respeito à emancipação feminina. Na edição de número 7, de 17 de setembro de 1848, um texto intitulado "A Mulher", que traz como epígrafe a frase *Une enigme indechiffrable et charmante, trouvons enfin le mot, quand nous n'avons hélas! d'interet a le connaitre*" ["Um enigma indecifrável e sedutor, encontremos enfim a palavra, mesmo que não tenhamos, ai de mim!, interesse em conhecê-lo"], assim descrevia a figura feminina:

Frágil.... delicada em sua compleição... mimosa em sua forma, aparece no mundo, radiante de encantos, a terna companheira do homem: à sua existência melindrosa são necessários os mais acrisolados cuidados maternos: à conservação dos seus dias devem assistir os maiores desvelos da parte de seus Pais.

Também a Violeta, quando desabrocha em sua delgadazinha haste, para não ser derrubada pela aragem necessita dos cuidados do jardineiro.

Também a perfumada Rosa, quando entreabre seu nacarado cálice, exalando seus aromas embalsamados, deve ser desveladamente resguardada dos ardores do sol... e dos tufões das ventanias, para não murchar, e mirrar-se, e para não ser arrancada do seu troncozinho tão verde e florido e desfolhada impelida por sobre a superfície da terra.

A mulher em todos os períodos da sua existência mimosa carece, como as flores, de atenções e desvelos: porque, na companheira do homem, como no lírio, existem somente delicadezas e mimos.

Para os homens os cuidados podem ser menores – a sua robustez natural o auxilia no seu crescimento. Também o carvalho nas selvas nasce e cresce, sem que cultor algum o ampare dos bramidos das tempestades, e do fuzilar dos raios. [...] uma vez brotado, o rei das matas toma fortes raízes na terra, cresce e avassala as selvas. A mulher, porém, nos primeiros dias da vida... no alvorecer da existência, é semelhante a cândida cecem [açucena], que a mais suave e branda brisa desfolha e seca.

A sua razão, quando se vai desenvolvendo no seu ser engraçado e angelical, vai se manifestando, cercada de sentimentos amorosos – porque o amor é a vida da mulher, o amor é seu fado, o amor é sua ventura, o amor é a felicidade da sua vida na terra.

Quando ainda somente nela fala o instinto da natureza, tudo na mulher revela candura... singeleza e meiguice. [...]

Assinado: F.V.

(*A Violeta*, São Paulo, n. 7, 17 set. 1848, p. 2)

O texto fala por si. Seu compromisso com a desvalorização da figura feminina (ainda que aparentemente a estivesse elogiando) se evidencia na comparação com flores frágeis e singelas – como a violeta, a rosa e a açucena – e na reiteração da necessidade que ela tem, ao longo da vida, de ser bem cuidada e resguardada para poder sobreviver. Já a figura masculina – comparada ao carvalho – nasce e cresce por si, dono que é da força e do próprio destino.[19]

Na edição de 23 de outubro de 1848, o editor anuncia o término da publicação e despede-se das "belas e do mundo" com estas palavras:

A vida da nossa *Violeta* foi uma vida regular: nasceu, enfeitou os prados e os jardins das letras, e aromatizou os *toilettes* de suas patrícias, e agora que tem decorrido três meses de uma existência florida e balsâmica, como as demais borboletas fenece e morre [...].

(*A Violeta*, São Paulo, n. 12, 23 out. 1848, p. 4)

Fonte: *A Violeta*, São Paulo, de 11 de agosto a 23 de outubro de 1848, totalizando doze edições, em formato microfilme, no Arquivo Público do Estado de São Paulo.

---

[19] Mais tarde essa cadeia metafórica será repetida em *Iracema*, de José de Alencar: a mulher é comparada à "relva humilde", e o homem à "madeira de lei".

O Beija-Flor

1849-1850

Devido à ausência de edições de *O Beija-Flor* nos arquivos e acervos consultados, poucas são as informações conhecidas. Segundo Carlos Roberto da Costa (2007) e Juliana Siani Simionato (2009), o "Jornal de Instrução e Recreio" surgiu na cidade do Rio de Janeiro em 1849 e circulou até o ano seguinte. Em suas páginas encontram-se textos de Joaquim Norberto, além de poesias de diversos outros autores. Apesar de se destinar ao público feminino, não incentivava sua participação.

A edição de número 5, de março de 1849, apresenta uma interessante reflexão assinada por José Dias da Costa sobre a efemeridade dos periódicos literários de então:

> Não sabemos que mau fado preside a fatal sina destes pequenos jornais que hoje se publicam, e a quem mesmo por modéstia chamaremos literários [...]. O que é sabido, e por todos reconhecido, é que a aparição de tais jornais tem unicamente a duração de um relâmpago, surgem e desaparecem. Todos começam em seus prólogos por dizer que não têm pretensões literárias [...]. Com tudo isto, sua vida é efêmera, pois que apenas começam a andar eis que lhe(s) sobrevém a morte, tendo a sepultura alguma loja de confeiteiro, e por epitáfio: Muito viveu ele! Tal é a esperança e mesmo os exemplos! [...]. Mas não obstante tudo isto, os campeões correm à liça aos cardumes [...].
>
> (*O Beija-Flor*, Rio de Janeiro, ano I, n. 5, mar. 1849 *apud* SIMIONATO, 2009, p. 14)

Dias da Costa parecia prever que seu jornal, assim como tantos outros, teria vida curta. O último conhecido foi o número 5.

Fontes: COSTA, Carlos Roberto da. *A Revista no Brasil*. São Paulo: USP, 2007. Tese (Doutorado em Ciências da Comunicação). – Programa de Pós-Graduação em Ciências da Comunicação, Escola de Comunicações e Artes, Universidade de São Paulo, São Paulo, 2007. Disponível em: <http://www.teses.usp.br/teses/disponiveis/27/27152/tde-24042009-152705/pt-br.php>. Acesso em: 12 out. 2010.

SIMIONATO, Juliana Siani. A Marmota *e seu perfil editorial: contribuição para edição dos textos machadianos publicados nesse periódico (1855-1861)*. São Paulo: USP, 2009. Dissertação (Mestrado em Ciências da Comunicação) – Programa de Pós-Graduação em Ciências da Comunicação, Escola de Comunicação e Artes, Universidade de São Paulo, São Paulo, 2009. Disponível em: <www.teses.usp.br/teses/disponiveis/27/27152/tde.../Simionato.pdf>. Acesso em: 05 jan. 2015.

Imprensa feminina e feminista no Brasil

A Filha de Timandro
ou A Brasileira Patriota

1849

Mais um interessante periódico do jornalismo nacional: *A Filha de Timandro ou A Brasileira Patriota*, que circulou no Rio de Janeiro em 1849. Raimundo Magalhães Júnior (2009) faz um registro a respeito dele em *Três panfletários do segundo reinado*, informando tratar-se de uma "folha do

Dicionário Ilustrado – Século XIX

liberalismo radical, com timbre nitidamente abolicionista". Apenas deixou de comentar que era dedicada ao sexo feminino e, talvez, dirigida por uma mulher. A epígrafe inscrita no cabeçalho afirma literalmente que "A Liberdade adoça, e o Despotismo amargura a existência do belo sexo". E a responsável se auto intitulava filha[20] do jornalista e político Francisco de Sales Torres Homem,[21] conhecido como Timandro, o que explica o título dado ao jornal. O periódico era impresso na Tipografia de M. G. de S. Rego, situada na Rua do Sabão, n. 309, com 4 páginas, e vendido o exemplar a 40 réis.

Na primeira edição, de 12 de abril de 1849, um artigo conclamava as mulheres a não ficarem "indiferentes aos males que hoje pairam sobre o horizonte da Pátria".

> A mania da quadra é escrever para o Público: e por que não hei de eu também escrever? Por que não farei também um dia os prelos gemer sob a expressão dos meus pensamentos?
>
> Quando todos estão em movimento, quando tudo no país é agitação, só eu por ser mulher não sofrerei os efeitos dessa agitação geral que tem despertado todos os espíritos, ainda os mais apáticos e indiferentes? [...] E eu agora me dirigindo a vós, oh Brasileiras, assim me exprimirei – Minhas caras Patrícias, nós nascemos neste solo abençoado, onde a natureza se mostra risonha para tudo e sumamente benigna para o nosso sexo, dando-lhe beleza, docilidade, brandura e inteligência em grau elevado; portanto não devemos ser indiferentes aos males que hoje pairam sobre o horizonte da nossa Pátria! Não nos conservemos quais marmóreas estátuas, mudas e insensíveis aos reclamos de nossa carinhosa Mãe que de nós parece hoje tudo esperar! Soltemos um brado de indignação contra aqueles que, ingratos ao país, lhe estão cavando o voraz abismo que mais cedo ou mais tarde terá de engolir a todos!
>
> Por ventura não tem o nosso sexo em todos os países, quer nas eras remotas, quer modernamente, tantos e tão grandiosos serviços prestados às sociedades de que fazem parte? [...]

---

[20] Como são escassas as informações sobre a vida pessoal de Torres Homem, não foi possível confirmar a existência dessa filha.

[21] Francisco de Sales Torres Homem (1812-1876), médico, advogado, deputado, ministro da Fazenda, senador do Império e Visconde de Inhomirim, foi um dos fundadores, em 1843, do jornal de ciências, letras e artes *Minerva Brasiliense*. Jornalista, colaborou em diversos periódicos e, sob o pseudônimo de Timandro, publicou o panfleto "O Libelo do povo", que denegria a imagem da casa imperial de Bragança.

Eia, pois, Patrícias queridas, imprimi no ânimo de vossos tenros filhos sentimentos de liberdade, de patriotismo e de nacionalidade, inspirai em vossos esposos dedicação para o bem público; embotai o gume da espada com que os inimigos da pátria decepam a frondosa árvore da Liberdade Brasileira; pela magia de vossa influência grandioso serviço podeis fazer ao país!... [...]

Desta maneira procedendo, cumprem as Brasileiras um dever sagrado a que estão ligadas como filhas deste rico e vasto império; e eu cônscia destes princípios, e de que – a liberdade adoça e o despotismo amargura a existência do belo sexo – jamais deixarei de gritar Viva a NAÇÃO BRASILEIRA – Viva a LIBERDADE!...

(*A Filha de Timandro ou A Brasileira Patriota*, Rio de Janeiro, n. 1, 12 abr. 1849, p. 1-2)

Ainda nessa edição, "a editora" comenta a gravidade das denúncias presentes no panfleto intitulado *Libelo do povo por Timandro*, que circulava na corte com acusações aos governantes, e defende os pernambucanos que a Imprensa Ministerial insistia em chamar de "assassinos e salteadores". Não são muitos os artigos, mas todos vão na mesma direção: contra o governo e a favor dos liberais. A participação política se impôs também para a "Filha de Timandro", dado o quadro de crise institucional vivido na década. Desse modo, é compreensível que a preocupação com os rumos da jovem nação se sobrepujasse a uma possível retórica pelos direitos da mulher.

Não foram encontradas informações sobre a continuidade do jornal.

Fontes: A *Filha de Timandro ou A Brasileira Patriota*, Rio de Janeiro, ano I, n. 1, 12 abr. 1849, em formato microfilme, no Acervo de Periódicos Raros da Biblioteca Nacional. Também se encontra digitalizado na Hemeroteca Digital Brasileira.

MAGALHÃES JR., Raimundo. *Três panfletários do Segundo Reinado: Francisco de Sales Torres Homem e o* Libelo do Povo, *Justiniano José da Rocha e* Ação Reação e Transação, *Antônio Ferreira Viana, e* A conferência dos divinos. Rio de Janeiro: Academia Brasileira de Letras: 2009. (Coleção Afrânio Peixoto, 86).

O Brinco das Damas
1849

Impresso na Tipografia do *Diário de Pernambuco*, situada na antiga Rua das Cruzes, n. 3, em Recife, *O Brinco das Damas* teve vida breve: começou a circular em 26 de junho de 1849 e terminou sua trajetória no 11º número, em 3 de setembro do mesmo ano. Com periodicidade semanal, formato 20x13 cm, quatro páginas, duas colunas, sem seções fixas nem ilustrações, tinha como redator-responsável o acadêmico Joaquim Pires Machado Portela. Sob o título via-se pequena vinheta, adornada com um cesto de flores.

Divulgava contos, poesias, traduções, charadas, pensamentos e enigmas, sempre sem assinatura. Nas edições 6 e 9, de julho e agosto de 1849, respectivamente, foram publicados capítulos do romance *Os amores de Isolina* e os perfis de Jacqueline Pascal, irmã de Braz Pascal, e da escritora Mme. Staël. Ainda na edição de número 6, encontra-se o poema "Saudades da Redinha", assinado "Por uma senhora do Rio Grande do Norte", dedicado ao sítio Tipoia, onde a autora passou alguns dias:

>Em ti, risonha Tipoia,
>doce prazer desfrutamos,
>Ledos dias entretidos
>Em brinquedos nós passamos.
>
>Quantas tardes pelo rio,
>Que rega teus lindos prados,

De minhas sócias queridas
Gozei suaves agrados.

Quantas vezes a canoa
A corrente atravessou,
A companheira trazendo,
Que do outro lado ficou!

Amigas e companheiras,
Em puros, gratos brinquedos,
Quantas horas esquecemos
Debaixo dos arvoredos!

E como elas nos voavam
Cada qual mais divertida!
Oh! Que ditosos momentos
Doces encantos da vida!

Soou enfim, oh! saudade!
O momento da partida;
Saímos todas cantando
A tristonha despedida.

E vós, belas Natalenses,
Ó queridas companheiras,
Repetir vinde comigo
Expressões tão verdadeiras.

– Adeus, amada Tipoia,
Breves horas divertidas.
Adeus, ilustres Senhoras,
Ó companheiras queridas!
(*O Brinco das Damas*, Recife, n. 6, 30 jul. 1849)

Na edição número 7, de 6 de agosto de 1849, um poema revela muito do comportamento feminino da época:

Oh! Papai me faz chorar!
Pois não sabes, meu irmão?
Prometeu-me em casamento
A um matuto. – Maldição!

Como se a gente não fora
Cuidada e praciana!

Como se não merecera
Esposo de melhor plana!

– Ora vê, quanto diferem
Tuas ideias das minhas!
Matutos te desagradam,
E eu gosto das matutinhas.

– Sai-te daí com teu gosto;
Também tu, cruel irmão!
Sai-te daí, não aumentes
A minha desesperação!

– Irmã! Me acusas? Se queres
Irei já ter com papai,
Pra que assim contra vontade
Não te cases. – Pois sim, vai!

Mas não casar-me! Oh! Vem cá.
Deixa-o lá obrar por si;
Não quero que jamais diga,
Que o seu voto eu não segui.
(*O Brinco das Damas*, Recife, n. 6, 30 jul. 1849, p. 3)

Ao mesmo tempo em que a moça protesta por não ser ouvida na hora de escolher com quem vai se casar, prefere se submeter às determinações do pai. O título do poema está bem de acordo: "Prudência".

Fontes: *O Brinco das Damas*, Recife, 8 edições digitalizadas: n. 2 (incompleta e rasurada), n. 3, de 9 de julho de 1849; n. 4, de 16 de julho de 1849; n. 5, de 21 de julho de 1849; n. 6, de 30 de julho de 1849; n. 7, de 6 de agosto de 1849; n. 8, de 13 de agosto de 1849; n. 9, de 20 de agosto de 1849, na Hemeroteca Digital Brasileira.

O Brinco das Damas, Recife, n. 9, de 20 de agosto de 1849, em formato microfilme, no Acervo de Periódicos Raros da Biblioteca Nacional do Rio de Janeiro.

NASCIMENTO, Luiz do. Periódicos do Recife (1821-1850). In: *História da Imprensa de Pernambuco (1821-1954)*. Recife: Ed. da UFPE, 1969. v. IV. Disponível em: <http://www.fundaj.gov.br/geral/200anosdaimprensa/historia_da_imprensa_v04.pdf>. Acesso em: 10 set. 2010.

A MARMOTA NA CORTE.

1. — SEXTA FEIRA 7 DE SETEMBRO. — 1849.

Publica-se ás Terças e Sextas feiras, na Typ. de PAULA Brito, rua dos Ourives n. 21, onde se recebem assignaturas a 3$000 rs. por 24 numeros, pagas sempre adiantadas. Numeros avulsos, 80 rs.

Eis a MARMOTA / Bem variada, / P'ra ser de todos / Sempre estimada.
Falla a verdade, / Diz o que sente, / Ama e respeita / A toda gente.

A MARMOTA.

Forte arrojo! Forte atrevimento!! (dirão por ahi os leitores). Quem é o redactor desta folha chamada *Marmota*, que ahi apparece? É doutor formado em alguma academia? Não; mas é lente jubilado na universidade da experiencia. Sabe linguas? Não; mas traduz em portuguez claro o idioma do coração. E barão, visconde, marquez, ou commendador? Não; porem é um dos fidalgos cavalleiros descendentes em linha recta do rei do mundo o Sr. Adão 1.° É bonito! É, sim, e muito parecido com um rapaz que por aqui andou chamado creatura, a quem veio elle recommendado pelo Sr. povo imparcial, bom gosto e comp.ª E para que escreve elle esta folha; será por interesse? Não que isso é uma paixão tão feia, que hoje em dia ninguem a quer seguir; elle escreve só para servir a patria d'algibeira, que assim o exige o brio e denodo de um cidadão liberal.

E que tal meus Senhores, então vai bem ou não?

Já estão no facto do motivo por que escrevo; já sabem quem eu sou por fóra; que por dentro não posso abrir a barriga, com medo de que me caiam as tripas, e isto de tripas de fóra é cousa muito medonha; *libera nos Domine!*

Vamos agora ao enchimento ou miollo da *Gazeta*. Esta folha ha de ser um guizadinho saboroso, e bem temperado por tal fórma que faça os leitores ou convidados della lam...

cousa interessante que analysar no labyrintho desta corte. Em quanto não estou bem familiarisado com as molestias do paiz, rogo á bella rapazada desta cidade (que bastante vivesa tem), que me remettam á typographia noticias interessantes que eu publicarei, e basta só darem o thema que eu farei o ser...

(texto parcialmente ilegível)

MARMOTA FLUMINENSE

N. 432. — Terça Feira 3 de Janeiro.

JORNAL DE MODAS E VARIEDADES.

Publica-se, ás Terças e Sextas feiras, na EMPREZA TYP. — DOUS DE DEZEMBRO — de PAULA BRITO, IMPRESSOR E DA CASA IMPERIAL. tução n. 64, onde se assigna a 5$ réis por seis mezes, pagos sempre adiantados. Ns. avulsos, 80 réis; musicas, e figurinos coloridos, gra...

A MARMOTA.

Figurinos coloridos, n. 27.

A redacção da *Marmota* sente não poder já satisfazer aos pedidos que se lhe tem feito directamente (e ha dias pelo *Jornal do Commercio*) para a mudança do titulo e formato della; mas tomando para isso as necessarias miudidas, brevemente terá de concordar com os desejos de tantas pessoas, que julgam que o titulo — *Marmota* — não está em relação com os artigos que debaixo delle apparecem...

A MARMOTA.

A da direita... me / Que interessante me / Que moça tão feitiça / Que cousa tão papa...

Que olhinhos tão / Que corpinho inte / Como não hade, d / Ficar encantado o...

Que bello rosto / Que barba, que / Jogando com est / Quem não ganh

E como esta / Como tudo lhe / Que elegancia / No rosto a face

A da esquerda / Bem que apa / Na grande n / Mesmo assi

Vestida / (Fazenda d / Nos mostra / Em quadr

Portanto, o que vos desejo / Com toda a satisfação, / E' filho, para agradar-vos, / Da minha boa intenção.

A Deos peço que as solteiras, / Que não tiverem amantes, / Achem bellos namorados, / Rapazes interessantes.

As que forem namoradas, / Que tratem de se casar; / O Brasil tem muita terra / Ainda por povoar.

As casadas, que procurem / Seus maridos animar, / Pois, com vinagre, ninguem / Póde moscas apanhar.

Os maridos, que se deixem / De tomar novas pensões; / Pois não é pouco o cuidarem / Em suas obrigações.

E se acaso por teteia / Tiverem algumas bellas, / Que os amem, que delles gostem, / O remedio é fugir dellas.

Aleguem algum pretexto, / Assim — um não póde ser, / Ainda que ellas respondam / — Pois não! — Querer é poder!

Mas, comecei este artigo, / Leitoras, para vos dar / Parabens pela ventura / Do anno em que ides entrar;

Entretanto, bem diverso / Caminho tenho tomado, / Quando sómente de Modas / Devêra ter-me occupado.

Os figurinos que dou-vos, / Com grande satisfação, / São duas moças de chapa, / Moças da minha paixão!

Me agradam tanto as senhoras, / De qualquer lado encaradas, / Que gosto, por meus peccados, / Até das que são pintadas!

Me dizia certa moça, / Muito minha apaixonada; / — Até d'um pào de vassoura / Vestido o Snr. se agrada!

E na verdade, no mundo / Não sei o que haja melhor! / Para uma lasso de amante / Não ha melhor lambedor!

Tornemos aos figurinos: — / Como achaes a bella dama / Da esquerda? tem ar de moça / Que por amor não se inflamma

---

A MARMOTA.

1018 — TERÇA FEIRA 4 DE JANEIRO — 1859.

Publica-se ás terças e sextas (embora seja dia santo), na — **Typographia de Paula Brito** — praça da Constituição n. 64, onde se assigna a 5$000 rs. por seis mezes para a côrte, e 6$000 rs. por fóra, pagos adiantados. Ns. avulsos, 160 rs.

A MARMOTA.

Aos nossos assignantes.

Pedimos aos nossos subscriptores se dignem mandar reformar suas assignaturas, que são pagas adiantadas, como de costume.

Mme. Charton.

Sob o titulo de — Victorias e Conquistas de uma cantora franceza — temos no *Entre Acto*, folha que se publica em Paris ha 28 annos, o seguinte:

— « As correspondencias estrangeiras nos annunciam o furor que Mme. Charton está actualmente fazendo em Trieste.

O theatro se achava em grandes embaraços, pela obstinação do publico em não querer aceitar a cantora contractada para a estação (tambem uma Franceza, e cuja voz era bella e extensa).

O empresario, nesta collisão, fóra de si, sem saber mesmo que fazer, sendo-lhe impossivel resistir ás tempestades que todas as noites se levantavam da platéa, escreveu á Mme. Charton, pondo-se á sua disposição.

para que viesse tiral-os dos apuros em que se via.

A diva, fatigada de uma longa e penosa carreira pela Austria, sorrindo-se na sua bella quinta de *Villa d'Avray*, collhendo beijos de todos os dias ás suas flôres, colhendo los fructos em seu delicioso pomar, corria, e da satisfação de achar-se fóra da scena, voava por montes e valles, cheia de alegria, quando chegou-lhe a noticia telegraphica.

— Oh, meu Deos! que aborrecimento! Não, eu não deixo o meu jardim, as minhas flôres, os meus bellos castanheiros; não, de certo: vou pedir um desproposito, um absurdo; o empresario recusará e é isso o que eu quero.

Dito e feito: foi aceita! a fabulosa somma exigida por Mme. Charton foi-lhe concedida (1)

— E preciso partir *auri sacra fames!* eis a pobre cantora, arrancada do meio de seus prazeres, obrigada a deixar suas rosas, suas d'halias, seus castanheiros, para ir cantar — *Lucia, Somnambula, Norma*, etc. — e perante um publico despeitado, exigente e todo em agitação.

(1) Que diz agora, 14000 francos mensaes!

As phases da dôr.

... Não das cousas humanas, que sem...

Ella, porém, chega e canta: á quarta cadencia, uma tempestade rebenta da platéa e dos camarotes; mas desta vez é de — bravo, bravissimo! Viva a Charton! esta, sim, fará furor! fará fanatismo! A sua voz é sympathica: não é tremula (non tremante): é a este mesmo tempo uma cluva de flores, foi um nunca caput e chamados á scena:

— Feito esqueçer a diva a sua bella quinta de feito esqueçer a diva a sua bella quinta de Ville d'Avray — tem sido preciso que ella cante tres vezes por semana *Lucia de Lammermoor*. « Não queremos outra, basta-nos esta, grita nesta momento o publico de Trieste! *Lucia*, sempre *Lucia!* — Lucia for ever — bradam ainda os dilettanti que sabem o inglez.

(Debats.)

AS MULHERES
E
OS SEUS APAIXONADOS

(Continuação do numero 1015.)

Finalmente nenhum genero de gloria é ... ras nodoas que sarapintavam; calçava sapatos de bezerro em guerra aberta com a graxa de lustro, e que encobriam uns pés que tanto tinham de compridos, como de largos. Esquecia-mos ajuntar que, na gravata penca, repousavam umas cangalhas com aros de chifre, traste este de que elle só se servia quando lia o breviario e a folhinha que compunham toda a sua bibliotheca, ... mente com a arte do *Perfeito cozinheiro* ... achava sentado em uma cadei...

FOLHETIM

A Marmota na Corte/
A Marmota Fluminense/ A Marmota
1849-1864

Publicado pela primeira vez no Rio de Janeiro em 07 de setembro de 1849, *A Marmota na Corte* era composto por quatro páginas, saía as terças e quintas-feiras e foi impresso, nos primeiros anos, na Rua dos Ourives, n. 21. Mais tarde, mudou para a Praça da Constituição, n. 64, e para a Tipografia Dois de Dezembro. O exemplar avulso custava 80 réis, e as assinaturas, 2.000 réis, "pagos sempre adiantados". Ao todo, foram editados 252 exemplares com esse título, sendo o último de 30 de abril de 1852.

A direção teve três momentos: inicialmente, ficou a cargo de Próspero Diniz e Francisco de Paula Brito, que, em 04 de setembro de 1852, tornou-se o único proprietário. A partir dessa data o jornal passa a se chamar *A Marmota Fluminense*. Na Hemeroteca Digital Brasileira encontram-se 279 edições com esse título, apesar da coleção ainda não estar completa. Em 02 de julho de 1857, o jornal passou a se chamar apenas *A Marmota*, e foram localizados 345 edições no mesmo acervo.

No primeiro editorial, Próspero Diniz prometia às leitoras muitas "charadas, logogrifos, receitas curiosas" e dizia "não sustentar nenhum partido", o que não era bem verdade, pois *A Marmota na Corte* era visivelmente favorável ao regime monárquico:

> O nosso plano é reformar abusos, recrear os leitores, e ganhar a estimação das simpáticas meninas que honrarem *A Marmota* com as suas mãozinhas macias e acetinadas; sim, e por falar neste último ponto, é mister confessar que na Bahia, minha terra, há moças muito bonitas com falas adocicadas que dão suspiros [palavra ilegível] etc. etc.; mas nesta cidade já tenho também visto algumas tão preciosas que bem se podem comparar com as pombinhas do feitiço, e é verdade que as de cá, além de bonitas, reúnem a circunstância embelezante de estarem mais apuradas nas modas do vestuário [...]. E por tanto, a estas deidades fluminenses oferecerei, além de poesias e outros recreios, algumas lições contendo regras com as quais ensinarei um método abreviado de poderem com um simples olhar cativar a qualquer coração por mais bronzeado que seja, e meter a bride da paixão na boca do homem mais soberbo que houver. [...]
> (*A Marmota na Corte*, Rio de Janeiro, ano I, n. 1, 7 set. 1849, p. 1-2)

Em meio ao editorial surgiram estes versos bem-humorados dirigidos às leitoras:

Aí vai a MARMOTA
Mil vistas mostrar,
E a todas as Belas
Deseja agradar.

O seu redator
Tem bom coração:
É terno, é macio,
É mole, é babão.

E quando vê moças
Bonitas passarem,
Deseja ser tábua
Pras moças pisarem.

Meninas, atendam
Ao Próspero Diniz,
Que só vendo as belas
Se julga feliz!
(*A Marmota na Corte*, Rio de Janeiro, ano I, n. 1,
7 set. 1849, p. 2)

O curioso título[22] é assim explicado por Rinaldo Cavalcanti Santos (2009):

> A palavra marmota é de origem francesa, *marmotte*, e inicialmente remete a um tipo de roedor. Com o tempo assumiu outras conotações como "careta" ou jeito "desengonçado", "aldrava", um peixe pequeno. Acreditamos, porém, que o emprego da palavra para nomear um periódico esteja ligado à ideia de observação, da mesma forma que *A Luneta, Observador Constitucional, O Espectador* ou *O Espelho*, pois uma das definições encontradas no *Dicionário Etimológico Nova Fronteira* alude ao termo como uma "caixa de lente de aumento" (SANTOS, 2009, p. 29).

---

[22] Outros periódicos tiveram nomes semelhantes, como *Marmota*, RJ, 1833; *A Marmota*, BA, 1848-1850; *A Marmota Pernambucana*, PE, 1850; *A Verdadeira Marmota*, BA, 1851-1852, entre outros. Mas nenhum desses tinha as leitoras como público preferencial, identificando-se, todavia, pelo tom satírico que predomina a partir mesmo dos próprios títulos.

A partir da edição 16, os artigos relacionados à mulher tornam-se mais frequentes. Neles, a figura feminina ora surge passiva, devotada ao lar, ora dona de algum poder com relação às pessoas, mas limitada em função das leis que regem a sociedade, conforme trecho que se segue:

> Não há dúvida, que a mulher de bom gênio, formosa, bem feita, e bem educada, é a mais importante preciosidade que existe sobre a terra; a natureza a dispôs para encantar ao homem [...]. E tudo é bonito na mulher bem formada; desde os pés até a cabeça tudo são obras perfeitas, tudo são atrativos para cativar o homem de bom gosto. E que diremos de uma cintura estreita, onde se vê esticada uma fita, que reúne todas as curvas do elegante busto. [...]
> À mulher devemos a vida, nela nos formamos, nela nos nutrimos na infância, com ela nos criamos, a ela nos unimos, e por ela morremos! O sábio, o valente, o rico, o pobre, o moço, o velho, o monarca, o pastor, todos obedecem à mulher!
> (*A Marmota na Corte*, Rio de Janeiro, ano I, n. 16, 30 out. 1849, p. 1)

Na edição número 111, *A Marmota na Corte* ganha o subtítulo "Jornal de modas e variedades" e, para marcar a nova etapa, contempla as leitoras com esta informação:

> Pela barca Imperador do Brasil, entrada antes de ontem, recebemos do nosso correspondente os jornais de Modas mais acreditados em Paris – *Petit Courrier de Dames*, *Caprice* e *Le Bon Ton*, cuja subscrição mandamos fazer como já foi anunciado.
> No número seguinte principiaremos a dar a nossos leitores belos extratos de todas as novidades do dia, tanto a respeito de MODAS, como de teatros, etc., tornando assim a *Marmota* o mais interessante e variada que nos for possível, pois todo o nosso empenho é agradar ao Belo Sexo, a quem de há muito com sinceridade nos dedicamos. Ass.: O Editor.
> (*A Marmota na Corte*, Rio de Janeiro, ano II, n. 111, 19 nov. 1850, p. 1)

Quando se tornou *A Marmota Fluminense*, as colaborações literárias femininas aumentaram consideravelmente, ainda que a maioria usasse pseudônimo ou assinasse apenas com as iniciais, como B. F. A. Brandão, de Beatriz Francisca de Assis Brandão. Dentre os escritores destaca-se a ilustre presença de Machado de Assis, que colaborou ao longo de dois anos e publicou, em 12 de janeiro de 1855, o poema "Ela", um marco em sua estreia literária, aos 16 anos.

A participação feminina se deu através de textos e poemas, mas principalmente através de cartas. No espaço reservado para "Correspondência" da edição de 4 de abril de 1852, encontra-se o eloquente desabafo de uma leitora acerca da opressão sofrida pelas mulheres obrigadas a se casar a contragosto:

> A realidade é, minha amiga, que existe um homem tão estúpido, imbecil, e tão indigno de amor, que armado de alguns reais, com que pretende ofuscar-me, teve a ousadia de pedir-me a meus parentes, apesar de lhe haver eu mostrado que nenhum outro sentimento tinha para com ele, senão o do ódio e do desprezo; porque já tudo nele eu adivinhava! E qual julgas seria o resultado de tão grande imprudência? É incrível!...
> Hoje trata-se da minha união com esse homem, como se ambos nos amássemos muito e houvéssemos plenamente concordado nela! No entanto os meus sentimentos a seu respeito são os mesmos, ou mais odiosos ainda, se é possível.
> Como isto se dá!... É a pergunta que te estou ouvindo. Eu sei, minha amiga!... Nós, as mulheres, somos por ventura livres para alguma coisa? Por muito pouco conhecimento que tenhas do mundo, e de ti mesma, deves saber que nada é mais irrisório do que a nossa liberdade. Os homens, que de tudo dispõem na sociedade, nos tem julgado tão materiais e flexíveis como uma porção de cera a que, com os dedos, dão a forma que lhes apraz! Não nos concedem um espírito que determine as nossas vontades; nem a vontade que é filha da liberdade do espírito! Assim, pois, para me casarem, não procuram conhecer a minha vontade, não julgam isso essencialmente preciso; basta que eles o queiram, e que eu não tenha bastante força para os contrariar. [...]
> Eis, minha amiga, o que morria por te dizer. A mim só resta resignadamente entregar-me ao sacrifício no altar da ambição para mais santificar a *sacra fames auri*. A ti desejo-te maiores felicidades e um marido menos antipático do que o que me está reservado... Sou, a tua amiga, A.
> (*A Marmota Fluminense*, Rio de Janeiro, ano IV, n. 258, 4 abr. 1852, p. 2).

A expressão latina "*Sacra fames auri*" – "Maldita fome de ouro" – usada por Virgílio em Eneida (Livro III, v. 56/57) para condenar a ambição desmedida – "A que não obrigas tu os corações dos mortais, ó maldita fome de ouro!" – revela não só a erudição da jovem, mas principalmente a revolta por se sentir objeto de negociação entre os familiares e o noivo. Apesar da consciência da manipulação de que é vítima, a jovem prepara-se para subir ao "cadafalso" da ambição representado pelo casamento.

A partir de fevereiro de 1853 ocorrem outras mudanças significativas: o número de páginas passa para seis, são reproduzidas matérias de outros jornais, aumenta a publicação de folhetins e poemas e a epígrafe que acompanhou até então o jornal – "Nas vistas deste MARMOTA/ Há de ter sempre um leitor,/ Com singeleza e verdade,/ Tudo o que houver de melhor" – é retirada do cabeçalho.

Consta que, em 1857, a Tipografia de Paula Brito teria atravessado grave crise financeira. Nesse período, em 02 de julho de 1857, o jornal passa a se chamar apenas *A Marmota*, sem qualquer subtítulo. Apesar de ampliar o campo de interesse das matérias, conservou o espaço relacionado à condição feminina. E foi nessa época que surgiu uma colunista de nome Estella, que, através de longas "cartas" dirigidas à prima Zelina, faz inúmeras denúncias e também lúcidas reflexões sobre a vida das mulheres de seu tempo. O trecho abaixo, retirado da edição número 5, de 31 de janeiro de 1864, é emblemático:

> É preciso, Zelina, muito preciso de uma vez para sempre mostrarmos aos homens que nós outras criaturas do *sexo frágil* somos tão boas como os tais *nossos senhores do sexo forte*.
> Cá por mim estou muito tentada a começar pela política.
> Sexo frágil, sexo forte, o que isso nos importa?
> Não se trata de sexos, trata-se de cabeças; e se formos por esse lado, palavra de honra que não troco a minha cabeça de mulher por 25 cabeças de homens...
> Quero ser jornalista, quero pugnar pelos nossos direitos atrozmente empalmados por esses prevaricadores. Hei de abrir os olhos dos nossos eleitores, mostrando-lhes que temos os mesmos direitos que têm os homens para sermos eleitas deputadas, senadoras, juízas de paz, etc. etc.
> Ora, diga-me Zelina; as rainhas não governam? E as rainhas não são mulheres? Pois se as rainhas governam, se as rainhas são mulheres, porque razão não há de você, por exemplo, ser presidente de província e não hei de eu ser senadora? E aquela chefe de polícia e esta outra juíza de órfãos, etc., etc.?
> A culpa é só nossa. Temos sido umas verdadeiras pródigas dos nossos direitos!

Imprensa feminina e feminista no Brasil

Pois se nos ensinam a ler romances e a tocar piano, em vez de nos ensinarem economia política, o direito das gentes, a medicina, a física, a química, a álgebra, etc, etc!!
Ou eu ponho os nossos direitos nos seus lugares ou vou para a Inglaterra, onde as mulheres não ficam atrás dos homens a modo de pajens. [...]
(*A Marmota*, Rio de Janeiro, ano XVI, n. 1, 31 jan. 1864, p. 3)

E a cronista transcreve então anúncios de jornais ingleses, em que doutoras em Botânica, Medicina e Letras oferecem seus serviços. E, talvez para concluir de forma mais leve a sua carta-crônica, ela termina assim: "Ria-se e vá dormir que são 11 horas da noite. E para que sonhe comigo receba um beijo da sua Estella".

Em 15 de dezembro de 1861, havia ocorrido o falecimento de Paula Brito, mas o jornal continuou sendo impresso até 10 de abril de 1864, data da última edição, sem informar quem ficou responsável pela direção.

Fontes: Coleção de *A Marmota na Corte*, *A Marmota Fluminense* e *A Marmota*, Rio de Janeiro, assim distribuída: 1849: 31 edições; 1850: 86; 1851: 102; 1852: 104; e 1853: 103 edições; em formato digital, na Hemeroteca Digital Brasileira.

Coleção de *A Marmota na Corte*, *A Marmota Fluminense* e *A Marmota*, em formato microfilme, no Acervo de Obras Raras da Biblioteca Nacional do Rio de Janeiro.

Coleção de *A Marmota Fluminense*, Rio de Janeiro, de 1852 a 1855, em formato digital, no Site Machado de Assis, da Universidade Estadual Paulista Júlio de Mesquita Filho (UNESP): <www.machadodeassis.unesp.br>. Acesso em: 23 out. 2011.

SANTOS, Rinaldo Cavalcanti dos. *A Marmota na Corte: recreação e vereda literária no cenário cultural do século XIX (1849-1852)*. Assis: UNESP, 2009. Dissertação (Mestrado em Literatura Brasileira) – Programa de Pós-Graduação em Letras, Faculdade de Ciências e Letras, Universidade Estadual Paulista, Assis, 2009. Disponível em: <http://polo3.assis.unesp.br/posgraduacao/teses/letras/Rinaldo. pdf>. Acesso em: 20 jul. 2013.

Dicionário Ilustrado – Século XIX

O Recreio das Bellas

1849-1850

Com o subtítulo de "Periódico Literário", *O Recreio das Bellas* surgiu em Recife em 8 de setembro de 1849. Ao todo, foram 23 números, sempre aos sábados, tendo encerrado as atividades em 15 de fevereiro de 1850. Impresso na Tipografia Imparcial, teve como redator-responsável Filipe Neri Colaço.[23]

Não foram localizados exemplares nas bibliotecas, acervos e arquivos pesquisados. Apenas é possível saber de sua existência através do importante livro de Luiz do Nascimento, que informa ter encontrado no *Diário de Pernambuco* de 10 de junho de 1850 a seguinte notícia: que os números 1, 2 e 3 do jornal *O Recreio das Bellas* haviam sido reimpressos e novamente postos à venda (NASCIMENTO, 1969, p. 313).

Fonte: NASCIMENTO, Luiz do. Periódicos do Recife (1821-1850). In: *História da Imprensa de Pernambuco (1821-1954)*. Recife: Ed. da UFPE, 1969. v. IV. Disponível em: <http://www.fundaj. gov.br/geral/200anosdaimprensa/historia_da_imprensa_v04.pdf>. Acesso em: 10 set. 2010.

---

[23] Filipe Néri Colaço, natural de Pernambuco, era doutor em Ciências Sociais e Jurídicas. Além de *O Recreio das Bellas*, editou em Recife o periódico *O Jardim das Damas*, em 1852. Traduziu e publicou diversos livros, entre eles *Jesus Cristo perante o século* (1845); *Defesa dos dogmas da liberdade de Deus e da Santíssima Trindade* (1859); *O Homem* (1876); *Aritmética prática para uso das escolas de ambos os sexos* (1862); *O conselheiro da família brasileira*: enciclopédia dos conhecimentos indispensáveis na vida prática etc. (1883), entre outros.

A Grinalda

1849-1850

A Grinalda – "Periódico Dedicado às Damas" – surgiu pela primeira vez em dezembro de 1849, na cidade de Recife. Segundo Luiz do Nascimento, estudioso da imprensa pernambucana, o lançamento do jornal foi assim divulgado na seção "Avisos Diversos" do *Diário de Pernambuco* de 29 de dezembro de 1849:

> Publicou-se o primeiro número deste interessante jornal, contendo: "Introdução"; o começo de um romance, "A Freira"; "Revista do Recife" e poesias. Espera-se a coadjuvação do sexo amável para esta publicação, em que as suas virtudes e belas qualidades são o principal objetivo. Acha-se à venda na Livraria do Colégio, n. 9. (*Diário de Pernambuco*, Recife, 29 dez. 1849, *apud* NASCIMENTO, 1969, p. 321).

Impresso na Tipografia M. F. de Faria era vendido ao preço de 50 réis o exemplar avulso. Citando outro pesquisador do periodismo – Alfredo de Carvalho –, Nascimento afirma que o jornal encerrou as atividades em 07 de fevereiro de 1850, na quinta edição. Não foram encontrados exemplares em nenhum dos arquivos e bibliotecas pesquisados.

Fonte: NASCIMENTO, Luiz do. Periódicos do Recife (1821-1850). In: *História da Imprensa de Pernambuco (1821-1954)*. Recife: Ed. da UFPE, 1969. v. IV. Disponível em: <http://www.fundaj. gov.br/geral/200anosdaimprensa/historia_da_imprensa_v04.pdf>. Acesso em: 10 set. 2010.

Novo Gabinete de Leitura
1850

Com o subtítulo "Repertório oferecido às Famílias Brasileiras, para seu Recreio e Instrução", *Novo Gabinete de Leitura* foi uma publicação dos irmãos franceses Eduardo e Henrique Laemmert, no Rio de Janeiro. Considerada um "periódico-livro" por sua extensão, a primeira edição trazia cem páginas, continha principalmente textos em prosa traduzidos do francês, e pouca poesia. O periódico não apresentava colunas fixas, nem informava sobre corpo redacional, colaboradores, nem dia e mês em que era publicado. Dentre as seções que se repetem estão "Novo tesouro doméstico de receitas infalíveis", "Anedotas" e "Charadas".

O editorial do primeiro número expunha os objetivos do periódico, reiterando sua intenção de instruir e recrear o público leitor:

> Com o nome de *Gabinete de Leitura* oferecemos aos nossos leitores um novo periódico-livro cujo fim é instruir recreando.
>
> Algumas páginas dispersas da história das nações, ilustradas com as gravuras de alguns de seus monumentos e dos fatos mais célebres, a parte filosófica deles, e a narração de algumas viagens, formarão uma parte da resumida biblioteca do nosso *Gabinete de Leitura*.
>
> Os romances, quadros poéticos dos maiores segredos da nossa vida, descrição de nossos amores, de nossos sofrimentos e também de nossas aventuras e prazeres, irão oferecer às Senhoras Brasileiras alguns momentos de uma distração apenas moral e recreativa. [...]
>
> A poesia pela qual se revela o que há de mais divino em nosso pensamento; a poesia, composto de sentimento, imagens e melodias, tomará também uma parte na nossa publicação, cujo fim é ser querida de todos, e ainda mais do belo sexo, a quem procuramos oferecer uma distração inocente, não só apresentando-lhe à sua leitura romances e poesias, mas ocupando-nos de mais alguns assuntos, como anedotas e charadas.
>
> (*Novo Gabinete de Leitura*, Rio de Janeiro, ano I, n. 1, 1850, p. 1)

Uma coluna bem-humorada – "Novo tesouro doméstico de receitas infalíveis" – transformava em piada algumas preocupações sobre o cuidado pessoal:

Contra a queda dos cabelos:

Compre-se todos os remédios anunciados pelos jornais, e depois de ter esfregado bem a cabeça com eles, passe-se a rapar o cabelo; repita-se a operação uma vez todos os meses, e continue assim por toda a vida.

Contra as dores de dentes:

Quem padecer desta moléstia tome uma bochecha d'água fria, assente-se sobre a chapa de ferro de um fogão aquecido, e conserve esta posição até ferver a água que tem na boca: a dor cessará imediatamente.

Para não ter nariz de pimentão:

Todas as vezes que se quiser beber vinho ou qualquer outro espírito, mergulhe-se o nariz numa tina bem cheia de água fresca. Esta receita é do novo sistema de Hidroterapia, e nunca falha.

(*Novo Gabinete de Leitura*, Rio de Janeiro, ano I, n. 1, 1850, p. 14)

Não há informações quanto à continuidade do periódico. A última edição conhecida é a de número 3, também de 1850.

Fontes: *Novo Gabinete de Leitura*, Rio de Janeiro, ano I, n. 1, de 1850, em formato microfilme, no Arquivo Edgard Leuenroth, da Unicamp.

Novo Gabinete de Leitura, Rio de Janeiro, ano I, n. 1 e n. 3, de 1850, em formato microfilme, no Acervo de Periódicos Raros da Biblioteca Nacional.

O Bello Sexo
1850-1851

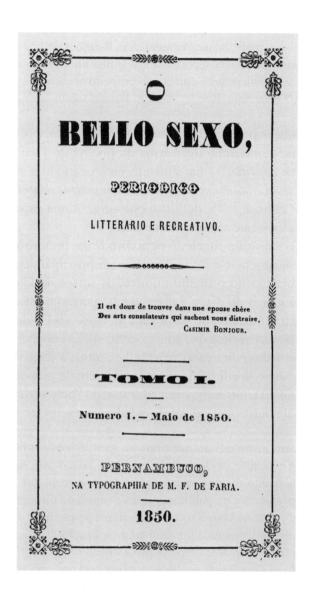

"Periódico Literário e Recreativo", *O Bello Sexo* surgiu em maio de 1850, em Recife, no formato 23x15 cm, em papel acetinado, variando entre dezesseis e vinte páginas. Com periodicidade mensal, era impresso na Tipografia de M. F. de Faria, tinha como redatores Antônio Vitrúvio

Pinto Bandeira e Acióli de Vasconcelos e, como diretor, Aprígio Guimarães.[24] Uma nota informava as condições da assinatura:

> *O Bello Sexo*, destinado especialmente à diversão daquela fração do gênero humano cujo nome o adorna, é publicado pela sua respectiva associação, mensalmente, em livrações de 12 a 16 páginas, no formato de oitavo português. A assinatura trimestral pela quantia de 1$000, pagos à entrega do primeiro número.
> (*O Bello Sexo*, Recife, ano I, n. 1, maio 1850)

Seguindo os padrões da imprensa feminina francesa, *O Bello Sexo* trazia na capa, como epígrafe, versos do poema de Casimir Bonjour – "*L'Éducation des filles*" – que ilustram com exatidão a sua proposta: "*Il est doux de trouver dans une epouse chère,/ Des arts consolateurs qui sachent nous distraire*". Ou seja: "É delicioso encontrar, numa esposa querida,/ Artes consoladoras que saibam nos distrair".

Como o subtítulo sugere, o periódico tinha pretensões literárias, e suas crônicas, poemas e romances visavam principalmente distrair a leitora. Na abertura do primeiro número, os versos de Chateaubriand – "Vós sois as graças do dia, e a noite vos ama como o orvalho; homem nasce de vosso ventre para se suspender do vosso seio, e de vossa boca; vós sabeis palavras mágicas que adormecem todas as dores" – reforçam o olhar idealizante dos editores sobre a mulher, tornada objeto de adoração.

Mais adiante, o editorial informa que, além de proporcionar lazer, pretendia também contribuir para a educação do "belo sexo", alinhando-se ao projeto de outros periódicos da cidade:

> Sim, entre nós outros, ainda no geral, é mesquinha, senão nula, a educação intelectual dada ao sexo criado para felicidade e ornamento da humanidade; além disso, acresce que excessiva é a parcimônia na publicação desses canais de difusão; pelos quais, da mistura com o recreativo, sempre se promove a instrução, se insinua a moralidade e se opera a civilização: essa lacuna é palmar, ninguém há que de perto não a sinta.
> Com o patriótico intento de remover esse mal, virão sucessivamente à luz do dia os periódicos *Brinco das Damas*, *Recreio das Bellas*, *Beija-Flor*, *Violeta* e *Grinalda*, e coexistirão com tamanha aceitação

---

[24] Aprígio Guimarães (1832-1880), além de professor e advogado, foi teatrólogo, biógrafo e político. Além de *O Bello Sexo*, dirigiu também *A Madressilva*, em 1870.

Dicionário Ilustrado – Século XIX

que, sendo por sem dúvida a maior e mais doce recompensa aos seus respectivos redatores, bem mostrou o quanto arraigado e difundido estava o gosto por tal leitura entre o sexo amável. [...] Vai, filho, querido, com amor e receio paternal, te introduzimos pela primeira vez na agitação da vida literária: aí possas sempre aspirar a aura da benevolência, e nunca o mefitismo do desprezo ou da indiferença!

Assinado: Witruvio [que também assina Vitruvio].

(*O Bello Sexo*, Recife, ano I, n. 1, maio 1850, p. 4)

O jornal divulgou inúmeros folhetins e textos em prosa e verso de Vitrúvio, J. T. S. Quintanilha Junior, T. C. C. Galvão, João Clímaco Lobato, João da Costa Ribeiro, R. S. Pais de Andrade, F. de Araújo Barros, P. W. Cantanhede, M. A. Vilela, Nabor, L. Q. Pessoa, Hugulino e Joaquim F. Duarte Junior, que tinham como tema o amor, a mulher, a donzela, a mãe de família...

Na segunda edição, de maio de 1850, um artigo destoa dos demais ao insistir na instrução da mulher como forma de diminuir as desigualdades existentes entre os sexos e promover seu desenvolvimento intelectual e moral: "Dê-se à mulher igual educação, com ela distribuam-se os mesmos cuidados, aplique-se aos mesmos fins, e, conforme os efeitos daí originados, com justeza se decidirá então acerca desta matéria" (*O Bello Sexo*, Recife, ano I, n. 2, jun. 1850, p. 18).

O jornal surpreende ao tratar da prostituição, um tema tabu em especial na imprensa feminina. No texto assinado por J. C. Lobato, ela é apresentada como "desgraça na vida das mulheres", que deviam se "proteger das más influências, e não se deixar seduzir pelo 'falso brilho de uma vida fútil feita de aparência e riqueza'. O tempo se encarregaria de mostrar que tudo não passava de ilusão, e a mulher se veria velha e abandonada por todos. Ao final, o autor do artigo assevera: "Maldição à mulher prostituída!" (*O Bello Sexo*, Recife, ano I, n. 2, jun. 1850, p. 19-20).

As edições 5 e 6, de setembro e outubro de 1850, foram publicadas em um único volume. Ao mesmo tempo em que alguns textos pregavam a instrução da mulher como forma de emancipação, alguns artigos, como "Os deveres das mães de família", reforçavam o papel determinado para a mulher na sociedade do século XIX:

Para que uma mulher possa preencher restritamente os encargos de uma boa mãe de família, é necessário primeiramente que ela tenha sido boa filha e boa irmã – como filha, que tenha obedecido

109

religiosamente a seus pais, como irmã, que tenha amado ternamente seus irmãos. Ah! se todas as mulheres soubessem compreender a alta missão para que Deus as destinou neste mundo, então a terra seria um paraíso, e os homens os anjos desse paraíso.

(*O Bello Sexo*, Recife, ano I, n. 5/6, set./out. 1850, p. 72)

Na última página dessa edição, os editores avisam sobre a interrupção de *O Bello Sexo*, cuja publicação será retomada em maio do ano seguinte com uma alteração no corpo redacional: João Clímaco Lobato, antes colaborador, passa a diretor. Mas o empenho em levar a educação às jovens permanece contraditório:

> Votado à instrução e ao recreio dessa doce e graciosa porção do gênero humano, que menina ou moça, na idade madura ou na decrepitude, é sempre o anjo da dedicação cuja vida cifra-se inteira em fazer venturosa outra criatura – nesse propugnar por um sexo sempre oprimido, *O Bello Sexo*, cheio de um legítimo orgulho [...], empenhará todas as forças moralmente possíveis a fim de que as produções exaradas em suas colunas não desvirtuem na prática a verdade teórica contida neste pensamento duma sumidade contemporânea [...].
>
> (*O Bello Sexo*, Recife, ano II, n, 1/2, maio/jun. 1851, p. 4)

A última edição foi essa, de maio/junho, com 32 páginas. Como em outros periódicos, também nesse a imagem construída da mulher está marcada pela passividade: ela deve estar a vida inteira devotada a "fazer venturosa" a existência do marido.

Fontes: Coleção de 6 edições de *O Bello Sexo*, Recife-PE, sendo duas duplas (5/6, de 1850; e 1º /2, de 1851), em formato digital, na Hemeroteca Digital Brasileira.

Coleção de seis edições de *O Bello Sexo*, Recife, em formato microfilme, no Acervo de Periódicos Raros da Biblioteca Nacional do Rio de Janeiro.

NASCIMENTO, Luiz do. Periódicos do Recife (1821-1850). In: *História da Imprensa de Pernambuco (1821-1954)*. Recife: Ed. da UFPE, 1969. v. IV. Disponível em: <http://www.fundaj.gov.br/geral/200anosdaimprensa/historia_da_imprensa_v04.pdf>. Acesso em: 10 set. 2010.

O Jasmim

1850

Com o subtítulo "Periódico dedicado ao Belo Sexo", *O Jasmim* surgiu na cidade do Recife em 22 de junho de 1850. Com periodicidade mensal, a assinatura anual era oferecida por 1.000 réis, o exemplar avulso por 80 réis, e era vendido em diferentes pontos da cidade.

Não foram encontrados exemplares nas bibliotecas e arquivos pesquisados. Apenas foi possível saber de sua existência através do livro de Luiz do Nascimento, *História da imprensa de Pernambuco* (1969, p. 329-330).

Fonte: NASCIMENTO, Luiz do. Periódicos do Recife (1821-1850). In: *História da Imprensa de Pernambuco (1821-1954)*. Recife: Ed. da UFPE, 1969. v. IV. Disponível em: <http://www.fundaj. gov.br/geral/200anosdaimprensa/historia_da_imprensa_v04.pdf>. Acesso em: 10 set. 2010.

O Beija-Flor
1850-1851

Em 14 de julho de 1850 surgiu em Belém do Pará *O Beija-Flor*, editado semanalmente na Tipografia de Mendonça e Baena, localizada à Rua da Misericórdia, s/n. Vendido por meio de assinaturas trimestrais por 1.000 réis, possuía quatro páginas dedicadas à literatura. Na primeira edição, o cabeçalho trazia a seguinte inscrição:

> Às Brasileiras saúda,
> *Beija-Flor*, ave mimosa,
> Dizendo-lhes que tu nasceste
> Nos pétalos de linda rosa.
> Que surgistes enfim das chamas
> E terno, voraz ciúme,
> Para guardar em teu peito,
> Brandos ais, doce queixume.
> (*O Beija-Flor*, Belém, ano I, n. 1, 14 jul. 1850, p. 1-2)

Além de divulgar a literatura, pretendia também defender as leitoras dos insultos que eram publicados em outro periódico da cidade – o *Marmota Paraense*. Ao longo de suas 36 edições, vários artigos condenaram a postura do *Marmota*, conforme o trecho abaixo:

> Lendo nós em o n. 1º da *Marmota* o artigo – "Rala-moela das gamenhas" – e sendo nosso fim principal defender o belo sexo das calúnias e descrédito que sobre elas pretende lançar esse periódico, não podemos deixar de responder alguns de seus Senhores; e tão animados entramos na luta, que não receamos publicar termos provas superabundantes para mostrar quanto elas são superiores em tudo ao homem; ainda mesmo partindo de sua criação; mas por enquanto só nos limitaremos ao fim já proposto.

A mulher é a obra prima do universo, é como as flores o encanto e esmalte da terra, é o ornamento de uma casa, como o sol o é do mundo [...]. Que os *marmanjos* estão destacados nas portas dos Templos, nós sabemos, se continuam a praticar inveterados escândalos, ignoramos, e se assim é ao menos não são correspondidos (em que consiste seu maior tormento), por quanto se eles pensam, as mulheres melhor sentem, elas são mais bem dirigidas pelo seu coração, que os homens pela sua razão, e todos os raciocínios destes não valem um sentimento delas.
(*O Beija-Flor*, Belém, ano I, n. 2, 21 jul. 1850, p. 2-3)

Ao que parece, o jornal era escrito por mulheres, e logo se tornou um espaço para a divulgação da produção literária feminina local. Na maioria das vezes, os poemas eram assinados apenas com as iniciais, recurso muito utilizado para preservar a identidade. A. Penna e A. C. S. foram algumas das assinaturas que aparecem com mais frequência, assim como J. J. M. C., que, no segundo número, publicou um poema em homenagem ao periódico:

Avante meu *Beija-Flor*
Não canses no voo teu,
A *Marmota* já morreu
Dá-lhe um beijinho de dor.
Mostra que tu tens amor
A tudo que é paraense
Para que alguém não pense
Ser soberba o que tu tens.
Porém, censura os desdéns
Da *Marmota Paraense*.
(*O Beija-Flor*, Belém, ano I, n. 21, jul. 1850, p. 3-4)

Devido às dificuldades de manutenção, geralmente os periódicos impressos nessa época possuíam vida efêmera, principalmente os segmentados, como os dedicados ao público feminino. Alcançar um número maior de edições era feito raro, o que justifica a comemoração do primeiro semestre de vida:

Com intenso prazer e sublime contentamento, amados Leitores, é que submissamente me venho arrojar diante de vós, e é confiado na magnânima proteção do amor e simpatia de que vos sou devedor, que tomo sobre mim a ousadia de anunciar-vos com risonho aspecto a feliz entrada na publicação de meu segundo trimestre [...].

Imprensa feminina e feminista no Brasil

Vós, amáveis Brasileiras, a quem tenho a glória de defender, e por quem conservo a existência, espero, mostreis sempre carinhos e ternura, que merece tão inocente avezinha, por que ela hoje vem de novo retificar os protestos outrora feitos, vem jurar que será vossa defensora, até tocar a meta assinalada pela bárbara mão de seu destino, até que a morte descarregue sobre ela, a curva foice, que em suas mirradas mãos sustem.

(*O Beija-Flor*, Belém, ano I, n. 14, 13 out. 1850, p. 1-2)

Mirando-se no exemplo de países europeus, onde a conquista de direitos para as mulheres começava a ser realidade, *O Beija-Flor* reivindica a igualdade de tratamento entre homens e mulheres como prerrogativa para o progresso da sociedade:

As mulheres e sua importância

Meu amigo, tu antes de emitir a tua opinião a este respeito, devias considerar que em todos os países onde as Mulheres têm sido tratadas com igualdade ao Homem, a civilização tem progredido: para te convenceres desta verdade basta leres a história do antigo Egito, e verás as mulheres tomarem grande parte nos sucessos daquela grande nação, que de todos os povos antigos é inegável ter sido ela a única que gozou mais liberdade e cuja população sempre progrediu, através de muitos séculos, conservando suas riquezas e sua autoridade; e isto, Alfredo, não se pode atribuir senão à grande importância que os egípcios davam às Mulheres, pois é sabido que entre eles as mulheres foram livres, honradas, e respeitadas. Assinado: J. J. Mendes Cavalleiro.

(*O Beija-Flor*, Belém, ano I, n. 19, 17 nov. 1850, p. 2)

Em 23 de março de 1851, o jornal alcançou a edição número 36, a última que se tem notícia.

Fonte: Coleção de *O Beija-Flor*, Belém, 36 edições, em formato digital, na Hemeroteca Digital Brasileira.

A Esmeralda

1850

Com o subtítulo "Periódico Dedicado às Pernambucanas", *A Esmeralda* começou a circular em Recife, em 7 de setembro de 1850. Era impresso na Tipografia de Manoel Figueroa de Faria, e vendido a 40 réis o exemplar em vários estabelecimentos da cidade.

Sua existência está documentada na importante obra de Luiz do Nascimento (1969, p. 347-348), responsável pela recuperação e estabelecimento da história do periodismo em Pernambuco. Além do trabalho realizado por esse pesquisador, pouco se sabe. Não foram encontrados exemplares nos arquivos e bibliotecas pesquisados.

Fonte: NASCIMENTO, Luiz do. Periódicos do Recife (1821-1850). In: *História da Imprensa de Pernambuco (1821-1954)*. Recife: Ed. da UFPE, 1969. v. IV. Disponível em: <http://www.fundaj.gov.br/geral/200anosdaimprensa/historia_da_imprensa_v04.pdf>. Acesso em: 10 set. 2010.

Imprensa feminina e feminista no Brasil

Novellista Brasileiro
ou Armazem de Novellas Escolhidas
1851

Novellista Brasileiro ou Armazem de Novellas escolhidas – a "Revista Feminina da Casa Laemmert" – surgiu no Rio de Janeiro em 1851. Publicado por Eduardo e Henrique Laemmert, o *Novellista* pretendia oferecer às leitoras

> As composições mais afamadas dos melhores autores modernos da escola romântica sobre novelas, assuntos e recordações dos mais brilhantes fatos da história dos povos, viagens, memórias, anedotas e charadas, poesias, revista das últimas modas, teatros, bailes, reuniões, etc.
>
> (*Novellista Brasileiro ou Armazem de Novellas Escolhidas*, Rio de Janeiro, 1851)

As matérias eram ilustradas com elaboradas gravuras coloridas de trajes para festas e passeio, que o redator descrevia em texto semelhante a uma crônica. A seção "Revista da Quinzena" era uma espécie de colunismo social que divulgava e comentava os bailes e espetáculos mais importantes da cidade. O periódico trazia ainda uma novidade: o "Folhetim do Novo Gabinete de Leitura", com romances e novelas em fascículos. Contribuía, dessa forma, para a constituição do hábito de leitura entre as mulheres, logo consideradas as receptoras ideais da produção poética e romanesca que então circulava.

Essas informações foram obtidas no livro de Dulcília Buitoni – *Mulher de papel: a representação da mulher na imprensa feminina brasileira* (1981, p. 18).

Fonte: BUITONI, Dulcília Helena Schroder. *Mulher de papel: a representação da mulher na imprensa feminina brasileira*. São Paulo: Edições Loyola, 1981.

O Jornal das Senhoras
1852-1855

Ao criar *O Jornal das Senhoras,* Joana Paula Manso de Noronha[25] fez história na imprensa feminina brasileira. Essa folha, surgida no Rio de Janeiro em 1852 e circulada sempre aos domingos, por muito tempo foi considerada a primeira dirigida por uma mulher. Com a promessa de levar às leitoras "Modas, Literatura, Belas-Artes, Teatro e Crítica", *O Jornal das Senhoras* era impresso na Tipografia Parisiense, localizada na Rua Nova Ouvidor, n. 20. A partir de março, o endereço passou a ser Rua da Carioca, n. 32, e a Tipografia a Santos & Silva Junior.

Segundo June E. Hahner (1981), a publicação causou júbilo e ao mesmo tempo surpresa entre as leitoras. Ciente da ousadia de estar à

---

[25] Joana Paula Manso de Noronha (1819-1875), poetisa, dramaturga, romancista e jornalista nascida na Argentina, residiu alguns anos no Brasil como exilada da ditadura de Rosas. Colaborou em diversos periódicos e publicou, entre outros livros: *La família del Comendador* e *Los mistérios del Plata* (novelas); *Esmeralda* (drama); *As manias do século* (comédia); e *Família Morel* (drama).

Imprensa feminina e feminista no Brasil

frente de um jornal em meados do século XIX, Joana Paula Manso assim anuncia a chegada do periódico:

Às nossas assinantes

[...] Ora, pois, uma senhora a testa de uma redação de um jornal! Que bicho de sete cabeças será?

Contudo em França, em Inglaterra, na Itália, na Espanha, nos Estados-Unidos, em Portugal mesmo, os exemplos abundam de senhoras dedicadas à literatura colaborando [em] diferentes jornais. Porventura a América do Sul, ela só, ficará estacionária nas suas ideias, quando o mundo inteiro marcha ao progresso e tende ao aperfeiçoamento moral e material da Sociedade?

Ora, não pode ser! A sociedade do Rio de Janeiro, principalmente a Corte e Capital do Império, Metrópole do Sul da América, acolherá decerto com satisfação e simpatia *O Jornal das Senhoras*, redigido por uma americana que, se não possui talentos, tem a vontade e o desejo de propagar a ilustração e cooperar com todas as suas forças para o melhoramento social e para emancipação moral da mulher. (*O Jornal das Senhoras*, Rio de Janeiro, ano I, n. 1, 1 jan. 1852, p. 1)

Ao longo de sua trajetória, o periódico contou com poucas co-laboradoras, sendo Christina a mais assídua, tendo, inclusive, assina-do o editorial algumas vezes. Parte do conteúdo era dedicada à litera-tura, mas havia espaço para notícias sobre o teatro e a moda, sempre de inspiração parisiense, conforme anunciado na primeira edição: "o primeiro número de cada mês vai acompanhado de um lindo figurino de mais bom tom de Paris, e outros seguintes de um engraçado lundu ou terna modinha brasileira, romances franceses em música, moldes e rabiscos de bordados" (*O Jornal das Senhoras*, Rio de Janeiro, ano I, n. 1, 1 jan. 1852, p. 4).

A publicação de Joana Paula Manso de Noronha logo se destacou dos periódicos dirigidos ao público feminino. Enquanto os outros se ocupavam principalmente em distrair a mulher que permanecia em casa, *O Jornal das Senhoras* assumiu um discurso emancipacionista, incentivando as mulheres a buscarem instrução e se conscientizarem do seu valor. O artigo "Emanci-pação moral da mulher" resume a proposta do periódico:

Sem dúvida que há deveres naturais que prendem a mulher ao lar doméstico, porém é precisamente desde o seio de sua família que Ela pode ter uma influência direta sobre essa mesma família, sobre a nação e sobre a humanidade inteira.

Perguntar-me-eis: Como? Pois a mulher pode ter outra influência que não seja sobre as panelas? Outra missão além das costuras, outro porvir que não seja fazer o rol da roupa suja? [...].

Eis pelo que desejamos a emancipação moral da mulher; porque lutaremos sempre em demonstrar que ela não é inferior ao homem em inteligência, e porque pugnaremos sempre pelos seus direitos desprezados, e pela sua missão desconhecida.

(*O Jornal das Senhoras*, Rio de Janeiro, ano I, n. 2, 11 jan. 1852, p. 14)

Joana Paula permaneceu à frente do jornal durante seis meses. Na edição de 4 de julho de 1852, Violante Atabalipa Ximenes Bivar e Vellasco[26] anuncia a saída da antiga proprietária e se apresenta como a nova diretora:

Completaram-se no dia 1º do corrente, seis meses da existência do *Jornal das Senhoras*, que sob a redação da Illmª Sra. D. Joana Paula Manso de Noronha, radiante e esbelto se apresentou em tão longo espaço. Motivos, porém, imperiosos obrigaram a nossa Illmª amiga a atender a outros deveres e, por conseguinte, a não dirigir a redação deste periódico. Sobre mim recaiu a escolha para tão pesado encargo e, conquanto balda dos conhecimentos e ilustração que adornam a Illmª Sra. D. Joana, eu empenharei todos os meus esforços para imitar e seguir a senda que ela traçou na redação deste jornal. [...] Apresentando-me a vós, eu ouso pedir que continueis a favorecer, como tens feito, *O Jornal das Senhoras* que, sob sua égide tanto há prosperado, e para o qual devemos invocar também o auxílio de Deus... e a proteção de todos.

Aceitai, minhas amigas, os protestos de pura afeição por vós, a quem mil bens apeteço.

(*O Jornal das Senhoras*, Rio de Janeiro, ano I, 4 jul. 1852, p. 1)

De acordo com a proposta inovadora, o jornal divulgava também figurinos masculinos, o que desagrada a algumas leitoras, fato rapidamente contornado por Violante Bivar Velasco:

---

[26] Violante Atabalipa Ximenes Bivar e Velasco (1816-1875) era baiana, poliglota e figura de destaque nas festas da corte no Rio de Janeiro. Traduziu a peça de Alexandre Dumas e Eugenie Sue, *O xale de casemira verde*, e publicou a coletânea *Algumas traduções das línguas francesa, italiana e inglesa*, com prefácio de Beatriz Brandão. Além de dirigir *O Jornal das Senhoras*, foi responsável pelo periódico *O Domingo*, de 1874.

Já sei de tudo, querida leitora: não precisais contar-me o que se passou no domingo a respeito dos nossos figurinos de homem. Foi... não sei se diga, um desapontamento para quem esperava figurinos de senhora, mas haveis de confessar, que vos forneci um incentivo para conversa lauta, segredinhos, risadinhas, discussões agradáveis em todo o santo dia de domingo, o que já não é pouca novidade. Mas, eu que sou mulher como vós, eu que sei como ficaria se me não dessem no fim do ano um figurino de Senhora no meu Jornal, [...] requeri um figurino, apelei da peça de música que, na forma do programa, devia-se dar no fim do mês, e alcancei um benigno deferimento como era de se esperar. [...] Assentei-me, fiz estas linhas, e agora vou descrever uma linda estampa para vos oferecer. (*O Jornal das Senhoras*, Rio de Janeiro, ano I, 26 dez. 1852, p. 202)

A mudança na direção de *O Jornal das Senhoras* trouxe algumas alterações bem significativas, como: os textos defendendo a emancipação feminina diminuíram, os folhetins ganharam espaço e surgiram matérias relacionadas à saúde, como "Receituários caseiros", "Pastilhas para desinfetar a respiração" e "Dores de cabeça". Em junho de 1853, ocorre nova mudança na direção do jornal, e Gervásia Nunezia Pires dos Santos Neves[27] assume a redação, mantendo praticamente a mesma linha editorial desenvolvida por Violante Atabalipa.

Entre os anos de 1854 e 1855, *O Jornal das Senhoras* continuou sendo editado aos domingos. Em 30 de dezembro de 1855, circulou a última edição:

Há quatro anos é *O Jornal das Senhoras* protegido por um crescido número de assinantes, que constantemente o tem sustentado com as avultas despesas de uma publicação de sua ordem.
Ainda não havia esmorecido, nem uma só, sua tão franca e leal proteção.
Nem tão pouco nós esmorecemos, Senhoras. Não esmoreceremos jamais.
Fazemos apenas uma parada, que julgamos necessária, no próximo ano de 1856; e, com o favor de Deus, *O Jornal das Senhoras* reaparecerá em 1857, para prosseguirmos ao honroso fim a que nos propusemos, cultivando com esmero as imarcescíveis flores

---

[27] Praticamente nada se sabe sobre Gervásia Nunezia Pires dos Santos. Terceira e última redatora de *O Jornal das Senhoras*, ela permaneceu à frente da redação entre junho de 1853 e dezembro de 1855.

do caminho tão nobremente encetado pela nossa antiga redatora, a Sra. Joana Paula de Noronha. [...]

Que nossas nobres assinantes nos relevem, pois, esta deliberação que tomamos, e que esperem pelo dia em que revelemos a razão de suspendermos hoje a publicação do *Jornal das Senhoras*.

A todas e a cada uma em particular dirigimos nossos agradecimentos e um adeus – até o ano de 1857.

(*O Jornal das Senhoras*, Rio de Janeiro, ano IV, 30 dez. 1855, p. 52)

Apesar da promessa, o periódico não retornou. Sua importância pode ser avaliada pelos inúmeros estudos acadêmicos, que o destacam como um marco no periodismo feminino e referência para os que se seguiram.

Fontes: Coleção completa de *O Jornal das Senhoras*, Rio de Janeiro, em formato digital, na Hemeroteca Digital Brasileira.

GOMES, Gisele Ambrósio. *Entre o público e o privado: a construção do feminino no Brasil do oitocentos, 1827-1946*. Dissertação (Mestrado em História) – Programa de Pós-Graduação em História, Instituto de Ciências Humanas, Universidade Federal de Juiz de Fora, Juiz de Fora, 2009. Disponível em: <http://www.bdtd.ufjf.br/tde_arquivos/Publico/giseleambrosiogomes.pdf>. Acesso em: 14 jul. 2012.

HAHNER, June E. O início da imprensa feminina. In: *A mulher brasileira e suas lutas sociais e políticas: 1850–1937*. Tradução de Maria Thereza P. de Almeida e Heitor Ferreira da Costa. São Paulo: Brasiliense, 1981. Disponível em: <http://www.amulhernaliteratura.ufsc.br/catalogo/violante_vida.html>. Acesso em: 29 abr. 2009

LIMA, Joelma Varão. *O Jornal das Senhoras, um projeto pedagógico: mulheres, maternidade, educação e corpo (Rio de Janeiro, Segunda Metade do Século XIX)*. São Paulo: PUC-SP, 2012. Tese (Doutorado História Social) – Programa de Pós-Graduação em História, Faculdade de Ciências Sociais, Pontifícia Universidade Católica de São Paulo, São Paulo, 2012)

MUZART, Zahidé Lupinacci (Org.). *Escritoras Brasileiras do Século XIX*. Florianópolis: Mulheres; Santa Cruz do Sul: EDUNISC, 1999. v. 1.

Imprensa feminina e feminista no Brasil

O Jardim das Damas

1852

O Jardim das Damas – "Periódico de Instrução e Recreio Dedicado ao Belo Sexo" – surgiu em Recife, em janeiro de 1852. Foi dirigido por Felipe Neri Colaço, que já havia editado *O Recreio das Bellas*, em 1849. Impresso na Tipografia de M. F. de Faria, saía "duas vezes por mês – na primeira e terceira dominga", e os exemplares podiam ser adquiridos na Rua Estreita do Rosário, n. 28, ao preço de 2.000 réis "por cada série de 6 números". A capa, em papel colorido, trazia o desenho de uma mulher alada segurando um livro na mão direita e empunhando, na esquerda, duas fitas com a seguinte frase: "Às damas, instrução dou e recreio/ Para glória do povo brasileiro".

Segundo Orlando da Costa Ferreira (1994, p. 418), *O Jardim das Damas* circulou regularmente entre janeiro e dezembro de 1852, tendo sido o primeiro jornal ilustrado de Pernambuco. Oscilando entre dezesseis e vinte e quatro páginas, dividia-se em duas seções: "Parte Instrutiva", dedicada às lições morais e à educação, e "Parte Recreativa", com poesias, folhetins, anedotas e "receitas úteis e curiosas". Trazia ainda "figurinos representativos das modas mais recentes de Paris, de belos riscos de bordados, de lindos moldes de labirintos e de bonitas músicas para piano".

Os textos objetivam instruir as leitoras de acordo com a moral cristã e propagavam que às mulheres cabia obedecer e resignar-se à vontade de Deus. Um texto, assinado por Madame L. B. de A, reforça a necessidade da prática da oração, do culto à religião e da fé em Deus, considerados fundamentais para o desenvolvimento das virtudes femininas:

> Há muito tempo, senhora, que lhe falo sobre oração e deveres religiosos; mas como mãe sábia e piedosa que é, espero que não levará a mal que me estenda sobre este assunto, de todos os que temos que tratar o mais grave, o mais importante, pois serve de fundamento a todos os outros, de base para todas as virtudes.
>
> Que seria com efeito, a moral deste mundo, se não tivesse este apoio divino? Se me fosse permitido citar-me a mim mesma, eu lhe transcreveria algumas passagens que escrevi ultimamente sobre este objeto tão simples e tão fecundo ao mesmo tempo... e que é minha preocupação constante: ah! É por que quanto mais a gente avança na vida, tanto mais sente quanto a religião é santa e venerável!...
>
> ("Cartas sobre a educação". *O Jardim das Damas*, Recife, ano I, n. 10, 30 maio 1852, p. 166)

Curiosamente, não foram encontrados textos afinados com o lema do jornal, que também prometia algum "recreio" além de "instrução", pois estão todos voltados para o reforço da doutrina católica na educação feminina.

Segundo Luiz do Nascimento (1970, p. 37), após a edição 16, de 9 de junho de 1853, o *Diário de Pernambuco* emitiu uma nota, veiculada na seção "Avisos Diversos", que parece justificar o fechamento do periódico:

> Cada número do *Jardim das Damas* que é publicado custa a redação do mesmo de 80$000 a lOO$OOO, não incluindo os que levam figurinos, porque estes custam ainda mais, e não há uma só pessoa que trabalhe para esse periódico que não esteja paga em dia; como pois há de a redação continuar a fazer as despesas necessárias à publicação do mesmo, não sendo os senhores assinantes prontos em pagar suas assinaturas? Porventura não bastam os calotes que têm sido pregados à redação em várias comarcas da província, tais como Rio Formoso, Cabo, etc., e em algumas províncias, nas quais existe em dívida de cerca de 500$000!?
>
> (*Diário de Pernambuco*, Recife, 18 jun. 1853)

Após essa data, não foram encontradas notícias sobre a circulação de *O Jardim das Damas*.

Fontes: *O Jardim das Damas*, Recife, ano I, n. 10, de 30 de maio de 1852, em formato microfilme, no Acervo de Periódicos Raros da Biblioteca Nacional do Rio de Janeiro.

FERREIRA, Orlando da Costa. *Imagem e letra – introdução à bibliologia brasileira: a imagem gravada*. São Paulo: EdUSP, 1994. p. 418.

NASCIMENTO, Luiz do. Periódicos do Recife (1851-1875). In: *História da imprensa de Pernambuco (1821-1954)*. Recife: Ed. da UFPE, 1970. v. V. Disponível em: <www.fundaj.gov.br/geral/200anos-daimprensa/historia_da_imprensa_v05.pdf>. Acesso em: 26 set. 2009.

Recreio do Bello-Sexo

1852-1856

Recreio do Bello-Sexo – "Jornal de Modas, Literatura, Belas-Artes e Recreio" – deve ter sido lançado no Rio de Janeiro em 1852, pois o único número encontrado no Acervo de Periódicos Raros da Biblioteca Nacional corresponde ao quinto ano de circulação, e está datado de 17 de janeiro de 1856. Esse exemplar está incompleto e apresenta o formato 27,5x18,4 cm.

A proposta do *Recreio do Bello-Sexo* era basicamente aconselhar as damas da sociedade carioca a se vestir adequadamente nas diferentes ocasiões, como se suas vidas se resumissem em saber apenas isso. Um dos textos comenta uma gravura enquanto reitera o que devia ser considerado "bom gosto". Nestes termos:

O figurino que apresentamos ao belo sexo não serve de modelo para os salões ou para os bailes, aonde o trajar é muito diverso. Representa ele a vestimenta do passeio, e a da visita.

A atitude em que se acham as duas Damas, que observais no quadro, demonstra que juntas vão ao *promenade* ou passeio pelos bosques.

Suas vestimentas também servem para o passeio no interior da cidade. [...] A primeira se mostra sob um aspecto mais grave, e mais próprio da visita: é a dama de *manteleta* preta. A segunda aparece sob a forma mais pitoresca, e com a vestimenta mais própria dos encantadores passeios à tarde. Examinemos uma e outra e decida, ó belo sexo, qual delas tem mais elegância, que vestimenta é a mais importante, e que gosto é o mais arrebatador.

(*Recreio do Bello-Sexo*, Rio de Janeiro, ano V, n. 3, 17 jan. 1856, p. 1)

A cultura francesa, com forte influência na sociedade brasileira, está presente nas páginas do jornal também através da seção "Revista Francesa", que divulgava traduções e matérias de um correspondente que residia em Paris.

É bom que conheçais (diz o nosso correspondente de Paris) os diversos teatros a cujo respeito teremos de ocupar todos os meses, que saibais qual é o seu gênero, sua organização e o público que os frequenta. Pouco a pouco vos levaremos até o interior de todos eles, depois falaremos dos atores dramáticos, classe muito extensa e curiosa da sociedade parisiense; diremos também alguma coisa das atrizes e muita coisa dos atores.

(*Recreio do Bello-Sexo*, Rio de Janeiro, ano V, n. 3, 17 jan. 1856, p. 2)

No exemplar examinado não consta informação sobre a periodicidade do jornal.

Fonte: *Recreio do Bello-Sexo*, Rio de Janeiro, ano V, n. 3, de 17 de janeiro de 1856, em formato microfilme, no Acervo de Periódicos Raros da Biblioteca Nacional. Esse exemplar também está disponível no formato digital na Hemeroteca Digital Brasileira.

Novo Correio das Modas
1852-1854

"Jornal do Mundo Elegante Consagrado às Famílias Brasileiras": assim se apresentava o *Novo Correio das Modas* (ou *de Modas*), editado duas vezes por ano no Rio de Janeiro, entre 1852 e 1854. Para melhor orientar as leitoras, trazia um índice com as seções e os textos que se estendiam ao longo de suas mais de 220 páginas. Pelo subtítulo deduz-se que pretendia alcançar um público bem amplo, pois continha "Novelas, poesias, viagens, recordações históricas, anedotas e charadas". Impresso na Tipografia Universal de Laemmert, localizada à Rua da Quitanda, n. 77, circulava na corte e também em outras províncias. A assinatura anual custava 12.000 réis, e a semestral 7.000 réis.

Ana Laura Donegá (2009, p. 15) chama a atenção para o fato de a publicação seguir o padrão das estrangeiras, em especial da França, como *Revue et Gazette Musicale de Paris*, *Lanterne Magique* e *Illustration*. No texto de abertura do primeiro número, o editor se apresenta de forma galante para as leitoras:

Folhetim da Quinzena

Vou-me vestir hoje de ponto em branco, minhas amáveis leitoras: é este o dia em que venho dar-vos as boas festas, e conversar com uma por uma de vós, mais orgulhoso do que um rei mouro, e mais dedicado do que um paladino. E não tenho eu motivos? Não é grande a honra que recebo, eu pobre e obscuro folhetinista, de poder acompanhar-vos, (até sem testemunhas!!) ... à sombra de arvoredos, nos passeios deleitosos, e quantas vezes também no silêncio do vosso tocador, escrupulosamente *fermé* ao bafo profano da curiosidade teimosa, para vos narrar, contar, descrever entusiasmo agora, com paixão logo, os acontecimentos que durante o espaço de quinze dias tiveram ocorrido, e que possam interessar-vos? Oh! Eu seria uma alma de gelo se esta ideia não despertasse em mim profundas emoções! Não, o vosso campeão, deixai-me gloriar com este nome, conhece quanto é honrosa a sua missão, e promete respeitoso não vir comprimentar-vos senão em rigoroso *toilette*, e escrupulosamente ganté, conforme mandam os preceitos do CORREIO DE MODAS; do que é preciso não discrepar um ponto, para poder ser admitido no templo da variedade e do gosto, que é muitas vezes o das artes e não poucas o do gênio.

(*Novo Correio das Modas*, Rio de Janeiro, ano I, n. 1, 1852, p. 2)

Parte da revista é, pois, ocupada por textos e figurinos de moda que enfatizam a qualidade das roupas produzidas em Paris, e insistem na superioridade estrangeira perante o produto nacional.

Nossa primeira estampa representa dois figurinos de senhoras, qual deles o mais bonito. De Paris os recebemos, e aqui os entregamos às nossas amáveis leitoras, para que aproveitem o que julgarem mais *distingué*, a fim de formar o belo composto de seus elegantes *toilettes*. As modas são como a primavera; sempre que aparecem trazem uma flor nova, que se ama colher, unir ao seio e aspirar com alegria; embora tenha de em curto tempo murchar e fenecer. Não importa, é o destino das mais belas coisas deste mundo durar pouco. [...]
Os nossos figurinos representam dois *toilettes* de passeio. O primeiro traz uma espécie de capote de tafetás, que revela um pouco a forma do cotovelo, sem contudo ser demasiadamente pronunciada. Tem largas franjas tudo em roda, e é fechado na parte anterior do corpo, por meio de cordões com borlas e uma corrediça. [...]
A moça que se vê de pé em nossa gravura veste uma *toilette* das mais elegantes de Paris.
Já que brindamos as nossas amáveis leitoras com tão belos figurinos modernos, cumpre não dar motivos de queixa aos nossos jovens elegantes, acostumados a recorrer ao nosso *Correio* como seu Monitor do bom gosto, e por isso na presente estampa lhes oferecemos três cavalheiros vestidos segundo a última moda de Paris.
Eis aqui trajes para homens, que mais recentemente se usam em Paris.

(*Novo Correio das Modas*, Rio de Janeiro, ano I, n. 1, 1852, p. 1-2)

A pregação de valores morais também teve espaço nas páginas do *Correio*. No trecho que se segue são ressaltados os momentos "de maior significado na vida de uma mulher", que seriam, segundo o autor, o casamento e a maternidade.

> Sois casada, minha leitora? Então não careceis que vos descreva as solenidades que a igreja emprega no casamento. Sois solteira? Como este jornal tem de ser lido por casadas, para as não enfastiar, ide ter com vosso pai e vossa mãe: pedi-lhes que vos deem um marido escolhido por eles; há de ser melhor do que aquele que vós mesmas escolherdes: embora assim não cuideis. Escolhido que seja, ide à igreja e saberei o que é.
>
> E ainda sabereis outra coisa: sabereis qual é o mais belo momento da vida humana. Sim: que para o homem e a mulher não há momento de ventura igual aquele em que o sacerdote, tendo proferido as palavras sacramentais, os entrega um ao outro. Nesse momento, as portas do paraíso se abrem, e nós, fracos mortais, gozamos das delícias do céu. É um momento, porém um momento que vale uma eternidade.
>
> A mulher tem ainda outro momento igual: é aquele em que recebe em seus braços o fruto de suas entranhas. Ser esposa! E ser mãe!
>
> (*Novo Correio das Modas*, Rio de Janeiro, ano II, n. 14, 1853, p. 108-109)

O periódico reforça a doutrinação moral voltada para a manutenção do *status quo* patriarcal, que submetia a mulher à vontade do homem, enquanto limita o horizonte de feminino ao casamento e à maternidade.

Fontes: Coleção de *Novo Correio de Modas*, Rio de Janeiro, de 1852, 1853 e 1854, com dois números para cada ano, em formato digital, na Hemeroteca Digital Brasileira. Disponível em: <www.hemerotecadigital.bn.br>.

DONEGÁ, Ana Laura. *Novo Correio de Modas (1852-1854): a prosa ficcional na moda e a moda na prosa ficcional*. Campinas: Unicamp, 2009. Monografia (Licenciatura em Letras) – Instituto de Estudos da Linguagem, Universidade Estadual de Campinas, Campinas, 2009. Disponível em: <http://cutter.unicamp.br/document/?code=40998>. Acesso em: 08 dez. 2012.

A Bonina

1854

Com o subtítulo "Periódico Literário e Recreativo", *A Bonina* circulou em Recife no período compreendido entre 17 de junho de 1854 e 28 de setembro do mesmo ano, quando alcançou a 17ª edição. Era impresso na Gráfica de M. Figueiroa de Faria, tinha periodicidade semanal, sempre aos sábados, e o editor-responsável era Pedro Calazans. "Oferecido ao Belo Sexo Pernambucano", podia ser adquirido em diversos pontos da cidade, como na Rua Nova, n. 52, na loja de chapéus do Sr. Boaventura, na Praça da Boa Vista, na Botica do Sr. Gameiro, e na cidade de Olinda, na Rua do Varadouro, n. 38, a 80 réis o exemplar.

Estas informações foram colhidas na obra de Luiz do Nascimento – *História da Imprensa de Pernambuco* (1969, p. 51), pois não foi localizado nenhum exemplar nos arquivos e bibliotecas pesquisados.

Fonte: NASCIMENTO, Luiz do. Periódicos do Recife (1851-1875). In: *História da imprensa de Pernambuco (1821-1954).* Recife: Ed. da UFPE, 1970. v. V. Disponível em: <www.fundaj.gov.br/geral/200anosdaimprensa/historia_da_imprensa_v05.pdf>. Acesso em: 26 set. 2009.

A Camelia
1854

A *Camelia* – "Periódico Recreativo" – surgiu em Recife em 7 de setembro de 1854. Com quatro páginas, divididas em duas colunas, trazia textos literários e anedotas. Dirigido por Eugênio Augusto do Couto Belmonte, era impresso na Tipografia Federativa Republicana. No alto da primeira página, havia a seguinte inscrição:

> Ó Camélia encantadora!
> Do jardim do Deus de amor,
> És o tipo da inocência,
> Toda graça e pudor

O segundo número surgiu em 16 de setembro, e em 28 de outubro de 1854 foi impressa a edição 8, a última que se tem notícia. A escassez de informações deve-se ao fato de não ter sido encontrado nenhum exemplar do periódico nos arquivos e acervos pesquisados. Os dados apresentados foram levantados pelo pesquisador pernambucano Luiz do Nascimento (1970, p. 57).

Fonte: NASCIMENTO, Luiz do. Periódicos do Recife (1851-1875). In: *História da imprensa de Pernambuco (1821-1954)*. Recife: Ed. da UFPE, 1970. v. V. Disponível em: <www.fundaj.gov.br/geral/200anosdaimprensa/historia_da_imprensa_v05.pdf>. Acesso em: 26 set. 2009.

Estrella das Bellas

1856

O "Periódico Recreativo" *Estrella das Bellas* circulou em Recife, a partir de 10 de julho de 1856, criado por Manuel Braz Odorico Pestana. Impresso na Tipografia Republicana Federativa Universal, apresentava-se como "Defensor das amáveis pernambucanas". No primeiro editorial, a folha ressalta ser "uma coleção de ardentes pensamentos, em que manifestamos os nossos sentimentos e as nossas paixões". Mas *Estrella das Bellas* teve fôlego curto, pois não passou da terceira edição.

As poucas informações se devem a não ter sido encontrado nenhum exemplar do periódico nos arquivos e acervos pesquisados. Os dados apresentados foram levantados pelo pesquisador pernambucano Luiz do Nascimento (1970, p. 71-72).

Fonte: NASCIMENTO, Luiz do. Periódicos do Recife (1851-1875). In: *História da imprensa de Pernambuco (1821-1954)*. Recife: Ed. da UFPE, 1970. v. V. Disponível em: <www.fundaj.gov.br/geral/200anosdaimprensa/historia_da_imprensa_v05.pdf>. Acesso em: 26 set. 2009.

A Borboleta

1857

Periódico literário, *A Borboleta* surgiu no Rio de Janeiro em 22 de março de 1857. Composto por quatro páginas, a redação localizava-se na Rua do Ouvidor, n. 8, e era impresso ora na Tipografia de Peixoto & Leite, ora na Tipografia Fluminense, na Rua dos Ciganos, n. 23. No cabeçalho encontram-se os seguintes versos: "*A Borboleta* adejando/ Por toda a extensidade/ Promete aos seus leitores/ Dizer a verdade./ Em nossos escritos/ Guardaremos regras boas,/ Que é dos vícios falar/ Sem nomear as pessoas". Podia ser adquirido ao preço de 500 réis, "pagos adiantados", conforme consta na primeira página, e a leitora teria acesso a crônicas, poesias, anedotas, charadas e folhetins.

Na primeira edição, um texto à guisa de editorial deixa explícito o público alvo que deseja atingir:

> *A Borboleta* – que se assemelha aos brincos espirituosos e travessos das belas e mimosas virgens, irá esvoaçando além do espaço (se for possível); perscrutará aqui e ali; entrará neste e naquele jardim; colherá flores e, substanciada com o suco destas, irá pousar no colo das nossas amáveis leitoras e então lhes contará o que de novo souber. [...]
> Contando pois com o vosso acolhimento, e tendo a convicção de que aceitareis nossas fracas produções, com o meigo sorriso que deixais escapar sempre de vossos lábios àquelas pessoas que vos intercedem proteção, empregaremos o quanto estiver a nosso alcance, como único meio para granjearmos a vossa estima; esperando de vossa sabedoria e benevolência a merecida desculpa pelos imensos erros, que decerto devereis encontrar.
> Assinado: César.
> (*A Borboleta*, Rio de Janeiro, ano I, n. 1, 22 mar. 1857, p. 2)

Na mesma edição, o artigo intitulado "A mulher" descreve uma figura feminina idealizada e romântica, cujo destino devia se resumir à procriação e manutenção de seu lar. Segundo o autor,

> Criando Deus a mulher, e predestinando-a para co-genitora do gênero humano, parece haver tido em vistas colocá-la de mediadora entre a aspereza natural e a capacidade sentimental do homem.

O belo e engraçado de sua figura; a elegância de seu porte; sua doçura encantadora; sua aptidão em compreender, força, invenção e poder de agradar, são os escolhidos dons que à mulher prodigalizou a natureza, em compensação das qualidades de maior força e robustez que nutre o homem. [...] Todos sabem quão sublime e indispensável é a influência da mulher na sociedade: negar-lhe o merecimento é roubar o direito natural com que foi ela procriada. Assinado: Gravatá.

(*A Borboleta*, Rio de Janeiro, ano I, n. 1, 22 mar. 1857, p. 2-3)

Na edição número 11, novamente é reforçada a imagem da mulher enquanto mãe dedicada e ser divino:

Nossa Mãe

É sem dúvida o nosso Deus na terra essa criatura, que, com excessivos cuidados, guia os nossos passos pelo caminho tortuoso do mundo.

Deus faz-nos entrar no mundo para um fim, que sua vasta imaginação há concebido; mas para isso dá-nos uma criatura que, velando sobre o nosso destino, guiando cautelosamente nossos primeiros passos, introduzindo em nossa alma sentimentos virtuosos e domando nossos ímpetos no violento jogo das paixões, faz com que possamos dar a esse ente o sacrossanto nome de – Mãe!....

(*A Borboleta*, Rio de Janeiro, ano I, n. 11, 31 maio 1857, p. 2).

O periódico publicava também textos exaltando a monarquia, através da figura de D. Pedro II, e poemas de circunstância para comemorar o aniversário ou o matrimônio de uma leitora. *A Borboleta* alcançou a 13ª edição em 14 de junho de 1857, sendo a última que se teve notícia.

Fontes: Coleção de *A Borboleta*, Rio de Janeiro, em formato microfilme, no Acervo de Periódicos Raros da Biblioteca Nacional.

Coleção de *A Borboleta*, Rio de Janeiro, em formato digital, na Hemeroteca Digital Brasileira.

A Violeta Fluminense

1857-1858

Publicada sempre aos domingos, *A Violeta Fluminense* – "Folha Crítica e Literária Dedicada ao Belo Sexo" – surgiu no Rio de Janeiro em 31 de novembro de 1857, com oito páginas, sob a direção de Fortes e Almeida Oliveira. Era impresso na Rua da Valla, n. 141, e vendido através de assinaturas trimestrais. Apresentava quatro seções: "Literatura", com romances em capítulos; "Crônica Semanal"; "Variedades"; e "Poesia". Não foi localizada a primeira edição, porém no editorial da segunda são expostos os objetivos do jornal e o público a quem se destina:

> *A Violeta* – essa flor mimosa, delicado emblema de candura – e fiel expressão dos sentimentos amorosos da melhor porção da raça humana – a mulher há muito ressentia-se da falta de um órgão que, tomando seu nome na capital do Império, exprimisse por palavras a muda significação dessa bela flor. O pequeno e multicor jornal, cujo segundo número ora oferecemos ao público judicioso, procurará desempenhar tão sagrada missão. [...]
>
> E demais, qual será a virgem bela e formosa, como soam ser românticas fluminenses, que vendo parar em suas delicadas e ternas mãozinhas a encantadora e saudável Violeta, que não a acolha, como a fiel expressão de seu fiel e puro e inocente amor?!
>
> Qual será a zelosa e desvelada mãe de família, que em suas horas vagas, não queira deitar um lânguido e terno olhar para a Violeta, recordando em seus deleitáveis escritos, o tempo que já passou?!...
>
> (*A Violeta Fluminense*, Rio de Janeiro, ano I, n. 2, 6 dez. 1857, p. 1)

Seguindo o caráter normatizador e pedagógico que predominava na imprensa destinada ao sexo feminino, o artigo "Conselho às desposadas" pretende orientar as leitoras como se comportar após o matrimônio. A submissão irrestrita ao marido era uma das prerrogativas para o sucesso do casamento:

> Sendo esta folha dedicada ao belo sexo o Demócrito acha útil transcrever aqui dois conselhos dados pelo Sr. José Antônio às Senhoras para o seu governo depois do casamento.
>
> O principal dever de uma donzela que se tem de casar é ser boa cristã, por isso que, seja embora mais formosa que o sol, e tenha por dote a Califórnia em peso, não possuindo boa alma que a faça modesta e virtuosa, torna-se um pomo de discórdia de seu marido...

Dicionário Ilustrado – Século XIX

A donzela que se casar conforme-se sempre com a vontade do seu marido, ame-o e trate sempre de lhe agradar, não seja altiva que é o melhor meio de o governar; se ele tiver alguns defeitos supra-os com a sua discrição, e mesmo quando em algumas ocasiões se mostre intratável tolere com paciência o seu rigor, faça por gostar do seu mau modo, e verá que em poucos dias fará dele o que quiser, por que não há coisa alguma que o tempo e bom modo não abrande... O casamento é, pois, céu ou inferno; se a mulher conforma-se com a vontade do marido é o céu destes dois entes felizes; porém se viverem em discórdia é o inferno porque ambos andarão consumidos, e por fim alguma desgraça porá termo; por isso que não poderão viver unidos e satisfeitos.

Enfim, minhas Senhoras, quem se tiver de casar, que seguir minhas instruções há de ser muito feliz, passará uma vida de Anjo desfrutando venturosamente as doçuras do amor conjugal; viverá sempre em perfeita harmonia, nunca se achará sem seu marido, nem este sem sua prezada mulher, que lhe faz suas delícias e venturas.

(*A Violeta Fluminense*, Rio de Janeiro, ano II, n. 6, 31 jan. 1858, p. 3)

Tais conselhos, visando inspirar um comportamento dócil e resignado por parte da esposa, é frequente nos periódicos dirigidos por homens, principalmente. Se bem que, guardadas as devidas diferenças, também se encontram nas revistas contemporâneas conselhos semelhantes, ensinando as mulheres a representarem uma atitude dócil diante dos companheiros como forma de sedução.

A última edição que se tem notícia de *A Violeta Fluminense* é a de 31 de janeiro de 1858.

Fonte: Coleção de *A Violeta Fluminense*, Rio de Janeiro, com 6 números, em formato digital, na Hemeroteca Digital Brasileira.

Figaro-Chroniqueur

1859

Com o imponente subtítulo de *"Journal Critique, Comique, Satyrique, Anedotique, Récréatif et Amusant – Publication Anti-Politique et Anti-Scientifique"*, *Figaro-Chroniqueur* circulou, em francês, no Rio de Janeiro no ano 1859. O redator-responsável, Arthur Du Mouton, assinava diversos textos, inclusive literários, como A. Du M. Era impresso na Impremerie Moderne de Georges Bertrand, situada à Rua da Ajuda, n. 73.

Na Hemeroteca Digital Brasileira encontram-se quatro números digitalizados: o primeiro, datado de 3 de abril; o segundo, de 10 de abril; o terceiro, de 8 de maio; e o sétimo, de 19 de maio de 1859. A assinatura anual custava 10.000 réis no Rio de Janeiro e 12.000 réis nas demais províncias. Como epígrafe trazia a seguinte frase: *"Glanant par ci, glanant par lá, je fais une gerbe des épis que je ramasse"*. Ou seja: "Respigando por aqui, respigando por ali, faço um feixe de espigas que recolho..."

Como seu propósito era recrear e distrair o público leitor, em especial as leitoras, trazia poesias, contos, piadas, anedotas e críticas bem-humoradas à sociedade da época. Possuía algumas colunas fixas, como *"Feuilleton du* Figaro-Chroniquer", responsável por divulgar notícias da corte, *"Allons y Gaiement"*, com anúncios de prestação de serviços, e *"Le Code Civil Expliqué"*, dedicado a satirizar o código civil brasileiro. Trazia também anúncios de livrarias e peças de teatro em cartaz. Nelson Werneck Sodré (1966, p. 198) afirma no livro *História da Imprensa no Brasil* que essa publicação era dedicada à mulher.

Na última edição conhecida, de 19 de maio de 1859, o jornal informa a venda de gravuras e livros franceses de diversos autores, como George Sand, Mme. Emile de Girardin, Paul Meurice, Théophile Gautier e Alexandre Dumas Fils, entre outros.

Fontes: Coleção *Figaro-Chroniquer*, Rio de Janeiro, números 1, de 3 de abril de 1859; 2, de 10 de abril de 1859; 3, de 8 de maio de 1859; e 7, de 19 de maio de 1859, em formato digital, na Hemeroteca Digital Brasileira.

Centro de Documentação e Apoio à Pesquisa (CEDAP) da UNESP. Disponível em: < http://www.cedap.assis.unesp.br/cat.periodicos/popup/figaro_chroniqueur.html>. Acesso em: 30 jun. 2009.

SODRÉ, Nelson Werneck. *História da Imprensa no Brasil*. Rio de Janeiro: Civilização Brasileira, 1966.

O Espelho
1859-1860

Como "Revista Semanal de Literatura, Modas, Indústria e Artes", *O Espelho* começou a ser publicado na cidade do Rio de Janeiro em 04 de setembro de 1859. Foi impresso em diversas tipografias, sendo a primeira a Casa Editorial de Paula Brito, na Praça da Constituição, n. 64. Circulou sempre com doze páginas, divididas em duas colunas. Francisco Eleutério de Souza foi responsável até o décimo-segundo número, quando Silva Rabelo assumiu a direção. Entre os colaboradores estavam M. de Azevedo, Paula Brito, Macedo Jr., Gomes de Souza e também Casimiro de Abreu e Machado de Assis.

O periódico era constituído de seções dedicadas à literatura, que divulgavam poemas, contos e fragmentos de peças teatrais. Possuía uma coluna dedicada à crítica teatral, a "Revista de Teatros"; a "Crônica Elegante", que dava conselhos de etiqueta social; e a "Notícias a Mão", que destacava os acontecimentos políticos da semana.

Destinada ao público feminino, pretendia levar às leitoras "uma variedade que deleite e instrua, que moralize e sirva de recreio nos salões do rico, como no tugúrio do pobre". No prospecto da primeira edição são encontrados os seguintes dizeres:

> Não foi sem havermos profundamente refletido que resolvemos publicar *O Espelho*. Pesamos todos os prós e os contra [...].
> *O Espelho* vai, pois, aparecer como um protesto a esse mesmo indiferentismo, que faz morrer a inteligência, ainda quando o pensamento começa a adejar deixando ver as premissas de um futuro risonho. [...]

Para esse fim temos em vista a publicação dos romances originais ou traduzidos, que nos parecem mais dignos de ser publicados, artigos sobre literatura, indústria e artes, poesias, e tudo quanto possa interessar ao nosso público e especialmente ao belo sexo. Também publicaremos o que de novo aparecer sobre modas e oportunamente daremos os mais modernos figurinos, que de Paris mandaremos vir, e bem assim retratos e gravuras.

O Espelho será, pois, o pequeno reverbero de uma parte desses raios com que a inteligência procura iluminar o mundo.

(*O Espelho*, Rio de Janeiro, ano I, n. 1, 4 set. 1859, p. 1)

Na edição de número 3, na coluna "A Crônica Elegante", o jornalista tenta ao mesmo tempo justificar sua função, falar de moda e ainda ser galante com as leitoras:

Li não sei onde, que Montaigne, o filósofo Montaigne, dignava-se às vezes escrever alguns artigos de moda; não é, pois, de admirar que eu, que sempre tive queda para o dandismo e que não sou filósofo, me ocupe também dela. Há nisto muita conveniência, muita utilidade: a conveniência toca-me por casa, e da utilidade participam as belas leitoras. [...]

Decididamente não me demito do cargo que exerço nesta revista: com isto lucraremos todos: o belo sexo, porque fica em dia com tudo quanto de melhor for aparecendo; e eu por que ganharei um sorriso amável, uma palavrinha doce e um conselho sincero das espirituosas francesinhas, que não cessam de dizer que devo proclamar a abolição dos chapéus de lavadeira, substituindo-os por uns de palha lindamente enfeitados, ou por um de seda também lindíssimo, que costumam estar expostos como chamariz em certas vidraças, tão amaldiçoadas pelas algibeiras dos velhos e pelos pais de família.

(*O Espelho*, Rio de Janeiro, ano I, n. 3, 18 set. 1859, p. 10-11)

Na edição de número 13, o editor reconhece que o espaço reservado à moda era pequeno diante do interesse das leitoras, e justifica:

Esta revista não tem satisfatoriamente preenchido um dos fins de sua missão. Na parte concernente a modas, nesta parte tão importante para o nosso belo sexo, tem ela sido um pouco omissa. Essa falta foi devida à prudência dos nossos cálculos: preferimos medir antes o terreno em que pisávamos ao andar precipitado e leviano que conduz ao nada. Tivemos medo de cansar e parar em meio caminho. [...]

Pelo paquete que partiu daqui para Europa no corrente mês estabelecemos uma correspondência regular para Paris, com o fim de mensalmente remeter aos nossos assinantes uma completa coleção de figurinos dos últimos que ali se publiquem.

(*O Espelho*, Rio de Janeiro, ano I, n. 13, 27 nov. 1859, p. 1).

Após quatro meses de seu aparecimento, no editorial do número 18, alguém assinando Ophir expõe as dificuldades para a manutenção da revista:

1859-1860

Com os leitores entra também esta querida e beijada revista, que apesar da má vontade e alguma oposição surda vai caminhando com um futuro risonho em perspectiva.

Esta oposição, esta má vontade, não tolherá os passos *d' O Espelho*, a continuar a animação que do nosso público tem até hoje merecido. Os *aristarcos* da época e os despeitados por algumas verdades que não está em nosso caráter ocultar, quando se tem de tratar de qualquer dos assuntos insertos no nosso programa, são pequenos demais para fazerem-nos sombra.

Continue o público a prestar-nos o acolhimento que nos esforçamos sempre por merecer, que *O Espelho* ainda terá longos dias de vida, e atravessará incólume o novo ano que entra hoje.

Assinado: Ophir.

(*O Espelho*, Rio de Janeiro, ano II, n. 18, 1 jan. 1860, p. 2)

Apesar do declarado empenho em continuar a publicação, o periódico encerrou as atividades em 08 de janeiro de 1860, quando alcança a décima nona edição.

Fontes: *O Espelho: revista semanal de literatura, modas, indústria e artes*. Edição fac-similar. Rio de Janeiro: Fundação Biblioteca Nacional, 2008.

Coleção completa de *O Espelho*, Rio de Janeiro, em formato digital, na Hemeroteca Digital Brasileira.

O Monitor das Familias
1859-1861

Considerada a primeira publicação ilustrada de Pernambuco (NASCIMENTO, 1970, p. 136), *O Monitor das Familias* – "Periódico de Instrução e Recreio Dedicado ao Belo Sexo" – começou a circular em 02 de dezembro de 1859, em Recife, e foi dirigido por Felipe Nery Colaço (ou Filipe Neri Colaço), que já havia editado *O Recreio das Bellas*, em 1849, e *O Jardim das Bellas*, em 1852, na mesma cidade. Tinha em média doze páginas, e era impresso quinzenalmente na Tipografia Brasileira, à Rua do Passeio Público, n. 19. O final da primeira página exibia esta frase em latim: *"Rex est minister Dei in Bonun"*. A tradução – "O rei é ministro de Deus para o bem"[28] – faz todo sentido, pois predomina no jornal o tom moralista e patriarcal. O periódico podia ser adquirido através de assinaturas trimestrais no valor de 4.000 réis.

Resultado de um bom trabalho gráfico, as páginas traziam pautas musicais, figurinos, folhetins, receitas e uma seção dedicada a conselhos domésticos. Adélia Josefina de Castro Rabelo, Maria Felícia Testas, Henrique Autran Junior, Francisco Gonçalves Braga e Padre Joaquim Gomes de Oliveira Paiva foram alguns de seus colaboradores.

Inicialmente, a ideia era inaugurar a revista em janeiro de 1860, mas a visita de D. Pedro II a Recife alterou os planos do editor que, em dezembro de 1859, publicou um número especial dedicado ao Imperador. O editorial chama a atenção para as inovações do periódico, fruto de técnicas novas e profissionais europeus:

---

[28] Segundo Jacyntho Brandão, trata-se da adaptação de uma declaração que se encontra na carta de São Paulo aos romanos, cap. 13, versículo 4: *"Dei enim minister est tibi in bonum"* – "pois ele é ministro de Deus para teu bem" (referindo-se ao rei). Isso virou um lugar comum para dizer que os reis são reis pela vontade de Deus.

Dicionário Ilustrado – Século XIX

Ao Público

Em todas as cidades civilizadas publicam-se hoje na Europa não só periódicos que tratam de ciências, literatura e política, senão também outros exclusivamente consagrados aos interesses das famílias. A capital desta província já tão populosa e opulenta ressentia-se desta falta, e as Senhoras Pernambucanas em nenhuma parte encontravam um alimento são com que pudessem nutrir seu terno coração, sua ardente imaginação.

Sensível a tão grande mal, os proprietários do *Monitor das Famílias* resolveram remediá-lo publicando o presente periódico, que entenderam convenientemente dividir em três partes distintas: Leitura para todos; Leitura para as senhoras; Leitura para os meninos; sendo seus números acompanhados de figurinos de modas, retratos de pessoas célebres, nacionais e estrangeiras, estampas de santos, vistas de lugares e monumentos notáveis, desenhos de bordados e labirintos, e músicas para piano e canto.

Para este fim compraram uma tipografia e mandaram vir da Europa uma litografia completa que é dirigida por dois hábeis artistas estrangeiros que contrataram, um francês para o desenho, outro alemão para a impressão. [...]

Finda esta série extraordinária, começará o *Monitor das Famílias* a sua vida ordinária, confiado na benevolência e patrocínio de suas belas leitoras, a quem é especialmente consagrado.

(*O Monitor das Familias*, Recife, ano I, 2 dez. 1859, p. 1)

A transcrição de um texto atribuído a Mme de Maitenon, por sua vez, pretende ser uma espécie de farol para o comportamento feminino, pela ênfase que dá à moral cristã, ao temor a Deus e ao cultivo da resignação e da submissão:

Amar a Deus e ao vosso estado, tal é a única felicidade.
Deus sabe o que vos convém melhor do que vós mesmas.
Elevai frequentemente a Deus o vosso coração.
A verdadeira felicidade consiste em conformar-nos com a vontade de Deus.
A verdadeira penitência é receber de bom grado e amar o castigo que Deus nos envia.
Não sustenteis jamais com obstinação a vossa opinião.
Sedes severas para convosco e indulgentes para com os outros.
Não confundais a má glória com a boa.
Se não puderdes sempre dar esmolas aos pobres, dai-lhes vossas orações, vossos cuidados e consolações.

Lembrai-vos do óbolo da pobre viúva; ele foi mais agradável a Deus do que as grandes esmolas dos ricos.
(*O Monitor das Familias*, Recife, ano II, n. 1, jan. 1861, p. 7)

Outro artigo, intitulado "A missão da mulher", visava principalmente reforçar os limites do horizonte desejados para o sexo feminino, composto exclusivamente pela maternidade e pelo cuidado da família:

> A mulher é feita para a casa: aí ela deve ser a ciência da família: deve ter o dom da consolação, onde sua alma triunfa, deve tudo purificar ao sopro do sentimento, ser a companheira incessante de seu marido, mostrando sua dedicação por um afeto não interrompido: isso no que diz respeito à mulher, à esposa: o papel da maternidade é que a faz divina. É a festa da família onde a mãe (segundo pinta Rousseau) se expõe às adorações do mundo; quando está sentada perto de um berço, com um belo menino no seio, toda resplandecente de alegria aos ternos olhares de seu esposo. [...]
> É preciso, pois, que a mulher compreenda bem a sua missão, que escute com a mão no coração os impulsos de um sentimento, que faz sua elevação com a nossa grandeza, e que lhe dê a direção necessária que é a mais natural.
> (*O Monitor das Familias*, Recife, ano II, n. 2, 25 ago. 1861, p. 7)

Após esse número não foram encontrados exemplares do jornal.

Fontes: Coleção de 5 edições de *O Monitor das Familias*, Recife, em formato digital, na Hemeroteca Digital Brasileira.

Coleção de 5 edições de *O Monitor das Familias*, Recife, em formato microfilme, no Acervo de Periódicos Raros da Biblioteca Nacional.

Coleção de 5 edições de *O Monitor das Familias*, Recife, em formato digital, no site da Companhia Editora de Pernambuco. Disponível em: <www.cepedocumento.com.br>. Acesso em: 24 nov. de 2014.

NASCIMENTO, Luiz do. Periódicos do Recife (1851-1875). In: *História da imprensa de Pernambuco (1821-1954)*. Recife: Ed. da UFPE, 1970. v. V. Disponível em: <www.fundaj.gov.br/geral/200anos-daimprensa/historia_da_imprensa_v05.pdf>. Acesso em: 26 set. 2009.

A Borboleta
1859

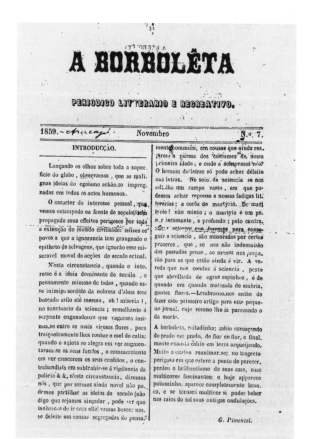

Com periodicidade indefinida e sob a direção de J. J. Moura, surgiu em Aracaju, em 1859, *A Borboleta* – "Periódico Literário e Recreativo" – impresso na Tipografia União Liberal, com quatro páginas e duas colunas.

No Acervo de Periódicos Raros da Biblioteca Nacional encontra-se apenas a edição número 7, de novembro de 1859, o que impossibilita afirmar a data exata de seu surgimento. Ao que tudo indica, o jornal voltou a circular após um período de interrupção, como sugere o texto de abertura assinado por G. Pimentel:

> *A Borboleta*, coitadinha, saiu esvoaçando de prado em prado, de flor em flor, e finalmente exausta caiu em terra arquejando.

Muito a custou reanimar-se no trajeto perigoso em que esteve a ponto de perecer, perdeu o brilhantíssimo de suas asas, suas multicores fascinantes, e hoje aparece pobrezinha, aparece completamente branca, e se tornará multicor se puder beber, nos raios do sol, suas antigas ondulações.

(*A Borboleta*, Aracaju, n. 7, nov. 1859, p. 1)

As páginas eram ocupadas principalmente com poemas e uma seção de anedotas. A título de ilustração, transcreve-se o poema "Francina", em que a mulher é idealizada como ser divino, à semelhança da Virgem Maria:

I

No mundo não há, não houve
Tão bela, tão linda flor,
Nem mulher qual és, Francina;
És anjo do senhor.

II

Teus gostos, tua beleza
Não, não são de criatura.
Tu és Serafim mimoso
Lá dos pés da Virgem pura.

III

Que sejas mulher não creio...
És um anjo de Maria!!
Na terra não tens rival:
Tens no Céu soberania.

(*A Borboleta*, Aracaju, n. 7, nov. 1859, p. 4)

Também colaboraram nessa edição G. Paes e B. J. Não é possível afirmar sobre a continuidade do jornal.

Fonte: Exemplar de *A Borboleta*, Aracaju, novembro de 1859, n. 7, em formato digital na Hemeroteca Digital Brasileira. Disponível em: <www.hemerotecadigital.bn.br>. Acesso em: 06 jan. 2015.

Espelho das Bellas
1860-1861

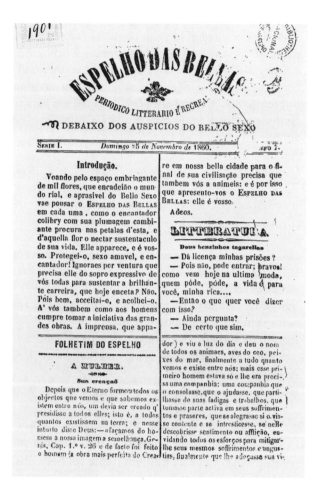

"Periódico Literário e Recreativo – Debaixo dos auspícios do Belo Sexo": assim se apresentava *Espelho das Bellas*, folha semanal editada na cidade de Maragogipe, Bahia, a partir de 25 de novembro de 1860. Publicada sempre aos domingos, com quatro páginas, divulgava romances em folhetim, modinhas e anedotas. Era impressa na Tipografia de J. T. da Gama, e vendida através de assinaturas ao valor de 1.000 réis (10 números), com o exemplar avulso a 120 réis.

O texto de apresentação, usando um vocabulário formal e rebuscado, incentivava as leitoras a acolher o novo periódico nestes termos:

Voando pelo espaço embriagante de mil flores, que encadeiam o mundo do rial e aprazível do *Belo Sexo*, vai pousar o *Espelho das Bellas* em cada uma, como o encantador colibri com sua plumagem cambiante procura nas pétalas desta e daquela flor, o néctar sustentáculo de sua vida. Ele aparece, e é vosso. Protegei-o, sexo amável e encantador! Ignorais por ventura que precisa ele do sopro expressivo de vós todas para sustentar a brilhante carreira que hoje enceta? Não. Pois bem, aceitai-o e acolhei-o. A vós também como aos homens cumpre tomar a iniciativa das grandes obras. A imprensa, que aparece em nossa bela cidade para o final de sua civilização precisa que também vós a animeis: e é por isso que apresento-vos o *Espelho das Bellas*: ele é vosso.
Adeus.
(*Espelho das Bellas*, Maragogipe, BA, ano I, n. 1, 25 nov. 1860, p. 1)

A folha solicitava a colaboração das leitoras, conforme o convite estampado na primeira página da edição número 3:

Convidamos às Exa. Sras que quiserem honrar as colunas do ESPELHO DAS BELLAS com seus escritos e poesias, a nos enviar em carta fechada.
Também pedimos que aquelas das Exas Sras, nossas assinantes, cujos nomes tenham ido errados nas cartas que lhes enviamos, se dignem mandá-los corretos visto como temos de organizar uma lista, que publicaremos, com os nomes das Exas. Sras. e dos Ill.º Srs assinantes.
Assinado: Os Redatores.
(*Espelho das Bellas*, Maragogipe, BA, ano 1, n. 3, 9 dez. 1860, p. 1)

O *Espelho* declarava-se amante "do progresso moral e intelectual do belo sexo", porém, a partir do número 3, tem início a publicação de artigos que questionam o valor da mulher, o que foi bem observado pela pesquisadora Márcia Maria da Silva Barreiros Leite (2005):

A glória da mulher

Qual a glória da mulher? Ser bonita e caprichosa; gostar de que lhe gabem a formosura; ouvir dizer que tem uns lindos olhos, e que a sua cútis é um alambre; por em hasta pública o seu amor; ver sofrer com paciência o seu desprezo e a tudo dizer-se: – *je suis votre serviteur*. [...]
Ser traiçoeira por excelência, orgulhosa por devoção, julgar-se rara e singular em tudo – eis a glória da mulher.
(*Espelho das Bellas*, Maragogipe, BA, ano I, n. 3, 9 dez. 1860, p. 3-4)

Mas o tom depreciativo mereceu imediata resposta de uma leitora, identificada apenas pelas iniciais J. L. L. de M., que protesta e questiona um jornal destinado ao sexo feminino publicar um texto ofensivo às leitoras:

> Ilmo. Sr. Redator do *Espelho das Bellas*,
>
> Deixando a mentira que dizeis ser um atributo do belo sexo digo-vos com toda a sinceridade de que é capaz o homem mais honrado, que muito me surpreendeu ver impresso no vosso periódico sob o n. 3, um artiguito intitulado – "A glória da mulher", artiguito que tanto honra ao seu autor que é anônimo, e foi todavia transcrito em diversos jornais do Império para se livrarem do trabalho de escrever, e finalmente até por V. S. o que admira, pois, apesar de desmiolada como sou, nunca pensei que instituísse V. S. um periódico que dedicou ao belo sexo, para insultar-nos também.
>
> O artiguito a que me refiro, além de ofender vivamente a decência e a verdade, ainda torce às tontas a própria lógica. [...]
>
> Que direis se nós, as mulheres, tomássemos vosso exemplo e comparássemos o homem perverso, cobarde, traiçoeiro, com a donzela modesta, a filha obediente, a mãe cuidadosa, a esposa fiel, a viúva recatada?
>
> Mas enfim a literatura é vossa. [...] Órgão fiel e espontâneo, representante verdadeira das leitoras do *Espelho das Bellas*, devo, segundo nos ensinais, *clamar* contra os ultrajes e calúnias, *bradar* pelo respeito ao belo sexo, *procurar as melhores do Espelho das Bellas pois nisto faz consistir sua glória.*
>
> Assinado: J. L. L. de M.
>
> (*Espelho das Bellas*, Maragogipe, BA, ano II, n. 6, 20 jan. 1861, p. 3, grifos do original)

Com muita competência e ironia, a missivista utiliza palavras do editor contra o próprio jornal e, ao final, ainda acrescenta um *Post Scriptum*: "Talvez julgue V.S. que fui demasiada em minha resposta, mas não se pode acusar ninguém por, defendendo-se, ferir ao seu agressor. Se me consentir o capricho feminil, terá V.S. a bondade de imprimir-me segundo artigo".

Como era frequente, o periódico mantinha intercâmbio com outros e costumava transcrever artigos e poemas já publicados. Um desses textos foi o "Beleza da mulher", espécie de "modelo-forma" da mulher perfeita, que deve ter feito sucesso, pois foi divulgado em diversos outros jornais:

Para ser bela, deve ter a mulher trinta perfeições, divididas da maneira seguinte:

Três coisas alvas: a pele, os dentes e as mãos.

Três pretas: os olhos, as sobrancelhas e as pálpebras.

Três vermelhas: os beiços, as faces e as unhas.

Três compridas: o corpo, os cabelos e as mãos.

Três curtas: os dentes, as orelhas e os pés.

Três largas: o peito, a fronte e o espaço entre as sobrancelhas.

Três estreitas: a boca, a cintura e a entrada do pé.

Três grossas: o braço, a coxa e a barriga da perna.

Três finas: os dedos, os cabelos e os beiços.

Três pequenas: os seios, o nariz e a cabeça.

(*Espelho das Bellas*, Maragogipe-BA, Ano I, 1860, n. 7, p. 1-2).

Na edição 16, o editor justifica a interrupção do jornal por ter sido "despoticamente arrancado do seio da sua família e encarcerado numa imunda masmorra". Menciona ainda o recebimento de um exemplar de *Jardim das Maranhenses*, editado na cidade de São Luiz. Esse número, publicado em 02 de junho de 1861, foi o último localizado pela pesquisa.

Fontes: Coleção de *Espelho das Bellas*, Maragogipe, BA, em formato digital, na Hemeroteca Digital Brasileira.

Coleção de *Espelho das Bellas*, Maragogipe, BA, do número 1 ao 16, em formato microfilme, Acervo de Periódicos Raros da Biblioteca Nacional. No Arquivo Edgar Leuenroth, da Unicamp, encontra-se a edição número 3, de 9 de dezembro de 1860, em microfilme.

LEITE, Márcia Maria da Silva Barreiros. *Entre a tinta e o papel: memórias de leituras escritas femininas na Bahia (1870-1920)*. Salvador: Quarteto, 2005.

A Primavera
1861

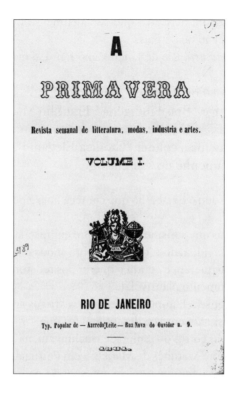

Em 03 de março de 1861 foi editada pela primeira vez no Rio de Janeiro a "Revista Semanal de Literatura, Modas, Indústria e Artes" – intitulada *A Primavera* – sob a responsabilidade de Azeredo Leite. Impressa na Tipografia Popular, localizada à Rua do Ouvidor, n. 9, tinha trinta e duas páginas, formato 27x18 cm, e periodicidade semanal. Foi nessa revista que Machado de Assis publicou o poema "No álbum – da artista Ludovina Moutinho", em 17 de março de 1861.

No texto de abertura não há uma referência específica às leitoras, o que aparece em outros textos.

> Encetar uma publicação literária em uma época toda de política é comprar desilusões a preço de fadigas, nunca recompensadas [...]. Esta revista é por sem dúvida demais pequena para satisfazer todas as necessidades que entre nós palpitam. Porém contribuirá com o seu modesto contingente para a edificação do templo em

que deve um dia caminhar-se a literatura de mãos dadas com a indústria e as artes [...].

Símbolo das riquezas da terra, é a *primavera* a mais linda estação da natureza. Possa ao menos este nome, que adotamos, prognosticar uma quadra de flores que semanalmente iremos colhendo para oferecer ao nosso país.

(*A Primavera*, Rio de Janeiro, ano I, n. 1, 3 mar. 1861, p. 1)

Dentre os colaboradores da primeira edição estavam Moreira de Azevedo, com o artigo "Brasil indígena", Franklin Massena, com o conto "Por causa da Baleia", e F. J. Bittencourt, com o poema "A uma menina". E. de Souza, que assina a coluna "Crônica Elegante", não parece muito à vontade no desempenho do seu encargo:

> Bem árduo é o trabalho que começa hoje a pesar sobre mim: bem árduo!...
>
> Por mais que sofisme, que procure eximir-me dele, não é possível; estou condenado a escrever sobre modas: assim o entenderam, assim o querem e contra o querer dos redatores da *Primavera* não há argumento plausível. [...]
>
> Não pense a leitora que vai nesses artigos aprender coisas muito bonitas, não: em vez desses atavios que arrebatavam o olhar nas faustosas cortes do tempo de Buchingam, na Inglaterra, no tempo do célebre Marquês de Marialva, em Portugal, e nas cerimônias de Versailles, em que o rei se apresentava com seu colar de setenta elos de *lápis-lazuli* cor-de-rosa – em vez disso tudo, dizia desses bailes, dessas festas inebriantes, dessas maravilhas arrebatadoras, só poderei noticiar-lhe o que a indústria dos outros países nos manda, por não precisarem mais.
>
> (*A Primavera*, Rio de Janeiro, ano I, n. 1, 3 mar. 1861, p. 2)

Essa edição foi a única localizada na pesquisa.

Fonte: *A Primavera*, Rio de Janeiro, ano I, n. 1, 3 de março de 1861, em formato microfilme, no Acervo de Periódicos Raros da Biblioteca Nacional do Rio de Janeiro.

Recreio das Senhoras

1861

O *Recreio das Senhoras*, "Jornal Poético, Literário e Instrutivo", circulou em Salvador, BA, em data não precisa, entre 1860 e 1861. A única edição localizada é a de número 8, de 19 de maio de 1861, com dez páginas. Neste exemplar, não constam informações sobre a periodicidade, nem sobre as responsáveis pela folha, cuja redação localizava-se à Rua Direita, n. 13, 1º andar. Podia ser adquirido através de assinaturas mensais e semestrais, ao valor de 2.000 e 10.000 réis, respectivamente. Publicavam-se anúncios diversos.

Dedicado quase exclusivamente à literatura, divulgava poemas, romances em folhetim e crônicas. No texto de apresentação, intitulado "A Semana", a editora-responsável apresenta as expectativas e apreensões da mulher oitocentista em relação ao casamento a partir de seu próprio exemplo.

> Dou parabéns a mim mesma pela minha senatoria, estou casada, e o Sr. Pedro Bonifácio Bethzebé das Chagas, hoje meu marido, é um moço tão assisado como honesto porque cumpriu o que prometeu, o que não é muito natural hoje, que os mocinhos com muita facilidade vão assegurando mundos e fundos, mas assegurando só com promessas que nunca executam. [...] Tenho cinco dias de casada e declaro que tenho gostado da vida, porque, como ainda não me encarreguei da gerência doméstica, tudo me parecem flores. Meu marido é muito atencioso, como são todos no começo: pelo futuro não afianço eu, porque os homens são tão volúveis que acho que tinha toda razão quem dizia que os votos que os homens fazem são mais ligeiros que o vento.
> Assinado: Adélia.
> (*Recreio das Senhoras*, Salvador, ano I, n. 8, 19 maio 1861, p. 1)

Ao contrário do que está anunciado no subtítulo "Modas, Belas-Artes e Teatro", esses assuntos não foram abordados na edição examinada. Não foi possível saber sobre a continuidade de *Recreio das Senhoras*.

Fonte: *Recreio das Senhoras*, Salvador, ano I, n. 8, 19 maio 1861, em formato digital, na Hemeroteca Digital Brasileira, Disponível em: < www.hemerotecadigital.bn.br>. Acesso em: 28 out. 2014.

O Jardim das Maranhenses

1861

O *Jardim das Maranhenses* surgiu em São Luiz, em 1861. Não é possível precisar a periodicidade, nem a data de lançamento, porque as edições encontradas são do número 13 em diante. Com quatro páginas, o "Periódico Semanário Literário, Moral, Crítico e Recreativo" era redigido na Rua da Viração, n. 6. Dedicado à literatura, aceitava a colaboração das leitoras, como informa no cabeçalho: "A redação aceita e publica todo e qualquer artigo, contanto que seja concebido em termos decentes".

No editorial do n. 23, o autor assim se manifesta:

> Em primeiro lugar, é de rigoroso dever ao *Jardim das Maranhenses* – com muito respeito e acatamento curvar-se ante o belo sexo e todo rendimento beijar essas mãozinhas tão belas, e suplicar-lhes: desculpem a falta que involuntariamente temos cometido. E juntamente com igual respeito aos Srs. Assinantes, pede-lhes que lhe perdoe, atendendo não ser ele o culpado e sim o Editor, a quem fortes motivos obrigaram ir ao interior, porém hoje se acha entre nós e promete ser pontual como antes.
> *O Jardim* com muita atenção afiança ao belo sexo que continuará ainda com mais energia a combater pelos seus direitos.
> (*O Jardim das Maranhenses*, São Luiz, n. 23, 20 set. 1861, p. 1)

O periódico contribuiu para a divulgação da obra da escritora maranhense Maria Firmina dos Reis,[29] publicando poemas e textos em prosa de sua autoria. O poema "Ao amanhecer e ao por do sol", abaixo transcrito, é precedido pelas palavras: "De coração agradecemos a Sra. Exma. Maria Firmina dos Reis, pela honra que dá ao nosso jornal colaborando-o".

> Tomei a lira mimosa,
> De festões, a engrinaldei,
> E pus-lhe cordas de ouro,
> E teus encantos, cantei.

---

[29] Maria Firmina dos Reis (1825-1927) exerceu por muitos anos o magistério, sendo agraciada com o título de Mestra Régia. Colaborou em outros jornais, como *Verdadeira Marmota*, *Semanário Maranhense*, *O Domingo*, *O País*, *Pacotilha* e *Federalista*. Dentre seus livros destacam-se *Úrsula* (1859), considerado o primeiro romance abolicionista de nossa literatura, e *Gupeva*, 1861.

À sombra de uma mangueira,
Ao nascer do grato dia,
A hora em que a natureza,
Toda respira alegria.

À hora do arvorecer,
Quem não sente uma afeição,
Quem não sente uma esperança,
Nascer-lhe no coração?

Foi nessa hora, sob a copa
Da bela e grata mangueira,
Que enflorei a grata lira,
A lira doce e fagueira.

Era a canção, que eu tecia,
Fruto de eterna saudade,
O só prazer, que me resta,
Nesta triste soledade

Quando um dia, um só na vida,
Vi teu peito arfar de amor,
Tão feliz fui que julguei,
Achar na vida primor.

[...]

Trepidava então meu peito,
Meu coração se expandia,
Era meigo esse momento,
Tão cheio de poesia.

E foi-se o dia passando,
Veio a tarde, e a tristeza:
Murcharam as flores da lira.
Secaram de tibieza.

[...]

Lancei a lira por terra,
Já não tinha uma só flor!
No fundo do peito eu sentia,
Estranha secreta dor.

E veio a noite, eu caí
Em meu penoso cismar,
Pra que veio uma esperança,
Meu coração embalar?

Pra que a lira mimosa
Tão desvelada enflorei?!!..
Pra que um nome querido
Ébria de amor, eu cantei?!!

Ah! Esse nome querido
Murchou-se qual débil flor!
Esse nome é minha vida,
Meu grato, meu terno amor.

Agora, nunca mais hei de
Repeti-lo em meu cantar,
Quero tê-lo na minha alma,
Quero no peito asilar.
(*O Jardim das Maranhenses*, São Luiz, n. 23,
20 set. 1861, p. 2)

Com o intuito de divertir as moças, foi publicado o texto "Os mandamentos das leis das moças", que, ao final, alertava para os "perigos" que representariam aos pais, caso fossem levados ao pé da letra:

1. Amar a moda sobre todas as coisas.
2. Não jurar senão em vão.
3. Guardar os domingos dias santos, e úteis, por que todos são dias do santo namoro.
4. Honrar pai e mãe enquanto lisonjearem seus caprichos.
5. Matar um pobre diabo com desprezos e desdéns, depois de o ter feito romper um par de solas, e entretê-lo com as mais doces esperanças.
6. Guardar as cartinhas que pode pilhar das amigas.
7. Furtar o tempo destinado às ocupações domésticas para empregá-lo em frivolidades, intriguinhas, murmúrios, etc. etc.
8. Levantar falsos testemunhos aos padecentes que por vir mais tarde ao *rendez vous*, é arguido de ter estado em tal parte, e passado por tal rua.
9. Desejar os namorados alheios, só pela triste vaidade de se ver rodeada de adoradores.

Dicionário Ilustrado – Século XIX

10. Cobiçar o vestido da vizinha por ser o do último gosto.
Estes dez mandamentos se encerram em dois: convém a saber:
Coitados dos pais e pobres das mães.
(*O Jardim das Maranhenses*, São Luiz, ano I, n. 23,
20 set. 1861, p. 3)

No número 25, de 13 de outubro de 1861, o último localizado, encontra-se mais um poema de Maria Firmina dos Reis – "Não me acreditas".

Fonte: Coleção de *O Jardim das Maranhenses*, São Luiz, do número 13 ao 25, em formato digital, na Hemeroteca Digital Brasileira.

A Grinalda
1861

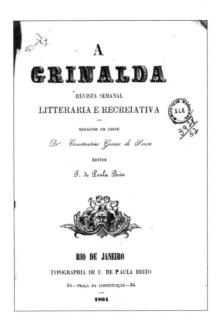

A Grinalda, editada na cidade do Rio de Janeiro em 1861, foi mais um empreendimento de Francisco de Paula Brito. Impressa na Rua da Constituição, n. 64, quatro a cinco vezes por mês, contendo de dezesseis a trinta e duas páginas, apresentava-se como "Revista Semanal Literária e Recreativa".

No longo editorial de apresentação, Constantino Gomes de Sousa, redator-chefe, tece comentários sobre as dificuldades de se manter uma publicação para o público feminino e apresenta sua proposta:

> Publicando *A Grinalda*, não temos em vista obter gloria de natureza alguma, porque somos o primeiro a reconhecer a nossa deficiência de forças para tamanho cometimento, que imenso cometimento é na verdade a publicação de periódico literário, na época do reinado quase exclusivo da matéria e entre abissínios apedrejadores do sol. O nosso único fim é convidar os moços de talento para a gloriosa cruzada da inteligência, para protestarem vigorosamente contra o demônio do indiferentismo que cada vez mais se apodera da nossa sociedade e, como uma parasita, rouba-lhe a seiva e impede o seu completo desenvolvimento.

(*A Grinalda*, Rio de Janeiro, ano I, n. 1, 2 dez. 1861, p. 4)

O fato de se destinar ao "recreio do belo sexo" não impediu que textos de caráter político e econômico fossem publicados. Defensor da monarquia, sempre saúda o Imperador Pedro II que, para os editores, era garantia de um futuro grandioso para o país:

> E a GRINALDA, que hoje enceta a sua vida banhada na luz celeste deste dia abençoado, não pode deixar de partilhar os sentimentos que animam os corações patrióticos associando a voz humilde aos cânticos do povo para saudar o aniversário natalício d'Aquele [Pedro II] cujo trono é hoje o mais forte baluarte das liberdades pátrias, e cujas grandes virtudes fazem a felicidade dos seus súditos e asseguram ao Brasil um grandioso futuro.
> (*A Grinalda*, Rio de Janeiro, ano I, n. 1, 2 dez. 1861, p. 7)

Na coluna "Pensamentos" eram reproduzidos fragmentos de textos de escritoras conhecidas, como Mme. de Staël, a exemplo deste sobre a vaidade feminina:

> A vaidade, paixão que se torna grande somente pela pena que inspira e que não pode, senão por este único motivo, andar a par com as outras, desenvolve-se perfeitamente nos movimentos das mulheres: tudo nelas é amor e vaidade. Desde o momento em que desejam sobressair umas as outras de um modo mais saliente e mais brilhante do que aquela que procede dos sentimentos brandos, que costuma inspirar a tudo quanto as rodeia, é ao sucesso da vaidade que elas recorrem. Os esforços que podem valer ao homem glória e prestígio, quase nunca obtém da mulher senão um aplauso efêmero, um crédito de pouca importância, e não passa aos seus olhos enfim de um triunfo como o da vaidade, deste sentimento que está em relação com as forças e o destino delas.
> (*A Grinalda*, Rio de Janeiro, ano I, n. 1, 2 dez. 1861, p. 15-16)

Imediatamente após o lançamento da primeira edição, surge outro número de *A Grinalda*, em 9 de dezembro de 1861, quase todo dedicado ao falecimento de D. Pedro V, com exceção de alguns poemas e um trecho de uma peça teatral. Esse foi o último número que se tem notícia.

Fonte: *A Grinalda*, Rio de Janeiro, ano I, n. 1, 2 dez. 1861; *A Grinalda*, Rio de Janeiro, ano I, n. 2, 9 de dezembro de 1861, em formato digital, na Hemeroteca Digital Brasileira.

BELLO SEXO

Periodico Religioso, de Instrucção e Recreio, Noticioso e Critico moderado

REDIGIDO POR VARIAS SENHORAS.

CORTE.	REDACTORA EM CHEFE	FORA DA CORTE.
ANNO..... 6$000	D. Julia de Albuquerque Sandy Aguiar.	ANNO..... 7$000
SEMESTRE.. 3$000		SEMESTRE.. 3$500
AVULSO.... 80	RUA DA CARIOCA N. 50, LOJA.	AVULSO..., 100

Vol. 1 — Quinta-feira 21 de Agosto de 1862 — **N. 1**

O BELLO SEXO

Ahi vai o nosso Jornal, queridas amigas; e depois de ter ouvido os conselhos de meu marido, que tanto tem praticado na vida de escriptor, peço-vos licença por instantes para cumprir com um dever de cortezia, para com todos os illustres senhores redactores das folhas diarias o periodicas, e depois serei comvosco.

Senhores redactores. Eu sou a primeira que conheço o acanhamento de minha intelligencia e instrução, e por isso a ousadia que tomo em apresentar em publico esta folha, que por força será imperfeita em todos os lugares por onde a minha pobre penna tem de marcar o meu pensamento; mas eu só tenho em mente obrigar o meu sexo a vir a imprensa concorrer com o seu contingente para o progresso social, para esse grande bem publico, e assim fazer com que se desenvolvão grandes intelligencias, grandes capacidades, grandes genios que existem no meu sexo, olhados com pia indifferença, abandonados pelos homens de lettras, esquecidos pela fraqueza de sua constituição propria.

Eu desejo que as minhas companheiras de sexo marquem na minha terra uma época de sua grandeza, illustração e completo progresso; desejo que as minhas companheiras de collegio venhão encontrar-se comigo neste labyrintho da vida, e provar que os nossos pais, os nossos mestres, não despenderão, nem trabalharão de balde; desejo que não se limitem só a ser mãis de familias esquecendo seus deveres de filhas da patria; porque, assim como os homens trabalhão para o nome e gloria de seus filhos, nós, como mulheres, devemos emprehender tambem trabalhos da intelligencia que tanto tem de contribuir para a ufania d'aquelles que trouxemos em nossos seios, que por elles tanto padecemos e que mais custou-nos a crial-os, e educal-os para Gloria de Deos e orgulho dos pais?

Senhores redactores. Não deveis ser austeros para comigo, vós mesmo estais na obrigação de relevar a falta de minhas inhabilitações, para bem escrever e melhor redigir uma folha, porque eu não trato senão de provocar os brios de nossas mãis, esposas, irmãs, primas, cunhadas e mais parentes pertencentes ao meu sexo, para futuro orgulho dos pais, dos esposos, dos irmãos, dos parentes afim de, cultivando as lettras, concorrer para uma memoria brilhante de seus filhos.

Dirigindo-lhes pois os meus respeitosos deveres de cortezia vou finalizar voltando ás minhas companheiras de sexo.

A essas senhoras, que fazem honra ao nosso sexo, apenas pedirei que exerção para comigo a benignidade do coração de que é capaz e natural em nós; a ellas pertence esta folha: dignem-se pois cooperarem para a sua importancia com o fructo de suas intelligencias, assignando-os sempre com os seus nomes.

Trabalhemos pois, porque nós temos a ambição de gloria, e a maior gloria, que podemos alcançar na terra, entre os homons, é tentarmos a competencia com os trabalhos intelligentes de suas pennas.

Os lucros pecuniarios que eu poder

Bello Sexo

1862

Bello Sexo – "Periódico Religioso, de Instrução e Recreio, Noticioso e Crítico Moderado" – foi editado pela primeira vez no Rio de Janeiro, em 21 de agosto de 1862, sob a direção de Júlia de Albuquerque Sandy Aguiar,[30] com a colaboração de diversas senhoras. A redação funcionava na Rua Carioca, n. 50, e a impressão na Tipografia Popular. Tinha periodicidade semanal, saindo sempre aos domingos.

Chama a atenção o editorial de estreia. O texto revela, por um lado, a dependência da opinião e anuência masculinas; mas, por outro, sugere uma estratégia para se impor no espaço jornalístico. Apesar da aparente timidez, a editora expõe com clareza os objetivos de seu periódico, e incentiva outras mulheres a participarem da vida pública.

> Aí vai o nosso Jornal, queridas amigas; e depois de ter ouvido os conselhos de meu marido, que tem praticado na vida de escritor, peço-vos licença por instantes para cumprir com um dever de cortesia, para com todos os ilustres senhores redatores das folhas diárias e periódicas, e depois serei convosco.
>
> Senhores redatores. Eu sou a primeira que conheço o acanhamento de minha inteligência e instrução, e por isso a ousadia que tomo em apresentar em público esta folha, que por força será imperfeita em todos os lugares por onde a minha pobre pena tem de marcar o meu pensamento; mas eu só tenho em mente obrigar o meu sexo a vir à imprensa concorrer com o seu contingente para o progresso social, para esse grande bem público, e assim fazer com que se desenvolvam grandes inteligências, grandes capacidades, grandes gênios que existem no meu sexo, olhados com pia indiferença, abandonados pelos homens de letras, esquecidos pela fraqueza de sua constituição própria.
>
> Eu desejo que as minhas companheiras de sexo marquem na minha terra uma época de sua grandeza, ilustração e completo progresso;

---

[30] São desconhecidas as datas de nascimento e morte da jornalista e escritora Júlia de Albuquerque Sandy Aguiar, assim como se teria colaborado em outros periódicos, ou publicado livros.

desejo que as minhas companheiras de colégio venham encontrar-se comigo neste labirinto da vida, e provar que os nossos pais, os nossos mestres, não despenderam, nem trabalharam debalde; desejo que não se limitem só a ser mães de família esquecendo seus deveres de filhas da pátria; porque, assim como os homens trabalham para o nome e glória de seus filhos, nós, como mulheres, devemos empreender também trabalhos da inteligência que tanto tem de contribuir para a ufania daqueles que trouxemos em nossos seios, que por eles padecemos e que mais custou-nos criá-los, e educá-los para a Glória de Deus e orgulho dos pais? [...]

A essas senhoras, que fazem honra ao nosso sexo, apenas pedirei que exerçam para comigo a benignidade do coração de que é capaz e natural em nós; a elas pertence esta folha: dignem-se, pois, coo-perarem para a sua importância com o fruto de suas inteligências, assinando-os sempre com os seus nomes.

(*Bello Sexo*, Rio de Janeiro, ano I, n. 1, 21 ago. 1862, p. 2)

Júlia de Albuquerque Sandy Aguiar incentivou a produção literária e a instrução de suas "companheiras de sexo". Segundo ela, o jornal "recebia qualquer artigo na forma de seu programa para publicar gratuitamente, sendo da pena de alguma senhora, e mediante retribuição razoável fora deste caso". Os valores obtidos com as assinaturas seriam revertidos para a Sociedade Imperial Amante da Instrução, segundo consta em nota (*Bello Sexo*, Rio de Janeiro, ano I, n. 1, p. 1-4).

Em vários números a editora insiste em afirmar que só publica artigos assinados, porque "não queria suas colaboradoras desconhecidas umas das outras". E conta que o grupo de redatoras reunia-se aos domingos para discutir os assuntos que seriam publicados na edição seguinte. E que a cada encontro o número de participantes só aumentava: de dez, na primeira sessão, para trinta e sete, na quinta. Tais iniciativas vêm corro-borar a postura vanguardista assumida pela responsável pelo periódico. O fato de insistir na explicitação da autoria, recusando-se a publicar textos anônimos ou sob pseudônimos, só vem reforçar o espírito de coletividade a engajar suas colaboradoras, também expressos nos *briefings* semanais, para composição das pautas.

Na edição de 31 de agosto de 1862, Júlia Sandy Aguiar é enfática ao defender a emancipação feminina por meio da educação:

Falamos da necessidade de preparar um melhor futuro para as mulheres, pelos seus próprios recursos, utilizando tanto quanto for possível as belas faculdades que Deus lhes concedeu. Não vemos perigo algum em que se ampliem os conhecimentos das mulheres, dando-lhes uma educação mais adequada à índole do belo sexo...

(*Bello Sexo*, Rio de Janeiro, ano I, n. 2, 31 ago. 1862, p. 2)

Para incentivar o empreendimento, na edição de número 6 ela solicita aos homens que divulguem o jornal junto às mulheres letradas de sua família:

> Praze aos Céus que ainda tenhamos a ventura de ouvir desses cavalheiros conselhos, e que mereçamos a sua proteção, pois que para isso temos nos empenhado suficientemente por cumprir com os nossos deveres.
>
> Que esses cavaleiros ajudem-nos a provocar as senhoras instruídas de nossa terra a favorecerem o nosso jornal com trabalhos de pena! Que o Espírito Divino os inspire a proteger a nossa folha, porque aquelas que lhe deram o ser exigem deles amor a nós para documentar o respeito e dedicação que consagram ao sexo que lhe deu a vida.
>
> (*Bello Sexo*, Rio de Janeiro, ano I, n. 6, 28 set. 1862, p. 4)

Não foram encontradas outras edições após o sexto número.

Fontes: Coleção de *Bello Sexo*, Rio de Janeiro, em formato digital, do número 1 ao 6, na Hemeroteca Digital Brasileira.

HAHNER, June E. *A mulher brasileira e suas lutas sociais e políticas: 1850-1937*. Tradução de Maria Thereza P. de Almeida e Heitor Ferreira da Costa. São Paulo: Brasiliense, 1981.

Jornal das Damas
1862

Em 1862, Recife ganhou mais um jornal dedicado ao sexo feminino: o *Jornal das Damas* – "Periódico de Instrução e Recreio". Com publicação sempre aos sábados, tinha quatro páginas e a assinatura trimestral custava 2.000 réis. A redação localizava-se à Rua da Conceição, n. 39, e era impresso na Tipografia do *Diário do Recife*. Não há informações quanto à propriedade do jornal. Apenas a edição número 9, de 6 de dezembro de 1862, foi localizada. E, ao que tudo indica, o exemplar de estreia teria vindo a público no início de outubro do mesmo ano.

O artigo que se segue, intitulado "Bané e a mulher", seria a resposta de uma leitora a um texto depreciativo sobre a mulher publicado na edição anterior e assinado por Bané:

> Com o título – A mulher – foi publicado nas colunas de um jornal, há poucos dias, um artigo que em demasia nos surpreendeu.
> O seu autor assina-se Bané.
> É admirável que no século dezenove a cabeça de um mancebo, como presumo, raciocine daquele modo.
> Eu, a quem a natureza não prodigalizou uma inteligência robusta, e não hei colhido ainda conhecimentos que me orgulhem, de duas conclusões abraço-me a uma: ou o autor daquele artigo – Bané, produziu-o sob a impressão desagradável que sucede sempre a uma noite esperdiçada no bordel, entre a taça da embriaguez e a mulher perdida, em toda estupidez do gozo material; ou quis em nossa honra de fleuma debicar o *sexo amável*. [...]
> Admira que só procurasse descrever a mulher pelo seu lado físico, pela matéria: que só analisasse as funções de suas faculdades corpóreas. E isso de um modo a degradá-la, a descê-la ao ridículo, negando-se-lhe quase o espírito, quase a considerando como um ser físico.

Mas eu sei: é que nem todos podem fitar de frente o anverso da medalha.

Há tanta luz ali: tanta maravilha impressa pelo dedo de Deus, que, há olhos que cegam-se de deslumbrados ao fitá-lo, e quem, ao contemplá-lo, procurar embalde compreendê-lo, dará quando muito um desses sorrisos sem expressão, que arrepiam o lábio da ignorância quando vislumbra um objeto que desconhece, mas que a pasma.

Eu teria muito que dizer sobre a matéria em questão, se não soubesse que falo a um homem, que desconhece a grandeza e preciosidade de uma obra que o mundo inteiro admira e respeita. [...] Se Bané procura justificar a fraqueza da mulher pela tentação, esse, como Satanás, conhecendo a sua fragilidade, só a ela se dirigiu para, por seu intermédio, nodoar com a culpa a obra prima do Criador; eu lhe direi que, mais tarde um pouco, só na mulher Deus também encontrou a criatura precisamente forte, necessariamente pura, para esmagar com a sua planta a fronte negra do gênio do mal. [...] Que diriam M. de Stäel, Lévignè, Sand, Girardim e outras, se lessem o artigo "A Mulher"?

Eu queria ter pena do destino do seu autor.

(*Jornal das Damas*, Recife, ano I, n. 9, 6 dez. 1862, p. 1-2)

Jornal das Damas também contribuiu para a rede de intercâmbios que parece ser a marca da imprensa feminina do século XIX ao reproduzir artigos e poemas de outros periódicos, tanto os bons quanto os questionáveis. O texto "Beleza de Mulher", por exemplo, já havia circulado antes em outros periódicos, como no baiano *Espelho das Bellas*, da cidade de Maragogipe.

Como indica o cabeçalho, aceitava-se a colaboração de artigos. Nessa edição foram publicados parte do romance "Maria Velutti", de Pires D'Almeida, e o poema "Ai, Senhora", de A. de S. Pinto. O jornal mantinha ainda as colunas "Charadas" e "Decifração", destinadas ao divertimento das leitoras.

Não foram encontradas informações quanto à sua continuidade.

Fonte: *Jornal das Damas*, Recife, ano I, n. 9, 6 de dezembro de 1862, em formato digital, na Hemeroteca Digital Brasileira.

Jornal das Famílias

1863-1878

Depois da bem-sucedida experiência com a *Revista Popular* (Rio de Janeiro, 1859-1863), o editor francês B. L. Garnier fundou um novo periódico – o *Jornal das Famílias*, "exclusivamente dedicado aos interesses domésticos das famílias brasileiras". Lançado em 03 de março de 1863 no Rio de Janeiro, circulava também em São Paulo, Minas Gerais, Bahia, Rio Grande do Sul, Santa Catarina, Pará e até no exterior, como França e Portugal.

O preço mais alto das assinaturas – 10.000 réis, para o Rio de Janeiro e Niterói; 12.000 réis para as outras províncias, e o exemplar a 1.000 réis – era compensado pela qualidade superior do trabalho gráfico. À exceção do ano de 1871, quando janeiro, fevereiro e março tiveram um só volume, a revista manteve a periodicidade mensal ao longo dos quinze anos em que circulou. Com redação localizada à Rua do Ouvidor, n. 69, mas impresso em Paris, apresentava em média trinta e duas páginas, distribuídas entre literatura, moda, conselhos domésticos e viagens, conforme anunciado no texto de apresentação:

> *O Jornal das Famílias*, pois, é a mesma *Revista Popular* doravante mais exclusivamente dedicada aos interesses domésticos das famílias brasileiras. São os seus colaboradores os mesmos distintos cavalheiros a quem tanto deve a *Revista*, acrescentando outros que tivemos a honra e fortuna de angariar.
>
> Mais do que nunca dobraremos os nossos zelos na escolha dos artigos que havemos de publicar, preferindo sempre os que mais importarem ao país, à economia doméstica, à instrução moral e recreativa, à higiene, numa palavra, ao recreio e utilidade das famílias.
>
> *O Jornal das Famílias* sai uma vez por mês nitidamente impresso em Paris, e dará aos seus assinantes, no correr da publicação, gravuras, desenhos a aquarela coloridos, moldes de trabalhos de crochê, bordados, lã, tapeçaria, figurinos de modas, peças de música inéditas, etc., para o que tem contratado naquela capital os melhores artistas. Certo de que assim preencherá uma falta, geralmente observada, com esta publicação, e contando com o benigno acolhimento público que mereceu a *Revista Popular*, compromete o seu mais fiel desempenho nesta empresa.
>
> (*Jornal das Famílias*, Rio de Janeiro, ano I, n. 1, jan. 1863, p. 2)

Segundo a pesquisadora Daniela Magalhães Silveira (2005, n. 12), nos primeiros anos algumas características da *Revista Popular* foram mantidas, como o amplo espaço reservado à literatura. Entre os colaboradores estavam Paulina Philadelphia, Honorata Minelvina Cardoso, Caetano Filgueiras, Joaquim Manoel de Macedo, Augusto Emílio Zaluar, além de Machado de Assis, um dos mais assíduos. No período de janeiro de 1864 a dezembro de 1874, foram localizados 85 contos de sua autoria nas seções "Romances e Novelas", "Viagens" e "Poesias" (SILVEIRA, 2005, p. 4).

A revista foi contraditória na maior parte das edições. Ao lado de artigos conservadores que reiteravam a exclusiva função doméstica para a mulher, havia outros que defendiam o direto à instrução e ao trabalho. "A arte da beleza", encontrado na edição de março de 1863 sem assinatura, pode bem ter sido redigido por uma mulher:

A arte da beleza
Artigo para somente ser lido por Senhoras

É costume dizer mal das mulheres dadas às letras, e fazer-lhes, por essa razão, as mais malignas insinuações a respeito das virtudes que mais se prezam no nosso sexo. Debalde se faz ver a esses maldizentes que a mulher que nutre o seu espírito com pasto mais substancial do que as conversas sobre a vida alheia, menos facilmente ocupará a imaginação com essas frioleiras e leviandades que tão úteis parecem a princípio, e tão tristes consequências acarretam ao final, muitas vezes. Eles não se deixam convencer e vem logo com os exemplos das mais célebres literatas das quais a fama não corre boa.

A estes exemplos podia contestar com outros, mas é que me não lembram neste momento, primeiro porque não se trata disso agora, e depois porque o meu forte não é a história. Entretanto, cumpre confessar que, havendo assuntos em que ninguém tão cabalmente se pode entender como as mulheres, devem ser também estas que melhor podem escrever sobre eles. Creio, pois, que mesmo os que se escandalizam vendo uma autora publicar um tratado sobre astronomia ou compêndio de química, não levarão a mal que qualquer delas faça uso do juízo que Deus lhe deu, e da experiência que possa ter adquirido para escrever, mais ou menos ortograficamente, sobre alguma das poucas matérias da sua competência.

(*Jornal das Famílias*, Rio de Janeiro, ano I, n. 3, mar. 1863, p. 65)

Na edição de outubro de 1874, um articulista reafirma a proposta do jornal e lembra que, além de divertir as leitoras, pretendia também instruir por meio da literatura e da ciência:

> Recrear suas leitoras com poesias e variados artigos de mero interesse literário não é missão exclusiva do *Jornal das Famílias*.
> Além deste propósito, que por certo não deixa de ser digno de toda a solicitude da parte de sua redação, tem o nosso jornal por timbre e dever instruir o sexo, cujas graças naturais por sem dúvida se centuplicam, quando realçadas pelo brilhantismo de uma declaração esclarecida.
> É por isso que, não só por mais uma vez nos temos ocupado de assuntos pertencentes à ciência, como estamos resolvidos a empreender a publicação de uma série de artigos, onde possamos desempenhar perfeitamente os dois grandes fins da nossa folha.
> (*Jornal das Famílias*, Rio de Janeiro, ano XII, out. 1874, p. 304)

A seção "Modas" esteve presente em todas as edições, ilustrada com figurinos e moldes vindos "especialmente" de Paris e com a orientação de como as leitoras deveriam se portar e vestir. Outra seção de sucesso entre as leitoras era a "Economia Doméstica", assinada por Paulina Philadelphia, que traz receitas e conselhos práticos. Em dezembro de 1878, o *Jornal das Famílias* chegou ao fim, após quase 16 anos de publicação ininterrupta.

Fontes: Coleção de *Jornal das Famílias*, Rio de Janeiro, em formato digital, na Hemeroteca Digital Brasileira.

SILVEIRA, Daniela Magalhães. *Contos de Machado de Assis: Leituras e leitores do* Jornal das Famílias. Campinas: Unicamp, 2005. Dissertação (Mestrado em História) – Programa de Pós-Graduação em História, Instituto de Filosofia e Ciências Humanas, Universidade Estadual de Campinas, Campinas, 2005. Disponível em: <http://libdigi.unicamp.br/document/?code=vtls000343999>. Acesso em: 04 jun. 2012.

A Aurora

1866-1867

O pequeno jornal intitulado *A Aurora* deve ter surgido em Salvador em 1866, pois o único exemplar localizado, o número 7, datado de dezembro de 1867, informa tratar-se do ano II. O redator chamava-se Francklin Cezar da Silva Lima. Tinha dezoito páginas, e a assinatura era assim vendida: por ano 10.000 réis; por seis meses 5.000 réis; e o número avulso: 1.000 réis. "Fora da província só assinatura anual."

Pelo que foi possível verificar, cabia às mulheres a atitude passiva de leitoras e musas do periódico. Os poemas se filiam à estética romântica, e exaltam o amor, a beleza e pureza das donzelas. Dois textos tratam de política: um faz a biografia do ditador do México, Benito Juarez; e o outro reflete sobre a república. Há ainda um texto de pretensões literárias, intitulado "A violeta".

À guisa de exemplo, transcreve-se um poema assinado por M. C. de Vasconcelos.

> Amo-te, virgem, como amo a rosa
> Simples, airosa o alvorecer da aurora,
> Aceita o canto do sonhador nascente,
> Que por ti sente mais amor agora.
>
> Virgem formosa, cada vez mais bela,
> - Rosa singela dos jardins do amor;
> Ai! Dá-me a vida num sorriso teu
> Abre-me o céu com teus perfumes, flor!
>
> E eu te amo cada vez mais tanto,
> Tão puro e santo é meu amor por ti;
> O meu futuro só de ti depende,
> Virgem, estende-me teu olhar pra mim!
>
> Sou pobre, sei, mas passarei a vida
> Contigo, querida, num Éden de amor,
> Eu sou o orvalho, regarei teu seio
> Ai! Não receio, tu serás a flor.
> (*A Aurora*, Salvador, ano II, n. 7, dez. 1867, p. 135)

Outro poema, "Meu desejo", assinado com três asteriscos, merece ser transcrito pelas sugestões romântico-eróticas que contém:

Meu desejo era ser o ebúrneo leque,
Que bafeja teu peito levemente;
Era ser ante a face do teu rosto
Quando elevas a Deus, a prece ardente!

Meu desejo era ser a flor querida,
Que te orna a fronte, tão serena e bela,
Era cobrir-te de amorosos beijos,
Era adorar-te, divinal donzela!

Meu desejo era apenas um momento
Reclinar minha fronte em teu regaço,
Era ver-te bem lânguida, bem terna,
Cingir-me o corpo em delirante abraço.

Meu desejo era ser o brando leito
Onde dormes em lânguida postura,
Era ser o teu cinto cor do Céu,
Que te comprime a divinal cintura.

Meu desejo era enfim, ouvir teus lábios
Dizer eu te amo, e me imprimir um beijo,
Era mirar-te as perfeições ocultas,
Meu desejo era ser o teu desejo.
(*A Aurora*, Salvador, ano II, n. 7, dez. 1867, p. 134)

Há também textos humorados destinados a agradar às jovens, ainda que não fossem de muito bom gosto, como os versos "Baladas da moça solteira":

Dizer que o vestido está largo,
quando se lhe gaba a cintura,
ou quando se diz que está gorda.
Ficar arrufada à vista dos namorados.
Fingir que come pouco, quando está em sociedade.
Esfregar a cara com as mãos para parecer rosada.
Andar aos pulinhos para parecer elegante.
Dizer que quer ser freira para ver se casa depressa.
(*A Aurora*, Salvador, ano II, n. 7, dez. 1867, p. 138)

Trata-se, como se vê, de um órgão voltado tão somente para o *divertissement* feminino, sem questionar a condição da mulher na sociedade patriarcal.

Fonte: *A Aurora*, Salvador, ano II, n. 7, dezembro de 1867, em formato digital na Hemeroteca Digital Brasileira.

A Marqueza do Norte
1866-1867

A Marqueza do Norte é um belo exemplo da diversidade da imprensa feminina brasileira. Publicado na cidade de Recife em 21 de dezembro de 1866, o jornal de quatro páginas era impresso na Tipografia da Ordem de Pernambuco e vendido a 40 réis o exemplar. Trazia no cabeçalho um busto de mulher com ar aristocrático e leve sorriso nos lábios. À primeira vista, o subtítulo "Periódico Feminino – Político" pode sugerir tratar-se de um órgão defensor do sexo feminino. Porém, a leitura do editorial aponta para a crítica ao poder que certas mulheres exercem junto à corte, devido às ligações amorosas com os governantes. *A Marqueza* opunha-se, portanto, à participação de tais mulheres na vida política, considerada perniciosa para o destino do Império:

Quando todos reconhecem que o governo do Brasil é dirigido pelos barões da corte, por essa aristocracia fêmea que tem prostituído os costumes, pervertido a moral e abismado a nação, bela força é que das províncias do norte se erga uma mulher de costumes opostos e de moral religiosa para combater essa devassidão, que polui a moral e avilta a nação.

É lastimável que um país qualquer se deixe fascinar por influências femininas a ponto de entregar o seu governo à discrição de mulheres, algumas das quais tão devassas como as mais vis prostitutas! O governo do Brasil, especialmente no atual reinado, há sido sempre dirigido por mulheres. No reinado passado apontava-se apenas a Marquesa de Santos, mas no atual Reinado são tantas Maranguapes que não se pode discriminá-las.

A influência portuguesa prevalecendo da fraqueza do sexo e da importância que este exerce nos destinos do país, tem-se locupletado na preponderância e no domínio do Brasil, quer no que concerne ao comércio em geral, como nas extorquidas concessões que continuamente obtém dos poderes do estado por intermédio das fidalgas da corte titulares do Paço de São Cristóvão.

É pois, dessa perniciosa influência que a *Marqueza do Norte* se vai ocupar, declarando porém que, tanto das fidalgas da corte, como da influência portuguesa exercida por influxo daquelas, fará suas exceções.

(*A Marqueza do Norte*, Recife, ano I, n. 1, 21 dez. 1866, p. 1)

Ao longo da edição não constam informações sobre o corpo redacional nem a autoria dos textos, mas tudo indica que a responsável pela folha pernambucana tenha sido uma mulher. O poema intitulado "A Marqueza a suas patrícias" comprova a voz feminina que norteia o jornal, bem como as ideias libertárias que dominaram Pernambuco durante aquelas décadas. A autora conclama as brasileiras a serem mais patriotas, e as aconselha a não se casarem com portugueses que não amam os filhos, espancam mulheres e ainda "praticam sevícias mil".

> A voz do patriotismo
> Escutai, ternas Patrícias,
> Vós sois por vossos encantos
> Do mundo todo as delícias.
>
> Uma mulher que vos ama
> Que nasceu na vossa terra
> É a mesma, que vos fala,

Que ao despotismo faz guerra.

[...]

Se a pobreza vos persegue
Os seus martírios sofrei:
Não recebais de tais monstros
Nem dinheiro, nem a lei.

É melhor que caseis pobres
Com um brasileiro honrado,
Que sofrer um besuntão,
Um bajojo, um malcriado.

Do que vos servem riquezas,
Sofrendo um biltre imprudente
Um monte de porcaria,
Um labrego, um insolente?

O casamento entre eles
É uma especulação
Não tem amor, nem ternura
Tem perverso coração.

Mulher e filhos espancam
Praticam sevícias mil
Que canalha tão infame!
Meu Deus! Que gente tão vil!

Do que serve um casamento,
Que nos traz tanto desgosto?
A feras tão hediondas
Voltemos o nosso rosto.

[...]

Fora patifes infames
Corja vil de vis brejeiros,
Fora do nosso terreno
Fora, fora marinheiros.
(*A Marqueza do Norte*, Recife, ano 1, n. 1,
21 dez. 1866, p. 2-3)

Contrário à monarquia, o jornal denuncia enfaticamente os abusos cometidos pelos portugueses. O artigo intitulado "A corrupção" aponta com rara lucidez o estado de dependência vivido pelo Brasil da época:

Quem atentamente observar o enredo que a monarquia do Brasil ostenta na governança do país, há de lamentar a degradação a que tem chegado o povo brasileiro.

O Segundo Reinado influenciado pela Corte de Portugal, onde reina a influência política-comercial sobre o Brasil, tem subjugado esta nação na mais abjeta dependência.

Os dois governos, do Brasil e de Portugal, que são – uma e a mesma coisa porque se *lambem mutuamente*, acordaram entre si de acabar com os cabras do Brasil e povoarem esta terra com a escória de Portugal.

O primeiro imperador, que era *português às direitas*, deu começo a essa obra; e o segundo, que, posto tenha nascido no Brasil, há sido mais *acrimonioso* na propaganda do seu augusto pai. [...]

A Corte do Rio de Janeiro está convertida numa completa Lisboa. (*A Marqueza do Norte*, Recife, ano II, n. 3, 12 jan. 1867, p. 1, grifos da autora)

Além desse, há outros textos de caráter político na edição de 12 de janeiro, como "Os partidos políticos do Brasil", "O comércio do Brasil" e "Os galegos e os negros da Costa", com sérias críticas ao governo e aos portugueses que monopolizavam as relações comerciais.

Foram localizados dois números, o primeiro e o terceiro, e não há informações sobre sua continuidade.

Fontes: *A Marqueza do Norte*, Recife, ano I, n. 1, 21 dez. 1866, em formato impresso, no Acervo particular de Constância Lima Duarte, doado por Luzilá Gonçalves Ferreira.

A Marqueza do Norte, Recife, ano I, n. 1, 21 de dezembro de 1866; ano II, n. 3, 12 de janeiro de 1867, em formato digital, na Hemeroteca Digital Brasileira.

A Marqueza do Norte, Recife, ano II, n. 3, 12 de janeiro de 1867, em formato digital, no site da Biblioteca da CCHLA, da Universidade Federal da Paraíba.

A Nova Sempre-Viva
1867

A Nova Sempre-Viva – "Periódico Crítico, Chistoso e Recreativo" – surgiu em Salvador, em 22 de novembro de 1867. Com quatro páginas, divididas em duas colunas, sem ilustração, era impresso na Tipografia F. A. de Almeida, à Rua do Passo, n. 14. Podia ser adquirido através de assinaturas no valor de 1.000 réis (10 números) ou 120 réis o exemplar avulso. Publicava folhetins, poemas e charadas.

No enfático texto de apresentação, o editor clama às leitoras por "acolhimento e proteção" ao recém-inaugurado jornal:

> Não sei como me apresento aos meus leitores e leitoras, apesar de contar com a sua benevolência, tenho, todavia, alguma desconfiança, porquanto nasci debaixo da influência de um signo, mas enfim, já que tenho a proteção tão valiosa do belo, e sempre amável sexo, e condescendente, por isso que, além de ter em vista o útil e o agradável, batizei-me com o nome de uma flor de uma significação bem deliciosa, deixo de parte esse receio mal compreendido e, respeitosamente, deponho nos pés de uma infinidade de graças a minha existência, e o meu diminuto préstimo, pedindo ao mesmo tempo o seu acolhimento, e proteção.
> (*A Nova Sempre-Viva*, Salvador, série I, n. 1, 22 dez. 1867, p. 1)

No único número localizado foram publicados quatro poemas, bem românticos, assinados com as iniciais E. F. A., como o que se segue:

À...

Eu amo... ardo em desejos,
Que não me atrevo a dizer,
Tenho em sonhos a ventura
Na realidade o... sofrer!

Cala-te, coração, reprime
O teu insensato amor,
Que as ilusões te aviventem
Não multipliques a dor.

Talvez um dia, o teu fado
Farto dos teus tormentos
Te orgulhes dias felizes
Doces e ternos momentos
(*A Nova Sempre-Viva*, Salvador, ano I, n. 1,
22 dez. 1867, p. 3-4)

Não há informações sobre a continuidade do jornal, assim como sobre sua proposta editorial ou periodicidade.

Fontes: *A Nova Sempre-Viva*, Salvador, série I, n. 1, 22 de dezembro de 1867, em formato microfilme no Acervo de Periódicos Raros da Biblioteca Nacional do Rio de Janeiro.

A Nova Sempre-Viva, Salvador, série I, n. 1, 22 de dezembro de 1867, em formato digital, na Hemeroteca Digital Brasileira. Disponível em: <www.hemerotecadigital.bn.br>. Acesso em: 27 nov. 2014.

A Grinalda

1869-1870

Com o sugestivo nome de *A Grinalda*, o pequeno jornal circulou durante dezoito meses na cidade de Cachoeira, Bahia, entre 1869 e 1870. O primeiro número data de 17 de março de 1869 e o número 32, o último localizado, de 17 de julho de 1870. Inicialmente tinha como subtítulo "Periódico Literário e Recreativo", mas depois passou a especificar melhor o público a que se destinava e a natureza da publicação, adotando outros subtítulos: "Dedicado ao Belo Sexo"; "Periódico Literário, Comercial e Recreativo"; e "Órgão Democrático, Noticioso, Comercial e Literário". Também passou por três tipografias: Tipografia do Crítico, Tipografia Paraguassu e Tipografia da Grinalda.

O redator-proprietário, Veridiano Tavares da Gama, assim se dirigiu ao público leitor no primeiro editorial:

> Modesta, como o seu nome, à GRINALDA, que hoje se assenta no soalheiro da imprensa, os hurrahs da saudação, no toast da inteligência. [...]
>
> Fica subentendido que A GRINALDA é a protegida da beleza, da graça, da elegância e do verdadeiro espírito; pelo que, fica vedado a qualquer profano e grosseiro amarrotar com suas mãos calosas, este mimo delas, sob pena de perder as boas graças de todos os anjinhos terrestres [...].
>
> A caridosa proteção, minhas queridas leitoras, é uma letra sacada sobre a generosidade do Criador, que ele aceita para pagar no Vale do Josafal, naquele famoso dia em que se hão de ajustar tantas contas atrasadas.
>
> (*A Grinalda*, Cachoeira, BA, 17 mar. 1869, n. 1, p. 1)

Esse número traz as seguintes seções: "Literatura", "Belas-Artes", "Charadas" e "Poemas", que estampa a poesia "Jurity", de Casimiro de Abreu. Na edição de 23 de abril de 1869, o editor confidencia aos leitores ter concluído seu primeiro livro: "Assentamos o primeiro marco do nosso longo estágio. Hoje fechamos a primeira fase da nossa existência. Nesta hora escrevemos a última página do nosso primeiro livro..." (*A Grinalda*, n. 8, 23 abr. 1869, p. 1).

A partir do número 12, o jornal apresenta um novo subtítulo – "Periódico Literário, Recreativo e Comercial" –, e passa a tratar de temas mais amplos. Na última edição localizada, número 52, de 17 de julho de 1870, *A Grinalda* se encontra descaracterizada de seus propósitos iniciais: a literatura dá lugar à política, e o tema em destaque é o governo do Imperador D. Pedro II.

A pesquisadora Lizir Arcanjo Alves sugere, em *Mulheres escritoras na Bahia: as poetisas*, 1822-1918 (1999), que *A Grinalda* teria contribuído para a formação das "amabilíssimas leitoras" de Cachoeira, por ser uma publicação destinada a elas.

Fontes: Coleção *A Grinalda*, Cachoeira, BA, 26 exemplares correspondentes aos anos 1869-1870, em formato microfilme, no Acervo de Periódicos Raros da Biblioteca Nacional do Rio de Janeiro.

ALVES, Lizir Arcanjo. *Mulheres escritoras na Bahia: as poetisas, 1822-1918*. Salvador: Étera Projetos. Editoriais, 1999.

LEITE, Márcia Maria da Silva Barreiros. *Imprensa e rede de solidariedade feminina na sociedade baiana dos séculos XIX e XX*. Disponível em: <http://www.fazendogenero7.ufsc.br/artigos/M/Marcia_Leite_12.pdf>. Acesso em: 12 out. 2010.

A Madressilva

1869-1870

Como "Folha Literária Especialmente Dedicada às Senhoras", se apresentava *A Madressilva*. O primeiro número foi publicado em 1º de outubro de 1869, em Recife, e dirigido por Aprígio Justiniano da Silva Guimarães (que em 1850 já havia criado *Bello Sexo*), tendo como colaboradoras Maria Heráclia de Azevedo (futura diretora do jornal *O Myosotis*, 1875), Ana J. de Morais e Juana Tiburtina da Silva Lins, além de C. H. de Santa Helena Magno, J. V. Meira de Vasconcelos, Honorato Júnior, Bionodeto, Misael da S. Amaral, Vertumno e F. Lima. Era impressa na Tipografia Mercantil de C. E. Muhlert & Cia., instalada à Rua do Torres, n. 10, em Recife.

Segundo Luiz do Nascimento (1970, p. 330), o jornal media 32x23, tinha oito páginas, três colunas e as seguintes seções: "Folhetim", "Literatura", "Religião" e "Boletim". No cabeçalho encontrava-se uma frase de Silveira Martins: "A literatura é a expressão mais fiel da vida de um povo". As assinaturas de *A Madressilva* podiam ser adquiridas na Livraria Acadêmica, à Rua do Imperador, n. 79, e na Rua Direita, n. 79, 2º andar, ao preço de 2.000 réis a assinatura trimestral; 1.000 réis a mensal; e 2.500 réis e 1.200 réis para vendas no interior. O número avulso custava 500 réis.

Ainda segundo Nascimento, o texto de apresentação anunciava o jornal como "um lábaro de regeneração da literatura", "cofre de finíssimas joias", "flor digna do jardim pernambucano". Ele registra as publicações dos números 5, de 30 de março; 6, de 15 de maio; e 7, de 15 de julho, todos do ano de 1870.

A partir da edição 3, passou a ser impresso na Tipografia de *A Opinião*, localizada à Rua do Imperador, n. 27. A ausência de exemplares nos arquivos e acervos consultados, bem como de estudos sobre *A Madressilva*, justifica as poucas informações conhecidas sobre a folha pernambucana.

Fonte: NASCIMENTO, Luiz do. Periódicos do Recife (1851-1875). In: *História da imprensa de Pernambuco (1821-1954)*. Recife: Ed. da UFPE, 1970. v. V. Disponível em: <www.fundaj.gov.br/geral/200anosdaimprensa/historia_da_imprensa_v05.pdf>. Acesso em: 26 set. 2009.

Imprensa feminina e feminista no Brasil

Lyra de Apollo

1869-1875

Lyra de Apollo, periódico lítero-musical, circulou no Rio de Janeiro durante pelo menos sete anos, de 1869 a 1875. Ao longo desse tempo, o subtítulo sofreu alterações, aparecendo registrado como "Jornal de modinhas, recitativos, lundus, fadinhos, e poesias de diversos autores", "Jornal de modinhas, recitativos, lundus, canções, fadinhos brasileiros, romances, fadinhos portugueses, etc.", e ainda como "Jornal de modinhas, recitativos, lundus, canções, romances e poesias de diversos autores". A partir do terceiro ano, consta o seguinte no cabeçalho: "Interessante jornal dedicado ao belo sexo fluminense". Começou sendo impresso na Tipografia de Campos e Guimarães, depois passou para a Tipografia de *A Lyra de Apollo*, de J. F. de Campos, e, por fim, para a Tipografia da Rua da Alfândega, n. 183, sempre no formato 27 cm.

Nos cinco primeiros números de 1869, o periódico não traz a data da impressão, apenas a série e o número correspondente. Por exemplo: o primeiro número está assim identificado: 1ª série, número 1. A partir do sexto número, o jornal muda o *layout* e passa a registrar a data em que circulava: nesse caso, 5 de setembro de 1869. Se antes saía "em dias indeterminados por séries de 10 números, pelo preço de 1$000 cada série paga adiantada", a partir do sexto número temos que "publica-se impreterivelmente todos os domingos", ao preço de 500 réis por mês.

No site da Hemeroteca Digital Brasileira encontram-se 17 números, alguns incompletos e deteriorados. As edições existentes são as seguintes: do ano de 1869, os números 1, 2, 3 e 4, que não trazem data; o 6, de 5 de setembro; o 7, de 12 de setembro; o 8, de 19 de setembro; e o 9, de 26 de setembro. De 1870, ano II, há oito números: o 1 está danificado e não se pode ler a data; o 2, de 13 de fevereiro; o 3, de 20 de fevereiro; o 4, de 27 de fevereiro; o 5, de 6 de março; o 6, de 13 de março; o 7, de 20 de março; e o 8, de 27 de março. Depois há apenas o primeiro número de 1875, o ano VII, datado de 11 de abril de 1875.

Em todas as edições examinadas há modinhas e poemas assinados por Carlos Augusto de Oliveira Bastos, Ferreira Neves, J. J. Miranda e Silva, Paula Brito, L. A. Alvarenga e Honorato Lopes, entre outros. Às mulheres coube principalmente o papel passivo de musas inspiradoras e leitoras, pois não se encontrou uma só colaboração assinada por um nome feminino, a não ser, naturalmente, que tenham deixado seus escritos anônimos ou se ocultado em pseudônimos e nomes abreviados.

À guisa de exemplo, transcreve-se um poema, "A quitandeira", cujo eu lírico pretende sugerir ser da autoria de uma mulher, mas as sugestões eróticas apontam a leitura para outra direção.

A quitandeira

Meu querido yoyozinho
Eu sou filha da Bahia,
Por que passa sem comprar,
Um figo ou melancia?

Só yoyô quando passa
Os olhos quebra pra mim,
Olhe, yoyô, pra quebranto
Tenho figa de marfim.

Yoyô, me compra uma fruta
Que eu tenho no tabuleiro,
Pegue nela, meu yoyô,
Pegue, ande, tome o cheiro.

Tenho também uma fruta
Que yoyó há de gostar,
Mas também se ela quiser
Muito caro há de pagar.

Veja como ela está
Bonitinha e tão inchada,
É *escorregar* com os cobres
E dê lá sua dentada.

Então, gostou maganão?
Isso mesmo eu lhe dizia,
Já vê que as frutas gostosas
São as que vêm da Bahia.
(*Lyra de Apollo*, Rio de Janeiro, ano I, n. 9,
26 set. 1869, n. 9)

Fonte: Coleção *Lyra de Apollo*, Rio de Janeiro, 17 números, em formato digital, no Site da Hemeroteca Digital Brasileira.

O Boulevard

1870

ANNO I. **BRASIL** **NUMERO 9**

O BOULEVARD

JORNAL PARA SENHORAS

QUARTA-FEIRA, 19 DE OUTUBRO DE 1870.

| Assignatura por serie de 10 numeros.. 2.000 | Todo e qualquer escripto que seja dedicado para recreio do bello sexo será publicado gratuitamente. Pagamento de assignatura adianta-lo. | Folha avulsa é pelo preço de............ 240 rs. |

Na cidade de Conde D'Eu, interior da Bahia, surgiu em 1870 *O Boulevard* – "Jornal para Senhoras". Composto por quatro páginas, dividia-se em duas partes, literária e recreativa, e aceitava colaborações, desde que "dedicadas ao recreio do belo sexo", conforme anunciado no cabeçalho. Era impresso na Tipografia de Cândido Reinaldo da Rocha, e o exemplar avulso custava 240 réis.

No livro *Anais da imprensa da Bahia: 1º centenário (1811-1911)*, de Alfredo Carvalho e João Nepomuceno Torres, encontra-se a lamentável informação que os periódicos baianos, depositados na Biblioteca Pública da Bahia, haviam sido "consumidos pelo fogo e pela falta de conservação" no incêndio que a devastou em 1912. Felizmente, a Biblioteca Nacional do Rio de Janeiro possui ainda a edição de número 9, de 19 de outubro de 1870, que testemunha a existência de *O Boulevard*.

Dentre os textos examinados no exemplar consultado, destaca-se um que descreve a mulher como ser sublime e musa inspiradora dos poetas, aliás uma imagem frequente em textos escritos por homens no século XIX:

A Mulher

> Para tratar-se de um assunto tão grandioso e sublime, como que seria preciso roubar ao Oriente sua beleza, ao Céu a sublimidade de sua linguagem, pedir aos astros seu brilho, a criação sua grandeza. A mulher é entidade mais divina que humana, os poetas que a cantam, consideram-na uma estrela que descera do Céu para passear na terra.

Por mais belas que sejam as estrofes tecidas à mulher, embora elas rivalizassem com a beleza de nossos jardins, e com aquelas lágrimas de luz que rolam das estrelas como dos olhos do firmamento; todavia a beleza da mulher excede a beleza de todos estes cantos. A mulher é a forma do belo, o alvo de nossas aspirações, o objeto de nossos sonhos, o ídolo dos poetas.

O mundo físico não tem um sol, que exprime a vista da Eternidade sobre o abismo?

Pois bem: O coração é um universo, que tem também um sol. Este sol é a mulher.

Sem a mulher, sem este centro para onde gravita este pequeno planeta que se chama coração, o mundo (na frase do distinto escritor português) de um paraíso transformar-se-ia em um ermo, em um deserto, em uma solidão.

(*O Boulevard*, Conde D'Eu, BA, ano I, n. 9, 19 out. 1870, p. 1)

Se o texto de abertura atribuía à mulher um caráter idealizado e essencialista, na página 4, "Menina de esperanças" narra a história de uma jovem de 15 anos, considerada leviana por ter muitos namorados:

Menina de esperanças

Um demoninho de quinze anos e do sexo feminino, uma menina linda, mas leviana e loureira, levará a certo baile um *bouquet* de cravos brancos, cuja conquista foi disputada pelos namorados do tal demoninho que se chama Adelina.

Ungida pelos apaixonados e empenhada em não descontentar a nenhum, Adelina resolveu o problema, dando um cravo a cada namorado à medida que ia dançando com eles; antes porém de acabar o baile já se tinha esgotado o *bouquet*.

Foi então que o mais terno e bonito de seus requestadores pediu-lhe um passeio e, no passeio, disse-lhe:

– Ah, Dona Adelina! Que fez dos cravos do seu *bouquet*?...

– Distribui-os sem malícia, respondeu Adelina.

– Ingrata!....

– Porque me chama ingrata?...

– Porque esqueceu-se de mim, e nem sequer me guardou uma flor!...

– Oh!... veja como é injusto!.... eu guardei para o senhor o cálice que conteve essas pobres flores.

E sorrindo ofereceu a mão ao namorado, para quem não tinha mais cravo algum.

(*O Boulevard*, Conde D'Eu, BA, ano I, n. 9, 19 out. 1870, p. 4)

Mas justiça seja feita: *O Boulevard* tratou também de política e, nesse mesmo número, divulgou trechos da conferência proferida por Quintino Bocaiúva, conhecido jornalista que participou do processo de Proclamação da República.

Não foram encontradas informações sobre a sua periodicidade ou continuidade.

Fonte: *O Boulevard*, Conde D'Eu, BA, ano I, n. 9, 19 out. 1870, em formato digital, na Hemeroteca Digital Brasileira. Disponível em: <www.hemerotecadigital.bn.br>. Acesso em: 08 out. 2014.

CARVALHO, Alfredo de; TORRES, João Nepomuceno. (Org.). *Anais da Imprensa da Bahia: 1º Centenário (1811-1911)*. 2. ed. Salvador: Instituto Geográfico e Histórico da Bahia, 2007.

ALMANACH DAS SENHORAS

Para 1923

PORTUGAL E BRAZIL

FUNDADO EM 1871 POR GUIOMAR TORREZÃO

ILLUSTRADO COM OS RETRATOS
DE
Escriptores e escriptoras de diversas nacionalidades

Collaborado pelos principaes escriptores de Portugal, Brazil,
França, etc., etc.
Ampliado com differentes tabellas, receitas, anecdotas humoristicas,
charadas, enigmas e logogriphos
e uma desenvolvida série de annuncios dos principaes
estabelecimentos

Directora litteraria: MARIA O'NEILL

ANNO LIII

1922
Parceria ANTONIO MARIA PEREIRA
LIVRARIA EDITORA
Casa fundada em 1848; premiada com medalhas d'ouro
nas Exposições
do Porto, 1897, Rio de Janeiro, 1908, e Artes Graficas, Lisboa, 1913
RUA AUGUSTA — 44 A 54
LISBOA

Imprensa feminina e feminista no Brasil

Almanach das Senhoras

1871-1927

No tempo em que poucas publicações alcançavam mais de seis meses de existência, o *Almanach das Senhoras*, anuário impresso em Portugal e no Brasil, impressiona pela longevidade: editado a partir de 1871, só encerrou as atividades após 56 anos, em 1927. A direção esteve a cargo de Guiomar Torrezão (de 1871 a 1898, ano de sua morte) e de sua irmã, Felismina Torrezão (de 1898 a 1927),[31] que tiveram o apoio de inúmeras escritoras portuguesas, brasileiras e espanholas, como Júlia Lopes de Almeida, Ignez Sabino e Narcisa Amália. Dentre os escritores, Alexandre Herculano, Eça de Queiroz e Machado de Assis foram alguns que tiveram seus escritos aí divulgados.

O pequeno formato de 15x11,5 cm com certeza facilitava o manuseio, embora o número de páginas oscilasse entre duzentas e até quatrocentas nos últimos anos. Com relação às ilustrações, no início eram poucas, mas aumentaram consideravelmente nas últimas três décadas de circulação.

Lançado sempre em agosto, os textos deviam ser encaminhados à redação até o mês de março, como consta em diversas notas, inclusive nesta, veiculada em 1872, conclamando as brasileiras a também colaborarem no periódico:

> Destinando metade da edição, que dobra à do ano preterido, deste anuário ao Brasil, convidamos por este meio todas as senhoras e cavalheiros das terras de Santa Cruz, para que se dignem engrinaldar o nosso e seu livro com as primícias de um talento, que tem como as florestas americanas a exuberância, viçosa e perfumada; tendo o cuidado de enviar o que houveram por bem de conceder-nos, subscritado ao senhor Francisco Jayme Vieira Caldas, Rua da Quitanda 184, Rio de Janeiro, até 31 de março de cada ano, o mais tardar; sendo-nos por este senhor remetidos, pronta e obsequiamente, todos os artigos.

---

[31] Guiomar Delphina de Noronha Torrezão nasceu em Lisboa em 26 de novembro de 1844 e faleceu na mesma cidade em 22 de outubro de 1898. Colaborou com artigos, poemas e textos em prosa em diversos periódicos do Brasil e de Portugal. Dentre os livros publicados estão *Uma alma de mulher* (romance, 1869), *Rosas pálidas* (novelas e contos, 1872), *A família Albergaria* (romance, 1874) e *Meteoros* (contos e crônicas, 1975).

Dicionário Ilustrado – Século XIX

[...] O *Almanach* dará conta de todos os livros de senhoras publicados durante o ano corrente [...] e anunciará todos os livros, portugueses e brasileiros, de que receber dois exemplares.
(*Almanach das Senhoras*, Lisboa, Rio de Janeiro, 1872)

As brasileiras logo atenderam à solicitação. Entre elas, Alba Valdez, Amália Figueiroa, Amélia de Freitas Bevilacqua, Ana Nogueira Batista, Auta de Souza, Francisca Clotilde Barbosa Lima, Francisca Júlia da Silva, Ibrantina Cardona, Ignez Sabino, Júlia Lopes de Almeida, Narcisa Amália, Presciliana Duarte de Almeida e Zalina Rolin (ROMARIZ, 2011, p. 99).

Como todo almanaque, as matérias eram diversificadas: divulgava efemérides, tabela de marés, livros ofertados à redação, lista de correspondentes, curiosidades, conselhos, acontecimentos, e também poemas, ensaios, crônicas, romances, anedotas, charadas e provérbios. Dentre os anúncios, destacavam-se os das lojas de vestuário e de cosméticos, colégios, tinturarias, confeitarias e casas de chá. Também eram divulgados com frequência medicamentos para emagrecer e para "as dores, atrasos e supressão das regras". E muitas as seções e colunas tornaram-se referência, como "Do Tejo ao Atlântico", "Através da Ciência" e "Conselhos úteis".

Dada sua importância no cenário cultural português e brasileiro, tem sido objeto de diversos estudos. Em um deles, da historiadora Ana Cláudia Gomes, consta o seguinte sobre o público alvo do *Almanach*:

O que o *Almanach das Senhoras* denomina "a mulher do século XIX" é evidentemente um tipo de experiência feminina, aliás positiva a um pequeno número de mulheres de elite europeias, simbolizadas principalmente pelas francesas: mulheres que participavam do mundo público, especialmente das rodas literárias e da alta cultura, *salonnières*, que cultivavam a erudição como um ornato e praticavam o luxo e a sensualidade (GOMES, 2002, p. 61)

No caso das brasileiras ocorreu situação semelhante. A elite feminina tentava acompanhar a moda e as ideias ditadas pela Europa, e com certeza o *Almanach* de Guiomar Torresão se prestava a esse fim, além do espaço para divulgar a produção literária, embora os textos escritos por homens fossem sempre em grande número.

Outra estudiosa do *Almanach das Senhoras*, Andrea Germano de Oliveira Romariz considera que o periódico foi um eficaz "projeto político de grande acesso à cultura letrada" para as mulheres, ainda que a princípio a maioria dos textos visse a educação apenas como fator necessário para que elas exercessem com mais competência o papel de mãe e dona de casa. (ROMANIZ, 2011, p. 54). Depois, os argumentos foram se afinando com o pensamento feminista mais radical, que defendia a necessidade de as mulheres participarem do mercado de trabalho e de serem independentes, tanto econômica como intelectualmente.

Há relativamente poucos exemplares digitalizados do *Almanach das Senhoras* disponíveis para os pesquisadores. No site da Hemeroteca Digital Brasileira, por exemplo, foi localizada apenas a edição de 1872. Outras edições encontram-se em bibliotecas de universidades americanas, portuguesas e inglesas, principalmente.

Fontes: *Almanach das Senhoras*, Lisboa, Rio de Janeiro, ano II, em formato digital, na Hemeroteca Digital Brasileira.

GOMES, Ana Cláudia. O *Almanach das Senhoras (1871-1927) e um projeto político de acesso feminino à cultura letrada*. Belo Horizonte: UFMG, 2002. Dissertação (Mestrado em História) – Programa de Pós-Graduação em História, Faculdade de Filosofia e Ciências Humanas, Universidade Federal de Minas Gerais, Belo Horizonte, 2002.

ROMARIZ, Andrea Germano de Oliveira. *O Almanaque de Lembranças Luso-Brasileiro: Um ensaio para um Projecto maior?* Lisboa: ULISBOA, 2011. Dissertação (Mestrado em Estudos Românicos) – Programa de Mestrado em Estudos Românicos, Faculdade de Letras, Universidade de Lisboa, 2011.

Anno I. Cidade da Campanha, 14 de Setembro de 1873. Num. 2.

O SEXO FEMININO

SEMANARIO DEDICADO AOS INTERESSES DA MULHER.

"E' pelo intermedio da mulher que a
natureza escreve no coração do homem"
(AIMÉ MARTIN.)

Observação.
Toda a correspondencia será
dirigida á D. Francisca Senhorinha da Motta Diniz.

Assignaturas.
Por anno. . . . . . . 3$000
Por semestre . . . . 2$500
Publica-se 1 vez por semana.

PRINCIPAL REDACTORA—D. FRANCISCA S. DA M. DINIZ.—COLLABORADORAS, DIVERSAS.

O Sexo Feminino.

Emancipação da mulher.

Já circula por ahi o primeiro numero
do *Sexo Feminino* periodico que se dedica
á defesa dos direitos da mulher ; á esta
hora tem elle transposto montes e ser-
ras para penetrar nessas cidades ruidosas, nesses centros de luzes, onde não
faltão talentos para fazerem irradiar por
todos os lados os fructos de uma civilisação apurada—de uma educação es-
merada—e de uma instrucção variegada.

O *Sexo Fem...*
vasto mundo d...
de bons desejo...
ponder-se co...
com os quaes...
amistosas, ma...
deixão de prop...
mulher, cujos ...
sido tão desc...
nosso governo...
ma *revolução*
educação e em...

A revoluç...
facilmente co...
plique-se-lhe...
Nos comba...
jorra o sangu...
phisicas, e sa...
nocentes !

O direito de guerra, o direito de matar
não se origina de fonte divina ; não é um
direito natural porque aberra de todos
os principios de justiça.

O direito de guerra é um triste e desa-
nimador epigramma á nossa civilisação
—é uma prova viva de que a logica en-
sinada pelos homens não disse ainda sua
ultima palavra : tal direito é anti-chris-
tão. E' a *sciencia* e não á *espada* que incumbe dicidir as mais complicadas desa-
venças humanas.

Prepare-se o futuro pela educação e
instrucção do sexo fragil.

O SEXO FEMININO ®

SEMANARIO LITTERARIO, RECREATIVO E NOTICIOSO
SEMANARIO DEDICADO AOS INTERESSES DA MULHER
ESPECIALMENTE DEDICADO AOS INTERESSES DA MULHER
Redactora e proprietaria—D. Francisca Senhorinha da Motta Diniz
COLLABORADORAS—SUAS FILHAS E DIVERSAS SENHORAS
Redacção — Rua do Lavradio n. 101

| Assignatura para a côrte | E' pelo intermedio da mulher que a na-
tureza escreve no coração do homem. AIMÉ MARTIN. | Assignatura para as provincias |
|---|---|---|
| Por anno.................. 10$000 | | Por anno.................. 12$000 |
| Por semestre.............. 5$000 | | Por semestre.............. 6$000 |
| Por trimestre............. 3$000 | | Por trimestre............. 3$500 |
| Por mez.................. 1$000 | | N. 1 |

Rio de Janeiro, 2 de Junho de 1889

Anno III

O SEXO FEMININO

Rio de Janeiro, 2 de Junho de 1889

A racional emancipação da mulher

O *Sexo Feminino* surgindo novamente na immensidade do oceano das idéas apregoadas pela liberdade, não faz mais do que concorrrer com o seu
pequeno, porém franco apoio, para fazer vingar a
idéa que a maioria das nações civilisadas afagam,
fazendo refulgir a racional emancipação da mulher,
como a satisfação unica do grande principio de igualdade prégado pelo Martyr do Golgotha.

Hoje todos os povos são livres, ou pugnam pelo
direito de igualdade, os poucos que por excepção
ainda gemem na escravidão combatem em luta
incessante pela sua autonomia ; todos os pensamentos se manifestam francamente e esforçam-se
por obter sua liberdade, fazendo resaltar por toda a
... que ha entre o presente e o pas-

tudada sériamente, merece ser considerada como de
grande eminencia social.

Pois bem ! Eis-nos chamando em nosso auxilio as
senhoras para coadjuvarem-nos com suas luzes intellectuaes e com suas assignaturas.

Não conseguiremos os fins sem applicarmos o
meios.

Quando trata-se de uma questão transcenden
como esta, devemos todos unirmo-nos e banir
nossas idéas todos os erroneos preconceitos que s
focam e amortecem o passo que tentamos dar
favor do progresso da humanidade.

A racional emancipação é uma das verdades g
diosas que se apresentam ao nosso espirito.

Temos lutado por propagal-a, e sem fatiga
nos, lutaremos até attingir nosso desideratum.

Diz Hime — « Sempre que uma verdade
quer illuminar o mundo, seu propagador encon
Golgotha ; nós, certamente, encontraremos
Golgotha !!...

Paciencia; com esta sublime virtude, a fo
amoreira se transformará em precioso setim
Desde que subimos á tribuna universal
... pequeno periodico, e

O Sexo Feminino

1873-1889

Apresentado como "Semanário dedicado aos interesses da mulher", o jornal *O Sexo Feminino* foi lançado por Francisca Senhorinha da Motta Diniz[32] na cidade então denominada Campanha da Princesa da Beira, Minas Gerais, em 07 de setembro de 1873. No cabeçalho, um pensamento de Aimée Martin – "É por intermédio da mulher que a natureza escreve no coração do homem" – resumia a proposta do jornal: defender a educação, a instrução e a emancipação da mulher.

No primeiro número, a editora dirige-se aos leitores de forma incisiva e corajosa, antecipando as demandas que o jornal abraçaria nos anos seguintes. Apesar de longo, o editorial merece ser lido em sua totalidade:

> Zombem muito embora os pessimistas do aparecimento de um novo órgão na imprensa – *O Sexo Feminino*; tapem os olhos os *indiferentes* para não verem a luz do progresso, que, qual pedra desprendida do rochedo alcantilado, rola violentamente sem poder ser impedida em seu curso; riam os curiosos seu riso sardônico de reprovação à ideia que ora surge brilhante no horizonte da cidade da Campanha; agourem bem ou mal o nascimento, vida e morte do *Sexo Feminino*; persigam os *retrógrados* com seus ditérios de chufa e mofa nossas conterrâneas, chamando-as de utopistas: *O Sexo Feminino* aparece, há de lutar até morrer: morrerá talvez, mas sua morte será gloriosa e a posteridade julgará o perseguidor e o perseguido.
>
> O século XIX, século das luzes, não se findará sem que os homens se convençam de que mais da metade dos males que os oprimem é devido ao descuido que eles têm tido na educação das mulheres, e ao falso suposto de pensarem que a mulher não passa de *um traste de casa*, grosseiro e brusco gracejo que infelizmente alguns indivíduos menos delicados ousam atirar à face da mulher, e o que é mais às vezes, em plena sociedade familiar!!!!

---

[32] Francisca Senhorinha da Motta Diniz nasceu em São João del-Rei, Minas Gerais, em data desconhecida. Além de *O Sexo Feminino* (1873-1889), fundou outros jornais no Rio de Janeiro, para onde se transferiu: *A Primavera* (1880), *A Voz da Verdade* (1880) e *O Quinze de Novembro do Sexo Feminino* (1889-1890). É autora, juntamente com a filha Elisa Diniz, do romance *A judia Rachel* (1886). Atuou ainda como educadora, tendo fundado, no Rio de Janeiro, o Liceu Santa Izabel e a Escola Doméstica (1890), que oferecia ensino secundário às jovens.

Em vez de pais de família mandarem ensinar suas filhas a coser, engomar, lavar, cozinhar, varrer a casa etc., etc., mandem-lhes ensinar a ler, escrever, contar, gramática da língua nacional perfeitamente, e depois, *economia e medicina doméstica, a puericultura, a literatura* (ao menos a nacional e a portuguesa), *a filosofia, a história, a geografia, a física, a química, a história natural,* para coroar esses estudos a instrução *moral e religiosa*; que estas meninas *assim educadas* não dirão quando moças estas tristes palavras:
"Se meu pai, minha mãe, meu irmão, meu marido morrerem o que será de mim!!!"
Não sirva de cuidado aos pais que suas filhas, assim educadas e instruídas, não saibam coser, lavar, engomar, cortar uma camisa, etc, etc.
A riqueza intelectual produzirá o dinheiro, e com este se satisfarão as necessidades.
O dinheiro, Deus o dá e o diabo pode tirar, mas a sabedoria Deus dá – o diabo não roubará.
(*O Sexo Feminino*, Campanha, MG, ano I, n. 1, 7 set. 1873, p. 1)

Para melhor avaliar o que representou o surgimento desse periódico basta lembrar que viviam na cidade de Campanha cerca de 20.071 mulheres, das quais apenas 1.158 sabiam ler e escrever (BUITONI, 1990, p. 52). No ano seguinte, movida pela certeza de que na corte seu periódico teria maior alcance, Francisca Senhorinha deixa a pequena cidade mineira acompanhada das duas filhas, transferindo-se para o Rio de Janeiro. Não há registro se o marido, também jornalista, a teria acompanhado nessa mudança. A decisão foi anunciada na edição de 7 de Setembro de 1874, quando comemorava o primeiro ano do jornal.

O dia de hoje em feliz coincidência com o aniversário de Independência nacional perfaz um ano indicador do grito da independência da mulher. *O Sexo Feminino* tocou o fim de seu ano de existência, quem o diria? [...]
No mundo do pensamento, muitas vezes topou sectários das mesmas doutrinas, pelas quais propugnavam seus ilustres colegas compartilhando das mesmas ideias. Suma delicadeza da parte de inúmeros e distintos cavalheiros, é a prova mais inequívoca de que no Brasil sabe o brasileiro render preito de homenagem, consideração e respeito ao sexo frágil – *a mulher*!
A tiragem deste hebdomadário era de 800 exemplares, e coisa singular, esta folha não contou 10 números devolvidos!

Neste momento solene, a redatora envia seu reconhecimento aos signatários desta folha, e máxime aos desta tão boa cidade da Campanha.

Parece incrível que um humilde periódico de desprezível formato seja lido na velha capital da Espanha, na Europa, e na soberba Nova York, dos Estados Unidos, o assombro da moderna civilização, e o modelo invejado do aperfeiçoamento de progresso moral, intelectual e material.

Desde o Amazonas até os confins do Rio Grande do Sul é esta folha conhecida, e ainda agora choviam os pedidos de números editados e novas assinaturas.

Devo prevenir ao sexo masculino que não pense que as mulheres estão adormecidas pelo sono do indiferentismo; não, algumas já se têm feito ouvir, e outras levadas por sua modéstia não têm querido externar seus pensamentos pela imprensa. [...]

É este, pois, o último número do *Sexo Feminino* que, com chave de ouro, em um dia de entusiasmo e de júbilo nacional, vem encerrar o seu primeiro ano.

De agora em diante será esta folha editada na Corte, de onde oportunamente me dirigirei aos leitores, e aos meus ilustrados colegas com quem permuto este semanário.

(*O Sexo Feminino*, Rio de Janeiro, ano II, n. 45, 7 de setembro de 1874, p. 1).

Com a transferência para a corte, o jornal teve um aumento significativo no número de exemplares vendidos: de 800 exemplares que eram impressos em Campanha, passou a 4.000 nos primeiros dez números no Rio de Janeiro. Uma prova inequívoca do sucesso é o fato dele contar, entre os assinantes, com D. Pedro II e sua filha Princesa Isabel. Nessa época, a redação funcionava na Rua do Lavradio, n. 101, e eram vendidas assinaturas anuais, semestrais e trimestrais, tanto na corte, quanto nas Províncias. A exemplo do que ocorria nos demais periódicos, embora fosse uma publicação de teor feminista, temas destinados ao lazer – como literatura, moda e entretenimento – também eram aí contemplados.

Dentre as colaboradoras, destacavam-se Ernestina Fagundes Varella, Cândida A. dos Santos, Laura Eulina G., Luiza E. Pereira, Maria Leonilda Carneiro de Mendonça, I. de B. Leite, Ignez Flacia d'Aguiar Mourão, Marcolina Higgis, Maria Deraisme, Maria Cândida M. de Vasconcellos, Maria Joaquina de Mesquita e Rocha, Leopoldina de J. Paes Mamede, Anna Maria Ribeiro de Sá, Marianna C. de Arantes, Maria Peregrina de Souza, Palmyra de Abreu, Eulália Diniz e Josefa Esteves de G. Del Canto.

O jornal foi editado semanalmente de 22 de julho de 1875 a 02 de abril de 1876, mas, em decorrência de problemas de saúde – Senhorinha teria contraído febre amarela –, passou a ser publicado mensalmente, conforme nota publicada na edição de 2 de abril:

Aviso às nossas Exmas. Assinantes

A redatora desta folha, achando-se doente e toda sua família, e ainda mais, aterrada pela epidemia atual, a febre amarela, retira-se por algum tempo para fora da Corte, e por esse motivo só mensalmente sairá a folha, até a sua volta. Esperando da generosidade de suas assinantes ser desculpada por esta involuntária falta de cumprimento respectivo do prospecto, prometendo inteirar o número que compreende cada assinatura, sendo 52 números para os assinantes de ano, 25 para os de semestres, e 12 para os de trimestre. Quanto à correspondência será dirigida à Rua dos Ourives, n. 7.
(*O Sexo Feminino*, Rio de Janeiro, ano II, n. 22, 2 abr. 1876, p. 1)

Mas a interrupção vai se estender por quase treze anos, e a reimpressão só ocorrerá em 2 de junho de 1889, marcada por algumas mudanças, como o subtítulo, que passa a ser "Semanário Recreativo, Literário e Noticioso, especialmente dedicado aos interesses da mulher". Dentre as colaboradoras, aparecem os nomes das filhas Albertina e Elisa Diniz. A seguir, a transcrição do texto que informa seu retorno:

A racional emancipação da mulher

O Sexo Feminino surgindo novamente na imensidade do oceano das ideias apregoadas pela liberdade, não faz mais do que com o seu pequeno, porém franco apoio, para fazer vingar a ideia que a maioria das nações civilizadas afagam, fazendo refulgir a racional emancipação da mulher, com a satisfação única do grande princípio de igualdade pregado pelo Mártir do Gólgota. [...]
Pois bem, se o século presente é o século das luzes e o da batalha da civilização – A racional emancipação da mulher não podia nem pode deixar de entrar na arena do combate travado para a restauração dos direitos da mulher... Entre os milhares de problemas que agitam hoje todos os espíritos, consideramos o da *racional emancipação* do nosso sexo o de maior importância; sabemos que é sem dúvida um problema imensamente difícil de ser resolvido, ao menos de pronto!... [...]

A marcha e o movimento do progresso de ideias novas é sempre lenta, porém não está longe o dia em que a obra da perfectibilidade do gênero humano será preenchida pela educação do homem, dada pela mulher. É a época da luz!... Foram-se as trevas... Todos os povos se congregam em torno da sacrossanta ideia da igualdade e da fraternidade. Avante, pois, amáveis conterrâneas.

(*O Sexo Feminino*, Rio de Janeiro, ano III, n. 1, 2 jun. 1889, p. 1-3)

Dentre os temas mais recorrentes estava a defesa do casamento civil. Segundo Cecília Vieira do Nascimento (2004), Francisca Senhorinha contribuiu para o debate ao se posicionar publicamente e provocar a participação feminina. No artigo intitulado "O casamento", ela chama a atenção para as contradições inerentes à instituição do matrimônio, que, apesar de ser "uma sociedade", apenas um membro tinha voz e autoridade.

O casamento é uma união perfeita e completa, uma sociedade que se propõe ao aperfeiçoamento dos contraentes.

O casamento prende permanentemente dois indivíduos de diverso sexo com o fim de aperfeiçoarem e constituírem família; se a união que entre eles vai substituir é tão íntima e tão completa que um dos cônjuges pode dizer do outro com a Bíblia na mão: "tu és o osso dos meus ossos e a carne da minha carne" não deve haver desigualdade de direitos. [...] O regime da família não deve ser absoluto nem despótico; mas ilustrado, racional, prudente e moderado. [...]

Entretanto, a mulher não pode estar em juízo sem autorização do marido; sendo escritora, não pode publicar suas obras sem o consentimento do marido, etc., etc., etc!... Perguntamos: – Até onde deverá estender o império da proeminência marital? Enfim, não obstante a superioridade concedida pela lei ao marido sobre a pessoa da mulher, reconhece o nosso código civil certos deveres e obrigações perante os quais é sancionada uma verdadeira igualdade entre ambos os cônjuges.

Essas obrigações são:

1. Os cônjuges são obrigados a guardar mutuamente fidelidade conjugal;

2. A viverem conjuntos;

3. A socorrer-se e ajudar-se mutuamente.

(*O Sexo Feminino*, Rio de Janeiro, ano III, n. 1, 2 jan. 1889, p. 3)

Após o terceiro item há um aviso indicando "Continuar-se-á", que não se concretiza, pois não foram localizados os demais tópicos das obrigações dos cônjuges nas edições que se seguiram. É deveras surpreendente que, em torno de 1880, uma jornalista questionasse com argumentos tão precisos o falocentrismo embutido na legislação. Francisca Senhorinha evidencia o quanto o Direito estava contaminado pelo ponto de vista masculino hegemônico, que reduz a mulher à subcidadania.

Na edição de 16 de junho de 1889, encontra-se uma nota, intitulada "Senhoras Advogadas", que merece ser transcrita pois também corrobora com estas questões:

> O Instituto da Ordem dos Advogados Brasileiros vai discutir se "a mulher graduada em Direito pode exercer a advocacia e a magistratura" – tendo já incumbido o Sr. Dr. João Batista A. Marques de formular parecer a tal respeito.
>
> Parece que a recente formatura em Direito de duas senhoras na faculdade de Recife tem tirado o sono aos advogados.
>
> E não é para menos, visto serem respeitáveis os concorrentes que ora se apresentam, armados de *pied em cap*, a dar-lhes batalha.
>
> O sucesso coroar-lhes-á as primeiras tentativas pois não haverá juiz ou jurado que possa resistir aos meigos olhares e aos sutis argumentos desses convincentes juristas.
>
> Depois a experiência nos ensina que não há lógica mais cerrada e nem mais persuasiva do que a feminina...
>
> O imortal Shakespeare, o grande conhecedor do coração humano, já demonstrou essa verdade criando a bela Porcia.
>
> Tremam, portanto, os advogados brasileiros.
>
> (*O Sexo Feminino*, Rio de Janeiro, ano III, n. 3, 16 jun. 1889, p. 4)

O espírito combativo de Francisca Senhorinha vislumbra com o evento da Proclamação da República uma nova etapa para seu jornal. Assim, deixa de publicá-lo com o título de *O Sexo Feminino*, em 8 de outubro de 1889, para trazer à luz um novo periódico, agora intitulado *O Quinze de Novembro do Sexo Feminino*,[33] que chega com um tom ainda mais

---

[33] *O Quinze de Novembro do Sexo Feminino* – "Periódico Recreativo, Literário e Noticioso" – vai defender principalmente a educação e o sufrágio feminino. Ao todo, serão oito edições, a primeira em 15 de novembro de 1889 e a última em 06 de dezembro do ano seguinte. Ver verbete do periódico.

Imprensa feminina e feminista no Brasil

agressivo. Simbolicamente, o título expressa a esperança que a mudança política do país representasse avanços na vida das mulheres.

Duas coleções estão disponíveis na página da Hemeroteca Digital Brasileira. Além dos títulos citados nas fontes de consulta, o periódico de Francisca Senhorinha possui já uma significativa fortuna crítica.

Fontes: Coleção de *O Sexo Feminino*, Campanha, MG, Rio de Janeiro, no formato digital, na Hemeroteca Digital Brasileira. Disponível em: <http://hemerotecadigital.bn.br/>. Acesso em: 28 jan. 2014.

Coleção de *O Sexo Feminino*, Campanha, MG, Rio de Janeiro, no formato microfilme, no Acervo de Periódicos Raros da Biblioteca Nacional do Rio de Janeiro.

BUITONI, Dulcília Schoreder. *Imprensa feminina*. São Paulo: Ática, 1990.

NASCIMENTO, Cecília Vieira do. O Sexo Feminino *em campanha pela emancipação da mulher (1873/1874)*. Belo Horizonte, UFMG, 2004. Dissertação (Mestrado em Educação) – Programa de Pós-Graduação em Educação, Faculdade de Educação, Universidade Federal de Minas Gerais, Belo Horizonte, 2004.

ROSA, Gerlice Teixeira. *Ethos e argumentação de Senhorinha Diniz em* O Sexo Feminino. Belo Horizonte, UFMG, 2011. Dissertação (Mestrado em Letras) – Programa de Pós-Graduação em Letras, Universidade Federal de Minas Gerais, Belo Horizonte, 2011.

SOUTO, Bárbara Figueiredo. *Senhoras do seu destino: Francisca Senhorinha da Motta Diniz e Josephina Álvares de Azevedo: projetos de emancipação feminista na imprensa brasileira (1873-1894)*. São Paulo: USP, 2013. Dissertação (Mestrado em História) – Programa de Pós-Graduação em História Social, Faculdade de Filosofia, Letras e Ciências Humanas, Universidade de São Paulo, São Paulo, 2013.

O Domingo
1873-1875

O Domingo, cujo subtítulo era "Semanário Literário e Recreativo", circulou no Rio de Janeiro sob a direção de Violante Atabalipa Ximenes de Bivar e Vellasco[34] de novembro de 1873 a 25 de maio de 1875, data de falecimento de sua fundadora. A redação situava-se em um sobrado à Rua do Príncipe dos Cajueiros, n. 164. Até a edição 54 as páginas tinham duas colunas; a partir da 63, passou a ser estruturado em três colunas. A seção

---

[34] Violante Atabalipa Ximenes Bivar e Vellasco (1816-1875), escritora e poliglota, nasceu em Salvador, numa família importante. Publicou a tradução da peça *O xale de casemira verde*, de Alexandre Dumas e Eugenie Sue, e o livro *Algumas traduções de línguas francesa, italiana e inglesa*, em 1859, prefaciado por Beatriz Brandão. Começou no *Jornal das Senhoras* (1852-1855) como colaboradora, mas seis meses depois tornou-se diretora.

"Poesias" divulgava poemas e folhetins, e a "Recreativo", narrativas curtas, piadas e charadas.

Com periodicidade semanal, contou com importantes colaboradoras como Maria Firmina dos Reis, Narcisa Amália, Alice de Sá Rego e Honorata Minelvina Carneiro de Mendonça, além dos escritores Olympio Júlio de Oliveira Mourão, Ezequiel Freire, Martinho Rodrigues e Júlio Diniz.

O jornal defendia com firmeza o direito da mulher à educação e à igualdade intelectual, tendo em vista a valorização que o papel de esposa e mãe recebia na época. Além de artigos de caráter feminista, trazia textos literários e pequenas biografias de mulheres que haviam se destacado em alguma atividade, apresentadas como exemplo para as leitoras.

Em 26 de abril de 1874, o artigo intitulado "A instrução pública" denunciava a precariedade da educação nacional e exigia mudanças urgentes nestes termos:

> Sem instrução – o povo não será mais do que um manequim, que fará girar à vontade de quem souber manejar-lhe a mola, fazendo-se perigar as instituições; porque incontestavelmente elas perigam, quando o povo, nos dias em que exerce sua soberania, não compreende a magnitude de seus direitos e a grandeza de seus deveres. (*O Domingo*, Rio de Janeiro, ano II, n. 23, 26 abr. 1874)

Em 31 de maio de 1874, Violante Bivar e Vellasco reitera mais uma vez o objetivo de seu jornal: "Pela sua face literária, a redação tem procurado no círculo de suas limitadas forças, tornar a folha tão amena quando instrutiva, não sendo inferior em quilate do que se lê em grande parte dos jornais" (*O Domingo*, Rio de Janeiro, ano II, 31 maio 1874).

O último número que se tem notícia é o 71, datado de 09 de maio de 1875.

Fontes: Coleção *O Domingo*, Rio de Janeiro, com 56 edições. Ano I, 1873: do 1 ao 6; 1874: 38 edições, do 7 ao 54. Ano II, 1875: 12 edições, do 55 ao 71; faltam 62, 65, 67, 68 e 69. Em formato impresso, no Acervo de Obras Raras da Biblioteca Nacional do Rio de Janeiro; e em formato digital, na Hemeroteca Digital Brasileira.

VASCONCELOS, Maria Celi Chaves. *A casa e os seus mestres: a Educação doméstica como uma prática das elites no Brasil de Oitocentos*. Rio de Janeiro: PUC-RJ, 2004. Tese (Doutorado em Educação) – Programa de Pós-Graduação em Educação, Departamento de Educação, Pontifícia Universidade Católica do Rio de Janeiro, Rio de Janeiro, 2004. Disponível em: <http://www2.dbd.puc-rio.br/pergamum/tesesabertas/0015646_04_pretextual.pdf>. Acesso em: 24 set. 2009.

Bibliotheca das Senhoras
1874

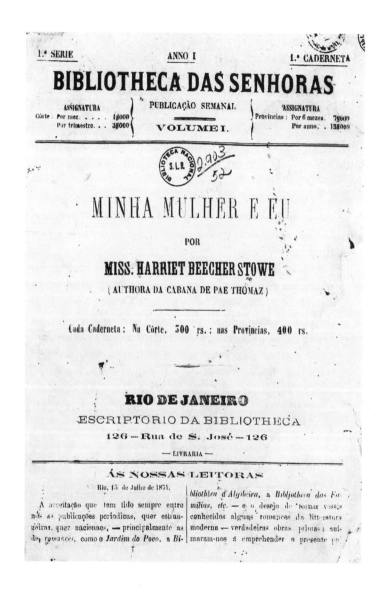

Bibliotheca das Senhoras – "Jornal semanal dedicado à publicação de romances nacionais e estrangeiros", foi fundado no Rio de Janeiro, em 15 de julho de 1874. Com redação situada à Rua São José, n. 126, tinha dezoito páginas e podia ser adquirido por assinaturas ao custo mensal de 1.000 réis e trimestral de 3.000 réis. Um pequeno artigo na primeira página, dirigido "Às nossas leitoras", apontava os objetivos da publicação:

> A aceitação que tem tido sempre entre as publicações periódicas, quer estrangeiras, quer nacionais, – principalmente as de romances, como o *Jardim do Povo*, *a Bibliotheca de Algibeira*, *a Bibliotheca das Famílias*, etc. – e o desejo de tornar vossos conhecidos alguns romances da literatura moderna – verdadeiras obras-primas, animaram-nos a empreender a presente publicação.
> (*Bibliotheca das Senhoras*, Rio de Janeiro, ano I, n.1, 15 jul. 1874, p. 1)

Conforme sugere o subtítulo, dedicava-se à publicação de romances em capítulos, com o intuito de agradar e instruir as leitoras:

> Não é a ambição de lucro – com o que não contamos – que nos move, mas tão somente o desejo de proporcionar às nossas patrícias leituras agradáveis e instrutivas.
> Encetando a nossa 1ª série com o primoroso romance *Minha mulher e eu*, da insigne escritora norte-americana Miss Beecher Stowe – festejada autora da célebre *Cabana de Pai Tomaz*, e continuando-a com a publicação de romances de Mme. Girardin, Mme. Collet, Mme. de Stael, Victor Hugo, W. Scott, Gautier, Erckmann-Chatriun, Gaboriau, Souvestre, Fenimore Cooper etc., estamos certos de que conseguiremos a coadjuvação e animação de nossas leitoras, sem o que não nos será possível prosseguir. *Minha mulher e eu* bastará para fazer recomendação da nossa humilde *Bibliotheca das Senhoras*.
> (*Bibliotheca das Senhoras*, Rio de Janeiro, ano I, n. 1, 15 jul. 1874, p. 16)

Após o editorial, segue-se a transcrição do romance de Miss Harriett Stowe.

Não foram encontradas informações sobre a continuidade do periódico.

Fontes: *Bibliotheca das Senhoras*, Rio de Janeiro, ano I, n. 1, 15 julho de 1874, em formato microfilme, no Arquivo Edgar Leuenroth da UNICAMP.

Bibliotheca das Senhoras, Rio de Janeiro, ano I, n. 1, 15 de julho de 1874, em formato digital, na Hemeroteca Digital Brasileira.

Primavera

1875

Com o modesto subtítulo de "Pequeno Jornal Literário e Recreativo", a folha *Primavera* começou a circular em Açu, Rio Grande do Norte, em 20 de janeiro de 1875. Impressa na Tipografia Assuense duas vezes por mês, era vendida por 1.000 réis a assinatura de dez números. O redator-responsável era Custódio L. R. d'A.

Todas as informações conhecidas sobre o periódico encontram-se no *Dicionário da Imprensa do Rio Grande do Norte – 1909-1987*, de Manoel Rodrigues de Melo (1987, p. 20-21), que ilustrou o verbete com os versos de um poeta que se declara a uma jovem, após admirá-la num baile:

A rainha do baile

À Exma. D. F. D. da Cunha

> Com suas formas divinas
> E dos gestos a pureza,
> Com tão excelsa beleza
> Na contradança tão sábia,
> Na valsa tal ligeireza;
> Com tanta graça e encantos
> Que lhe deu a natureza,
> Com tudo isso, entre as belas,
> Conquistou a realeza.
> (*Primavera*, Açu, RN, [s.d.], *apud* MELO, 1987, p. 21)

Além de poemas, trazia notícias sobre acontecimentos políticos e sociais de interesse das leitoras, como bailes, vestuários e comidas. A transcrição do fragmento de uma crônica sobre uma festa na casa do Dr. Fernando Maranhense da Cunha revela não apenas o estilo rebuscado do cronista, como a surpreendente vida social que os açuenses desfrutavam na segunda metade do século XIX.

> "Foram duas partidas esplêndidas e extraordinariamente concorridas. O belo sexo ostentou-se deslumbrante e maravilhoso: o apurado gosto das toilettes; graça e pureza das assuenses; a prosa doce e açucarada que emanava dos lábios de tão belas senhoras;

o trato obsequioso do ilustre Dr. Maranhense [o anfitrião], a sua incansabilidade em agradar a todos os convivas; e finalmente as maneiras afáveis e encantadoras de sua respeitável esposa, a Exma. Sra. D. Ana, deram àquela festa um esplendor que arrebatava o mais indiferente espectador. Uma mesa servida das melhores iguarias, os brindes mais eloquentes aplaudidos com calor e entusiasmo foram o complemento daqueles dois dias de festa consagrados ao feliz aniversário natalício [...]."

O cronista, terminando, brinda as amáveis leitoras que estiveram nos bailes e com elas se congratula por tanta festa e tanto prazer. (*Primavera*, Açu, RN, [s.d.], *apud* MELO, 1987, p. 21)

O último número que se tem notícia é o 19, de 9 de outubro de 1875.

Fonte: MELO, Manoel Rodrigues de. *Dicionário da imprensa do Rio Grande do Norte – 1909-1987*. Natal: Fundação José Augusto, 1987.

Dicionário Ilustrado – Século XIX

A Mulher
1875

Editado na cidade de Recife, e impresso na Tipografia Mercantil, em pequeno formato, *A Mulher* era vendido por 1.000 réis a assinatura mensal. Em 07 de maio de 1875, o *Diário Pernambucano* noticiou seu surgimento nos seguintes termos:

> Um periódico instrutivo e literário dedicado ao sexo feminino, por quem é principalmente redigido, do qual acabamos de receber o primeiro número, que, aliás, promete. O aparecimento entre nós (os da província) de um periódico literário redigido por senhoras, por isso mesmo é um caso fenomenal, e digno de toda animação, animação que não lhe faltará, esperamos.
> (*Diario de Pernambuco*, Recife, 07 mai 1875, *apud* NASCIMENTO, p. 388)

Outro jornal – *A Província* – também noticiou o surgimento do periódico, fazendo a seguinte ressalva: era uma folha "feminina, sem ser feminista".

Lamentavelmente não se conhece a identidade das redatoras. Apenas foi possível saber que Maria Heráclia de Azevedo, editora do jornal *O Myosotis* (1875), teria sido uma das colaboradoras. As poucas informações aqui transcritas são fruto do importante levantamento feito por Luiz do Nascimento (1970, p. 388). Segundo o pesquisador, o jornal apresentava periodicidade irregular, tendo sido o número 5, de 22 de junho de 1875, o último publicado.

Fonte: NASCIMENTO, Luiz do. Periódicos do Recife (1851-1875). In: *História da imprensa de Pernambuco (1821-1954)*. Recife: Ed. da UFPE, 1970. v. V. Disponível em: <www.fundaj.gov.br/geral/200anosdaimprensa/historia_da_imprensa_v05.pdf>. Acesso em: 26 set. 2009.

A Brisa

1875

ADVERTENCIA
Publica-se aos Domingos.

NUMERO AVULSO 300 RS.

A BRISA

Jornal Litterario, Recreativo e Noticioso

ASSIGNATURAS
Por mez . . . . . . 1$000

PAGAMENTO ADIANTADO.

Anno I. Ceará—Domingo 27 de Junho de 1875. Numero 9

Em 1875, circulou em Fortaleza o periódico *A Brisa* – "Jornal Literário, Recreativo e Noticioso". Apesar de não mencionar as leitoras, era todo dedicado a elas, desde os editoriais até as seções e os folhetins. No site da Hemeroteca Digital Brasileira encontram-se sete números: o 3, de 16 de maio; o 5, de 30 de maio; o 6, de 6 de junho; o 7, de 13 de junho; o 8, de 20 de junho; o 9, de 27 de junho; e o 10, de 4 de julho, todos de 1875. Nem os responsáveis nem os colaboradores estão identificados, pois os textos são assinados com pseudônimos ou iniciais.

No número 3 tem início a transcrição de um longo discurso – "A mulher: o que foi e o que é" – proferido anonimamente no Theatro Apollo, em Sobral, Ceará, em 26 de julho do ano anterior, que pretende realizar um panorama da condição feminina através dos séculos e das civilizações. Um pequeno excerto para exemplificar:

> A mulher nos tempos nebulosos do paganismo era escrava desprezível, vilipendiada, seminua, atada ao cepo ensanguentado do despotismo essencialmente embrutecedor.
>
> A condição social da mulher, como tudo que está sob o domínio da mudança, modificou-se profundamente em todos os séculos. A mão de Deus cavou um abismo tremendo entre a mulher antiga e a mulher. Quereis aproximar uma da outra? Isto não vos pertence: pertence ao trabalho lento e infatigável dos séculos, às exigências da civilização e ao excessivo aperfeiçoamento da consciência humana.
>
> (*A Brisa*, Fortaleza, ano I, n. 7, 13 jun. 1875, p. 2)

Nos poemas, contos e crônicas, predomina o tom moralista que infantiliza a mulher e a deixa sempre submissa ao homem. Nessa mesma edição, o "Folhetim" reitera certo tom fútil e idealizante:

> Leitora: Se de volta da *missa da madrugada*, com toda a tua inocência de virgem, encontraste a *Brisa* no lugar aonde tantas vezes apoias o braço, para pensar no *futuro*... não satisfaças o capricho de tua curiosidade: deixa-a ocupando esse confidente dos teus sigilos, e vai brincar com as rosas do teu modesto jardim.
> Colhe algumas: coloca-as poeticamente nos cabelos soltos, que oscilam aos beijos da brisa, e com a ingenuidade santa dos espíritos inocentes, assenta-te no meio dos perfumes. [...]
> Mas, ah! Não acordemos a virgem que dorme; quem sabe se ela não sonha agora com os sorrisos do mancebo a quem adora... [...]
> Assinado: Júlio.
> (*A Brisa*, Fortaleza, ano I, n. 7, 13 jun. 1875, p. 3)

Há também seções mais amenas, como "Variedade", que brinca com as leitoras casadouras apresentando-lhes os diferentes tipos de homens, as charadas e as notas dando conta de acontecimentos sociais. Não é possível saber até quando a folha circulou.

Fonte: *A Brisa*, Fortaleza, ano I, n. 3, de 16 de maio de 1875; n. 5, de 30 de maio de 1875; n. 6, de 6 de junho de 1875; n. 7, de 13 de junho de 1875; n. 8, de 20 de junho de 1875; n. 9, de 27 de junho de 1875; e n. 10, de 4 de julho de 1875, em formato digital, na Hemeroteca Digital Brasileira.

Lirio
1875

O único exemplar conhecido de *Lirio* – "Publicação Recreativa Dedicada ao Belo-Sexo Cearense, e Colaborada por algumas Senhoras" – é o de número 4, datado de 6 de junho de 1875, cuja versão em microfilme encontra-se no Acervo de Periódicos Raros da Biblioteca Nacional do Rio de Janeiro. O diretor era Suilberto Padilha. Considerando a informação de que era semanal, pode-se deduzir que tenha sido impresso pela primeira vez em 16 de maio de 1875, em Fortaleza.

Segundo a pesquisadora Cecília Maria da Cunha (2008, p. 83), o jornal tinha caráter religioso, quatro páginas, formato 27x19 cm, e divulgava principalmente folhetins e poesia. No editorial encontram-se elogios ao progresso intelectual da mocidade e comentários sobre as festas do "mês mariano".

> A mocidade é o vasto horizonte onde se fitam os olhares de uma sociedade moralizada; porque dela é que depende o esplêndido futuro da pátria, a felicidade de um povo.
> Não é sem comoção de júbilo que contemplamos nos tempos que correm o progresso intelectual dessa mocidade afanosa, que cedendo aos impulsos irresistíveis da inteligência, se atira às lutas sublimes da razão, em busca da verdadeira glória, que somente nelas devem entrar.
> E assim devemos continuar a trabalhar, ao menos para que do indiferentismo não nos arremessem a pedra.
> Fracos, porém sinceros amigos de todos que se consagram à causa santa das letras, a nossa humilde voz sempre se fará ouvir em prol dessa caravana gigante, em que se acham confiados os destinos da pátria, da família, de um povo, enfim!
> (*Lirio*, Fortaleza, ano I, n. 4, 6 jun. 1875, p. 1)

Mas na seção intitulada "Neblina" encontram-se críticas ao comportamento das moças nas igrejas e à vaidade feminina. O cronista, que assina Arthur, assim se dirige às suas leitoras:

> Leitoras – Começo hoje minha lenga-lenga dando-vos os meus sentimentos por ter-se findado o vosso entretenimento noturno, isto é, o Mês Mariano.
> Desculpem-me chamar esta sagrada festa – entretenimento: pois se a isto me atrevo é porque tenho a convicção de que muitas jovens vão à igreja, não por espírito de religião, mas com o único fim de fazerem conquistas amorosas.
> Eu tenho motivo de sobra para avançar a isto: pois fui vítima de uma destas conquistas.
>
> ***
>
> Diariamente as leitoras inventam modas sobre modas.
> Não satisfeitas com o pó de arroz, carmim e outras mil coisas postiças para tornarem-se galantes e sedutoras, acabam de inventar um sinalzinho preto na face.
> Nos dois últimos dias do Mês Mariano foi grande a quantidade de moças assinaladas que apareceu na igreja.
> Até uma crioulinha também lá estava com um sinal: mas em vez de ser este preto era branco, para tornar-se mais visível na sua face retinta.
> Estas moças inventam coisas!...
> Leitoras, deixem-se destas vaidades: trajem-se com singeleza e conservem-se cada uma como Deus a fez.
> Assim espero vê-las hoje em S. Bernard, onde vou depositar um responso nos pés de Santo Antônio, a fim de ver se este santo faz com que as leitoras casem-se este ano.
> Assinado: Arthur.
> (*Lirio*, Fortaleza, ano I, n. 4, 6 jun. 1875, p. 4)

A banalidade dos comentários e conselhos salta aos olhos. Como tantos outros da época, o cronista se atém a reproduzir a mentalidade senhorial então dominante.

Fontes: *Lirio*, Fortaleza, ano I, n. 4, de 6 de junho de 1875, em formato digital, na Hemeroteca Digital Brasileira.

CUNHA, Cecília Maria. *Além do amor e das flores: primeiras escritoras cearenses*. Fortaleza: Expressão Gráfica, 2008.

O Myosotis

1875

Autointitulando-se "Jornal das Famílias", *O Myosotis* surgiu em Recife, em 25 de julho de 1875. A redatora e proprietária era Maria Heráclia de Azevedo,[35] conhecida escritora da cidade. De periodicidade semanal, tinha quatro páginas, duas colunas, e formato 32x23 cm. A assinatura trimestral custava 3.000 réis para residentes em Recife, e 4.000 réis para os de outras localidades. No cabeçalho constam os nomes de três correspondentes: Alfredo de Aquino Fonseca, do Rio de Janeiro; Ezequiel Freire, de São Paulo; e Avelino de Moraes, de Sergipe.

São raros os exemplares conhecidos. Foi encontrado um único número no site da Companhia Editora de Pernambuco (CEPE), por sinal o primeiro, e algumas informações nos livros *Em busca de Thargélia: poesia escrita por mulheres em Pernambuco no segundo oitocentismo*, de Luzilá Gonçalves Ferreira (1991), e *História da imprensa de Pernambuco (1821-1954)*, de Luiz do Nascimento (1970, p. 404).

No editorial de estreia, a redatora esclarece a necessidade de criar essa folha, pois, segundo ela,

> Há muito tempo que na província de Pernambuco, uma das mais civilizadas do Brasil, e cujo nome figura gloriosamente nos fastos do culto às letras, se faz sentir a necessidade palpitante de um periódico escrito especialmente para as Famílias – à semelhança das diversas gazetas existentes nas sociedades mais bem constituídas do mundo civilizado. E é esta a missão do *Myosotis*, tal é a lacuna que pretende preencher, alistando-se na imprensa pernambucana, também representada nas lides políticas e literárias.
>
> *O Myosotis*, gênero de publicação dedicado exclusivamente às Senhoras, pretende não só fornecer notícias diversas e latas considerações sobre modas, como também uma leitura variada [...].
>
> (*O Myosotis*, Recife, ano I, n. 1, 25 jul. 1875, p. 1)

Ainda no primeiro número, teve início a publicação do romance *Tempestades do coração*, de J. B. de Mattos Moreira, em formato de folhetim.

---

[35] Maria Heráclia de Azevedo nasceu em Recife, em data desconhecida. Publicou inúmeros poemas e artigos em periódicos destinados às mulheres, como *Madressilva* e *A Mulher*, e também em outros, como *O Progresso*, de Recife, editado pelo poeta Isidoro Martins Júnior.

Em artigo intitulado "Puberdade", a autora faz uma reflexão sobre a poesia ser inerente a algumas mulheres, pois

> A mulher na idade dos sonhos é tudo o que há de mais puro, mais poético e belo na terra. Quando em seu coração começa a abrir-se o cofre amoroso das delícias, ao calor de um fogo ardente, que lhe queima dentro esse tecido de sentimento, que se desenvolve ao sopro lascivo dos sonhados desejos.
> Quando em seus desmaios de moça, sente uma mão amiga que a conduz ao banquete delirante os gozos, onde se sorve orvalho do céu em beijos de anjo.
> Quando a melancolia a vem achar com o suor na fronte e a languidez nos olhos, nesses momentos em que os olhares do homem vão queimar o mais pequenino recanto de seu coração, sacrário dos afetos, onde a vida mora.
> (*O Myosotis*, Recife, ano I, n. 1, 25 jul. 1875, p. 2)

O periódico contou com a colaboração de conhecidas escritoras, como Narcisa Amália, Ana Autran, Joana Tiburtina, Júlia da Costa, Laura Carolina e Amélia Figueroa, e também com Tobias Barreto, Castro Alves, César Muniz, A. Ply, entre outros nomes de prestígio, o que deve ter contribuído para sua divulgação junto ao público leitor.

Fontes: *O Myosotis*, Recife, ano I, n. 1, de 25 de julho de 1875, em formato impresso, no acervo pessoal de Constância Lima Duarte, gentilmente cedido por Luzilá Gonçalves Ferreira.

O Myosotis, Recife, ano I, n. 1, de 25 de julho de 1875, em formato digital, no site da CEPE.

FERREIRA, Luzilá Gonçalves. *Em busca de Thargélia: poesia escrita por mulheres em Pernambuco no segundo oitocentismo (1870-1920)*. Recife: FUNDARPE, 1991. Tomo I.

NASCIMENTO, Luiz do. Periódicos do Recife (1851-1875). In: *História da imprensa de Pernambuco (1821-1954)*. Recife: Ed. da UFPE, 1970. v. V. Disponível em: <www.fundaj.gov.br/geral/200anos-daimprensa/historia_da_imprensa_v05.pdf>. Acesso em: 26 set. 2009.

O Iris
1875-1876

O Iris – "Periódico Bimensal, Dedicado a Causa do Progresso do Sexo Feminino" – começou a circular na cidade de Natal, em 27 de julho de 1875, segundo Manoel Rodrigues de Melo (1987, p. 155). Com quatro páginas, divididas em duas partes – "Filosófica" e "Literária" –, o jornal dirigido por Joaquim Fagundes era impresso na Tipografia Conservadora, enquanto a redação funcionava na Praça da Alegria, n. 4. Podia ser adquirido através de assinatura no valor de 5.000 réis, 3.000 réis e 1.000 réis (anual, semestral e bimestral).

A conhecida frase da escritora Mme. Staël estampada no cabeçalho – "O gênio não tem sexo" – explicita seu caráter progressista, reafirmado através de artigos que defendiam a emancipação e os direitos das mulheres. Em 10 de novembro de 1875, o editor se pronunciava favorável às conquistas femininas e defendia com veemência seu ponto de vista:

> Bem difícil é, sem dúvida, arrancar a nossa sociedade do letargo mortal que a abate e a torna surda às vozes enobrecedoras do progresso e da civilização. [...] O mundo inteiro se agita, e na república das letras todos têm igual direito. A sociedade, porém, tentou solapar o da mulher, marcando órbita para a vida do astro do seu gênio; mas a inteligência, que é incadeiavel, folga despeiada de preconceitos, no espaço do sublime.
>
> A sociedade não se satisfez de roubar os direitos políticos da mulher e tentou também invadir-lhe o *fórum* da ideia, do sentimento, mas então o gênio encarnado em Staël, Sand, Gerardin e tantas outras, opôs seu dique invencível; e a sociedade condenadora dos voos poéticos feminis ficou reduzida a meia dúzia de nécios e estúpidos que enxergam nos voos da mulher pelos espaços da literatura alguma coisa de desdourador.
>
> As grandes conquistas ultimamente alcançadas em prol dos direitos da mulher, injustamente usurpados, deixam bem patente o prenúncio de seu próximo e total triunfo. [...]
>
> A reivindicação dos direitos políticos da mulher já hoje não é mais um fato imaginário, utópico; não, hoje é um fato que ocupa a atenção da sociedade e que se discute com afã na pugna científica. Nobilitar a mulher é o grande ponto convergente das disputas sociais e será a grande obra que erguerá muito alto a humanidade. A sociedade precisa da mulher, e precisa muito, sem ela não pode existir, e sem que lhe restitua todos os seus direitos não pode conquistar a terra almejada.
>
> (*O Iris*, Natal, ano I, n. 7, 10 nov. 1875, p. 2)

Coerente com as ideias que defendia, o jornal abriu espaço para a colaboração feminina. Nessa edição, por exemplo, Joanna Augusta M.

de Vasconcelos dedicou um conto às amigas Flora e Adelina. Além disso, *O Iris* também divulgava outros jornais destinados às mulheres, como *O Sexo Feminino* (1873-1889), do Rio de Janeiro, de Francisca Senhorinha da Motta Diniz, "uma senhora inteligente e ilustrada", a ponto de anunciar que o periódico carioca estava disponível para assinaturas na redação da folha natalense.

Após um período de interrupção, volta a ser publicado, passando a se identificar como "periódico dedicado à causa do progresso". O número de páginas aumenta, surgem as seções "Parte Histórica" e "Parte Noticiosa", e aceita anunciantes. E o jornal segue firme no propósito de colaborar para a emancipação feminina, conforme o trecho a seguir:

> Depois de uma breve interrupção, motivada por diversos estorvos que são próprios desta terra, aparece o *Iris* a tomar seu lugar no centro do combate científico, resoluto e crente.
> Um ano pendeu no ocaso do tempo e *O Iris* atravessou-o, e conta hoje segundo ano de vida. [...]
> Periódico dedicado exclusivamente à causa do progresso da sociedade emancipador da mulher, é indiferente às lutas políticas e pessoais que agitam no país.
> *O Iris* pugna pelo progresso – é sua ideia predominante, porém, para sustentar e defender sua ideia usa somente argumentos filosóficos, científicos ou históricos, que nada afetam particularidades. [...]
> Firme em seu programa defenderá com todo poder de que dispõe a emancipação da mulher, com a ideia reformadora e nobilitante da sociedade.
> (*O Iris*, Natal, ano II, n. 1, 3 mar. 1876, p. 2)

Surpreende a lucidez e a determinação do editor, que assume e se proclama feminista e dedicado à causa da mulher, trazendo-a para o centro do periódico sob sua responsabilidade.

Lamentavelmente não foram encontrados outros exemplares, nem informações sobre sua continuidade.

Fonte: *O Iris*, Natal, ano I, n. 7, 10 de novembro de 1875; ano II, n. 1, 3 de março de 1876, em formato digital, na Hemeroteca Digital Brasileira.

Dicionário Ilustrado – Século XIX

Recreio das Moças

1876-1877

Recreio das Moças, "Publicação hebdomadária – Órgão do Belo Sexo", surgiu no Rio de Janeiro em 1876. Apesar da ausência das edições iniciais nos arquivos consultados, supõe-se que a primeira tenha ocorrido no mês de outubro. Foram encontrados apenas os números: 11 de 19 de novembro de 1876, e o 1 do ano II, de 1º de outubro de 1877. Editado por Pedro Paulo Corrêa, era impresso na Tipografia Esperança, localizada à Rua São José, n. 14. Com quatro páginas, era vendido através de assinaturas ao valor de 500 réis. Dedicava-se exclusivamente à literatura, com textos em verso e prosa publicados nas seguintes seções: "Folhetim", "Variedades" e "Poesias". Trazia ainda a "Seção Científica".

O texto que se segue testemunha as limitações impostas à vida da maioria das mulheres da sociedade oitocentista, que apenas devia exercer as funções de mãe e esposa, mantendo-se submissa aos preceitos dos homens e da Igreja:

> A mulher é uma harmonia. Incumbida de uma missão mais que sublime: a de formar o coração do menino, elevá-lo na crença sagrada da Pátria, iniciá-lo na grande vida da humanidade: a mulher é Mãe; há de cercar o homem de poesia, restituir-lhe a fé e a esperança retiradas pelo desgosto e pela fadiga, sustentá-lo contra agitações da vida, santificar a família com a prática do dever e a consciência de sua nobreza.... – a mulher é Esposa.
>
> E para ser essa harmonia que se chama "esposa e mãe" de que precisa ela?
>
> Disto: Ser uma pessoa no lar, onde ela constitui uma religião; Ser um ideal no mundo do homem onde ela deve entrar; Segui-lo na trilha das civilizações.
>
> Cremos. Nesta crença se encerra o nosso programa,
>
> (*Recreio das Moças*, Rio de Janeiro, ano I, n. 11, 19 nov. 1876, p. 1)

Na edição de 1º de outubro de 1877, o jornal seguia seu intento de interferir e determinar como as mulheres deviam se comportar, além de criticar seu "excessivo" interesse pela moda. Curiosamente, o mesmo cronista de nome Arthur que colaborava em outros jornais, reproduziu um texto que havia publicado em *Lirio*, de 6 de junho de 1875.

211

Diariamente as leitoras inventam modas sobre modas.

Não satisfeitas com o pó de arroz, carmim e outras mil coisas postiças para tornaram-se galantes e sedutoras acabam de inventar um sinalzinho preto na face. [...]

Leitoras, deixem-se destas variedades: trajem-se com singeleza e conservem-se cada uma como Deus a fez...

Assinado: Arthur.

(*Recreio das Moças*, Rio de Janeiro, ano II, n. 1, 1 out. 1877, p. 3)

Após a publicação dessa edição, não foram encontrados outros números.

Fontes: *Recreio das Moças*, Rio de Janeiro, ano I, n. 11, de 19 de novembro de 1876, em formato microfilme, no Acervo de Periódicos Raros da Biblioteca Nacional do Rio de Janeiro.

Recreio das Moças, Rio de Janeiro, ano II, n. 1, 1º de outubro de 1877, em formato microfilme, no Arquivo Edgard Leuenroth, da Unicamp.

Assignaturas

Para Campinas—500 rs. por mez
Para fóra . . .—600 rs. " "
Numero avulso—240 rs
As assignaturas são pagas adiantadas

O PORVIR

Publica-se

duas vezes por mez. As correspondencias e reclamações devem ser dirigidas em carta fechada ao escriptorio desta typographia.

ORGAM POLITICO, LITTERARIO E RECREATIVO DEDICADO AO BELLO SEXO

COLLABORADORES—DIVERSOS

Série 1.ª — Domingo, 20 de Maio de 1877 — N. 1

AVISO

Rogamos ás pessoas que receberem o presente numero do nosso jornalsinho, e que o não quizerem assignar, o obsequio de devolvel-o no praso de 3 dias; do contrario serão consideradas assignantes.

O Porvir

Campinas, 20 de Maio de 1877.

No meio do profundo indifferentismo da actualidade, quando a ambição e o egoismo sobrepujam ao direito e a justiça, não é de mais sem duvida a apparição de um novo orgam, que, com sua fraca voz, vem augmentar o brado clamoroso e apaixonado da altiva imprensa paulista.

Subjecto ás leis immutaveis e necessarias da vida, mas cheio de enthusiasmo e de esperanças, apresenta-se hoje o *Porvir*, receioso e timido da fatal sentença do destino; porque animado embora pelas luzes da verdade, resta-lhe comtudo vencer os erros e preconceitos da moderna sociedade.

Franqueando suas columnas aos lidadores do progresso e do futuro, e analysando com a devida imparcialidade os principaes acontecimentos da epocha, terá entretanto por ponto capital do seu programma e objecto essencial de seus esforços a defesa leal e sincera dos interesses da mulher.

Porque se é certo, como pondera um eminente publicista, que o principio que actualmente regula as relações entre ambos os sexos e a subordinação legal de um sexo ao outro, não pódem sustentar-se ás luzes da civilisação moderna; é incontestavel que em seu lugar deve vir a practica do systema da igualdade absoluta, do direito e da justiça.

Já se foram os tempos em que governavam a superioridade da força, o capricho do senhor e a vontade illimitada do despota; as idéas, os costumes e as instituições de nossos dias têm por principaes caracteristicos a liberdade e a igualdade.

E assim como em outras éras dicidia-se da sorte e do futuro de um individuo, pelas circumstancias fortuitas do seu nascimento, hoje a todos se abrem de par em par as portas da immortalidade e da gloria, porque imperam o talento, a honra e a virtude.

Aquilatar-se da utilidade das forças intellectuaes de cada um e marcar no berço o seu lugar na sociedade, seria escravisar o entendimento humano, seria uma loucura, um escarneo ás conquistas da liberdade. A intelligencia não tem bitola; seu distinctivo é a actividade e seu objecto o mundo.

O rico, o opulento, o filho dilecto da fortuna, bem como o simples operario que em seu trabalho procura o pão de cada dia, não estão de certo vinculados a um poste marcado pela sociedade: o operario póde tornar-se o opulento, e este trocar as galas de sua vida passada pelas humildes vestes do operario.

A cada qual é dado o livre emprego de sua actividade e de sua industria, de seu talento e de suas forças. E se ainda hoje vemos o triste espectaculo da escravidão, o predominio de uma força despotica e odiosa, não passa isso de uma anomalia social, de um principio que em breve verá soar sua ultima hora.

Mas a mulher não tem recebido os beneficios d'essas conquistas e nem tão pouco mudado sua condicção na sociedade. Conservada até hoje em um estado de submissão que repugnaria a qualquer homem, se bem que disfarçada pelos carinhos de que é objecto, tem ella arrastado durante seculos as cadêas da escravidão.

De que val dourar essas cadêas se como as outras ellas pesam sobre os pulsos e aniquilam a liberdade.

Mas será que a propria natureza assim o tenha permittido? Estará essa subordinação ligada a alguma lei universal, a algum principio verdadeiro e justo, ou, pelo contrario, será o resultado de um capricho condemnavel?

A consciencia, esse juiz supremo das acções humanas, não póde sem duvida sanccionar um facto que lhe repugna; porque o desiquilibrio, a desharmonia e a differença dos interesses de ambos os sexos attestam por toda a parte a usurpação do mais forte sobre os direitos e privilegios do mais fraco.

Pela sua constituição physica e pela delicadesa de seus sentimentos não se póde deduzir a necessidade de subjeitar-

Folhetim

AMAVEIS LEITORAS.

Um dever por demais imperioso me obriga a occupar a vossa attenção. Perdão!... não é assim que eu devia começar este folhetim.

Mas o que querem? Pois não teve o redactor do *Porvir* a má ideia de obrigar-me a escrever o folhetim de hoje, e logo um folhetim da apresentação?

Como hei de apresentar o *Porvir* se assim o meu *eu* não foi apresentado? Emfim, leitoras, vejo-me na necessidade de importunar-vos por alguns momentos.

Si eu fosse dotado de eloquencia, si tivesse conhecimentos profundos de litteratura, si fosse um Lamartine brazileiro; ah! então outro gallo cantaria.

Mas, eu que nunca me vi em taes apuros, e repentinamente me escolhem para folhetinista, e me obrigam á escrever o folhetim de hoje!...

Querem as leitoras saber quem eu sou? Sou capaz de apostar que não! Mas não importa! Eu chamo-me D. Pamphilo, sou membro de uma das mais fidalgas familias da Turquia; meu pai teve a má ideia de mudar-se *desta* para *melhor*, quando eu apenas contava dois annos.

Minha mãe criou-me até aos quinze, depois viu-se obrigada a exilar-me porque o delegado da freguezia me deitava máos olhares.

Assim arrebatado dos braços maternos, fui levado para esses immensos torrões, por essas explendidas e deslumbrantes cidades, até que vim dar com o meu *costado* cá na vossa terra oh! amaveis leitoras.

Agora que já sabeis quem sou; vou desempenhar a missão que tomei sobre meus hombros e relatar-vos os acontecimentos mais importantes que ultimamente se teem dado nesta immensa Babel!

**

Permitta-se-me um parenthesis:
(Apresentar-vos este pequeno periodico filho d'uma pleiade distincta de jovens esperançosos e estudiosos seria trabalho superfluo; porque muito mais do que eu poderia fazel-o, ahi está o seu programma que vos diz bem claramente a sua missão).

**

Principiárei pelo theatro, unico diverti-

O Porvir
1877

Em 20 de maio de 1877, surgiu em Campinas, São Paulo, *O Porvir*, que se anunciava como "Órgão político, literário e recreativo dedicado ao Belo Sexo". Com quatro páginas, três colunas e peridiocidade bimensal, era impresso na Tipografia da Gazeta de Campinas, e vendido a 500 réis a assinatura mensal e 240 réis o número avulso. Foi localizado apenas este primeiro número na Hemeroteca Digital Brasileira.

A promessa embutida no título era pertinente, pois o periódico contém duras críticas às condições de vida das mulheres, mas apontava para um novo tempo e um futuro melhor para elas. Do extenso editorial foram retirados alguns trechos reveladores:

> No meio do profundo indiferentismo da atualidade, quando a ambição e o egoísmo sobrepujam ao direito e à justiça, não é de mais sem dúvida a aparição de um órgão, que, com sua fraca voz, vem aumentar o brado clamoroso e apaixonado da altiva imprensa paulista. [...]
>
> Franqueando suas colunas aos lidadores do progresso e do futuro, e analisando com a devida imparcialidade os principais acontecimentos da época, terá entretanto por ponto capital do seu programa e objeto essencial de seus esforços, a defesa leal e sincera dos interesses da mulher.
>
> Porque se é certo, como pondera um eminente publicista, que o princípio que atualmente regula as relações entre ambos os sexos e a subordinação legal de um sexo ao outro, não podem sustentar-se às luzes da civilização moderna; é incontestável que em seu lugar deve vir a prática do sistema da igualdade absoluta, do direito e da justiça.
>
> Já se foram os tempos em que governavam a superioridade da força, o capricho do senhor e a vontade ilimitada do déspota; as ideias, os costumes e as instituições de nossos dias têm por principais características a liberdade e a igualdade. [...]
>
> Mas a mulher não tem recebido os benefícios dessas conquistas e nem tão pouco mudado sua condição na sociedade. Conservada até hoje em um estado de submissão que repugnaria a qualquer homem, se bem que disfarçada pelos carinhos de que é objeto, tem ela arrastado durante séculos as cadeias da escravidão.

De que vale dourar estas cadeias se como as outras elas pesam sobre os pulsos e aniquilam a liberdade!
(*O Porvir*, Campinas, SP, ano I, n. 1, 20 maio 1877, p. 1)

A lucidez do editor – que não se identifica – é notável. Além de comparar a opressão vivida pelas mulheres ao regime escravocrata, aponta para os disfarces dessa opressão que logravam ludibriar a mulher. Julgando-se amada e endeusada pelo companheiro, terminava por se submeter e permitir a opressão.

Na coluna "Folhetim", assinada por D. Pamphilo, em um texto que começa leve e parece não prometer nada sério, o colunista ao final pergunta às leitoras se elas leram no rodapé d'*O Diário de Campinas* o folhetim "Rosa Mineira", em que uma jovem de nome Braziliana descreve cenas de Minas "com verdadeira e rara habilidade de escritora". E conclui assim seu comentário:

> Percorrei estas páginas harmoniosas, essas endeixas sublimes e comigo bradai à autora: Avante Braziliana!, mostrai à geração presente que não é só ao homem que é dado o direito de figurar nos paramos da imprensa, que também as mulheres têm inteligência, e que um dia virá em que elas tornar-se-ão livres, como os livres ares do espaço.
> Dai o exemplo a essas jovens inteligentes mas tímidas que aí pululam por toda parte e dizei-lhes, que, se Deus dotou os homens de uma alma que pensa, não foi só a eles mas também às mulheres. [...]
> Assinado: D. Pamphilo.
> (*O Porvir*, Campinas, SP, ano I, n. 1, de 20 maio 1877, p. 2)

O jornal traz ainda um interessante artigo intitulado "A Educação da Mulher na Alemanha", sem assinatura, e um poema de Maria Carmelitana d'Arantes – "Não sentes amor?". Na última página encontram-se diversos anúncios de livrarias, casas de tecidos, peça teatral, espetáculo de circo, roupas, remédios, entre outros.

Fonte: *O Porvir*, Campinas, SP, ano I, n. 1, de 20 de maio de 1877, em formato digital, na Hemeroteca Digital Brasileira.

Phalena

1877

Com o curioso título *Phalena*, surgiu em 20 de agosto de 1877, na cidade de Recife, mais um periódico dedicado ao sexo feminino. Tratava-se de uma "Revista Literária Ilustrada", composta por dezesseis páginas, divididas em duas colunas, com formato 22x15 cm, sem anúncios nem ilustrações. A análise da primeira edição foi possível graças ao exemplar digitalizado no site da Companhia Editora de Pernambuco.

Mais do que divertir, a publicação dirigida por Gaspar Regueira, Gaspar Drumond Filho, Joaquim Homem de Siqueira e José L. de Meneses Vasconcelos de Drumond objetivava promover a educação da mulher e, assim, contribuir para o progresso da pátria, conforme o editorial:

> Sabemos que na senda que vamos trilhar havemos de encontrar muita urze e espinho, mas como Cristo marcharemos impávidos tendo por único Cirineu a pureza dos princípios que abraçamos, dentre os quais se destaca os interesses e direitos que devem competir à mulher, "ente que está sempre na origem de todas as grandezas", na frase famosa do autor da *Graziela*.
>
> A educação da mulher, questão de suma importância, tão desprezada no Brasil, há de merecer principalmente a nossa atenção, pois "o futuro só poderá vencer o passado no dia e hora em que se der a iniciativa à mulher", como diz Pelletan, porque dela depende a moralidade de costumes, espírito e virtude das nações.
>
> Certos destas verdades dolorosas, envidaremos todos os esforços para que a mulher se eduque e instrua, afim de que possa exercer devidamente a mais santa missão que lhe foi confiada pela natureza – a missão de mãe. [...]
>
> Amantes como somos do progresso da nossa Pátria, progresso que só poderá desenvolver-se quando a mulher tiver a iniciativa; nós, de preferência, trataremos de seus interesses para que ela seja a imagem da virtude no lar da família, onde é rainha soberana.

Derrame-se, pois, no regaço da mulher as flores da educação, que o Brasil há de ser feliz!

(*Phalena*, Recife, ano I, n. 1, 20 ago. 1877, p. 1-2)

O jornal persiste na tarefa iniciada por seus antecessores de construir, ideologicamente, um papel de gênero, isto é, um lugar social específico à condição feminina: o espaço doméstico.

Mesmo assim, a ideia de promover a instrução feminina não foi bem aceita por todos. Em longa carta enviada aos redatores, Aprígio Guimarães, conhecido professor da Faculdade de Direito e responsável pelos periódicos *Bello Sexo*, de 1850, e *A Madressilva*, de 1870, posiciona-se contrário à emancipação, com os seguintes argumentos:

> Trata-se de uma folha, [...] *dedicada especialmente à leitura do Belo Sexo, tendo por divisa em sua bandeira – Emancipação da Mulher....* Gravíssimo e delicadíssimo assunto! [...]
>
> Penso com H. Spencer, um dos filósofos que a mocidade mais utilmente pode hoje cultivar, penso que no assunto não nos devemos levar pelas exceções, e sim pelos ditames da natureza: aqui, como em tudo, o domínio é das regras gerais. [...].
>
> Digamos-lhe que tudo pode fazer de grande e sublime, sem que deixe de ser feminina, ou quanto mais for feminina.
>
> Elevem-na aos seus próprios olhos, desenhando-lhe o seu "direto" império doméstico, e indireto império social...
>
> Dizei-me: se qualquer de vós repeliria, como injurioso, o epíteto de "efeminado", o que esperaríeis de vossas gentis leitoras, se as quisésseis "masculinizar?" [...]
>
> Não haveis de querer isto, estou certo, e dou-vos os parabéns.
>
> Cada coisa em seu lugar: nisto está o segredo de tudo.
>
> Resta-me o sincero voto, de que a vossa *Phalena* sugue o mel sem ofender as flores; muito sentindo, se, ao desferir o seu primeiro voo, o fizer assustada pelo meu aspecto, que já é de um escuro muito carregado para os quadros literários.
>
> Assinado: Aprígio Guimarães.
>
> (*Phalena*, Recife, ano I, n. 1, 20 ago. 1877, p. 6-7)

Apesar das críticas, o periódico manteve o projeto de promover a educação para o lar. Em artigo assinado por J. H. de Siqueira C., o autor orienta as leitoras para a importância de se estudar a História, e conhecer a vida de Tiradentes e a Inconfidência Mineira, por exemplo. Segundo ele, abusando de falsa modéstia, o conhecimento não deveria ser um privilégio do sexo masculino:

Exmas. Senhoras – Sei que sou demasiadamente pretencioso querendo conferenciar convosco. Sei que é arrojada loucura o fazer ouvir o meu verbo insciente e débil por vós, que estais acostumadas com produções mimosas e poéticas como as flores do *bouquet* de Ofélia. Mas é tão útil, tão importante, minhas senhoras, o estudo da história, principalmente pátria, que não pode deixar de destacar da tela histórica um vulto grandioso, simpático e belo para descrevê-lo nas interessantes e heroicas peripécias de sua vida de mártir. Senhoras, porque ela é a atalaia, que com os olhos fitos no passado nos aponta o caminho reto que conduz ao futuro. Diz-me a consciência que não foi má a escolha da matéria sobre a qual vou dissertar, mas ela também me diz que são muito fracas as minhas forças para satisfazer plenamente o vosso bom gosto. Supra, pois, a importância do assunto, à pobreza do estilo. (*Phalena*, Recife, ano I, n. 1, 20 ago. 1877, p. 8)

Com amplo espaço para a literatura, foram publicados poemas de Narcisa Amália, Castro Alves, Eduardo de Carvalho, Gaspar Regueira, L. Filgueiras, Emanuel Visconte e Antônio Pepes, além de dois contos de G. Drumond Filho.

O pesquisador Luiz do Nascimento, no livro *História da Imprensa de Pernambuco*, sugere que *Phalena* não tenha tido outras edições além dessa (1972, p. 57).

Fontes: *Phalena*, Recife, ano I, n. 1, de 20 de agosto de 1877, em formato digital, no site da Companhia Editora de Pernambuco. Disponível em: <www.cepedocumento.com.br>. Acesso em: 08 jan. 2015.

NASCIMENTO, Luiz do. Periódico do Recife (1876-1900). In: *História da Imprensa de Pernambuco (1821-1954)*. Recife: Ed. da UFPE, 1972. v. VI. Disponível em: *http://www.fundaj.gov.br/geral/200anosdaimprensa/historia_da_imprensa_v06.pdf*. Acesso em: 26 set. 2009.

Dicionário Ilustrado – Século XIX

Violeta
1878-1879

Entre março de 1878 e julho de 1879, circulou na cidade de Rio Grande, fronteira do Rio Grande do Sul, a folha *Violeta*, dirigida pela jornalista, professora, poetisa e teatróloga Julieta de Mello Monteiro.[36] Impressa aos domingos, possuía quatro páginas, sendo vendida através de assinaturas mensais por 550 réis e trimestrais, 1.500 réis. Os propósitos eram evidenciados no subtítulo: "Periódico Literário, Instrutivo e Recreativo e Folha de Propriedade, Redação e Público Essencialmente Femininos". Depois passou a se apresentar como "Literário, Instrutivo e Crítico", mas sem alterar o projeto de ser um espaço para instrução e divulgação da produção literária feminina.

Em substancioso artigo, o pesquisador Francisco das Neves Alves (2013) assim descreveu a publicação:

> A ênfase em destacar suas propostas eminentemente literárias foi uma das marcas registradas da *Violeta*. Ainda que na coleção disponível dentre os exemplares remanescentes não exista o primeiro número, no qual ficou registrado o programa da folha, suas metas foram retomadas recorrentemente tanto nas matérias editoriais quanto em apreciações de outros jornais estampadas nas páginas do semanário rio-grandino, nos quais ficavam expressas suas intenções de destinar-se à literatura e voltar-se essencialmente a um público feminino. Dessa maneira, a *Violeta* foi definida como um ensaio de jornalismo feminil, constituindo um dos primeiros tentames que se fazia na imprensa rio-grandense para mostrar que a mulher, além do "encanto do lar" e da "flor mimosa a embelezar o caminho da vida", poderia também, na república das letras, nas lutas da inteligência e nos prélios da imprensa, ostentar as mimosas graças de seu espírito (ALVES, 2013, p. 128)

Em outro artigo, "A imprensa literária no sul do Brasil no século XIX: um estudo de caso" (2005, p. 48-52), o pesquisador atenta para o

---

[36] Julieta de Mello Monteiro (1863-1928) nasceu em Porto Alegre, mas ainda criança foi residir com os pais em Rio Grande. Aos 22 anos fundou com a irmã, Revocata Heloisa de Mello, o periódico *Corymbo*, que circulou por sessenta anos. Publicou *Prelúdios* (poemas); *Oscilantes* (sonetos); *Alma e coração* (contos); *Coração de mãe* (drama, em parceria com Revocata H. de Mello); *O segredo de Marcial* (drama); *Berilos* (prosa, em parceria com a irmã); *Terra Sáfara* (poesias, publicação póstuma), entre outros títulos.

fato de Julieta Monteiro defender a emancipação e o direito à instrução, ainda que a mulher continuasse sendo a "zeladora da família e do lar". Em texto de 1º de junho de 1879, ela se dirige às conterrâneas com as seguintes palavras: "Deixem-nos pois hastear nosso estandarte, soltarmos o grito, não de rebelião, nem de revolta anarquista, mas sim de apelo ao templo de Minerva, à luta em prol dos nossos direitos". De acordo com Francisco Alves, a partir de 1879 o jornal passou a divulgar notícias sobre a moda, além de perfis de "senhoras ilustres brasileiras e estrangeiras, e principalmente rio-grandenses" (ALVES, 2013, p. 131).

O periódico tinha quatro seções: "Rosas literárias", destinada aos textos em prosa; "Íris poético", dedicada à poesia; "Miríades", canal de expressão das leitoras através de cartas; e "Revista dos jornais", que divulgava o que outros órgãos da imprensa publicavam sobre ele. Neste espaço, instalou-se uma autêntica rede de intercâmbio, que também dava notícia sobre diferentes periódicos.

Como é previsível, foram muitas as dificuldades enfrentadas para manter a *Violeta*, tendo em vista o fato de todas as etapas – revisão, impressão e distribuição – serem da responsabilidade de Julieta Monteiro, além de ser alta a inadimplência. Na edição de dezembro de 1878, uma nota solicitava às leitoras que atualizassem suas assinaturas nestes termos:

> A todos os nossos favorecedores tanto deste lugar com de fora dele que ainda se acham em débito com esta pequena empresa, rogamos o obséquio de mandarem quanto antes satisfazer suas assinaturas, pelo que lhes ficaremos sumamente gratas.
> (*Violeta*, Rio Grande, dez. 1878, *apud* ALVES, 2005, p. 41).

No Acervo Literário Arno Philipp, da Universidade Regional Integrada do Alto Uruguai e das Missões, estão disponíveis cinquenta edições impressas da *Violeta* para consulta.

Fontes: ALVES, Francisco das Neves. *Violeta:* breve história de um jornal literário no contexto sul-rio-grandense do século XIX. *Revista Miscelânea*, Assis, v. 14, p. 123-139, jul./dez. 2013. Disponível em: http://www.assis.unesp.br/Home/PosGraduacao/Letras/RevistaMiscelanea/artigo-07---violeta-breve-historia-de-um-jornal-literario-no-contexto-sul-rio-grandense-do-seculo-xix--francisco-das-neves.pdf. Acesso em: 09 jan. 2015.

ALVES, Francisco das Neves. A imprensa literária no sul do Brasil no século XIX: um estudo de caso. In: VAZ, Artur Emílio Alarcon *et. al. Literatura em revista (e jornal): periódicos do Rio Grande do Sul e de Minas Gerais.* Belo Horizonte: UFMG; Rio Grande: FURG, 2005. p. 27-56.

Jardim Recreativo

1879

Jardim Recreativo é mais um "Periódico Dedicado ao Belo Sexo" do qual quase nada se sabe. Apenas que circulou na Bahia, em 12 de janeiro de 1879, e teve como redator-proprietário D. J. Monteiro Carvalho. Essas informações constam no *Anais da Imprensa da Bahia: 1º centenário (1811-1911)*, de Alfredo Carvalho e João Nepomuceno Torres (2005, p. 121).

Luís Guilherme Pontes Tavares, na orelha deste livro, destaca a importância do trabalho realizado pelos autores, pois se trata do "único inventário dos periódicos que foram publicados na capital e no interior da Bahia, entre 1811 e os primeiros meses de 1911. [...] Os dois pesquisadores fizeram um levantamento impossível de repetir, pois os acervos de que se serviram foram consumidos pelo fogo, pela umidade, pelo descaso e pelo tempo." Completa dizendo que, no ano seguinte da publicação da primeira edição do *Anais*, ocorrida em 1911, a Biblioteca Pública e sua Hemeroteca, instaladas no Palácio Rio Branco, em Salvador, foram incendiadas por bombardeio de canhão.

Fonte: CARVALHO, Alfredo; TORRES, João Nepomuceno. *Anais da Imprensa da Bahia: 1º centenário (1811-1911)*. 2. ed. Salvador: IGHB, Universidade Católica do Salvador, 2005.

A Estação
JORNAL ILLUSTRADO PARA A FAMILIA

Nº 1 — 15 de Janeiro de 1879 — VIII Anno

EDITORES PROPRIETARIOS
Livraria LOMBAERTS & Comp. Rua dos Ourives 7
RIO DE JANEIRO

CORTE, um anno .... 12$000 | PROVINCIAS, um anno .... 14$000

AOS NOSSOS LEITORES.

Começa com este numero o oitavo anno do nosso jornal, e são tantas as provas de animação dispensadas a esta empreza, desde o começo, pelo respeitavel publico em todo o Imperio que são d'um os esforços constantes, e lutas de sete annos, prestes a serem coroadas do mais feliz exito e a ir ver mais nossos approximamos á uma a que desde o primeiro nos propuzemos crear um jornal brazileiro imprescindivel a toda mãi de familia economica, que deseje trajar e vestir suas filhas, segundo os preceitos da epoca.

Acabamos de folhear a collecção completa dos numeros publicados sob o titulo *La Saison*, edição para o Brazil, e não é sem experimentarmos um intenso sentimento de satisfação que vimos as provas de quanto que temos feito, mas quanto foi, para affligirmos ao alvo que almejamos.

As nossas amaveis leitoras, aquellas principalmente que nos acompanham desde 1872 perguntar-nos-hão: cumprimos nós fielmente o nosso programma, auxiliando e aconselhando-as senhoras nas economias, fornecendo-lhes os meios de reduzirem a sua despeza, sem diminuição alguma do grau de elegancia a que as obriga a respectiva posição na boa sociedade, incutindo ou fortificando-lhes o amor pelo trabalho moralisador e fecundo a que, por seu turno, se torne um sentimento egual? Eis, uma impercial, que poderão fazer as nossas leitoras, dar-lhes-ha a prova e dos esforços, que fizemos para servil-as.

Antigamente a moda apenas mudava duas vezes ao anno. Em Pariz, appareciam em Outubro as pelicerias, os vestidos escuros, os chapéus de feltro, os chapéos de velludo, as apparencias se passavam sob a mesma sant e chegavam se provas todavia os echarpes ligeiros e de cores alegres. O que d'ahi resultava para uma rica toilette, visto como a quem trajar no rigor da moda tinha baccamente de mostrar de calça em Agosto e completar-se em Junho.

Hoje felizmente a moda, mesmo em Pariz, altera-se de dia para dia, continuamente apparecem novas creações, variegadas combinações, as quaes pelo seu grande numero e variedade, posto que sempre imaginadas em estações anteriores, fornecem elementos para que applicadas com intelligencia, possamos aqui trajar do todo modificando-o contrasenso.

O jornal de moda brazileiro pois, que outr'ora seria uma impossibilidade, é possivel hoje.

1 e 2. Vestuarios para mau tempo

A *Estação* será o primeiro jornal nesse genero.

Continua a nossa folha, como até agora, no que diz respeito á parte de modas. Claro está que essa parte forçosamente purizience só poderá colher os seus elementos na capital da moda. Ainda encontrar-se-hão nossas leitoras nas nossas paginas pesados muitos no verão e toilettes leves no inverno, porém junto a isso que não podemos eliminar sob pena de não mais reproduzir a moda puriziense, encontrarão tambem todas as explicações que lhes indicarão os meios de tirar alguma vantagem desse sobretudo, conformando-se com as exigencias do nosso clima.

Por esse lado continuará o nosso jornal a ser puriziense. Por outro lado, porém, na parte agradavel e recreativa, deveriamos tornal-o nosso, e assim o fazemos.

Confiamos a parte literaria da *Estação* á pessoas de reconhecida habilidade, e neste numero encetamos a publicação de uma producção de um dos nossos mais talentosos e festejados romancistas, que especialmente para o nosso jornal a escreveu e cuja corôa brilhante vai por esse motivo adquirir mais um lindo florão.

A parte do jornal, que hoje exclusivamente occupamos com estas observações, pertence á nossa redactora puriziense, que depois de nos dar a explicação minuciosa de todas as gravuras e modos publicados na folha, aqui resumirá em breves palavras os fastos da moda na sua metropole.

Uma senhora, que se acha em contacto immediato e constante com a sociedade elegante e escolhida de nossas sobre-fluminenses, dignou-se de tomar o encargo de quinzenalmente contar ás nossas leitoras como são interpretados pelas nossas bellas patricias os preceitos da elegancia dos salões do faubourg St.-Honoré.

Escolheremos no que de melhor se publicar nos jornaes de senhoras mais acreditados da França, Belgica, Allemanha, Inglaterra, aquelles artigos cuja acompanhada possa interessar as nossas leitoras, cuidado esse tambem a cargo de pessoa muito experimentada, cuja collaboração tivemos a fortuna de adquirir.

As nossas leitoras sabem se temos sido fieis cumpridores de nossas promessas: á alguem nos em seu favor, digne-se cada uma dellas recommendal-o, as vezes, á distinctas amigas, como a nós poder recommendar um conhecido em quem se confia, que nos, sendo-nos essa divida de reconhecimento, saberemos patenteal-o.

E este numero é remettido a todos os Exms. Assignantes do anno de 1878, ainda encontrar-se-hão as que ainda não reformaram a sua assignatura, a estes porém rogamos a obsequio de effectual-o, quando ante do terça-repol-o a nossa regular.

A escripturação nossa e a *Estação* é entregue á casa indicada no alto da primeira pagina.

OS EDITORES.

A Estação

1879-1904

A Estação pode ser considerado um dos periódicos femininos de maior sucesso das últimas décadas do século XIX. Vinculado à publicação francesa *La Saison*, que circulou no país entre 1872 e 1878, *A Estação* surgiu no Rio de Janeiro em 15 de janeiro de 1879, com qualidade de impressão e projeto gráfico inéditos no país.

O periódico apresentava duas partes distintas. Uma,

> O "Jornal de Modas", com seis páginas internas e as duas pranchas coloridas, belíssimos figurinos de grupos de senhoras elegantes e adaptadas à estação [...], abundantemente ilustradas: vestidos, chapéus, toucas, mantéis, roupa de baixo, aventais de luxo, pelissas, saias, corpetes, etc. etc. em matéria de indumentária feminina; e mais, peças de decoração, trabalhos de agulha, tamboretes, *cache-pots*, móveis diversos – todas as ilustrações com legendas explicativas extensas, remetendo ao molde mensal, que também vem à parte (MEYER, 1993, p. 76).

A outra, dedicada à literatura, apresentava variados textos em prosa, poesias, relatos de viagens, crônicas, biografias de mulheres, entre outros. O editor vangloriava-se ao dizer que ali estavam "os melhores escritores do país", o que não deixa de ser verdade, pois contava com Júlia Lopes de Almeida, Olavo Bilac, Raimundo Correa, Alberto de Oliveira, Luiz Delfino, Luiz Murat e Guimarães Passos, além de Lúcio de Mendonça, Luiz Guimarães Junior e Machado de Assis, já citado. Segundo Marlyse Meyer, "tudo indica que Machado de Assis tenha tido papel importante na transformação de *La saison* em *A Estação*, o que vem a dizer, na elaboração de sua importante Parte Literária" (1993, p. 76). Para Jason Luís Crestani (2008, p. 346), a presença constante de Machado devia-se ao fato de os textos do escritor terem "de um modo geral, uma temática afinada aos interesses do leitorado feminino".

Inicialmente o periódico apresentava-se como "Jornal Ilustrado para a Família", assim permanecendo até a edição número 7, de 15 de abril de 1896, quando passou a se identificar como "Jornal de Modas Parisienses dedicado às Senhoras Brasileiras". O empreendimento da Casa Lombaerts tinha periodicidade quinzenal, saindo sempre nos dias 15 e 30 de cada mês, com oito a dezenove páginas, ao preço de 12.000 réis a assinatura anual para a corte, e 14.000 réis para as províncias.

O primeiro editorial explicava às leitoras que se tratava da continuidade da revista francesa, justificando o fato de o número inaugural da versão brasileira corresponder ao ano VIII, e não ao I, como era de se esperar. E esclarece que, embora destinada à família, as mulheres eram seu público preferencial:

> Começa este número o 8º ano do nosso jornal e foram tantas as provas de animação dispensadas a esta empresa desde o começo, pelo respeitável público em todo Império, que afinal vemos coroados os esforços constantes, [...] e cada vez mais nos aproximamos ao fim que desde o princípio nos propusemos: criar um jornal brasileiro indispensável a toda mãe de família econômica, que deseja trajar e vestir suas filhas segundo os preceitos da época. [...]
> Às nossas amáveis leitoras e principalmente àquelas que nos acompanham desde 1872 perguntaremos: cumprimos nós fielmente o nosso programa, auxiliando e aconselhando as senhoras mais econômicas, fornecendo-lhes os meios de reduzirem a sua despesa, sem diminuição alguma do grau de elegância a que as obrigava a respectiva posição na boa sociedade, incutindo ou fortificando-lhes o gosto para o trabalho e moralizando a família, a que, por seu turno, saberão incutir sentimentos iguais? [...]
> (*A Estação*, Rio de Janeiro, ano VIII, n. 1, 15 jan. 1879, p. 1)

A partir do número 2, teve início a seção "Correio da Moda", que ocupou sempre a primeira página em todos os anos de circulação. Além de descrever as *toilettes*, dava conselhos sobre "bom gosto", etiqueta, como usar corretamente joias, adereços, perfumes... Inicialmente era assinada por Antonina Aubé, mas, após 31 de julho de 1881, passou a ser de responsabilidade de Amélia de Carvalho e, depois, de Paula Cândida até o fim do periódico. Em 15 de março de 1879, Antonina regozija-se pelo fato de a publicação possibilitar às leitoras o aprendizado do ofício da costura e, consequentemente, contribuir para a economia doméstica:

> De há 12 anos a esta parte, *La Saison* incutiu e desenvolveu no maior número de suas leitoras o gosto para o trabalho de agulha; e numerosas são aquelas que, graças aos nossos moldes tão perfeitos e claramente explicados, tornaram-se as próprias costureiras, bem como a de seus filhos; disso são provas evidentes as inúmeras cartas que recebo diariamente de todos os países, consultando-me sobre os assuntos de modas.

Dou os parabéns sinceramente às nossas assinantes; sempre é prudente aprender-se a tratar de si; essa importante economia, à vista do preço elevado atualmente da mão de obra, em breve torna-se uma fonte de bem-estar nas famílias em que são consideradas as artes úteis tão necessárias como as do recreio.

(*A Estação*, Rio de Janeiro, ano VIII, n. 5, 15 mar. 1879, p. 1)

Com muita propriedade, Marlyse Meyer (1993, p. 82) afirma que *A Estação* foi realmente um empreendimento multinacional, pois, publicado em vinte países e com 740.000 assinantes, resultou em "fantástico instrumento de padronização e elaboração de um gosto internacional comum". No editorial de 31 de dezembro de 1885, os editores fazem um balanço do trabalho, enquanto respondem aos "detratores" e esclarecem às leitoras: O tronco da organização de que *A Estação* é um dos ramos está na verdade plantado em Berlim.

Aí publica-se *Die Modenwelt*, jornal de modas que hoje, só sob esse título, tem edição maior do que todos os jornais de modas publicados em Paris reunidos. Aí é redigida, aí são gravados os seus desenhos, aí é impressa e traduzida em 14 idiomas para dar à luz vinte publicações diferentes cujo elemento artístico é o mesmo. Essas vinte publicações são [Aqui vêm na língua de origem, o nome *A Estação*, nas seguintes capitais:] Berlim, Paris, Bruxelas, Berna, Haya, Londres, Nova York, Madri, Milão, Porto, Rio de Janeiro, Viena, Budapest, Varsóvia, Praga, Stokolmo, Copenhagen, Agran (em croato), S. Petersburgo [...]
Os elementos de que se compõem esses jornais são, na sua máxima parte, colhidos em Paris, onde a empresa tem senhoras exclusivamente empregadas na procura de modelos novos de originais no que diz respeito a modas, porque só ali são lavrados os decretos da [...] elegância.

(*A Estação*, Rio de Janeiro, 31 dez. 1885, *apud* MEYER, 1993, p. 94)

A partir de 1899, a revista deixa de ser impressa por H. Lombaerts e passa para A. Lavignasse Filho & Cia. É acrescentada uma folha de rosto com o nome e endereço de *A Estação*, e surge uma página dedicada a anúncios de perfumarias, medicamentos, chapelarias, médicos e dentistas. Não deixa de ser interessante observar os constantes apelos dos editores para que as leitoras não emprestassem seus exemplares às amigas nem às parentes, pois isso causava grande prejuízo à empresa. Desde 15 de março de 1882, encontram-se comentários sobre o aspecto multiplicador da leitura do periódico, pois "cada assinante representa, termo médio, dez leitores, o que nos dá uma circulação de cem mil leitores, quando, aliás, nossa tiragem é apenas de dez mil assinantes".

Em 15 de fevereiro de 1904 era publicado o último número desse longevo e bem sucedido empreendimento jornalístico.

Fontes: Coleção completa de *A Estação*, Rio de Janeiro, em formato digital, contendo 594 edições, de 1879 a 1904, na Hemeroteca Digital Brasileira. Disponível em: <www.hemerotecadigital.bn.br>. Acesso em: 12 jan. 2015.

CRESTANI, Jaison Luís. O perfil editorial da revista *A Estação*: jornal ilustrado para a família. *Revista da ANPOLL*, Brasília, v. 1, n. 25, p. 323-353, 2008.

MEYER, Marlyse. *Caminhos do imaginário no Brasil*. São Paulo: EDUSP, 1993.

1º ANNO N. 1   JANEIRO DE 1879

A MÃI DE FAMILIA

JORNAL
Scientifico, Litterario e Illustrado

EDUCAÇÃO DA INFANCIA, HYGIENE DA FAMILIA

A MÃI DE FAMILIA

 A alguma cousa ainda acima de todos os calculos de interesse material e que poderá conseguir vencer o desanimo que avassalla todos os sentimentos nos tempos que correm, e que aniquilando as grandes idéas, tem tornado quasi estereis todos os esforços *do que*, em outros paizes adiantados, se considera a verdadeira alavanca do Progresso, isto é, a Imprensa. Esta *alguma cousa é a consciencia do dever*. Por mais corruptos que se diga estarem os meios em que vivemos, será impossivel que alguns nobres corações não tenham escapado ao perigoso contagio. E' para estes, que nós, embora conhecedores de nossas fraquezas, nos aventuramos a iniciar, com este jornal, uma necessaria propaganda.

E' para estes, que nos comprehenderão, que dirigiremos as seguintes palavras, que já tendo sido ditas em outro lugar, não poderão melhor exprimir o que sentimos:

Sabem todos, e os nossos jornalistas verdadeiros patriotas o tem demonstrado, em seus notaveis escriptos, que entre nós muita cousa e senão tudo ha fazer em relação á educação intellectual. Povo e governos estão intimamente convencidos que do desenvolvimento da instrucção depende a grandeza d'esta terra e a iniciativa particular, que parece querer patentear-se n'estes ultimos tempos, já tem procurado trazer alguns melhoramentos ao systema da rotina, seguido até então no ensino.

Mas, não é bastante elevar-se *templos ostentosos á Minerva*, esses fócos de luz para os espiritos obscurecidos; não é sómente com a educação intellectual que se completará a grande obra do

A Mai de Familia
1879-1888

Com o subtítulo "Jornal Científico, Literário e Ilustrado. Educação da Infância, Hygiene da Família", circulou no Rio de Janeiro *A Mai de Familia*, pelo largo período de 1879 a 1888. Com oito páginas e periodicidade quinzenal, teve como diretor-responsável o médico pediatra Dr. Carlos Costa. O acervo da Biblioteca Nacional possui 172 exemplares digitalizados, sendo 11 de 1879; 24 de 1880; 24 de 1881; 24 de 1882; 8 de 1883; 24 de 1884; 24 de 1885; 24, de 1886; 9 de 1887; e 24 de 1888. Todos trazem no cabeçalho a ilustração de uma mulher com duas crianças, sendo uma de colo e outra maiorzinha, que segura uma folha de papel como se estivesse lendo para a mãe.

No primeiro editorial encontra-se a justificativa para sua criação: orientar as "dignas senhoras, que sendo já ou devendo ser *mães de família*, bem devem compreender o sublime encargo que lhes é confiado". O médico pretendia contribuir para alterar uma situação que, como as altas taxas de mortalidade infantil, começava a preocupar os governantes e os médicos: a indiferença materna e o comportamento fútil da elite feminina. Daí a criação de um jornal para aconselhar e orientar as mulheres no bom desempenho da função materna. Consciente de que poucas eram as alfabetizadas, ele pede "às educadas" que transmitam as informações para as outras que não tinham acesso às letras: "a vós, minhas senhoras, que sois mais favorecidas pela sorte, também incumbe repeti-los a essas mulheres que, sendo mães como vós, não tenham entretanto a felicidade, ao menos, de saber ler" (*A Mai de Família*, Rio de Janeiro, ano I, n. 1, jan. 1879).

Uma série de artigos publicados nos primeiros meses defende a criação de creches – instituição filantrópica de asilo para a primeira infância –, como as que existiam na Europa, em que as mulheres pobres e as escravas pudessem deixar seus filhos pequenos:

> No Brasil ainda não existe a creche; entretanto sua necessidade me parece palpitante, sobretudo nas atuais condições em que se acha o nosso país depois da moralizadora e humanitária lei de 28 de setembro de 1871, em virtude da qual nele não nasce mais um só escravo.[37]

---

[37] O autor refere-se à chamada Lei do Ventre Livre, que prescrevia a não escravização de crianças nascidas de ventre cativo a partir daquela data. No entanto, ficavam tais crianças sob a tutela dos senhores até atingirem a maioridade. A lei determinava ainda caber ao Estado a criação de instituições voltadas para a educação dessas crianças e jovens.

A Creche representa, pois, um complemento da escola primária, ou melhor ainda, de salas de asilo da segunda infância, de que também ainda carecemos.

Assinado: Dr. K. Vinelli.

(*A Mai de Família*, Rio de Janeiro, ano I, n. 1, jan. 1879)

O jornal tinha algumas seções mais ou menos fixas, como "Moléstias das Crianças", "Palestra do Médico" e "Farmácia Doméstica", voltadas para ensinar as mães como criar filhos saudáveis e felizes. Para tanto, criticavam a ignorância, o comportamento leviano e incentivavam a leitura e a instrução como instrumentos para a conscientização feminina. Em quase todos os números há anúncios de escolas, remédios, aulas de costura, livros, perfumarias e lojas, que tanto podiam estar no Rio de Janeiro como em Paris. Além de Carlos Costa, o fundador do jornal, outros médicos assinaram colunas e artigos ao longo dos anos, como os doutores Pires de Almeida, Alfredo Piragibe, Brito e Silva, Silva Araújo e Pires Farinha.

Em seção intitulada "Palestra do Médico", na edição 23, de 15 de dezembro de 1888, Dr. Carlos Costa dirige-se às mães para falar de higiene e dos cuidados que precisavam ter com as crianças durante o verão. Fala também dos internatos, que aglomeravam centenas de meninos em espaços reduzidos, das frutas vendidas na rua e das chuvas frequentes naquela época, entre outros. Nessa edição encontra-se a notícia do falecimento de Dr. João Vinelli, autor dos artigos sobre as creches, e um texto sobre o pioneirismo feminino nos Estados Unidos, destacando o fato de as mulheres já poderem frequentar universidades e serem advogadas e médicas.

No editorial do último número conhecido, de 31 de dezembro de 1888, o editor faz um balanço do trabalho realizado e de certa forma anuncia o término da publicação.

Completamos com este número dez anos de existência. O que temos feito, vós bem o sabeis, mas também nos direis o que temos obtido, com os nossos conselhos, em favor da saúde das crianças e do bem estar das famílias. Outrossim, asseveramos: só de vós depende o nosso futuro! Já temos bastantes razões para não prosseguirmos na luta... Muitas já têm sido as decepções; sobretudo porque ainda vemos triunfar a rotina, nos mais elementares preceitos da higiene da infância.

Não obstante, ainda ousamos esperar, e o ano de 1889, ou iluminará as nossas vitórias ou nos deteremos na nossa propaganda.

Como quer que seja, não temos senão que patentear os nossos profundos agradecimentos às distintas senhoras que não nos têm abandonado.

Assinado: Dr. Carlos Costa.

(*A Mai de Familia*, Rio de Janeiro, ano X, n. 28, 31 dez. 1888)

Dentre os estudos sobre *A Mai de Familia*, destaca-se o de Cynthia Fevereiro Turack (2008), que reflete sobre a contribuição do discurso médico e higiênico na construção de uma "nova" mulher perante a maternidade. O periódico pretendia, como outros, conscientizar as mulheres da elite – liberadas das responsabilidades caseiras por contarem com o trabalho das escravas – a assumirem o papel de mães, argumentando que a divisão social das funções femininas e masculinas era um fenômeno natural e biologicamente determinado.

Fontes: Coleção *A Mai de Familia*, Rio de Janeiro, com 172 exemplares, de 1879 a 1888, em formato digital, na Hemeroteca Digital Brasileira.

TURACK, Cynthia Fevereiro. *Mulheres-mães: memória e construção de sentidos no discurso do periódico* A Mai de Familia *(1879-1888)*. Rio de Janeiro: UNIRIO, 2008. Dissertação (Mestrado em Memória Social) – Programa de Pós-Graduação em Memória Social, Centro de Ciências Humanas e Sociais, Universidade Estadual do Rio de Janeiro, Rio de Janeiro, 2008.

Dicionário Ilustrado – Século XIX

Echo das Damas

1879-1888

Echo das Damas – "Órgão dos Interesses da Mulher. Crítico, Recreativo, Científico, Literário e Noticioso" – deve ser considerado um dos mais importantes da história do periodismo feminino brasileiro, pelas ideias lúcidas e combativas que divulgou. Surgido no Rio de Janeiro em 1879, circulou até 1888, provavelmente com algumas interrupções e irregularidade. A coleção depositada no site da Hemeroteca Digital Brasileira é incompleta e tem exemplares danificados, impedindo a leitura de alguns textos. As edições existentes nesse site são as seguintes: 1879: 18 de abril, 2 de maio, 26 de maio e 20 de julho; 1880: apenas o n. 6, de 3 de agosto; 1888: n. 11, de 4 de janeiro, n. 50, de janeiro, danificado, n.

51, de 31 de janeiro, n. 52, de 4 de março, n. 53, de 28 de março, n. 55, de 27 de maio, e finalmente o último, datado de 26 de agosto de 1888.

A redação e a tipografia ficavam na Rua do Hospício, n. 107. No último ano de circulação, a oficina passou a funcionar na Rua de São José, n. 99. No início, a assinatura custava 6.000 réis (anual) e 4.000 réis (semestral), para a corte; e 8.000 réis (anual) e 5.000 réis (semestral) para as províncias. Mais tarde, os valores da anuidade foram reajustados para 10.000 réis para a corte, e 12.000 réis para as demais províncias.

A proprietária e principal responsável pela redação era Amélia Carolina da Silva Couto, sobre quem não se sabe praticamente nada. Apenas que era uma feminista lúcida e atuante, e que dirigiu com competência seu periódico. No expediente consta a informação que ela era a responsável pela direção técnica: Amélia Carolina da Silva Couto & Cia. Dentre as colaboradoras, estavam Adélia Barros, Anália Franco, Atília Bastos, Emília Cortez, Emiliana de Morais, Ernestina F. Varella, Francisca de Sant'Anna Pessoa, Ignez Sabino, Luiza Amélia, Maria Amália Vaz de Carvalho, Maria Úrsula de Abreu e Lancastro, Marie Vincent, Marina Zalim Rolim e Mathilde Macedo, entre outras.

No editorial do primeiro número, Carolina Couto esclarece os propósitos de sua folha, enquanto solicita o apoio das mulheres e demais órgãos de imprensa:

> Defender os interesses da mulher é a ideia com que se apresenta a redação do jornal *Echo das Damas*, na grande tribuna da imprensa. A nossa folha advoga uma causa santa que deve merecer a consideração de todos aqueles que se interessam pelo progresso moral deste país. [...] Vivendo em um círculo de ferro, recebendo quando muito as primeiras noções do estudo da língua materna, a mulher torna-se entre nós um autômato que se move à vontade do homem e restringe-se apenas a dar uma educação igual a sua às filhas, que vão crescendo entre a vaidade da formosura e o perigo da ignorância.
>
> Não pretendemos educar a mulher para encher-lhe a mente de loucas fantasias; nem povoar-lhe o espírito de perniciosas aspirações aos triunfos da política: queremos a mulher ilustrada sob o ponto de vista humanitário e nunca debaixo da pressão e dos erros dos partidos militantes. [...]
>
> Esperamos o empenho efetivo de todas as mulheres porque a iniciativa abre-lhes as portas de um futuro mais brilhante, destruindo os preconceitos que afastavam o sexo fraco dos labores da ciência e de outra missão mais útil perante a humanidade.
>
> (*Echo das Damas*, Rio de Janeiro, ano I, 18 abr. 1879, p. 1)

Ainda no primeiro número, o jornal publicava os textos "A mulher na família e a mulher na sociedade", da escritora portuguesa Maria Amália Vaz de Carvalho; "A missão da mulher", assinado por O.; poemas de Ernestina F. Varella ("A um sabiá") e de Emília S. ("Três tempos"), além de artigos e notícias variadas.

Ao longo dos anos de circulação, algumas colunas e seções desapareceram, enquanto outras – como "Editorial", "Folhetim", "Noticiário", "Indicador" e "Anúncios" – se mantiveram. Coerente com o propósito de convencer as mulheres de sua importância na sociedade, em todos os números encontra-se a defesa do direito à educação e à emancipação, e a divulgação de artigos sobre mulheres que se destacavam pela coragem, inteligência e realizavam tarefas até então consideradas masculinas. O jornal também divulgava espetáculos teatrais e lançamentos literários, dava dicas de moda e beleza, e trazia anúncios, tanto de colégios destinados à formação de meninas e de aulas particulares, como de clínicas odontológicas e médicos especializados nas enfermidades femininas.

Em 4 de janeiro de 1888, encontra-se a transcrição de um texto da *Gazeta Paranaense*, saudando a visita da diretora do *Echo das Damas* ao jornal, com fartos elogios à Amélia Carolina e ao periódico:

> Grande é, sem dúvida, a parte que a ilustre escritora tem tomado no desenvolvimento da educação da mulher brasileira, que nos últimos tempos há começado a apresentar seus salutares efeitos, abraçando muitas delas carreiras científicas, em que brilhantemente tem aparecido o talento e o espírito da mulher brasileira.
> (*Gazeta Paranaense* in *Echo das Damas*, Rio de Janeiro, 4 jan. 1888, p. 2)

Em 31 de janeiro de 1888, a redatora informa na seção "Expediente" que o jornal passou a ser editado também em Nova York, sob os cuidados dos Srs. Drumont & C., e publica os nomes de quarenta e oito homens e duas mulheres (Eurydice B. de Oliveira e Mme. Lagarto), que assinaram o "Álbum de Ouro" em contribuição para o periódico (*Echo das Damas*, 31 jan. 1888, p. 1).

Em tese sobre a imprensa do século XIX, em especial sobre Ignez Sabino e Délia, Maria da Conceição Pinheiro Araújo (2008) analisa o *Echo das Damas* destacando sua importância para a conscientização das leitoras. Segundo a ensaísta, percebe-se no jornal "uma ideologia bastante normatizadora no que diz respeito ao papel que deve ser desempenhado pela mulher" apesar de, "em outros momentos, a autora fazer questão de noticiar conquistas femininas para que sirvam de exemplo para outras mulheres, que queiram trilhar o caminho da profissionalização" (Araújo, 2008). Desse modo ela procedeu na edição do dia 04 de janeiro de 1888, ao anunciar que Rita Lobato Velho Lopes havia se tornado, no ano anterior, a primeira mulher a receber o grau de médica no Brasil. O jornal proclamou-a um "exemplo para as jovens brasileiras, que só pela instrução poderão aspirar à independência e a dignidade pessoal" (Araújo, 2008, p. 85-86).

Segundo June Hahner (1981), o jornal interrompeu a publicação durante um tempo, mas retornou mais forte em 1885 na defesa da igualdade da mulher e do direito à educação. Em 1886, apesar de aceitar com simpatia a bandeira do voto feminino, a editora considerava ainda cedo para as mulheres participarem de "eleições de caráter político" e aconselhava que estudassem "assuntos públicos" (Hahner, 1981, p. 81).

Para concluir, a transcrição do editorial de 27 de maio de 1888, em que Amélia Carolina da Silva Couto saúda a abolição da escravatura:

Enfim!

Eis aberta uma nova fase para o Brasil!

Eis realizadas as aspirações de todos os brasileiros que bem sabiam compreender o valor da liberdade!

Liberdade! Esse vocábulo sublime que tanto sangue custou a todas as nações, que em condições idênticas às do Brasil, quiseram um dia sacudir de sobre os ombros o aviltante jugo da escravidão, foi obtido em nossa pátria com flores, vivas, músicas e festas em toda a natureza!

Regozijemo-nos, todos os brasileiros por mais essa vitória, que vem marcar uma data na história desta terra, superior a todas as mais: – 13 de Maio de 1888!

Muitos foram os combatentes nessa sublime luta do bem. [...]

Mas é ainda maior a alegria e o orgulho para nós, as mulheres, por vermos que é a uma do nosso sexo que devemos ter-se nivelado o Brasil a todas as nações civilizadas.

É à S. A. a princesa D. Isabel a que devemos a emancipação do ventre escravo em 1871;

Foi ainda a mesma princesa que anistiou os bispos, esses mártires da religião; Foi ela, quem apresentou ao parlamento a ideia de tratar-se da imediata abolição da escravatura;

E ainda ela, quem, cheia de amor pela pátria, assina, com o rosto banhado em lágrimas de alegria, a lei que veio nivelar todos os brasileiros!

Ergueu Sua Alteza um trono de flores aurelado de simpatias: pois nunca poderão esquecer os brasileiros o que devem à sua soberana, como libertadora da pátria! [...]

Eia! Pois, brasileiros! Aproveitai o quanto há de sublime na liberdade de vossa pátria, e mostrai-vos dignos dela, com a grandeza da alma que vos caracteriza.

Assinado: Amélia Couto.

(*Echo das Damas*, Rio de Janeiro, ano II, n. 55, 27 maio 1888, p. 1)

Fontes: Coleção *Echo das Damas*, Rio de Janeiro, com exemplares danificados, contendo 12 números (18 de abril de 1879; 2 de maio de 1879; 26 de maio de 1879 e 20 de julho de 1879; 3 de agosto de 1880; 4 de janeiro de 1888; ... de janeiro de 1888; 31 de janeiro de 1888; 4 de março de 1888; 28 de março de 1888; 27 de maio de 1888; e 26 de agosto de 1888), em formato digital, no Site da Hemeroteca Digital Brasileira.

Coleção *Echo das Damas*, contendo 11 edições de 1879, 1880, 1885, 1886, 1887 e 1888, em versão microfilme, no Acervo do Centro de Documentação e Apoio a Pesquisa (CEDAP) da UNESP. Disponível em: <www.cedap.assis.unesp.br>. Acesso em: 12 out. 2010.

ARAÚJO, Maria da Conceição Pinheiro. *Tramas femininas na imprensa do século XIX: tessituras de Ignez Sabino e Délia*. Porto Alegre: PUC-RS, 2008. Tese (Doutorado em Teoria da Literatura) – Curso de Pó-Graduação em Letras, Faculdade de Letras, Pontifícia Universidade Católica do Rio Grande do Sul, Porto Alegre, 2008. Disponível em: <http://tede.pucrs.br/tde_busca/arquivo.php?codArquivo=1903>. Acesso em: 13 out. 2010.

HAHNER, June E. *A mulher brasileira e suas lutas políticas: 1850-1937*. Tradução de Maria Thereza P. de Almeida e Heitor Ferreira da Costa. São Paulo: Brasiliense, 1981.

Ideal
1879

Ideal – "Periódico Instrutivo, Semanal, Dedicado ao Belo Sexo e Propriedade de uma Associação" – começou a circular na Bahia em 1º de agosto de 1879, e teria tido quatro números, segundo Alfredo Carvalho e João Nepomuceno Torres, autores de *Anais da imprensa da Bahia: 1º centenário (1811-1911)* (2005, p. 122).

Conforme já dito, o trabalho realizado pelos dois pesquisadores fundamentou-se em acervo parcialmente destruído por incêndio ocorrido no Palácio Rio Branco em Salvador, onde se localizava a Biblioteca Pública.

Fonte: CARVALHO, Alfredo. TORRES, João Nepomuceno. *Anais da imprensa da Bahia: 1º centenário (1811-1911)*. 2. ed. Salvador: IGHB, Universidade Católica do Salvador, 2005.

Dicionário Ilustrado – Século XIX

Republica das Moças

1879

Inaugurado no Rio de Janeiro em 12 de outubro de 1879, *Republica das Moças* era dirigida por um grupo de jovens contrárias ao regime monárquico que já defendia a república dez anos antes de sua proclamação. Impressa na Tipografia Literária, localizada na Rua do Hospício, n. 98, a revista tinha uma capa e sete páginas de textos variados. De periodicidade semanal, a assinatura era vendida a 12.000 réis na corte, e 16.000 réis nas províncias. A redação ficava na Rua da Alfândega, n. 210. Foram localizados os dois primeiros números na Hemeroteca Digital Brasileira.

Imprensa feminina e feminista no Brasil

Na capa do primeiro número, o título do periódico aparece em meio a um desenho de mulheres segurando uma espada, um violino e livros. Logo abaixo há outro desenho, representando cinco jovens em torno de uma mesa, com folhas de papel nas mãos como se estivessem lendo e discutindo a pauta do jornal. O desejo de participar das decisões políticas do país se expressa através da "fotografia" das editoras, e também do texto desafiador que se encontra logo abaixo da ilustração:

> Já que aos homens falta valor para derrubarem essa carunchosa Monarquia, sejamos nós as defensoras dos direitos do povo, e tomem eles a direção dos negócios domésticos. Viva a República. Viva o belo sexo!
> (*Republica das Moças*, Rio de Janeiro, n. 1, 12 out. 1879, p. 1)

Aparentemente, esse periódico se assemelha a outros, pois também contém notas sociais e textos literários. Mas os editoriais surpreendem pelo firme posicionamento crítico, pelo conhecimento de política e dos políticos e, em especial, pela fina ironia encontrada ao longo da publicação.

No editorial de estreia, que lamenta o falecimento do General Osório, é feita a defesa da soberania brasileira e do posicionamento do jornal:

> Dobra-se hoje a Pátria ao peso dessa dor que a torturará para sempre, e vai sobre a lápide do bravo derramar por entre as flores da saudade imorredoura o seu pranto, que os tempos não apagarão. Nós, as mulheres, se chorarmos, não é porque nos seja o pranto o conforto do espírito na saudade, ou na dor que nossos corações desbrocham, mas porque nos recordamos que de nossa fraqueza e timidez nasceu o gênio da glória e da intrepidez, que em cada pujança erguendo um baluarte, em cada baluarte colhia mil triunfos, que cingiam a fronte dos louros das batalhas ao fumo dos canhões. Abramos, pois, as páginas da nossa Revista consagrando à posteridade o renome glorioso desse herói, em cuja campa, de respeito e admiração irão as porvindas gerações da pátria ajoelhar-se.
> Pátria, pátria! – aquele a quem a docilidade do coração e soberania de caráter não permitiram arredar seus feitos dessa tirania, que a nação tortura e os direitos do povo estrangula, soube arrancá-lo o anjo, que preside os teus destinos.
> Lamenta a perda do bravo, pátria nossa; mas dize ao poder que te suplanta: os bons hão de deixar-te por si, ou por decreto dos destinos, porque o sol da regeneração não tardará em surgir.
> (*Republica das Moças*, Rio de Janeiro, ano I, n. 1, 12 out. 1879, p. 1)

Se o primeiro editorial não trazia assinatura, o segundo, datado de 19 de outubro de 1879, é assinado por Carlota de Almeida, provavelmente a principal redatora do periódico, sobre quem pouco se sabe. Também esse trata de política, e surpreende pela crítica virulenta que faz aos corruptos e pelo sarcasmo com que se refere ao imperador ("com sua vozinha de alma do outro mundo") e ao ministro Cansanção de Sinimbu,[38] acusado de se aproveitar do poder:

> Agora perguntamos nós ao Sr. Cansanção de Sinimbu quais são os vossos candidatos à futura constituinte? Por ventura esses *fagundes* que arrastais presos pelo pescoço com a corrente da dissolução e não reeleição, como o mendigo arrasta pela corda o cão que o acompanha na peregrinação?
>
> E são esses vultos homéricos, vergonha da nossa pátria, que estão fazendo o mais ridículo papel na sociedade, que terão de vir por escárnio à nação brasileira, consertar em nome do povo os fundamentos deste grande edifício social – a nossa constituição? [...] Quer tomar um conselho, meu velho? Olhe que conselho de moça não se despreza, ainda que por ele se vá a Fernando Noronha; mas só dar-lho-ei sob as seguintes condições: 1ª. Para seguir o preceito de Hipócrates – pés quentes, ventre livre e cabeça fresca –, cortar essa sua cabeleira para refrescar os miolos, pois é ela que está sendo a causa desse seu pirrônico britanismo; isto é, desse seu *spleen*, quero dizer: desse seu *frenesi-chinês*. 2ª. Não ir ao Senado no dia em que for o Silveira Lobo, a fim de evitar o encontro dos *wagons*, e a explosão das caldeiras, e não se frustrar assim a sua viagem ao *celeste-império*; 3ª. Largar a carga antes que ela vire a cangalha. Feito isto, pode seguir à China, e quando de lá voltar abrir casa de fazer *chinós* no edifício da Praia Vermelha.
>
> Adeus, meu velho, não se agaste conosco, não; que nós não somos feias.
>
> Assinado: Carlota de Almeida.
>
> (*Republica das Moças*, Rio de Janeiro, n. 2, 19 out. 1879, p. 1)

Dentre as seções, destacavam-se "Toilete", com notas sobre eventos sociais, e "Teatros", onde eram comentadas as peças encenadas na corte. À exceção de "A Aurora", assinado com as iniciais F. C., e do poema "Idalina", de autoria de C. S., os demais textos são de autoria de

---

[38] Para se ter uma ideia da virulência dessa crítica, é importante saber que João Lins Vieira Cansanção de Sinimbu (1810-1906), que acumulava os títulos de Barão e de Visconde, foi presidente das províncias de Alagoas, Sergipe, Rio Grande do Sul e Bahia, além de primeiro-ministro no governo de D. Pedro II.

Anacleta Pafúncia, possivelmente a própria editora, ou estão anônimos. A revista destaca-se ainda pelas ilustrações que chegam a ocupar toda a página, inclusive uma história em quadrinhos que ocupa as páginas 3 e 4 do segundo número.

Após a edição de 19 de outubro de 1879, não foram encontrados outros exemplares, apesar da disposição demonstrada em continuar a publicação. Nessa edição, foi publicada a seguinte nota:

Pós Scriptum

Muita coisa disseram quanto ao nosso aparecimento na arena jornalística. Disseram mesmo tanta coisa que nós, como representantes do belo sexo que somos, com todas as nossas virtudes, com todos os nossos defeitos... coramos e penhoradas agradecemos.

Muito obrigadas, meus senhores, e nós cá estamos.

Do próximo número em diante esperamos organizar de outra forma este nosso semanário, visto a aceitação que teve graças à bondade do respeitável público.

(*Republica das Moças*, Rio de Janeiro, n. 2, 19 out. 1879, p. 1)

Fontes: *Republica das Moças*, Rio de Janeiro, ano I, n. 1, de 12 de outubro de 1870, em formato microfilme, no Acervo de Periódicos Raros da Biblioteca Nacional do Rio de Janeiro.

Republica das Moças, Rio de Janeiro, ano I, n. 1, de 12 de outubro de 1870, em formato microfilme, no acervo do Arquivo Edgar Leuenroth, da Unicamp.

Republica das Moças, Rio de Janeiro, ano I, n. 1, de 12 de outubro de 1870 e n. 2, de 19 de outubro de 1879, em formato digital, na Hemeroteca Digital Brasileira.

A Tulipa

1879-1880

De propriedade de Azevedo & Silveira, *A Tulipa* foi impressa na cidade de Estância, Sergipe, a partir de 1879. Foi localizado apenas o exemplar de número 3, de 20 de dezembro de 1879, vendido através de assinaturas por 200 réis por mês. Para publicar anúncios, o preço era de 20 réis por linha.

Conforme consta no subtítulo, tratava-se de um periódico "Consagrado ao Belo Sexo", o que foi seguido à risca. Nas crônicas e poesias, a mulher era apresentada como "ser puro e casto", cuja vida devia ser dedicada ao lar, ao casamento e à procriação. O editorial do terceiro número reitera essa postura:

> A mulher é sempre o anjo bom do homem, quer seja considerada como esposa, mãe ou filha.
> Como esposa, é ela a alegria do lar doméstico, a infatigável companheira do trabalho diurno, a consoladora dos pesares do esposo, a diretora da economia da casa, o anjo tutelar daquele que escolheu por companheiro. [...]
> Mãe, é ela à vista do inocente filhinho, o braço daquela parte do seu todo, a força daquela criaturinha e a protetora de todos os passos. Ela é a imagem da caridade guiando as primeiras ações do fruto de seu coração, a alma frágil do inexperto corpo e a brisa doce e odorífera que refrigera aquele mimoso rebento.
> Mãe é o cântico divino dos anjos, solto em honras da Virgem!
> (*A Tulipa*, Estância, SE, ano I, n. 3, 20 dez. 1879, p. 1)

Essa folha, como centenas de outras, está engajada na construção discursiva da subalternidade feminina, do que, mais tarde, Betty Friedan denominaria de "mística feminina".

Embora fosse oferecido espaço para anunciantes, a edição consultada não traz nenhum anúncio. O jornal aceitava a colaboração das "excelentíssimas senhoras" e também dos cavalheiros, mas a maioria dos textos não é assinada. Padre Severiano de Campos colaborou com um poema, e Dr. Pimpolho publicou "Palestra", onde noticia a visita dos editores do periódico *Primavera*, provavelmente da mesma cidade de Estância:

> Ah, sim; leitoras, recebemos as visitas dos colegas da *Primavera*. Agradecemos do íntimo da alma ao nosso colega da *Primavera*

as palavras amistosas com que nos cumprimentou, e por nossa vez desejamos-lhe também muita longevidade.
(*A Tulipa*, Estância, SE, ano I, n. 3, 20 dez. 1879)

No ano seguinte, *A Tulipa* sofreu uma mudança significativa: na edição de 8 de fevereiro de 1880, ele não se apresenta mais como "Consagrado ao Belo Sexo" e passa a ser "Periódico Chistoso". A mudança é evidente nos textos, que não mais se dirigem às leitoras, mas tratam de temas de interesse geral. A partir dessa data não foram encontradas informações referentes à continuidade do periódico.

Fonte: *A Tulipa*, Estância, SE, ano I, n. 3, 20 de dezembro de 1879 e ano II, de 8 de fevereiro de 1880, em formato microfilme, no Acervo de Periódicos Raros da Biblioteca Nacional do Rio de Janeiro.

Dicionário Ilustrado – Século XIX

A Chrysalida
1879

"Periódico dedicado ao Belo Sexo": assim se apresentava *A Chrysalida*, publicado por senhoras baianas em 1879, em Salvador. No único exemplar encontrado, não constam informações quanto à data do primeiro número, nem à periodicidade. Composto por oito páginas, divididas em três colunas, dedicava-se basicamente à literatura, mas havia espaço para variedades, receitas e anúncios. Podia ser adquirido através de assinaturas ao preço de 500 réis (quatro edições). Impresso na Tipografia de Gama e Filho, o editorial de estreia já se apresenta contraditório, frente à tradição iluminista que vê a imprensa como "república do pensamento":

> Mais um campeão, mais um lidador constante das ideias acaba de surgir à luz da publicidade.
> Dedicado ao belo sexo, à mulher, em cujo coração reina a seiva dos mais grandiosos sentimentos, este periódico, cuja ramagem começa agora no escabroso caminho da imprensa, procurará unir o útil ao agradável.
> Concorrendo por sua vez, para a instrução e educação da mulher, convencendo-a de que na sociedade tem ela de representar os mais dedicados e importantes papéis. O nosso modesto periódico, despindo-se desses palavrões que são verdadeiros edifícios de neve plantados sobre o ar, esforçar-se-á por deleitar as suas leitoras com belas produções que mais falem à imaginação e ao coração, do que ao entendimento.
> (*A Chrysalida*, Salvador, ano I, n. 1, 1879, p. 1)

Dando prosseguimento às apresentações, o texto de Maria do Pilar B. Monteiro Osório, na coluna "Folhetim", promete contribuir para levar às leitoras "erudição e sentimentos amorosos":

> A nossa tarefa é por certo árdua e espinhosa. Mas o belo sexo baiano, cujo coração é uma torrente de carinho, indulgência e amor, tomar-nos-á debaixo de sua valiosa proteção, animando e estimulando-nos afim de que possamos atingir ao fim que temos em mira.
> A nossa *Chrysalida* será, pois, o órgão das senhoras baianas, e nela tão *mimosas pérolas da sociedade* poderão a seu bel prazer pantear os belos e sazonados frutos de sua vasta erudição e de seus sentimentos amorosos.
> E, destarte, poderão elas ser contadas no número das Safos, das Corinas, das Aspásias e de tantas outras que douraram o céu da literatura universal.
> Eis o que deseja a nossa *Chrysalida*.
> (*A Chrysalida*, Salvador, ano I, n. 1, 1879, p. 3)

Ainda nessa edição, o Padre Francisco B. de Souza assina o texto "O sono de Adão", em que expõe o ideal de mulher desejado pela sociedade católica da época: mãe e esposa dedicada.

> Árvores das florestas, brisa da noite, orvalho da manhã, flores das campinas, águas do rio, aves que gorjeiam nos ares, animais dos bosques, vinde todos e contemplai a rainha da criação, a companheira do homem.
> Foi o Senhor quem a outorgou [...]. Bendito seja o Senhor.
> (*A Chrysalida*, Salvador, ano I, n. 1, 1879, p. 3)

A seção "Dicas domésticas" traz sugestões de cuidados para o lar. Na seção "Poesias" encontram-se colaborações de D. Georgina Carvalho e D. Adélia Josefina de C. Fonseca. E entre os anúncios destacam-se as lojas de roupas, presentes, endereços de médicos e dentistas. Não foi possível aferir a continuidade do jornal.

Fonte: *A Chrysalida*, Salvador, ano I, n. 1, 1879, em formato microfilme, no Acervo de Periódicos Raros da Biblioteca Nacional do Rio de Janeiro.

ASSIGNATURAS
Corte, anno...... 10$000
Semestre......... 5$500
Trimestre........ 3$000
Mez.............. 1$000
Pagamento adiantado

O SORRISO

ASSIGNATURAS
Provincias, anno. 12$000
Semestre......... 7$000
Trimestre........ 4$000
Mez.............. 1$500
Pagamento adiantado

JORNAL SCIENTIFICO, LITTERARIO E RECREATIVO
Dedicado ás Moças Brasileiras
PROPRIEDADE DE M. J. MACHADO & F. A. COSTA
PUBLICA-SE DUAS VEZES POR SEMANA
Numero avulso 100 rs. Edição especial do assignante 200 rs.
COLLABORAÇÃO FRANCA AOS ASSIGNANTES

Collaboradores effectivos:—Drs. Mello Moraes, Luiz Cardoso, Bernardino Bormann, Macedo de Aguiar, Agostinho de Araujo, Senna Campos, Alfredo Gomes e Symphronio Cardoso.—Commendador Constantino do Amaral Tavares, Augusto Emilio Zaluar, J. M. Tavares, F. A. Costa, etc.
ESCRIPTORIO E REDACÇÃO
N. 28 Rua de Gonçalves Dias N. 28

| Anno I | Rio de Janeiro, 2 de Outubro de 1880 | N. 1 |

Ás Moças Brasileiras

EXMAS. SRAS

Como vêdes, este jornalzinho, que vos é dedicado, nasceu com a idéa de ser-vos util e proporcionar-vos, alguns instantes amenos com a leitura de seus escriptos que serão, crêmos, dignos de vossa sympathia.

A empreza não vacillou em dedicar-vos o «Sorriso» porque, vendo em vós um forte esteio de todos os commettimentos tendentes ao progresso da civilisação acoroçoando toda a idéa que tem um fim utilitario, especialmente aquellas cuja acção reflecte em vosso espirito, sabe não o deixareis morrer á mingua da seiva que carece para alimentar-se.

A publicação dos melhores romances, artigos instructivos, recitativos, biographias das principaes notabilidades litterarias de um e outro sexo; emfim, as melhores producções de seus illustrados collaboradores, naturalmente adaptadas á vossa indole e gosto, é tudo quanto vos póde offerecer o «Sorriso» em troca da benevolencia que vos dignardes dispensar lhe.

E como não baste isso para que a empreza fique segura de vossa affeição é mister que ella vos declare:

Que não julgueis ser esta uma das muitas publicações de vida ephemera que servem apenas para prejudicar aquellas que sahem á luz com caracter mais honesto. Os editores-proprietarios, tendo elementos para isso, desde já declaram aos seus assignantes garantir-lhes a responsabilidade que para com elles assumirem.

O «Sorriso» será publicado duas vezes por semana, e admittirá em suas columnas todos os escriptos dos Srs. assignantes, que forem julgados dignos de publicidade.

Á vista da solidez que garante e do modo porque se conduzirá espera a empreza merecer o favor publico.

Moreninha

Ai, morena cor de jambo,,
Onde vais tão linda assim?
Vais buscar novos amores,
E não tens pena de mim?

Não vês que as flores mimosas
Murcharão com tua ausencia,
Recordando teus affagos,
Findarão sua existencia?

O Sorriso

1880-1882

O *Sorriso*, "Jornal Científico, Literário e Recreativo Dedicado às Moças Brasileiras", surgiu na corte em 2 de janeiro de 1880 e circulou pelo menos até o número 63, último exemplar conhecido, de 28 de janeiro de 1882. A redação situava-se à Rua Gonçalves Dias, n. 28, e os proprietários eram M. J. Machado e F. A. Costa. Ao longo dos anos contou com inúmeros colaboradores, entre eles Mello Moraes, Luiz Cardoso, Bernardino Borman, Macedo de Aguiar, Agostinho de Araújo, S. Junior, Alfredo Gomes, Sinfrônio Cardoso, Constantino do Amaral Tavares, Victor da Cunha, Augusto Emilio Zaluar, J. M. Tavares, João Mendes, e uma colaboradora: D. Francisca Gonzaga.

Publicado duas vezes por semana, com oito páginas e duas colunas, as assinaturas na Corte custavam por ano 10.000 réis, por semestre 2.500 réis, por trimestre 3.000 réis, e por mês 100 réis. Nas demais províncias, o preço por ano era 12.000 réis, por semestre 7.000 réis, por trimestre 4.000 réis, e por mês 150 réis. O pagamento devia ser adiantado. Desde o primeiro número, consta a informação: "Colaboração franca aos assinantes".

A Hemeroteca Digital Brasileira possui uma significativa coleção do periódico, num total de 29 edições. De 1880, são 26 números: do 1º, de 2 de outubro, ao 26º, de 29 de dezembro. De 1881, são duas edições: a de número 32, de 19 de janeiro, e a 57, de 3 de junho de 1881. De 1882, guarda apenas a edição 63, de 28 de janeiro de 1882.

Diferente de outros jornais dirigidos por homens, *O Sorriso* não adotou uma linha moralista diante das leitoras. Ao contrário, cumpriu sua intenção de distrair e oferecer uma leitura útil. No editorial de estreia, o redator-responsável assim se manifestou dirigindo-se "às moças brasileiras, Exmas. Sras.":

> Como vedes, este jornalzinho, que vos é dedicado, nasceu com a ideia de ser-vos útil e proporcionar-vos alguns instantes amenos com a leitura de seus escritos que serão, cremos, dignos de vossa simpatia.
>
> A empresa não vacilou em dedicar-vos *O Sorriso* porque, vendo em vós um forte esteio de todos os comprometimentos tendentes ao progresso da civilização acoroçoando toda a ideia que tem um fim utilitário, especialmente aquelas cuja ação reflete em vosso

espírito, sabe não o deixareis morrer à mingua da seiva que carece para alimentar-se.

A publicação dos melhores romances, artigos instrutivos, recitativos, biografias das principais notabilidades literárias de um e outro sexo; enfim, as melhores produções de seus ilustrados colaboradores, naturalmente adaptadas à vossa índole e gosto, é tudo quanto vos pode oferecer *O Sorriso*, em troca da benevolência que vos dignardes dispensar-lhe.

(*O Sorriso*, Rio de Janeiro, ano I, n. 1, 2 jan. 1880)

Como quase todo periódico literário, traz capítulo de um romance-folhetim (o primeiro foi *Serões da Província*, de Júlio Diniz), muitos poemas, contos e reflexões variadas, todos escritos por homens. À mulher coube, principalmente, ser a destinatária preferencial da folha, além de tema e motivação para os escritos.

Na edição de número 7, um poema se destaca – "O leque", de S. Júnior.

Numa linda caixinha de cetim,
Bordada sobre azul de ouro custoso,
Dorme o leque delgado e primoroso,
Frágil crivo de nítido carmim.

Num leito de frouxel deitado assim,
Repousa o entezinho melindroso,
Que fora, a pouco, em baile esplendoroso,
Asa branca de celeste querubim.

Em seu plácido ninho, ave inda implume,
Guarda o indício, o calor, vago perfume,
Daquela mão angelical, ideal,

Mas que pena! A vareta está quebrada,
Porque a moça, nervosa, enciumada,
Vira o amante a sorrir para a rival.
(*O Sorriso*, Rio de Janeiro, ano I, n. 1, 23 out. 1880, p. 1)

Por fim, um poema de Visconti Coaracy, "A borboleta", publicado na edição 57, de 3 de julho de 1881.

Perla de luz animada
Flor alada,

Terra a terra a voejar,
Porque não vais tu, singela,
Na capela
Dum serafim cintilar?

Por que, cega, assim deliras,
Voas, giras
Em precipite aspiral,
À vida buscando amores
Nos fulgores
De deslumbrante fanal?

[...]

Breve, breve em rudes brejos
Moles beijos
Vais de oculta flor libar,
E em rotos flocos de neve
Breve, breve
Tuas asas vão tombar.

Tarde é já – tombam com elas
Graças belas
Do íris que mais seduz,
E após tão curta vertigem
De ti – virgem
Fica o verme, e foge a luz.
(*O Sorriso*, Rio de Janeiro, ano I, n. 57, 3 jul. 1881, p. 1)

Assim, a leitura útil prometida pelo articulista limita-se à reprodução do mesmo discurso encarregado de assegurar à mulher o lugar passivo, estabelecido pela sociedade patriarcal.

Fonte: Coleção *O Sorriso*, Rio de Janeiro, com 29 edições, de 1880 a 1882, em formato digital, no Site da Hemeroteca Digital Brasileira.

Recreio da Tarde
1880

Recreio da Tarde – ou "Jornal de Poesias, Romances, Charadas, Notícias, Etc." – surgiu na cidade de Angra dos Reis, Rio de Janeiro, em 20 de maio de 1880. No Acervo de Periódicos Raros da Biblioteca Nacional encontram-se os exemplares correspondentes ao número 1, de 20 de maio de 1880, e ao número 14, de 23 de setembro de 1880. Na Hemeroteca Digital Brasileira estão disponíveis sete edições: 5, 6, 7, 8, 13 e 14. De periodicidade semanal, era impresso na Tipografia do Angrense.

No editorial de estreia, a apresentação foi simples e objetiva nestes termos:

> Aparece mais um pequeno jornal, que não pretendendo envolver-se em polêmicas, que sempre trazem o aniquilamento da imprensa em lugares como este, propõe-se, entretanto, a dar aos seus assinantes, uma vez na semana, alguns instantes de leitura amena. Editado por três artistas, amantes do trabalho, o *Recreio* espera ser acolhido pelo público, e com especialidade do "belo sexo": e promete não afastar-se do fim a que se propõe, como jornal de poesias, romances, charadas, notícias, etc. Oferece as suas colunas a todas as pessoas que quiserem honrá-las com seus escritos, uma vez que estejam eles de acordo com o programa estabelecido. Aí o tendes, leitor – ampare-o com a vossa proteção.
> (*Recreio da Tarde*, Angra dos Reis, RJ, ano I, n. 1, 20 maio 1880, p. 1)

Apesar de se referir ao leitor, no masculino, a maioria dos poemas e textos dirige-se às leitoras, convidando-as a passar algumas horas distraídas com a publicação. Também as anedotas veiculadas na seção "Apanhados" tinham como foco a mulher, como mostram os exemplos:

> Um sujeito entra em casa à meia noite e encontra a mulher a rezar:
> Estou pedindo a deus que te dê juízo...
> Perdes o teu tempo. Pois acreditas que, se eu algum dia tivesse tido juízo, faria a tolice de casar contigo?
> (*Recreio da Tarde*, Angra dos Reis, RJ, ano I, n. 5, 17 jun. 1870, p. 3)

> Falava-se em um salão sobre obras de caridade.
> A senhora C...., respeitada pela sua devoção e pelas esmolas que continuamente dava aos pobres, querendo mostrar a que ponto levava a caridade, disse:
> – Quando fiz uma viagem à América do Norte, o capitão do paquete namorou-se de mim, e por mais que eu fizesse para não me encontrar com ele, era quase impossível, porque me seguia por toda a parte.
> Uma noite todos a bordo dormiam, o capitão bateu na porta do meu beliche, dizendo:
> – Abra, senhora, quando não, com este facho largarei fogo ao navio, e morreremos todos!
> Eu então, para salvar a vida dos meus companheiros de viagem... abri!
> (*Recreio da Tarde*, Angra dos Reis, RJ, ano I, n. 14, 23 set. 1880, p. 3)

Fontes: *Recreio da Tarde*, Angra dos Reis, RJ, ano I, n. 1, de 20 de maio de 1880; ano I, n. 14, de 23 de setembro de 1880, em formato microfilme, no Acervo de Periódicos Raros da Biblioteca Nacional do Rio de Janeiro.

Recreio da Tarde, Angra dos Reis, RJ, edições números 5, 6, 7, 8, 11, 13 e 14, em formato digital, na Hemeroteca Digital Brasileira.

Dicionário Ilustrado – Século XIX

O Beija-Flor
1880

Com o subtítulo "Jornal Dedicado às Senhoras", surgiu na cidade de Recife, em 19 de junho de 1880, *O Beija-Flor*, publicação de quatro páginas, formato 22x16 cm, impressa na Tipografia Acadêmica, situada na Rua Duque de Caxias, n. 18, e vendida a 40 réis o exemplar.

No site da CEPE é possível examinar a edição de número 1, a única existente, que traz diversos textos, como "O riso", "As flores", "Os romances" e "A mulher", todos sem assinatura.

No editorial da primeira edição, o responsável assim dirige-se às leitoras:

> Despretensioso é o título, como são despretensiosas as suas intenções. A avezinha que lhe dá o seu nome vai procurar o seu alimento entre as flores; e quando açoitada pela tempestade, é entre elas que vai procurar abrigo. Assim é *O Beija Flor*, bela leitora: para vós são escritas estas linhas; assim dareis alimento ao *Beija-Flor*, como dais aos vossos passarinhos; acolhê-los-ei no vosso regaço, quando acometido por algum perigo. Sim? Decerto, quem vai a um jardim florido buscar uma flor, é certo que há de trazê-la; quem vai a um vidro cheio de essência de rosas buscar perfumes, é certo que há de vir com ele; assim quem vai perante às moças pedir-lhes proteção e favor, pode estar certo que há de achar, porque assim como um jardim florido sempre tem flores, assim como um vidro cheio de essência de rosas sempre tem perfume, assim também o coração delas sempre tem bondade, porque é um tesouro inesgotável desse sentimento. [...]
> (*O Beija Flor*, Recife, ano I, n. 1, 19 jun. 1880, p. 1)

Após enumerar o projeto editorial, afirma: "Isto tudo porém com uma condição: a vossa proteção. Sem ela nada poderá fazer. E qual o meio de saber que lha dais? Um sorriso de animação lançado sobre o *Beija-Flor*".

O tom do editorial incisivamente piegas acaba por reproduzir o *status quo*, no sentido do confinamento da mulher num patamar de infantilidade mental, haja vista sua vinculação ao campo semântico de flor, beija-flor e perfume, como que a situá-la eternamente num jardim idealizado e distante da cidadania. A naturalização a que se presta termina por funcionar como uma espécie de tecnologia de gênero, lembrando Lauretis.

Para Luiz do Nascimento (1970, p. 92), o segundo número veio a público em 10 de julho de 1880, e as duas edições estariam depositadas na Biblioteca Pública Estadual, em Recife. Não foram encontradas mais informações sobre o periódico.

Fonte: NASCIMENTO, Luiz do. Periódicos do Recife (1876-1900). In: *História da Imprensa de Pernambuco (1821-1954)*. Vol. VI. Recife: Ed. da UFPE, 1972. v. VI. Disponível em: <http://www. fundaj.gov.br/geral/200anosdaimprensa/historia_da_imprensa_v06.pdf>. Acesso em: 26 set. 2009.

Dicionário Ilustrado – Século XIX

Primavera
1880

Em 1880, a conhecida escritora e jornalista Francisca Senhorinha da Motta Diniz[39] lançou *Primavera*, um novo periódico feminino na cidade do Rio de Janeiro. O primeiro número data de 29 de agosto de 1880 e, o último, de 31 de outubro do mesmo ano, totalizando oito edições. Embora se apresente como "Revista Semanal Instrutiva e Noticiosa", teve uma periodicidade irregular, ora saindo aos domingos, ora às quartas ou às quintas-feiras, e nem sempre respeitando o intervalo de sete dias entre uma edição e outra. Na corte podia ser adquirida através de assinaturas trimestrais por 2.000 réis, ou 100 réis o número avulso. Nas províncias, as assinaturas semestrais custavam 2.000 réis e 200 réis o exemplar. Impresso em tipografia própria, tinha a redação à Rua dos Ourives, n. 7.

Eram quatro seções fixas: "Folhetim", "Poesia", "História" e "Religião", que divulgavam moda, receitas, música, literatura e artes. No primeiro número, a editora divulgou que aceitaria "de boa vontade [...] qualquer escrito que esteja de acordo com o programa que nós traçamos", dirigindo-se "aos talentos que queiram auxiliar nesta árdua tarefa" (*Primavera*, Rio de Janeiro, ano I, n. 1, 29 ago. 1880, p. 4).

No editorial de estreia, Francisca Senhorinha lembrou às leitoras a sua trajetória como jornalista, e reafirmou o propósito de colaborar para o progresso feminino:

Às nossas leitoras

Quando há seis anos encetamos a publicação de um periódico – exclusivamente dedicado aos interesses da mulher – longe estávamos de supor que acolhimento tão benévolo merecêssemos dos nossos colegas da imprensa e das nossas patrícias, quer desta Corte quer do interior. [...]

Hoje, porém, que desaparecidos são esses inconvenientes, e conhecendo-nos amparados pelas mesmas simpatias que então nos foram dispensadas, de novo pomo-nos à frente desse empenho, que, conquanto superior às forças de que dispomos, todavia contamos levar avante, escudadas por essa força invencível que se chama – o poder da vontade.

Trabalhando para que a mulher brasileira sustente-se na altura que lhe compete, jamais nos desviaremos dessa trilha traçada aos que

---

[39] Francisca Senhorinha da Motta Diniz já havia publicado em Campanha (MG) e no Rio de Janeiro (RJ) o jornal *O Sexo Feminino* (1873-1889), que, após a Proclamação da República, passou a ser *O Quinze de Novembro do Sexo Feminino* (1889-1890).

aspiram os bons fins – e pois seremos incansáveis na propaganda dos bons princípios religiosos e sociais.

Não aspiramos a títulos que nos não sejam devidos, nem combateremos por glórias que não bem nos assentem: o nosso propósito ao publicarmos esta folha é simples e unicamente o de darmos um passo que ateste o desejo de sermos úteis à sociedade.

Por nossa parte prometemos não enfraquecer: às nossas patrícias cabe a missão de acompanhar-nos no esforço ou abandonar-nos na tarefa.

(*Primavera*, Rio de Janeiro, ano I, n. 1, 29 ago. 1880, p. 1)

A editora mais uma vez retoma seu projeto intelectual, traduzido num empenho jornalístico de falar a partir do lugar da mulher. O discurso de Senhorinha é coerente com suas ações anteriores e não esconde a postura militante de "ser útil à sociedade". E, além de defender a emancipação, era ainda favorável ao fim da escravidão, "um fato sombrio da sociedade brasileira". Nesse sentido, na edição de 10 de outubro de 1880, é transcrito parte do discurso feito pelo deputado abolicionista Marcolino Moura, pronunciado na sessão da Câmara em 4 de setembro de 1880:

[...] Chamo a atenção do nobre presidente do Conselho para um projeto que se acha na ordem do dia, e invoco para ele a sua piedade e o seu patriotismo.

Falo do projeto que proíbe a exportação de escravos de umas para outras províncias do Império. É preciso uma lei que acabe com esse tráfico desumano, que lança milhares de desgraçados a morrerem longe da pátria; no mais penoso cativeiro. Sim, longe da pátria; porque, senhores, a pátria dos escravos é o berço, é o campanário, é o horizonte estreito das suas mais caras afeições.

Quem é testemunha ocular das caravanas que atravessam as regiões de nossas províncias; quem tem visto, como eu, acampar estas ambulâncias de morte, cheias de inocentes supliciados, entre os quais se veem mulheres, crianças e anciãos, não pode deixar de invocar a piedade e o patriotismo da Câmara, para esse lamentável estado de coisas, que desonra a nossa pátria. [...]

(*Primavera*, Rio de Janeiro, ano I, n. 6, 10 out. 1880, p. 1)

A última página era dedicada a anúncios de relojoarias, perfumarias e do Externato São Luiz, que aceitava estudantes do sexo feminino.

Fontes: Coleção de *Primavera*, Rio de Janeiro, 7 números, em formato digital, na Hemeroteca Digital Brasileira. Disponível em: <www.hemerotecadigintal.bn.br>. Acesso em: 09 jan. 2015.

ANDRADE, Fernanda Alina de Almeida. *Estratégias e escritos: Francisca Diniz e o movimento feminista no século XIX (1873/1890)*. Belo Horizonte: UFMG, 2006. Dissertação (Mestrado em História) – Programa de Pós-Graduação em História, Faculdade de Filosofia e Ciências Humanas, Universidade Federal de Minas Gerais, Belo Horizonte, 2006. Disponível em: <http://www.dominiopublico. gov.br/pesquisa/DetalheObraForm.do?select_action=&co_obra=30872>. Acesso em: 06 ago. 2010.

A MULHER

Periodico illustrado de Litteratura e Bellas-Artes,

CONSAGRADO

nos interesses e direitos da

MULHER BRAZILEIRA.

REDACTORAS:

Josepha A. F. M. de Oliveira. — Maria A. G. Estrella.

Anno I. JANEIRO, 1881. No. 1.

New York.
Typ. de E. Perez, 44 College Place.

A MULHER.

Periodico illustrado de Litteratura e Bellas-Artes,
CONSAGRADO
AOS INTERESSES E DIREITOS DA
MULHER BRAZILEIRA.

REDACTORAS:
JOSEPHA A. F. M. DE OLIVEIRA.
MARIA A. G. ESTRELLA.

PREÇO $2.00 REIS POR UM ANNO ADIANTADO.

Assigna-se no Brazil em todas as Agencias da "Correspondencia dos Estados-Unidos," e nos Estados-Unidos no
No. 103 West 48th Street,
New York.

NOTICE.

"A MULHER" is a monthly paper devoted to the advancement of Brazilian women. Its agents are reliable men in the Empire of Brazil. It is recommended to business men generally as one of the best advertising mediums published.

ADVERTISING RATES.

One inch, single column, $1 each insertion.

PERFUMARIAS
DE
WENCK.

Extractos, Aguas de Colonia,
Dentrificios, pós para dentes Lações,
Perfumes para o lenço e para a
roupa, as
mais exquisitos.

Peçam o nosso circular e lista de preços.

FABRICANTES:

The Wenck Perfumes Manufacturing Co.,
126 CHAMBERS STREET,
New York.

A NOVA MACHINA DE COSTURA
"AMERICAN"
A MAIS ECONOMICA, SIMPLES E DURAVEL!

American B. H. & and Sewing Machine Co.,
1318 Chesnut Street,
PHILADELPHIA, PA.

TYPOGRAPHIA SUL-AMERICANA
DE
E. PEREZ,
44 College Place, New York.

Neste acreditado estabelecimento se imprime com perfeição e nitidez toda a classe de trabalhos em Portuguez, Hespanhol, Francez, Italiano e Inglez, á preços modicos.

A Mulher.

REDACTORAS:
JOSEPHA A. F. M. DE OLIVEIRA,
MARIA A. G. ESTRELLA.

NEW YORK, JANEIRO, 1881.

Com as mãos tremulas pegamos na penna para discutir uma das mais delicadas materias: a justificação de que a mulher é intelligente, e digna de grandes commettimentos.

Para justificar a nossa opinião escudamo-nos na historia.

Queremos ver se podemos, autorisadas pela sciencia e pela historia, provar irrecusavelmente que os homens emittem uma opinião falsa, afim de reconhecer que não fallam diante de uma sociedade ignorante como presumem. E' uma questão physiologica e de alta transcendencia, que as mulheres reconheçam que os homens são injustos para com ellas, julgando-as incapazes de concepções sublimes e commettimentos scientificos.

Se para os leitores vale alguma cousa a sciencia, se a historia é a mestra infallivel da vida da humanidade, com ellas faremos curvar á frente d'aquelles que pretendem negar a mulher as mesmas faculdades intellectuaes que possue o homem; não obstante a sua pequena massa cerebral, não sendo somente apta, para ser mãi e para a cosinha. A sciencia e a historia offerecem provas inconcussas do que tem havido muitas mulheres e que existem ainda muitas, que foram e são superiores a muitos homens scientificos; e que excederam trabalhos pai de las citadas com orgulho por medicos insignes.

E o que dirão os leitores quando apresentar-se-lhes os nomes d'essas mulheres veneradas que sobrelevaram a historia das sciencias especulativas e exactas?

Que são historia de jornaes para lisongearem as mulheres; não lhe diremos que a sua opinião é apenas para realçar o sexo feminino; causando espanto e horror que homens formados em medicina e outras sciencias, curvem as palpebras á luz da civilisação de modo, considerando a mulher um automato incapaz de pensar, crear e decidir.

Pobre mulher victima da incuridade dos homens que te querem conduzir ao abysmo eterno da ignorancia, e estupidez! Por maior esforço que faça um homem para conduzir a mulher para a inferioridade intellectual, os factos consummados a conduzirão para o Templo, onde a deusa do heroismo, cingindo-lhe a fronte á aureola da igualdade intellectual ao homem.

Seria um fenomeno ridiculo se a mulher, parte tão encantadora da humanidade, fossem organisada para não ter as mesmas faculdades sublimes que tem o homem, para não ter as aspirações generosas que tem o homem,

para não ter as concepções insignes e admiraveis que tem o homem, para as sciencias.

Quanto no Brazil, para nossa ainda, existem senhoras que podem competir com os homens mais sabios que possuimos, formando assim uma brilhante epoca do sexo feminino, quanto mais nos Estados-Unidos, paiz dotado por Deus para ser o berço da emancipação feminina. E' verdade que a mulher não tem ainda no Brazil; porém a razão está em que a mulher tem sido sempre negada a instrucção superior, no pouco que se lhe facilita com profundo, a não ser esta desigualdade na educação por certo que ellas estariam a par dos homens. Qual o homem que em literatura excedeu á Mme. George Sand, e á D. Luiza, natural do Rio Grande do Norte e hoje romancista em França? Qual o General que apresentam mais denodo e abnegação do que Joanna d' Arc?

Qual o homem que na sciencia medica tem mostrado mais aptidão do que Clemence S. Losier?

Qual o homem que na mesma sciencia tem mostrado mais discernimento do que Jennie de la Montagnie Losier? e quem é Jennie Losier? uma senhora ainda joven, casada com o distincto medico e viuvo Dr. Abraham Wilton Losier, (filho da Dra. Clemence Losier) que por mais d'uma vez, mostrou toda a sua intelligencia e dignidade de grande commettimento scientifico. O Presidente da Academia— Wellesley—perto de Boston estabelecido pelo Sr. Durant, uma das melhores Academias de medicina para as senhoras nos Estados-Unidos, que custou mais de um milhão de dollars, pediu á Dra. Jennie Losier para ser a medica residente d'esta Academia, tendo um salario immenso por anno, ella recusou-o. Esta senhora é Professora de Physiologia na New York Medical College and Hospital for Women.

A Dra. Elizabeth Blackwell é a Presidente e Fundadora da primeira Academia Allopata dos Estados Unidos: ella é uma Dra. muito intelligente e digna de apreciação.

A Dra. Mary K. Bond é tambem uma distincta medica norte-americana e que ensina em uma das Academias medicas de New York o ramo de Materia Medica.

A Dra. Mary Putnam Jacobi é uma medica de alta intelligencia não só é medica, como é linguista e escriptora, entre muitos trabalhos que tem escripto, acaba de escrever um livro importantissimo ajudada pela Dra. Victoria A. White, cujo livro chama-se Cold Pack and Massage in the Treatment of Anaemia.

A Senhora Sarah E. Morse, é uma grande pianista e mestra da lingua ingleza, não estando satisfeita com o que sabia ainda de mais uma Faculdade de Medicina, para ahi findar os seus estudos medicos, e espera breve receber o Diploma de Doutora em Medicina.

Podiamos enumerar muitas outras mulheres eminentes em Sciencias, Litteratura e Artes, porém como neste espaço ficará para o proximo numero.

A MULHER

PERIODICO DE LITTERATURA, MEDICINA E BELLAS-ARTES

CONSAGRADO AOS INTERESSES E DIREITOS DA
MULHER BRAZILEIRA

REDACTORAS
JOSEPHA A. F. M. DE OLIVEIRA E MARIA A. G. ESTRELLA.

Anno I Pernambuco, 15 de Fevereiro de 1883. Numero 7

A MULHER

15 de Fevereiro de 1883.

Advertencia

Apresentamo-nos ao publico depois da interrupção de doze mezes.

Achavamo-nos no Brazil contrariadas á nosso modo de suspendermos a publicação do jornal—*A Mulher*.

Achavamo-nos no Brazil, por incommodos de saude, resolvemos continuar a publicação da nossa Gazeta que, como assumpto em progresso, será para a defeza do nosso sexo e para provar sua capacidade intellectual como a sciencia e como os factos historicos.

A medicina fará parte dos assumptos da—*Mulher*—assumpto nuvem, e devemos da moça sa sociedade.

Coube-lhe, ao soffrer das moças brazileiras, mi não podemos solicitar não só a nossa propria experiencia, como ás de escriptos e apreciações de escriptores.

Ninguem desconhece que da moça tem a força, por isso esperamos que as senhoras como os homens illustres, que querem a mulher instruida para os cuidados da vida domestica e social, nos coadjuvem na continuação de nossa empreza.

Cumpre-nos que o publico desculpe-nos, pois não apresentaremos as escriptos eloquentes, não nós apresentamos esses recursos intellectual, como tambem porque ainda não tinha á experiencia e a consciencia nossa tarefa de litteratura e das sciencias.

Outrosim, esperamos tambem que desculpem-nos não continuar a nossa folha a cor illustrada, em vista da grande despesa que se lhe appõe com esse trabalho.

O que aqui podemos rogar á que possamos força de vontade suffeiente para não querermos força de estudo suffecientes para não enchermos das outras, obturadas que appareceu na vida dos principiantes.

A instrucção superior da mulher

E' precisamente que já está sendo ideia a admissão da mulher:

Sobre este assumpto tem faltado autoridades como competentes, concedendo á sciencia anatomica, tanto em factos que são humanos.

No dominio da actual civilisação temos no comunicação a respeito da educação superior da mulher, o qual ainda contra ella.

Alguns, intelligentes sabios, pensavam passar que a mulher, quando vela as suas, ha para as mãis sa—preencher a adusar desenvolvimento de filhos.

E', tendo-se conseguido que o papel de mulher na senda, este pela senhora dos ramalhete, ella ainda se donhecida é procurar e educar os filhos no lar domestico.

Por muitos seculos foi a mulher escravisada com a illustração á o paiz de familias escravisadas que desliga procurar afastar seus filhos d'essa maneira.

O maior cuidado de seu pai sustentou-se para as filhas era proporcionar-lhes casamentos adaptados á posição de prefeza, de burguezes ou de nobres, se ellas pertencessem á classe d'estes.

No dominio da actual civilização novo problema se aprehenda, e que é o procurar a mulher para seu consorte a um igual.

A mulher, pela, desconhecida ao lavor de tradição das obras ser a letras, ser escolhas, as industrias e o visto esclarecida na vocação de papel que lhe impuseram.

E se por ventura a natureza a pertence força para rivalisar com um, vida, não tinha a quem queixar-se, nem tê lavoraal para fazer recorrer, porque todos os afazeres, impressos e sobre—não. a obstituam relevação do vestido intellectual.

Nesse tempo a mulher era muito mais infiel escolha faltando de que a rapaz.

Enquanto milhões de mulheres varjam na noite d'o egoista, por se força superior problemas, os homens civis facta e desliga-se na lucas dos conhecimento das sociedade.

A Mulher

1881-1883

A Mulher – cujo subtítulo era "Periódico Ilustrado de Literatura e Belas Artes Consagrado aos Interesses e Direitos da Mulher Brasileira" – foi primeiro lançado em Nova York, em janeiro de 1881, por duas estudantes brasileiras que lá residiam: Maria Augusta Generosa Estrella e Josepha Agueda Felisbela Mercedes de Oliveira. A assinatura anual custava 5.000 réis, pagos adiantados, e era feita "em todas as Agências da Correspondência dos Estados Unidos". E nos Estados Unidos podia-se assinar o jornal no "103 West 48th Street, New York".

A pesquisadora Luzilá Gonçalves Ferreira conta um pouco dessa história:

> Maria Augusta Estrella era uma intelectual. Nascera em 1860 e aos 16 anos, já que as mulheres eram impedidas de ter seu ingresso nas faculdades do Império, com Josepha Agueda, que obtivera uma bolsa da província de Pernambuco para estudar Medicina nos Estados Unidos, numa campanha defendida por Tobias Barreto, então deputado, fora estudar no New York Medical College and Hospital for Women. Nos Estados Unidos as duas fundaram e redigiram o jornal – em português! – *A Mulher*, que teve sete números. Por razão de doença, Josepha Agueda é obrigada a voltar. Maria Augusta tencionava acompanhar a amiga, já que o pai, falindo, não pudera continuar a pagar-lhe os estudos. O comerciante, entretanto, escreveu ao Imperador D. Pedro II que, por decreto, concedeu à jovem uma bolsa anual no valor de "um conto e quinhentos mil réis". Ela concluiria seus estudos em 1879, mas só receberia o diploma em 1881, pois era indispensável ter 21 anos para ser graduado em Medicina àquela época (FERREIRA, 1999, p. 74).

Desde o primeiro editorial, que teve mais de três páginas, percebe-se a lucidez e firmeza das jovens jornalistas, apesar de começarem o texto ostentando uma falsa modéstia, bem de acordo com a época:

> Com as mãos trêmulas pegamos na pena para discutir uma das mais delicadas matérias: a justificação de que a mulher é inteligente, e digna de grandes cometimentos.
> Para justificar a nossa opinião, escudamo-nos na história.

Queremos ver se podemos, autorizadas pela ciência e pela história, provar irrecusavelmente que os homens emitem uma opinião falsa, afim de reconhecer que não falam diante de uma sociedade ignorante como presumem. É uma questão fisiológica e de alta transcendência, que as mulheres reconheçam que os homens são injustos para com elas, julgando-as incapazes de concepções sublimes e cometimentos científicos.[40] [...]

E o que dirão os leitores quando apresentar-se-lhes os nomes dessas mulheres venerandas que abrilhantam a história das ciências especulativas e exatas? Que são histórias de jornais para lisonjearem as mulheres, e nós lhe diremos que a sua opinião é apenas para rebaixar o sexo feminino; causando espanto e horror que homens formados em medicina e outras ciências cerrem as pálpebras à luz da civilização moderna, considerando a mulher um autômato incapaz de pensar, criar e decidir.

Pobre mulher vítima da iracunda dos homens que te querem conduzir ao abismo eterno da ignorância e estupidez.

(*A Mulher*, Nova York, ano I, n. 1, jan. 1881, p. 1-2)

"As mãos trêmulas" não se sustentam, nem combinam com o tom incisivo e afirmativo do editorial e do jornal como um todo. Ainda no primeiro número foram publicados outros artigos sobre os direitos das mulheres, inclusive assinados por escritoras americanas, algumas poesias, propaganda de chapéus, máquina de costura, tipografia e perfumarias, e uma Contradança para Piano, intitulada "Por piedade, Maria!", de E. P., dedicada a Maria Augusta Generoso Estrella.

De volta a Recife, em 1883, com o subtítulo "Periódico de Literatura, Medicina e Belas Artes", o jornal teve mais seis números, e passou a contar com a colaboração de escritoras pernambucanas, como Maria Heráclia, autora de livros e jornais femininos. Dentre os muitos elogios que vem recebendo de seus estudiosos estão a coerência do tom político-social exigindo a emancipação, os editoriais engajados na defesa do sexo, a argumentação firme, apoiada na Ciência e na História a favor da capacidade intelectual da mulher, e a reivindicação do direito à instrução superior.

Segundo Luiz do Nascimento (1972, p. 143), citando pesquisadores que o antecederam, o periódico teve mais algumas edições. O número

---

[40] O argumento lembra o título do primeiro livro de Nísia Floresta, *Direitos das mulheres e injustiça dos homens*, editado em Recife em 1832, e reimpresso em Porto Alegre em 1833, e no Rio de Janeiro em 1839.

8 teria sido noticiado pela "Revista Diária" do *Diário de Pernambuco* de 24 de abril de 1883. E meses depois, outro diário, *O Tempo*, de 19 de setembro, registrou o recebimento do número 9 de *A Mulher*, agora sob a direção apenas de Josefa Águeda, "aluna da Academia de Medicina do Rio de Janeiro".

Fontes: Coleção *A Mulher*, Recife, ano I, incompleta, com 5 edições publicadas em Nova York: n. 1, de janeiro de 1881; n. 2, de fevereiro de 1881; n. 3, de março de 1881; n. 4, de abril de 1881; e n. 6, de junho de 1881, em formato digital, no site da Hemeroteca Digital Brasileira.

A Mulher, Recife, ano I, n. 7, 16 de fevereiro de 1883, em formato digital, no site da Companhia Editora de Pernambuco. Disponível em: <www.cepedocumentos.com.br>. Acesso em: 9 jan. 2015.

BERNARDES, Maria Thereza Caiuby Crescenti. *Mulheres de ontem? Rio de Janeiro, século XIX*. São Paulo: T.A. Queiroz, 1989. p. 136.

FERREIRA, Luzilá Gonçalves *et al. Suaves amazonas: mulheres e abolição da escravatura no Nordeste*. Recife: Ed. da UFPE, 1999.

NASCIMENTO, Luiz do. Periódicos do Recife (1876-1900). In: *História da Imprensa de Pernambuco (1821-1954)*. Vol. VI. Recife: Ed. da UFPE, 1972. v. VI. Disponível em: <http://www.fundaj.gov.br/geral/200anosdaimprensa/historia_da_imprensa_v06.pdf>. Acesso em: 26 set. 2009.

Dicionário Ilustrado – Século XIX

Revista das Senhoras

1881-1885

Com o título de *Revista das Senhoras*, circulou na cidade de Cachoeira, Bahia, durante o período de 1881 a 1885, mais uma publicação feminina sobre a qual pouco se sabe, pois não foram encontrados exemplares nos acervos pesquisados. Sua existência encontra-se registrada na importante pesquisa empreendida por Alfredo Carvalho e João Nepomuceno Torres (2007), que informa, inclusive, os nomes das responsáveis: Maria Cândida Rodrigues da Silva e Francelina A. Motta.

Segundo os *Anais da imprensa da Bahia*, era uma revista instrutiva e literária com periodicidade semanal e de pequeno formato. O primeiro número teria surgido em 1º de fevereiro de 1881, e o último em 3 de novembro de 1885, perfazendo um considerável número de 182 edições. Tal longevidade torna ainda mais surpreendente o fato de a *Revista das Senhoras* não ter sobrevivido em nenhum arquivo. Consta que foi impressa na Tipografia d'*O Guarany*, importante jornal diário da cidade de Cachoeira, que circulou de 1877 a 1896.

Fonte: CARVALHO, Alfredo de. TORRES, João Nepomuceno. *Anais da imprensa da Bahia: 1º Centenário (1811-1911)*. 2 ed. Salvador: IGHB, Universidade Católica do Salvador, 2005. p. 214.

O Beijo
1881

O Beijo foi publicado pela primeira vez em 11 de março de 1881, na cidade do Rio de Janeiro. Composto por oito páginas, apresentava-se como "Publicação Semanal de Modinhas, Recitativos, Lundus e Poesias Diversas, Dedicada ao Belo Sexo". Sem anúncios ou ilustrações, era impresso na Tipografia Econômica. A redação funcionava à Rua Gonçalves Dias, n. 28, onde podia ser adquirido através de assinaturas trimestrais, ao preço de 1.500 réis.

O editorial de apresentação prometia entretenimento às leitoras, através de poemas musicados:

> *O Beijo* toma a si a grata missão de fornecer às moças brasileiras, as modinhas, recitativos, lundus e poesias diversas que servirão para mais encantar as suas horas de entretenimento.
> É, pois, esta publicação dedicada ao sexo belo e espera seu proprietário que ela seja recebida desses bondosos corações, com os mais amáveis sorrisos, com a mais complacente boa-vontade! Sairá aos sábados e pode ser procurada à Rua Gonçalves Dias, n. 28, a qual foi escolhida, por estar nela gravado o nome de um príncipe da poesia brasileira.
> (*O Beijo*, Rio de Janeiro, ano I, n. 1, 11 mar. 1881, p. 1-2)

O jornal pode ser considerado como literário-musical, pois publicou diversos poemas musicados, como "Dormir e sonhar" e "Hei de Olhar", de João Luiz de Almeida Cunhado e de Luiz José Cardoso, respectivamente. Escrito em primeira pessoa e assinado por M. P. Leitão e J. P. Siqueira, "O canto da noiva" certamente é de autoria feminina.

No poema, o eu lírico lamenta o fato de ter deixado a casa dos pais e as amigas para viver o matrimônio:

> Sou noiva!... O pranto que me invade o seio
> Não é causado pela dor! Oh não!
> Do esposo ao lado ser feliz me creio,
> Que mágoa é esta que me ateia então?...
>
> Sofro saudades desse lar querido
> Onde tranquila me sentia viver;
> Choro essa quadra de um sonhar florido
> Não mais minha alma a poderá rever.
>
> Sou noiva!... Amigas que gozais ainda
> Dessa existência folgazã feliz,
> Adeus – desta alma a confidência finda.
>
> Mãe, que na vida o desvelado manto
> De teus carinhos desdobrastes em mim,
> Sou de outro agora – Deus o quer assim!
> Outros cuidados dar-me a sorte quis!
>
> Horas serenas dessa quadra bela
> Brisas da tarde – fugis, adeus!
> Cinge-me a fronte virginal capela,
> O véu da noiva confiou-me Deus.
> (*O Beijo*, Rio de Janeiro, ano I, n. 1, 11 mar. 1881, p. 3)

O tom melancólico da jovem, que se despede da vida de solteira e do colo materno, revela certo despreparo para a vida adulta. O choro e o sofrimento ligados ao matrimônio dão bem um sentido para o mesmo: obrigação social despojada de afeto e insegurança quanto ao futuro.

Além da primeira edição, foi localizado o número 13, publicado em 13 de junho em 1881.

Fontes: *O Beijo*, Rio de Janeiro, ano I, n. 1, 11 de março de 1881, em formato microfilme, no Acervo de Periódicos Raros da Biblioteca Nacional do Rio de Janeiro.

O Beijo, Rio de Janeiro, ano I, n. 13, 13 de junho de 1881, em formato microfilme, no Acervo de Periódicos Raros da Biblioteca Nacional do Rio de Janeiro.

A Sensitiva
1881

A *Sensitiva* foi inaugurada na cidade de Bananal, interior de São Paulo, provavelmente em 4 de junho de 1881. De periodicidade semanal, foi encontrada apenas a edição de número 3, datada de 18 de junho de 1881. Impresso na Tipografia do *Echo Bananalense*, sempre aos sábados, conforme anunciado no cabeçalho, tratava-se de um "Jornal Literário e Recreativo Consagrado ao Belo Sexo". Composto por quatro páginas, divididas em duas colunas, tinha como redatores (ou redatoras?) J. C. Cabral e M. de Souza. Aceitava "colaboradoras diversas". Na edição encontrada, Alice de Azevedo assinou o texto "Hospedaria grátis".

O contundente artigo "Os direitos da mulher", de 18 de junho de 1881, assinado com a inicial "E." obviamente para preservar a identidade da autora, defende a tomada de consciência por parte dos homens para a emancipação feminina:

> A mulher na defesa de seus direitos é mais forte do que o homem, não transige.
> Há três séculos Agustine levantou o primeiro brado em favor do nosso sexo que até aí se via oprimido pela força viril do homem. Desde então, até hoje muitas tentativas se tem feito no novo e velho mundo, para que gozemos dos direitos de que atrozmente nos espoliaram.
> Sem motivo para orgulharmos da vitória, vemos com efeito, que no atual século, os homens têm compreendido que a mulher não tem obrigação de obedecer a leis anacrônicas que as condenavam a mais crassa ignorância.
> Vemos o homem considerar na esposa não a escrava que tem de executar a sua mais ínfima ordem, mas a companheira que sofre

Dicionário Ilustrado – Século XIX

as suas dores, que toma parte nos seus pesares e alegrias, e aquela a quem está entregue a educação moral de seus filhos e a direção íntima do lar doméstico.

(*A Sensitiva*, Bananal, SP, ano I, n. 3, 18 jun. 1881, p. 1)

O texto apela à formação de um novo homem ao distinguir o casamento da escravidão e elevar a esposa à condição de companheira.

O jornal possuía quatro seções: "Álbum Literário", "Folhetim", "Charadas" e "Crônica da Semana". Nesta, foi noticiado o abuso cometido por um homem contra crianças de uma escola, o que deixou os moradores da cidade estarrecidos e indignados:

> O fato que mais entristeceu à família bananalense durante a semana finda foi sem dúvida o atentado contra o pudor de inocentinhas crianças, cuja educação estava confiada a uma professora do sexo feminino desta cidade.
>
> Custa-nos acreditar tão hediondo atentado praticado em uma escola e pelo marido da própria professora.
>
> Custa-nos crer que um homem no seu próprio lar, perto de sua esposa, digna senhora, descesse o último degrau da infâmia para cometer tão atroz ferocidade.
>
> Mas, qual seria a mãe desalmada, o pai sem pudor, que se infamasse de perseguir a um terceiro?
>
> Nenhum.
>
> O fato, pois, é infelizmente, real, legítimo e verdadeiro.
>
> A fera não deixava vestígios do seu crime e por isso há quem queira endeusá-la.
>
> A população honesta e sensata desta cidade cumpriu o seu dever manifestando-se contra tão bárbaro e cínico atentado, para o autor do qual não há na língua portuguesa adjetivo suficiente para denominá-lo.
>
> (*A Sensitiva*, Bananal, SP, ano I, n. 3, 18 jun. 1881, p. 3)

Por ser portador de denúncias tão graves e se posicionar de maneira firme diante da condição feminina, o jornal faz jus ao seu título, pois se mostra sensível às questões prementes de seu tempo. Após essa data não foram encontradas informações quanto à continuidade.

Fonte: *A Sensitiva*, Bananal, SP, ano I, n. 3, 18 de junho de 1881, em formato microfilme, no Acervo de Periódicos Raros da Biblioteca Nacional do Rio de Janeiro.

Archivo das Familias
1881

"Publicação semanal consagrada ao recreio e interesses domésticos": assim se apresentava o *Archivo das Familias*, editado no Rio de Janeiro em 1881. Com periodicidade semanal e quatro páginas, a redação localizava-se à Rua da Constituição, n. 5. Era vendido por meio de assinaturas: na corte: 1.000 réis por mês e 3.000 réis por trimestre. Nas províncias, 7.000 réis por semestre. Contava ainda com correspondentes no Amazonas, Paraná, Rio Grande do Sul, São Paulo, Pernambuco, Bahia, Espírito Santo e interior de Minas. A última página era reservada para anúncios de lojas de roupas, de fotografias, de piano e de fábrica de chocolate.

Curiosamente, antes de ser lançado foi publicado um número "zero", que informava sobre a proposta editorial e anunciava a data do lançamento: 8 de outubro.

> As empresas jornalísticas, quando visam um fim nobre e elevado, encontram apoio e bom acolhimento.
>
> É isso que nos anima a encetar uma nova publicação: o *Archivo das Familias*, semanário especialmente dedicado ao lar doméstico. Esta simples enunciação quase nos dispensa de apresentar o programa do nosso jornal. O título diz tudo; é um arquivo, um repositório do quanto é útil e agradável, tanto quer dizer digno e honesto.
>
> Na parte recreativa daremos poesias, contos, romances, novelas e anedotas que possam ser lidas pela mais inocente das leitoras. Daremos uma crônica, na qual trataremos dos teatros sob o ponto de vista moral das peças; uma bibliografia dando conta do movimento literário, também debaixo daquele mesmo ponto objetivo; deste modo, saberão as leitoras qual livro lhes convém, etc. [...] Confiados na benevolência do público em geral e das famílias em particular, temos fé que preencheremos com esta publicação uma lacuna da nossa imprensa.
>
> Assinado: C. Martins & Cª.
>
> (*Archivo das Familias*, Rio de Janeiro, ano I, n. 0, 1881, p. 1-2)

O jornal era dividido em duas seções: "Parte utilitária", com artigos sobre higiene, receitas e educação; e "Parte recreativa": com contos, sonetos e literatura em geral. Na edição número 2, de 15 de outubro de 1881, com dez páginas, observa-se uma novidade: o periódico abre com uma

Dicionário Ilustrado – Século XIX

"capa", que traz apenas o nome do jornal em letras graúdas. No interior, há várias seções, entre elas "Calendário", com as datas comemorativas dos santos do mês; "Livros de Lembranças", com anúncios de artistas e profissionais liberais, como médicos e advogados; "A Semana", com notícias da cidade; "Charadas", com diferentes entretenimentos; e ainda um espaço reservado para informar os horários do bonde.

O jornal aceitava colaboração de outros periódicos e também das suas leitoras. Em 26 de novembro de 1881, foi publicado "Correio da Moda", texto divulgado anteriormente em *Moda Ilustrada*.

> Não tendo chegado ainda os modelos que as nossas modistas e casas de modas mandaram vir de Paris, felicitamo-nos por poder dar às leitoras notícias recentíssimas que dali nos enviaram a respeito das novidades que teremos neste inverno, e de lhes apresentarmos as gravuras do que há de mais elegante no artigo, capas e paletós.
> Deste modo podem desde já começar a escolher e tratar das suas toilettes, porque o nosso jornal, querendo tornar-se quanto possível útil e prestativo, acompanha quase todos os modelos de confecções com os respectivos moldes.
> Assinado: Elvira.
> (*Archivo das Familias*, Rio de Janeiro, ano I, n. 8, 26 nov. 1881, p. 3)

A edição de número 11, de dezembro de 1881, traz mais mudanças: no cabeçalho aparece a figura de uma mulher cercada de crianças, com um livro aberto no colo. E a redação passa a funcionar na Rua do Ouvidor, n. 141. Após essa data não foram encontrados outros exemplares ou informação sobre a continuidade do jornal.

Fonte: *Archivo das Familias*, Rio de Janeiro, ano I, n. 2, 15 de outubro de 1881; n. 8, 26 de novembro de 1881; n. 11, dezembro de 1881, em formato microfilme, no Acervo de Periódicos Raros da Biblioteca Nacional do Rio de Janeiro.

O Beija-Flor

1881

O Beija-Flor – "Órgão literário e poético dedicado ao Belo Sexo Baiano" – circulou na cidade de Salvador durante o ano 1881. Como ocorre com outros jornais, sabe-se bem pouco sobre ele. Apenas o que se encontra registrado nos *Anais da Imprensa da Bahia*, de Alfredo Carvalho e João Nepomuceno Torres: que surgiu em 4 de setembro de 1881, era quinzenal, teve quinze números, e a cada edição surgia com nova cor. Era impresso na Tipografia de França e Guerra, e os redatores responsáveis foram Manoel de Góes Tourinho e Antônio Pinto Guimarães. Apesar de reduzido, esse registro pretende dar uma pista a outros pesquisadores do periodismo.

Fonte: CARVALHO, Alfredo. TORRES, João Nepomuceno. *Anais da imprensa da Bahia: 1º centenário (1811-1911)*. 2. ed. Salvador: IGHB, Universidade Católica do Salvador, 2005. p. 127.

O Beija-Flor

1883

Com o subtítulo de "Periódico Literário Dedicado às Distintas Brasileiras", *O Beija-Flor* circulou em Recife, sempre aos domingos, de 28 de janeiro a 28 de fevereiro de 1883. Era impresso na oficina da *Gazeta de Notícias*, situada à Rua de São Francisco n. 2-A, no formato 29x21 cm, com quatro páginas. A assinatura custava 500 réis mensais, e o exemplar era vendido a 200 réis.

No editorial da primeira edição encontra-se o seguinte artigo-programa:

> O espírito fino e penetrante sem a grosseria da blague, a alegria franca e salutar sem as risadas do deboche; enfim: a agilidade elegante, a inocência sincera e o amor da verdade unido ao da arte andam tão desquitados do nosso jornalismo atual que a aparição de uma pequena folha, sabendo ter espírito ágil e alegria inocente,

O Beija-Flor atreve-se a pedir para si o encargo de satisfazer a essa necessidade. E por isso aparece. Aparece e confia sua vida, principalmente, ao sexo amável.
(*O Beija-Flor*, Recife, ano I, n. 1, 28 jan. 1883, p. 1)

A segunda e a terceira páginas foram ocupadas com a música da polca "As coisas não estão boas", de João Rosas. A quarta traz poesias e termina com a seguinte nota: "A redação pede desculpas às suas exmas. leitoras se nesse primeiro número o seu travesso *Beija-Flor* não pode sugar o mel do segredo e amores das mimosas brasileiras, o que fará no número seguinte" (*O Beija-Flor*, ano I, n. 1, 28 jan. 1883, p. 4).

Publicou-se até o número 4, datado de 28 de fevereiro do mesmo ano, o último que se tem notícia. Mais voltado ao verso do que à prosa, divulgou poesias de Júlio Falcão, Flora D., Francisco Lisboa, Armindo Lisboa, Augusto C., J. Gonçalves e Manfredo Franlis; crônicas de Josefa de Oliveira e Fausto Junior, além da seção "Variedades". Segundo Luiz do Nascimento (1972, p. 139-140), exemplares do periódico podem ser consultados na Biblioteca Pública Estadual, em Recife.

Fonte: NASCIMENTO, Luiz do. Periódicos do Recife (1876-1900). In: *História da Imprensa de Pernambuco (1821-1954)*. Vol. VI. Recife: Ed. da UFPE, 1972. v. VI. Disponível em: <http://www.fundaj.gov.br/geral/200anosdaimprensa/historia_da_imprensa_v06.pdf>. Acesso em: 26 set. 2009.

Dicionário Ilustrado – Século XIX

Revista Familiar
1883

Revista Familiar surgiu em Belém, em 4 de fevereiro de 1883, com oito páginas, periodicidade semanal e formato 32x23 cm. Como "Periódico Dedicado às Famílias", tratava principalmente de educação, receitas, noticiário e literatura. Os redatores responsáveis eram Geraldo Barbosa de Lima e Múcio Javrot.

O editorial do primeiro número explica o que motivou o surgimento da folha:

> A *Revista Familiar* que ofertamos às Exmas. Senhoras vem preencher uma lacuna cuja falta muito ressentíamos entre nós; não porque deixe de existir inúmeros jornais, aliás muito bem escritos; mas porque nenhum dedica-se especialmente ao que é de interesse geral.
>
> Para as senhoras escrevemos esta revista, o seu programa é unir o útil ao agradável, procurando nos limites de nossas forças tratar todas as questões de educação, instrução, ciências, literatura, comércio e indústria, do modo mais ameno e interessante.
>
> Não seria justo deixarmos nossas caras leitoras na ignorância do que se passa no alto mundo da política; assim, daremos em cada número um boletim dos grandes acontecimentos políticos não só do Brasil, como do estrangeiro. [...]
>
> A vós, respeitáveis e estimáveis leitoras, está confiada a sublime missão de favorecer a realização dos destinos humanos, isto é, de ensinar a humanidade, facilitando a cada um os meios necessários ao desenvolvimento moral e intelectual; porque é na família que está o germe da sociedade política, e é dela que nasce a consequência natural da sociabilidade humana e da ideia de justiça. [...] Meditai um momento e vos convenceria da verdade de vossas palavras e nos agradecereis a lembrança.
>
> (*Revista Familiar*, Belém, ano I, n. 1, 4 fev. 1883, p. 1)

Na edição de número 2, de 11 de março de 1883, estão os seguintes artigos: "A literatura e as artes através dos séculos", "Meditações filosóficas e a história política das Nações do Mundo", "Instrução e Educação: A família, sua constituição, a mulher na vida social, sua educação". Traz ainda o Conto "Correio Alegre", de O. C., e uma crônica de Armando de Oliveira.

Finalmente, o editorial da edição 4, de 25 de março de 1883, intitulado "O direito da mulher", permite que se conheça o posicionamento dos responsáveis sobre a questão:

> As grandes revoluções que se agitou e suscitam-se para o aperfeiçoamento da sociedade não chegarão jamais a um resultado feliz enquanto os homens não compreenderem que o princípio de onde emana todo o bem, a base fundamental e vital do progresso, está na emancipação da mulher.
>
> A mulher possui, como o homem, todos os elementos; dotadas da mesma inteligência, possuindo um espírito mais fino e delicado, pode sem dúvida desenvolver todos estes dotes com tanta vantagem ou mais que o homem, e isto em qualquer carreira a que se dedicar. [...]
>
> Para nós, a negação dos direitos políticos para ela é uma injustiça clamorosa; achamos que devia gozar de todos os seus direitos.
>
> Não tem o mesmo interesse que o homem? Não está intimamente ligado a seu destino o da sociedade?
>
> Não está sujeita às mesmas imposições dos homens? [...]
>
> É de urgência necessidade possuirmos uma escola média do sexo feminino, onde ensine-se todos os preparatórios e noções gerais das ciências naturais.
>
> É esta uma criação imprescindível entre nós, para a qual chamamos a atenção de S. Excelência o Sr. Presidente da Província e da Assembleia Provincial.
>
> (*Revista Familiar*, Belém, ano I, n. 4, 25 mar. 1883)

O texto fala por si e ecoa o discurso feminista do século XIX que, desde Nísia Floresta, já argumentava a favor da educação feminina. O tom lúcido e reivindicatório deve ter contribuído seguramente para a conscientização de homens e mulheres paraenses em prol dos direitos do sexo feminino.

O último número conhecido é de 10 de junho de 1883.

Fonte: Coleção *Revista Familiar*, Belém, de 4 de fevereiro a 10 de junho de 1883, em formato microfilme, no Acervo de Periódicos Raros da Biblioteca Nacional do Rio de Janeiro.

Jornal Critico, Litterario e Recreativo

PUBLICAÇÃO MENSAL

REDACTORES

P. MAGALHAES | G. VILLAÇA

Escriptorio—Rua de Gonçalves Dias 33

ANNO I — Rio de Janeiro JULHO de 1883 — N. 4

A ROSA

Amavel leitora

Encetando o segundo trimestre de sua existencia a «Rosa», seria ingrata se não vos agradecesse a protecção e benevolencia que sempre lhe tendes dispensado.

Continuando na espinhosa quão agradavel empreza de vos dar uma leitura senão boa ao menos passavel e que vos sirva de prazer nos vossos momentos de tédio, ella espera ainda uma vez que não a desampareis aos vendavaes do esquecimento, concorrendo com a vossa bondade para que o jardim em que se acha se torne florido e ameno.

Serve-se da occasião para vos offerecer as suas columnas, nas quaes terá a honra de publicar quaesquer das vossas mimosas producções litterarias.

Aos Srs. Jornalistas

Desejando escrever a biographia de todos os jornalistas brazileiros, antigos e modernos, peço aos Srs. redactores o obsequio de me enviarem alguns apontamentos seus e de seus antecessores, no mesmo periodico, como tambem alguns escriptos, ou indicações onde poderei encontral-os, para assim poder avaliar o merito de cada um.

Sou levado a organisar este trabalho por ver que no nosso paiz existem jornalistas muito illustrados e de merito elevadissimo, porém o apreço á sua illustração ninguem lh'o dá, porque são poucos os que no nosso paiz apreciam a litteratura e o merito dos jornalistas. E' esta a razão porque vou escrever suas biographias.

P. MAGALHÃES.

N. B. — Toda correspondencia deve ser dirigida a Pedro Magalhães, rua de Gonçalves Dias n. 33.

Peço aos illustrados collegas o obsequio de transcreverem este artigo.

VARIEDADE

UMA ILLUSÃO

A' Exma. Snra. D. * . * . * . *

Mas ha!... Eumortal, triste e amante
Que dar-te posso a ti, anjo do Céo ?
Esta alma dar-te-hei, terna e constante,
Dar-te-hei meu coração...

Mas que disse, insensato?... Elle é já teu.

* * *

Terminando meus estudos quotidianos e como o caprichoso Morpheu não se tivesse lembrado de mim, dirigi-me a janella de meu aposento de estudante transformado em uma quasi livraria.

A noite estava magnifica e como que incitando a dar um passeio pela cidade adormecida; a lua com seus raios de prata, emmoldurava as vagas tempestuosas e continuas da formosa e hospitaleira bahia do Rio de Janeiro.

A brisa risonha e volumosa veio roçar nos meus cabellos a sua aragem humida e um tanto agradavel a meu vulcanisado cerebro.

Uma lethargia mortal apoderou-se de mim, e nem sei, porque grossas e abundantes lagrimas corriam serenas e insensiveis por minha face macilenta.

Sorprehendido por tal facto, revolvi minha memoria e não achei uma explicação que viesse demonstrar, *a priori*, o motivo dessas lagrimas que me tornavam senão mais triste ao menos mais feliz. Foi então que Morpheu, compadecido de meu amargurado pranto, me acalentou debaixo de suas bemfeitoras azas e a côrte de sonhos cheios de esperança manobrava no meu somno agitado os batalhões dos—Impossiveis.

Esta massa inerte de que é formado todo ser vivente deitou-se, e cedendo aos impulsos da outra substancia activa e pensante que em si vive adormeceu; e neste adormecimento natural teve um sonho ou antes uma illusão.

Este sonho fantastico, deslumbrante e todo ideal tinha um quê de relação com

A Rosa

1883

A Rosa, "Jornal Crítico, Literário e Recreativo", circulou no Rio de Janeiro, uma vez por mês, a partir de abril de 1883. A redação funcionava na Rua Gonçalves Dias, n. 33, tendo como redatores Pedro Magalhães e G. Vilaça.

Foram consultadas as duas edições depositadas no site da Hemeroteca Digital Brasileira: a quarta, que veio a público em julho de 1883, e a sexta, de setembro de 1883, ambas com quatro páginas e duas colunas. Na quarta edição, encontram-se as seguintes seções: "Variedade", "Literatura", assinada por J. H. de S., e "Biografia". Além dos redatores responsáveis, surgem dois novos colaboradores: Pedro Guimarães Filho e Alfredo Augusto Perret, autores de poemas tão ingênuos como pouco criativos.

> A seguir, alguns parágrafos do editorial dirigido à "Amável Leitora", Encetando o segundo trimestre de sua existência, *A Rosa* seria ingrata se não vos agradecesse a proteção e a benevolência que sempre lhe tendes dispensado.
>
> Continuando na espinhosa quão agradável empresa de vos dar uma leitura senão boa ao menos passável, e que vos sirva de prazer nos vossos momentos de tédio, ela espera ainda uma vez que não a desampareis aos vendavais do esquecimento, concorrendo com a vossa bondade fará que o jardim em que se acha se torne florido e ameno.
>
> Serve-se da ocasião para vos oferecer as suas colunas, nas quais terá a honra de publicar vossas mimosas produções literárias.
>
> (*A Rosa*, Rio de Janeiro, ano I, n. 4, jul. 1883, p. 1)

No texto intitulado "O que é a mulher", encontra-se esta pérola de comparação da mulher com um fósforo (!):

> A mulher é um fósforo que nos acende o coração e a inteligência [...]. A mulher magra é nervosa, de pouca vida nos olhos, e nenhum mimo nas faces, mas cheias de zelos e de melancolia, é o fósforo do pão. Custa a acender, e depois de aceso apaga-se muitas vezes antes de comunicar a luz. Não estão em moda estes fósforos por serem os que mais cansam a paciência.
>
> A coquete, galante, espirituosa, de meiguice estudada e sorriso ensaiado ao espelho, é o fósforo de cera. Basta tocar-lhe para o

Dicionário Ilustrado – Século XIX

acender; a sua luz chega a farta para seis corações e ainda sobra para um caso urgente!

A virgem sentimental, com a alma cheia de poesia e a cabeça desvairada pelos romances, que desdenha este prosaísmo da vida porque aspira a um mundo melhor, é o fósforo de isca o qual, uma vez aceso, se consome lentamente, sem chama, e sem que as ventanias da desgraça o apaguem. [...]

Seguindo esta teoria, o harém do grão sultão, não é mais do que uma grande caixa de fósforos.

(*A Rosa*, Rio de Janeiro, ano I, n. 4, jul. 1883, p. 3)

No sexto número, um pequeno texto intitulado "Cenas mudas – conto incompleto", assinado por Josephina M. S., salva a edição. A autora se posiciona com firmeza contra a instituição escravocrata, e narra os desmandos de um fazendeiro cruel, o abuso de uma escrava, a injustiça das leis do país. A seguir, a transcrição de alguns parágrafos, a título de exemplo:

Numa das províncias do imenso e rico império do Brasil, existia um comendador fazendeiro que primava não só pela sua riqueza como também pela sua barbaridade.

Raro era o dia que não se escutasse, numa das suas fazendas, os gritos prolongados de algum escravo, de algum desses homens que por um estúpido preconceito dos povos se tornaram servos obedientes, e meio de satisfazer sórdidos e mesquinhos interesses. Metidos num dos instrumentos de martírio denominado tronco, os infelizes escravos sofriam pungentes dores.

Narrar os fatos principais da história de dois destes mártires, tal é o fim para que promovi a vossa atenção e curiosidade.

(*A Rosa*, Rio de Janeiro, ano I, n. 6, set. 1883, p. 1-2)

Mais uma vez comprova-se o compromisso do discurso feminista com a denúncia da escravidão. É por demais sabido que foi observando a opressão escravocrata que as mulheres tomaram consciência da própria subalternidade.

Fonte: *A Rosa*, Rio de Janeiro, ano I, n. 4, julho de 1883; n. 6, setembro de 1883, em formato digital, no site da Hemeroteca Digital Brasileira.

Chrysalida
1883-1884

Com o simbólico nome de *Chrysalida*, circulou na cidade de Caxias, Maranhão, entre 1883 e 1884, um periódico destinado a incentivar a educação feminina. Com quatro páginas, impresso mensalmente na Tipografia de Caxias do Comércio, a redação responsável está assim registrada: "Redação de meninas". No expediente, junto ao cabeçalho, encontra-se o apelo: "A redação aceita com especial agrado o auxílio e colaboração de todos que se interessarem pela grande causa da instrução do sexo feminino".

A edição consultada, localizada no Acervo de Periódicos Raros da Biblioteca Nacional, corresponde ao número 12, de 15 de maio de 1884, fato que permite supor que o primeiro número tenha surgido em meados de 1883. As redatoras assinavam seus artigos como Dina, Dijanira, Dídia, Diana, Dolores e Fabíola, sempre omitindo os sobrenomes. Mas em duas cartas encontram-se os nomes completos de Jovina Maria de Sá, Eulália Gonçalves Freire e Consuelo Lordecene. Da primeira, datada de 5 de fevereiro de 1884, foi retirado um trecho que testemunha a importância que o periódico estava assumindo junto às leitoras:

> Do íntimo da alma agradecemos a bondade com que vós, com tão alta generosidade acolhestes, da nossa mesquinha e obscura inteligência, a singela poesia e o simples artigo que vos oferecemos; e ainda mais agradecidas ficamos-vos pelo pedido que nos fazeis

de continuarmos a escrever para a interessante *Chrysalida*. Honra-nos bastante sermos companheiras assíduas dos vossos trabalhos, trabalhos estes que nos hão de servir, desviando-nos das trevas e conduzindo-nos para um caminho de luz.

Assinado: Jovina Maria de Sá, Eulália Gonçalves Freire.

(*Chrysalida*, Caxias, MA, ano II, n. 12, 15 maio 1884)

O jornal traz artigos, poemas, notas sociais e também piadas. De outra natureza, o texto intitulado "Fábrica de tecidos e fiação" enumera as vantagens advindas da instalação de uma fábrica na cidade, e destaca:

> Tem ainda outra vantagem: muitas famílias pobres que não acham em que empregar o tempo encontrarão lucrativo e fácil trabalho na fábrica, pois nela não faltará serviço. [...]
>
> As moças pobres e sem recurso, que também às vezes não têm ocupação, não por falta de amor ao trabalho, mas porque os afazeres são poucos, [...] encontrarão com certeza na fábrica em que empregar bem o seu tempo, tirando disto bom resultado. [...]
>
> Faço, portanto, votos ao céu para que aquelas pessoas que empreenderam tão útil projeto, vejam coroados seus esforços, e no auge da maior animação e progresso, esta nossa solitária Caxias.
>
> Assinado: Diana.
>
> (*Chrysalida*, Caxias, MA, ano II, n. 12, 15 maio 1884)

A preocupação com as jovens pobres revela o envolvimento da redatora com o futuro das mulheres, com as questões sociais e, ainda, com o progresso de sua cidade. No editorial do número 3, de 1º de julho de 1883, a editora agradece aos colegas dos jornais *Observador* e *Comércio de Caxias* por terem dado destaque ao surgimento de *Chrysalida* na "arena jornalística", e também a jornais editados por mulheres dos estados do Piauí, Ceará e Bahia.

Não foi possível saber sobre a continuidade do periódico.

Fonte: *Chrysalida*, Caxias, MA, ano II, n. 12, de 15 de maio de 1884, em formato microfilme, no Acervo de Periódicos Raros da Biblioteca Nacional do Rio de Janeiro.

O Abolicionista do Amazonas

1884

Usando como subtítulo o lema da Revolução Francesa – "Liberdade, Igualdade e Fraternidade" – *O Abolicionista do Amazonas* foi publicado pela primeira em Manaus no dia 4 de maio de 1884. Pertencia ao Club Emancipador e Associação Beneficente, composto exclusivamente por mulheres que lutavam pela emancipação dos escravos da província do Amazonas. Tinha quatro páginas, divididas em quatro colunas, e teve vida breve: o último número data de 10 de julho de 1884.

O primeiro editorial apresentou assim os objetivos do periódico:

> Ele será publicado uma vez por semana, aos domingos ou mais uma vez, se a necessidade assim o exigir. Desconhece completamente os partidos militantes e dedica-se exclusivamente à causa da abolição do elemento servil nesta Província. Para o desempenho de sua missão, pede o concurso e a colaboração de todas as pessoas que se interessam por tão justa causa.
>
> (*O Abolicionista do Amazonas*, Manaus, ano I, n. 1, 4 maio 1884, p. 1)

Segundo Francisco Jorge dos Santos (1990), o acervo do Instituto Geográfico e Histórico do Amazonas possui uma coleção de seis números: do 4, de 04 de maio de 1884, ao 11 do mesmo mês e ano.

Fonte: SANTOS, Francisco Jorge dos *et al. Cem anos de imprensa no Amazonas (1851-1950) – Catálogo de Jornais.* 2. ed. rev. Manaus: Umberto Calderaro, 1990.

O Corymbo

1884-1944

Anno IX · Rio Grande do Sul, 1 de Janeiro de 1893 N. 113

CORYMBO

PUBLICAÇÃO · SEMANAL

Proprietaria e Redactora — REVOCATA H. DE MELLO

Um dos mais importantes e talvez mais longevo jornal editado por mulher em nosso país, *O Corymbo* iniciou sua trajetória em 1884, prolongando-a por mais sessenta anos, até 1944. A cidade era Rio Grande, na fronteira com o Uruguai, e as responsáveis, as irmãs Revocata Heloísa de Mello[41] e Julieta de Mello Monteiro.

Segundo a pesquisadora Rita Teresinha Schmidt, apesar de muitos já o terem investigado, não se sabe ao certo a data em que *O Corymbo* começou a circular. Sacramento Blake registra 21 de outubro de 1883; Guilhermino César afirma que o primeiro número surgiu em junho de 1885; Ari Martins, que a fundação se deu a 21 de outubro de 1890; e Pedro Maia Soares, autor de extensa e cuidadosa pesquisa sobre o periódico, chegou à data de 1884 (SCHMIDT, 1999, p. 892).

A partir de 1930, o periódico alterou sua dimensão para 30x20, e passou de quatro para seis páginas. Na capa destacava-se o título, centralizado e em maiúsculas, a informação de que era quinzenal, o que nem sempre ocorreu, e os nomes de Revocata de Mello e Julieta Monteiro

---

[41] Revocata Heloísa de Mello (1860-1944) nasceu em Porto Alegre, foi poeta, teatróloga, educadora, e colaborou em diversos jornais do país, além de *O Corymbo*. Publicou *Folhas errantes* (prosa, 1882), *Grinalda de noiva* (drama, s/d), além de outros títulos em colaboração com a irmã, Julieta de Melo Monteiro (1863-1928, educadora e jornalista), como *Mário* (drama, s/d), *Coração de mãe* (drama, 1911). Fundou, em 1901, o Clube Beneficente de Senhoras (CBS), entidade responsável por promover a mulher e realizar ações filantrópicas, como a implantação de um hospital para crianças e a realização de cursos e de conferências dirigidos para o público feminino. Usou algumas vezes o pseudônimo de Sibila.

como fundadoras e redatoras. Após o falecimento de Julieta, ocorrido em 1928, Revocata assume sozinha a redação. Também consta no cabeçalho a informação de que se tratava de "nova fase", seguida da data e do número da edição. As páginas são divididas em três colunas.

Ao longo de tantos anos, colaboraram no periódico praticamente todas as escritoras gaúchas, além de outras de diferentes regiões do país, como Amália Franco, Ana Aurora de Amaral Lisboa, Ana César, Andradina de Oliveira, Cecília Meireles, Cora Coralina, Delminda Silveira, Inês Sabino, Júlia Lopes de Almeida e Maria Lacerda de Moura. *O Corymbo* acolhia também a colaboração de escritores, e divulgou em suas páginas trabalhos de Castro Alves, Cruz e Sousa, Olegário Mariano, Paulo Setúbal e Vicente de Carvalho, entre outros.

Apesar da longevidade, as principais propostas do jornal foram mantidas, como o empenho em divulgar a produção literária feminina e assuntos de interesse da mulher e publicar artigos variados, poemas, contos e romances em folhetim, visando oferecer uma boa leitura. Manteve também seções que divulgavam acontecimentos sociais, novos livros, obituários, nascimentos e casamentos. A "Coluna Maçônica", presente durante vários anos, publicava artigos sobre a maçonaria, seus membros, as cerimônias promovidas por lojas maçônicas e textos defendendo a participação ativa da mulher. Segundo Rita T. Schmidt, as posições políticas de Revocata "foram significativamente influenciadas pelo ideal maçônico de liberdade, justiça e paz, o qual procurava difundir e promover através de seus frequentes escritos sobre o assunto" (SCHMIDT, 1999, p. 893).

Algumas seções tiveram vida longa, outras foram efêmeras. Dentre as mais longevas estavam: "Cartas de Várias Cores", que divulgava a correspondência recebida pelo jornal; "Echos Feminis", de responsabilidade de Mathilde Monteiro, dedicada inicialmente a assuntos relacionados à mulher, depois a temas diversos, como acontecimentos sociais e crítica literária; e "A Moda", que informava sobre as novas tendências do vestuário, de responsabilidade de Blanche e Marion.

Em meio à profusão de artigos, havia espaço também para a divulgação de pensamentos de vanguarda sobre a mulher. Uma das colaboradoras, Maria Lacerda de Moura, assim se manifestou na edição de 15 de junho de 1922, em vibrante artigo intitulado "A mulher brasileira e os problemas sociais":

A mulher patrícia não pode penetrar os arcanos da questão, na sua maioria escrava da religião, dos trapos, das joias, dos bombons e do salário – não pode pensar senão pela cartilha dos dogmas, das modistas, das vitrinas e da luta pelo estômago.

A religião, em constante conflito cm a ciência, tem na mulher a alavanca reacionária contra a evolução para feitos mais altos.

Cumpre desembaraçá-la das peias que a encarceraram mentalmente.

Enquanto não souber pensar será instrumento passivo em favor das instituições do passado. E ela própria, inconsequente, trabalha pela sua escravidão.

E o cativeiro é tal que se revolta se outras mulheres querem elevá-la à altura dos seus direitos clamando contra a violação do pensamento feminino.

Enquanto não pensar, em vão tentaremos quebrar os grilhões para a nossa independência individual; a mulher ainda é escrava; depende do salário do homem, do seu capital.

Assim, é impossível a libertação.

Seu cérebro foi conservado infantil pelo egoísmo masculino dos ancestrais.

Falta derradeiro lampejo para que a inteligência da mulher patrícia se abra a ilimitadas aspirações.

A brasileira ardente, altiva, inteligente, idealista, generosa, num impulso final, por entre relâmpagos da consciência adormecida, perceberá.

E a sua dedicação eloquente completará a obra magnífica.

Faltam-nos escolas.

Faltam-nos educadores na acepção mais ampla expressão.

As nossas professoras primárias executam prodígios.

Que mais podemos exigir delas? Se lhes não distribuíram alimento espiritual para a excursão portentosa aos picos mais altos da alma infantil, iluminuras místicas...

(*O Corymbo*, Rio Grande, RS, ano XXXIX, n. 200, 15 jun. 1922, p. 1)

Maria Lacerda de Moura (1887-1945), conhecida feminista e anarquista, autora de *A Mulher é uma degenerada?* (1924), responde item por item ao discurso hegemônico cerceador da identidade feminina. Acrescente-se, ainda, o fato de ser um texto de 1922 – momento não só da Semana de Arte Moderna, mas também da Revolta Tenentista e da fundação do Partido Comunista. A autora ignora em seu texto tais eventos como que a ressaltar a omissão de todos eles perante à condição feminina e às demandas do incipiente feminismo nacional.

Após o falecimento da irmã, Revocata de Mello criou uma seção intitulada "Meu Diário de Dor", dedicada à sua memória:

27 de março – Parece que a Saudade veio hoje mais rude, mais pesada, mais torturante. Realmente, feriu-me o peito com seu guante de ferro! Todo o dia a espicaçar-me, todo o momento a conduzir meu espírito para uns quadros que o passado plasmou em meu viver por forma impossível de apagar, impossível mesmo de amortecer-lhe as cores! [...]
Vezes há em que os olhos cansados de seu errar diário procuram recolhimento sob a carinhosa pálpebra, pensando em um repouso abençoado, que não encontram, porque vão peregrinar no Sonho todo povoado de recordações saudosas. [...] Desejamos isolar-nos muito e muito!... e dizermos como naquele teu lindo verso: "E eu fecho os olhos, para ver mais lendo,/ passar o vulto que a minha alma beija".
(*O Corymbo*, Rio Grande, RS, Nova fase, n. 368, abr. 1932, p. 3)

Em novembro de 1935, Revocata escreve um sentido necrológio pelo falecimento da escritora Andradina de Oliveira nestes termos:

Conhecemos muito de perto a beletrista patrícia, nesta cidade onde em anos recuados residiu por algum tempo tendo então publicado *Preludiando*, livro de belos contos, o primeiro a dar a público. [...] Morou por espaço de anos em Porto Alegre, onde perdeu seu querido filho Adalberon, cuja morte inspirou-lhe o sensacional trabalho *Cruz de pérolas*. Produziu muito e bem. Redigiu a bem elaborada revista de letras, *Escrinio*, na capital. Sua bagagem literária é de mérito: *Perdão, Divórcio, Mulheres ilustres riograndenses, Contos de Natal, Cruz de pérolas*, e outros.
(*O Corymbo*, Rio Grande, RS, Nova fase, nov. 1935)

Na edição de abril de 1937, é destaque a notícia da inauguração da primeira aula de alfabetização no Grupo de Cultura Rio Grandino, que havia recebido o nome de "Julieta de Mello Monteiro". Profundamente grata e emocionada com a homenagem à irmã, Revocata agradece e se congratula com os professores e demais presentes na solenidade (*O Corymbo*, ano I, n. 421, abr. 1937, p. 1).
A seguir, a saudação que Guerreiro Victoria faz ao jornal e às responsáveis por sua longa existência, intitulada "Uma data gloriosa", em novembro de 1940:

Faz anos, hoje, *O Corymbo*, o jornal que Revocata de Mello, uma heroína da imprensa, redige com competência, dedicação e desassombro, dando ao publicismo do pampa um alto exemplo de coragem, devotamento e abnegação.

Esta publicação, que tem sido nobremente amparada pela Mulher riograndina, há fotografado, passante de meio século, toda a imensa cultura, formidável e fecunda, da glebe estremecida.

Revocata e Julieta, dois formosos espíritos que nem a morte separou, fizeram do *Corymbo*, na terra altiva do Rio Grande, a tribuna de oiro por onde falavam, em hinos de esperança, a literatura, o ensino, a Pátria e a liberdade.

Nas suas colunas fulgiram, em meio de constelações, os maiores estilos de Portugal e da Pátria, unindo os sexos na perfectibilidade, sem sombras da aspiração e do sonho.

Quem dirige no Brasil por mais de meio século um jornal literário – sem recuo, sem pavor e sem desesperança – tem direito por certo à admiração integral, sem restrições, da geração hodierna.

À Revocata de Mello – espírito de Júlia Lopes de Almeida, na bravura de Luisa Portinho – a nossa saudação, franca e leal, pela data de hoje.

(*O Corymbo*, Rio Grande, RS, Nova fase, n. 454, nov. 1940)

Fontes: Coleção *O Corymbo*, com 121 edições em formato impresso, na Biblioteca Rio-Grandense.

Coleção *O Corymbo*, com 10 edições em formato digital, cedida por Caroline Leal Bonilha. As edições, todas da Nova fase, são as seguintes: n. 341, de janeiro de 1930; n. 368, de abril de 1932; n. 380, de abril de 1933; n. 395, de setembro de 1934; n. 404, de novembro de 1935; n. 411, de junho de 1936; n. 421, de abril de 1937; n. 430, de março de 1938; n. 439, de janeiro de 1939; n. 454, de novembro de 1940.

BONILHA, Caroline. *O Corymbo*: Um jornal feminino no Rio Grande do Sul do século XX. In: ENPOS, XI., 2009, Pelotas, *Trabalhos...* Pelotas: UFPel, 2009. Disponível em: <http://www.ufpel. tche.br/cic/2009/cd/pdf/CH/CH_00686.pdf>. Acesso em: 29 ago. 2010.

SCHMIDT, Rita Terezinha. Revocata Heloísa de Mello. In: MUZART, Zahidé L. (Org.). *Escritoras brasileiras do século XIX*. Florianópolis: Mulheres; Santa Cruz do Sul: EDUNISC, 1999. v. 1.

VIEIRA, Miriam Steffen. *Atuação literária de escritoras no Rio Grande do Sul: um estudo de caso do periódico* Corimbo, *1885-1925*. Porto Alegre: UFRGS, 1997. Dissertação (Mestrado em História) – Programa de Pós-Graduação em História, Instituto de Filosofia e Ciências Humanas, Universidade Federal do Rio Grande do Sul, Porto Alegre, 1997.

Voz da Verdade

1885

Francisca Senhorinha da Mota Diniz, a fundadora do conhecido periódico *O Sexo Feminino* (Campanha, MG, Rio de Janeiro, RJ, 1873-1889), e também de *Primavera* (Rio de Janeiro, 1880) e *O Quinze de Novembro do Sexo Feminino* (Rio de Janeiro-RJ, 1889-1890), foi responsável pela criação de mais um jornal – *Voz da Verdade*, surgido no Rio de Janeiro em 1885.

Sobre esse periódico sabe-se pouco: apenas que teve três números, datados de 12 de maio, 28 de maio e 25 de junho de 1885. Na Dissertação de Fernanda Alina de Almeida Andrade – *Estratégias e escritos: Francisca Diniz e o movimento feminista no século XIX (1873/1890)* – encontram-se referências a ele, apesar de a autora também afirmar não haver localizado exemplares durante sua pesquisa.

Fonte: ANDRADE, Fernanda Alina de Almeida. *Estratégias e escritos: Francisca Diniz e o movimento feminista no século XIX (1873/1890)*. Belo Horizonte: UFMG, 2006. Dissertação (Mestrado em História) – Programa de Pós-Graduação em História, Faculdade de Filosofia e Ciências Humanas, Universidade Federal de Minas Gerais, Belo Horizonte, 2006. Disponível em: <http://www.dominiopublico.gov.br/pesquisa/DetalheObraForm.do?select_action=&co_obra=30872>. Acesso em: 06 ago. 2010.

Ave Libertas
1885

Ave Libertas – "Órgão de Divulgação da Sociedade Ave Libertas" – foi mais um periódico abolicionista que circulou em Recife em 1885, denunciando os maus tratos impingidos aos escravos e exigindo a abolição. Criada por um grupo de senhoras em 12 de abril de 1884, a Sociedade Ave Libertas surgiu primeiro com o objetivo de proteger os escravos "impetrando de seus senhores, por todos os meios brandos e suasórios, a cessação de maus tratos, castigos e torturas". Nas reuniões que aconteciam no Engenho da Casa Forte, de Anna Gonçalves Paes de Azevedo, o grupo traçava planos para arrecadar doações que seriam revertidas na compra da liberdade dos cativos. A saudação à liberdade expressa no título, tanto da Sociedade como do periódico, atesta a relevância do protagonismo feminino na luta pelo fim da escravidão em nosso país.

O primeiro número de *Ave Libertas*, com quatro páginas, datado de 8 de setembro de 1885 e impresso na Tipografia Mercantil de Recife, traz na capa o retrato da líder abolicionista D. Leonor Porto.[42] O editorial, intitulado "Aos escravos", assim expressava o posicionamento do grupo redator:

> O pêndulo dos tempos marcou um ano de existência para a Sociedade Ave Libertas.
>
> Apesar de tão pouco tempo de vida, ocupa esse pequeno mas denodado grupo de senhoras um lugar vantajosíssimo na galeria das glórias de nossa pátria, impondo-se à admiração e à consciência pública de Pernambuco como uma necessidade indeclinável e, aventuramo-nos a dizer, uma condição *sine qua* para o movimento abolicionista no Brasil.
>
> Sem aceitarmos as injúrias e apôdos, as imprecações hidrofóbicas, os qualificativos de que se despem para emprestar-nos os nossos adversários escravocratas, sugadores do sangue; sem que nos caiba as amáveis antonomásias de *pretoleiros* e *niilistas*, temos até o presente conseguido libertar cerca de 200 escravizados, travando esta renhida batalha em que, para nossa infelicidade e vergonha, procura-se reconquistar o que pode haver de mais inalienável, de mais indestrutível, de mais santo, de mais sublime – a liberdade humana!
>
> Os meios brandos e suasórios, os pedidos em nome da humanidade e do Evangelho, as palavras ungidas de patriotismo e ternura, estas flores sempre viçosas de nossos corações de mulheres são as únicas armas que podemos e devemos empregar. [...]
>
> Libertaremos a pátria ou morreremos na luta, abraçadas à bandeira da abolição, que é a do progresso e da civilização!
>
> (*Ave Libertas*, Recife, ano I, n. 1, 8 set. 1885, p. 2)

---

[42] Leonor Porto nasceu em Pernambuco, na segunda metade do século XIX, em data ignorada. Foi costureira e modista famosa, mas principalmente abolicionista das mais atuantes e corajosas. Foi membro do Clube do Cupim, sociedade secreta que defendia e alforriava os escravos, liderada por José Mariano. Consta que Dona Leonor abrigava em casa os escravos fugidos até poder embarcá-los para o Ceará, onde a abolição havia sido decretada em 1884.

Ainda no primeiro número, outro eloquente texto dirigido às mulheres brasileiras, e assinado por Ernestina [Uchôa], reafirma o propósito da Sociedade Ave Libertas, e conclama as companheiras a aderirem à causa abolicionista.

Adepta da santa causa da Abolição, eis-me de novo nas colunas de um jornal para lançar um solene protesto contra a usurpação do que pode o homem ter de mais sagrado – a sua liberdade.

Pugnar pelos escravos continua a ser a nossa divisa, que procuraremos com todas as nossas forças nunca deixar no olvido.

Escusado é dizer o mal que nos faz essa nefanda instituição da escravidão; escusado é dizer que precisamos expurgá-la de nosso solo para podermos então ter uma pátria livre e civilizada. [...]

Sejamos as mártires do presente para sermos as heroínas do futuro. Senhoras brasileiras, não vos esqueçais que nos corações daquelas que amam com fervor a sua pátria estão estereotipadas em caracteres indeléveis estas três palavras sublimes: Deus, Pátria e Liberdade.

(*Ave Libertas*, Recife, ano I, n. 1, 8 set. 1885, p. 3)

O aniversário da Sociedade foi efusivamente saudado em textos assinados por Maria P. Villela dos Santos, Maria Olympia de Luz, Ismênia Maria Duarte Pinheiro, Maria Carmelita, e também em poemas de Ernestina Uchôa, Sophia Panslavine, Carlota Alves e Odila Pompilio.

A pesquisa localizou apenas o primeiro número no site da CEPE. Mas a pesquisadora Luzilá Gonçalves Ferreira (1999), que teve acesso a outras edições, tece interessantes comentários acerca do periódico, como os que se seguem:

A maior parte dos demais artigos de *Ave Libertas* possui títulos em língua estrangeira, como para demonstrar a cultura de suas autoras e, de algum modo, relacionar a situação presente, um combate que se queira legitimar, com algum fato do passado. *Ler jour de gloire c'est (sic) arrivé*, escreve Maria P. Vilella dos Santos. Ave, é a saudação que encima o artigo de Maria Olympia da Luz. *Attendidite*, escreve Odila Pompílio. *Away*! anuncia Carlota Alves. Desse modo, o combate feminino pela abolição coincide com a Revolução Francesa, merece a saudação do anjo a Maria e a exortação de Byron, pois a luta é política e religiosa (FERREIRA, 1999, p. 102, grifos no original).

Ao lado desses artigos testemunhas da cultura dessas mulheres, de sua consciência da modernidade, o *Ave Libertas* publica outros textos que apelam principalmente para sentimentos humanitários e "femininos" do amor, da caridade, da compaixão. As mulheres são mães de família, e por definição devem levar avante um projeto de vida para a pequena comunidade que dirigem, a dos filhos e marido (FERREIRA, 1999, p. 104).

O texto seguinte, assinado por Adelaide Porto, pode ser lido como verdadeira profissão de fé do sentimento abolicionista, que termina afirmando: "Sou abolicionista e jamais curvarei a fronte perante o interesse mesquinho, que nos pode trazer o cativeiro de nossos irmãos" (*Ave Libertas*, Recife, ano I, n. 1, 8 set. 1885, p. 4).

É importante destacar que o termo feminismo sequer aparece nos textos em destaques. Em verdade, torna-se até desnecessária tal cobrança, já que as autoras não teorizam sobre a condição feminina, superando-as na prática. A retórica pela emancipação da mulher cede espaço à campanha abolicionista.

Em 1886, na comemoração do segundo aniversário da abolição da escravatura no Ceará, o grupo lançou outro periódico, o *Vinte e Cinco de Março*, com textos e poesias escritos por mulheres e homens abolicionistas, visando sensibilizar as famílias a aderirem à luta pelo fim da escravidão. Participaram desse periódico, entre outros nomes importantes, Maria Amélia de Queirós e Inês Sabino, escritoras, feministas e abolicionistas.

Após 13 de maio de 1888, Leonor e suas companheiras mudaram a tática e deram início à alfabetização dos ex-escravos e ao ensino de técnicas de trabalhos manuais, para melhor habilitá-los ao mercado de trabalho.

Fontes: *Ave Libertas*, Recife, ano I, n. 1, 8 de setembro de 1885, em formato digital, no site da CEPE.

FERREIRA, Luzilá Gonçalves *et al. Suaves amazonas: mulheres e abolição da escravatura no Nordeste*. Recife: Ed. da UFPE, 1999.

NASCIMENTO, Luiz do. Periódicos do Recife (1876-1900). In: *História da Imprensa de Pernambuco (1821-1954)*. Vol. VI. Recife: Ed. da UFPE, 1972. v. VI. Disponível em: <http://www.fundaj.gov.br/geral/200anosdaimprensa/historia_da_imprensa_v06.pdf>. Acesso em: 26 set. 2009.

Dicionário Ilustrado – Século XIX

O Cherubim

1885-1887

O Cherubim, "Jornal Semanal Dedicado ao Belo Sexo", surgiu no Rio de Janeiro em 13 de setembro de 1885, e teve seu fim em 25 de dezembro de 1887. Ao todo foram 135 edições, sempre aos domingos, com quatro páginas. Impresso na Tipografia Montenegro, situada na Rua Nova Ouvidor, n. 16, tinha como editor-responsável um homem que se identificava pelas iniciais J. A. M. Nos primeiros anos era vendido a 40 réis o exemplar, e 200 réis a assinatura mensal. No último, por 3.000 réis a assinatura anual, 1.500 réis a semestral, e 100 réis o número avulso.

Para melhor se aproximar das leitoras, os textos vinham sempre acompanhados das expressões "ao belo sexo", "às moças", "gentis leitoras", "anjos da terra" e "amáveis leitoras", entre outras. No editorial da primeira edição, estão registradas as modestas pretensões dos redatores, que afirmam querer apenas se divertir e proporcionar divertimento:

> Em regra geral o jornal novo é modesto em seu aparecimento, almejando apenas o último lugar no jornalismo, é o que sucede com *O Cherubim* que, acanhado em sua entrada no mundo, só espera de suas amáveis leitoras um olhar de benevolência para continuar em sua marcha.
>
> E lhe negareis, amáveis leitoras? Não é de esperar.
>
> Modesto e humilde, não pretende *O Cherubim* entrar no banquete da imprensa, mas aspira entrar na conversa dos anjos da terra e por estes ser inspirado; porquanto só a estes anjos se dedica todo, pretendendo viver sob sua influência benéfica.
>
> Não temos programa e nem nos sujeitaremos a nenhum sistema: somos moços e olhamos para o futuro, não desprezando o presente. Queremos o riso, a distração, o agradável passatempo na maior intimidade com as nossas amáveis leitoras, a única aspiração da humanidade neste velho mundo, cheio de desgostos, porém também rico de felizes momentos. [...]
>
> Estão feitos nossos cumprimentos e venham dos anjos da terra a benevolência e a assinatura.
>
> (*O Cherubim*, Rio de Janeiro, ano I, n. 1, 13 set. 1885, p. 1)

Mas ao longo das edições logo se manifestou a intenção moralizadora dos colunistas, que criticam certos comportamentos e explicitam seu projeto doutrinador. Na seção "Modas", por exemplo, ainda no primeiro número, Fritz Gonvion aconselha as leitoras a se vestirem adequadamente e darem preferência ao vestuário nacional, ao invés de usarem das artificialidades propostas pela moda parisiense.

> A leitora chamar-me-á talvez de exagerado, mas não é isso exato; deve convir que nas modas as opiniões divergem completamente. Ora, quem poderá achar beleza, mesmo elegância, nesse enchimento que chamamos *anquinha*, essa protuberância artificial que os parisienses chamam *Tournure*, assemelhando-se aos contornos do morro da Babilônia em sentido horizontal?

Cara leitora, não seria mais elegante vê-la com o seu vestidinho simples e justo, mostrando-lhe apenas a escultura angélica do seu talhe esbelto?

Ainda esses outros artifícios, tais como: *Plisés*, fitas, rendas, pó de arroz, etc., são admissíveis e mesmo toleráveis.

Não imagina a elegante leitora, como eu apreciaria vendo-a trajando vestido de cetim *orange clair*, com apanhados, *basquine* ou corpete da mesma cor de *perles*, na gola do basquine *pliss* branco, sob a barra da saia *baveuse* da mesma cor e luvas *du suêde perle*. [...] Oh! como ficaria resplandecente de beleza, como não sobressairia essa sua cor angélica, esse seu colo invejável a Vênus, essas níveas pérolas que trazes ocultas sob teus lábios coralinos, esse nariz aquilino invejável aos Gregos [...]. Eu só peço à adorável leitora que não me chame de insensato sem primeiro experimentar a *toilette*.

Verá então que chiquíssimo.

(*O Cherubim*, Rio de Janeiro, ano I, n. 1, 13 set. 1885, p. 3)

No editorial de 18 de outubro de 1885, após descrever uma cena de ciúmes da esposa em que o "pobre marido" chega a se arrepender de ter se casado, o redator assim termina sua reflexão:

A mulher não deve ter caprichos mal entendidos e muito menos considerar-se mero objeto de luxo.

A mulher deve ser educada para mãe de família e esposa, para que o casamento, que é a aproximação de duas pessoas, não se converta em elemento destruidor do afeto que o produziu.

Compenetrem-se as mulheres que não há castelo de amor que, por mais solidamente edificado, não seja lascado ou derrocado pelos raios das tempestades domésticas.

(*O Cherubim*, Rio de Janeiro, ano I, n. 6, 18 out. 1885, p. 1)

Na última edição de 1885, datada de 27 de dezembro, o editor assim termina o seu texto:

Concluindo, desejamos às nossas gentis leitoras as melhores festas; fazemos votos para que cada qual se esforce mais em bem cumprir a missão da mulher na sociedade e na família, e cada uma, no posto ou lugar que ocupa, concorrendo para as alegrias do lar nestes dias de festas, e que com saúde e mocidade possam chegar a assistir a muitas liquidações de fitas, fazendas, de modas, anquinhas, etc., nas lojas do Ouvidor, onde todas possam comprar barato esses desejados objetos das modas. (*O Cherubim*, Rio de Janeiro, ano I, n. 6, 27 dez. 1885, p. 1)

Se num momento ele critica as moças que não resistem às novidades expostas nas vitrinas da Rua do Ouvidor, em outro afirma o contrário, em falso tom de brincadeira, desejando-lhes muitas liquidações em suas vidas. Mas a contradição é só aparente. Predominou no periódico o tom moralista e paternal diante das mulheres, que aponta defeitos para o que considera "desvios" e a cada edição reforça o projeto de contribuir para formar "verdadeiras mães de família", "mulheres educadas e conspícuas".

O Cherubim circulou por mais dois anos: 1886 e 1887. No segundo ano do periódico foram publicadas 68 edições, com um detalhe: até a edição de 5 de setembro foi mantida a sequência do ano anterior, sendo ela a de número 52. A seguinte, de 13 de setembro, já recebeu, inexplicavelmente, o número 1, e o ano terminou com a edição 16, em 26 de dezembro de 1886. O terceiro ano do jornal manteve a sequência anterior, começando com a edição 17, em 3 de janeiro, e terminando com a 68, em 25 de dezembro de 1887.

Na edição de 25 de dezembro o editor informa oficialmente que aquele seria o último número, por "motivos inteiramente particulares". Enquanto agradece aos colaboradores e às leitoras, faz um balanço da trajetória do jornal, reiterando sua luta "em prol da propaganda da boa educação da mulher".

Fonte: Coleção de *O Cherubim*, Rio de Janeiro, em formato digital, no site da Hemeroteca Digital Brasileira. Ano I: 16 edições, de 13 de setembro a 27 de dezembro de 1885; ano II: 68 edições, de 2 de janeiro a 26 de dezembro de 1886; ano III: 51 edições, de 2 de janeiro a 25 de dezembro de 1887. Essas edições também podem ser consultadas no formato microfilme, no Acervo de Periódicos Raros da Biblioteca Nacional e no Acervo do Arquivo Edgar Leuenroth, da Unicamp.

O Domingo

1885-1886

Em 20 de setembro de 1885, *O Domingo*, publicação literária de Jorge Rodrigues e José Braga, surgiu na cidade mineira de São João del-Rei. Diferente da maioria dos seus contemporâneos, possuía oito páginas, sendo a última dedicada a anúncios de estabelecimentos comerciais são-joanenses. Com publicação ora semanal, ora quinzenal, ao longo de cinco meses completou 23 edições vendidas, através de assinaturas semestrais e anuais, ao preço de 3.000 réis e 6.000 réis, respectivamente. Era impresso na Rua Duque de Caxias, n. 54, e tinha correspondentes nas cidades de Ouro Preto (MG), Rio Novo (MG), Vitória (ES) e Rio de Janeiro (RJ).

No primeiro editorial, os redatores afirmam ser *O Domingo* "uma folha exclusivamente literária, recreativa, de leitura fácil e interessante, que distraía aos seus leitores" (*O Domingo*, ano I, n. 1, 20 set. 1885, p. 1). Porém, mais adiante, é às leitoras são-joanenses que o texto de apresentação se dirige:

> Às nossas graciosíssimas leitoras ofereceremos também leitura *utile dulce*.
> Temos na corte uma talentosa escritora, nossa estimável correspondente, incumbida de remeter-nos artigos de moda e outras atualidades de palpitante interesse para o sexo amável.
> De resto, até sacrifícios faremos, como já temos feito, a fim de satisfazer a todos e cumprir as difíceis cláusulas do compromisso que hoje contraímos.
> Prometendo seguir um caminho ainda não traçado no jornalismo de Minas Gerais, *O Domingo* espera conseguir a proteção eficaz de que necessita para a completa realização do seu espinhoso e árduo tentamem.

Confiados no adiantamento intelectual desta cidade e, sobretudo, na boa impressão que o programa de nossa folha causou no espírito público, quando previamente anunciado, daremos hoje o primeiro passo, cheios de coragem e amparados por uma forte esperança – animadora e grata – de que não seremos desiludidos. [...]

(*O Domingo*, São João del-Rei, MG, ano I, n. 1, 20 set. 1885, p. 1)

Cumpre destacar que o jornalista ignora o pioneirismo de sua cidade nessa matéria, pois justamente em São João del-Rei, bem mais de cinquenta anos antes, havia circulado *O Mentor das Brasileiras* (1829-1832).

Embora o editorial apontasse o interesse dos responsáveis em alcançar o público feminino, foram encontrados apenas dois textos assinados por mulheres – de Carolina G. e de Maria A. Vaz de Carvalho, conhecida escritora portuguesa, que colaboraram na edição número 6, de 25 de outubro de 1885. Por outro lado, o uso constante de pseudônimos ocultando as identidades pode indicar que a participação feminina tenha sido maior.[43] Tal fato, inclusive, foi questionado no artigo "O anônimo na imprensa", assinado por Jorge Rodrigues:

Como uma sombra escura encobrindo a luminosa esfera da nossa imprensa adiantada, ainda aparecem os escritos anônimos.

Pode-se publicar um artigo defendendo uma ideia, discutindo uma tese, combatendo uma opinião, deixando de o assinar por qualquer motivo plausível. Desde que o escritor mantenha-se na verdadeira posição criteriosa e digna de quem escreve para o público, não se levam a mal os seus excessos de honrosa e natural modéstia. [...]

Não poderá engrandecer-se completamente a imprensa brasileira, senão quando banir com força essa nuvem negra dos anônimos, que vem empecer a radiação de inteligências gloriosas e prejudicar a obra que se vai iniciando da restauração literária deste país.

(*O Domingo*, São João del-Rei, MG, ano I, n. 9, 15 nov. 1885, p. 1)

A "Seção das Senhoras" foi um espaço privilegiado para orientações sobre a moda. Na primeira edição, Carolina G. agradece a oportunidade, que considera uma ousadia de sua parte aceitar:

---

[43] Virginia Woolf, em *Um teto todo seu*, fez um comentário muito pertinente: suspeitava que grande parte dos anônimos que alimentava os periódicos de seu tempo, e de séculos anteriores, seria, na verdade *anônimas,* no feminino (Tradução de Vera Ribeiro. Rio de Janeiro: Nova Fronteira, 1985).

> Primeiramente tenho de agradecer a delicadeza com que a redação de *O Domingo* convidou-me para enviar-lhe, de quando em vez, algumas linhas, dando conta do que houver de novo sobre modas – essa inimiga terrível dos burgueses, esse espantalho dos papais econômicos, esse perigo horrendo para os que não têm a intuição *chic*.
>
> Vai-me ser bem dificultoso o encargo. Aceitei-o por invencível imposição de simpatia e de reconhecimento a esses moços generosos, que se lembraram de uma desconhecida para ocupar um espaço na honrosa seção consagrada especialmente às ilustradas leitoras de S. João del-Rei – as quais de há muito estimo pelas informações que tenho de sua amabilidade, de seu talento e, sobretudo, de seu bom gosto.
>
> Não me desculparei da ousadia com que tomo conta desta incumbência. [...]
>
> Eis-me no posto. Nunca fui escritora, sabem? Vão revelando, desde já, as incorreções da forma, o desalinho da linguagem... Contar-lhes-ei o que for vendo e apreciando aqui pelo nosso mundo elegante, mas, tudo isso assim, naturalmente, singelamente, sem atavios, sem rendilhados. [...]
>
> Não darei hoje uma notícia mais ampla das *toilletes* modernas das belezas d'este *grand monde*.
>
> Fá-lo-ei de outra vez, prometendo, desde já, apresentar o apanhado mais completo que for possível.
>
> (*O Domingo*, São João del-Rei, MG, ano I, n. 1, 20 set. 1885, p. 4)

E não foi somente das tendências da moda que essa coluna tratou. Na edição de 22 de novembro de 1885, o artigo "Regras de conduta para as senhoras casadas", como o título sugere, descreve os atributos necessários para a esposa "ideal", e ensina as artes da dissimulação em prol da felicidade conjugal:

> Eis diversos conselhos às senhoras, que, se fossem seguidos, fariam não só a felicidade dos maridos, como das suas caras metades, assegurando assim a paz doméstica.
>
> Antecipadamente devem convencer-se de que há dois meios de governar uma família: um pela expressão da vontade, que pertence à força; outro pelo irresistível poder da doçura, que é muitas vezes superior à força.
>
> O primeiro pertence ao marido; a mulher só deve usar do segundo. [...] A mulher deve evitar sempre contradizer seu marido. Quando se colhe uma rosa, só se espera o prazer dos perfumes, assim da

mulher só se deve esperar o agrado. [...] Não deve intrometer-se nos negócios de seu marido, e só esperar que ele os confie; assim como não deve aconselhá-lo, senão quando ele mostrar que não conhece essa vantagem. Quando o marido estiver em erro é conveniente não lho demonstrar logo, e sim por maneiras convenientes; e com doçura e bondade levá-lo a pensar melhor, deixando-lhe sempre o mérito de ser ele quem acertou com a consulta. [...] Não exigir coisa alguma, para obter muito; e mostrar-se sempre satisfeita com as dádivas de seu marido, para que o excite a fazer-lhe outras. [...] Muitas vezes os homens são vaidosos e insuportáveis, mas nem por isso se deve contradizer essa vaidade, ainda nas coisas mais livres; e por muito superior que uma mulher se julgue era menos justo e acertado. Responder sempre ao mau-humor de seu marido com afetuosidade; a seus desacertos com bons conselhos, e não se valer nunca de qualquer falta que ele cometesse, para lhes lançar em rosto, nem humilhá-lo.

(*O Domingo*, São João del-Rei, MG, ano I, n. 10, 22 nov. 1885, p. 5-6)

O artigo dispensa maiores comentários. Conselhos como esses, ensinando as mulheres a fingir ceder e condescender, persistiram século XX a dentro nas revistas femininas, e ainda hoje podem ser encontrados em publicações atuais.

O periódico deixou de ser publicado em 21 de fevereiro de 1886.

Fontes: Coleção completa de *O Domingo*, São João del-Rei, MG, em formato impresso, localizada na Biblioteca Pública Municipal Baptista Caetano D'Almeida, em São João del-Rei, MG.

Coleção completa de *O Domingo*, São João del-Rei, MG, em formato digital, disponível no site Pátria Mineira. Disponível em: <www.patriamineira.com.br>. Acesso em: 21 mar. 2014.

PAIVA, Kelen Benfenatti. Secção das Senhoras: a presença feminina no jornal oitocentista *O Domingo*. MULHERES EM LETRAS, VI., 2014, Belo Horizonte. *Comunicação...* Belo Horizonte: UFMG, 2014. No prelo.

Dicionário Ilustrado – Século XIX

O Correio Familiar

1886

Com o subtítulo "Órgão recreativo e noticioso", surgiu no Rio de Janeiro, em 28 de fevereiro de 1886, *O Correio Familiar*, impresso na Tipografia Cosmopolita e com redação na Rua Visconde do Rio Branco, 31. Vendido através de assinaturas, podia ser adquirido pelos seguintes preços: 4.000 réis (anual), 2.000 réis (semestral) e 1.000 réis (trimestral), com "pagamento adiantado". A renda seria revertida "para a manutenção da Escola Primária gratuita para meninos pobres, denominada de São Vicente", conforme anuncia o editorial da primeira edição.

Também no editorial estão presentes os objetivos do jornal e os leitores a que se destina:

> Apresentando-se pela primeira vez ao público, que lhe poderá dizer *O Correio Familiar*? Deverá por ventura desenrolar longo programa, repleto de promessas e retumbante fraseado? Deverá, para chamar a si a benevolência do leitor, prometer-lhe escolhidos artigos, eloquentes discursos? Não! Simples e modesto, *O Correio Familiar*, apenas vos promete leitura amena e instrutiva para vossos lazeres de domingo; leitura que poderá ser apresentada igualmente à gentil leitora; e se em suas colunas não deixará passar desapercebidas as notícias do dia e os assuntos de geral interesse, também não olvidará o que a ela possa interessar.
>
> Eis pois que se vos apresenta *O Correio Familiar*, dignai-vos protegê-lo, pois não é o seu intento envolvê-lo em polêmicas e nem tão pouco locupletar-se [...]. Dai, pois, um lugar entre as já acreditadas folhas que enchem as vossas mesas, ao *Correio Familiar*, que perseverante em sua empresa, envidará suas forças para vos contentar, fornecendo distração e recreio instrutivo às vossas famílias, em troca do auxílio que lhe prestardes, para que possa também ministrar o alimento da inteligência aos inúmeros famintos que quotidianamente imploram tirocínio e instrução.
>
> (*O Correio Familiar*, Rio de Janeiro, ano I, n. 1, 28 fev. 1886, p. 1)

Com quatro páginas, divididas em três colunas, apresentava as seguintes seções: "Folhetim do *Correio Familiar*" e "Noticiário", com informações sobre os donativos recebidos para a Escola Primária, apresentação de artistas brasileiras, narrativas de fatos históricos, como a libertação de escravos, entre outros. Em "Passa T", eram publicadas charadas e passatempos. A última página destinava-se aos anúncios de chapelarias, sapatarias e lojas de piano. Chama atenção a divulgação de uma escola mista, uma vez que as meninas e os meninos, nessa época, só frequentavam escolas exclusivas para seu sexo.

A partir da edição número 7, de 11 de maio de 1886, o jornal deixou de ser publicado aos domingos, passando a ser quinzenal. O subtítulo passou a ostentar a expressão "Órgão da Escola Gratuita de São Vicente de Paulo". *O Correio Familiar* mereceu o elogio do importante periódico *Echo das Damas*, editado no Rio de Janeiro entre 1879 e 1888, que agradeceu com o seguinte registro:

> *Ce que femme veut Dieu le veut.* [O que mulher quer, Deus quer]. O interesse auspicioso a favor do *Correio Familiar* demonstrado pelo interessante periódico, cujo título nos serve de epígrafe, é o penhor de uma proteção a que damos o maior valor; dela esperando os mais benéficos resultados para os nossos intentos. [...]
> Com efeito, qual o coração, que tanto como o de uma bela dama, pode ser impressionado pela sorte de míseras criancinhas, que esfarrapadas, quase nuas, muitas vezes famintas, buscam na escola gratuita de S. Vicente de Paulo, a par da educação, os rendimentos de instrução? [...]
> Ora, estes sentimentos falam por si ao peito feminino, cujo impenetrável mistério é como a força ignota que faz brotar a flor.
> Proteja, portanto, o *Echo das Damas* a nossa humilde escola, e tenha a certeza de que, para o merecer, não pouparemos esforços.
> (*O Correio Familiar*, Rio de Janeiro, ano I, n. 7, 11 maio 1886, p. 2-3)

A última edição localizada é de 13 de junho de 1886, correspondendo ao décimo terceiro número.

Fontes: *O Correio Familiar*, Rio de Janeiro, ano I, n. 1, de 28 de fevereiro de 1886; n. 2, de 7 de março de 1886; n. 3, de 14 de março de 1886; n. 7, de 11 de abril de 1886, em formato microfilme, no acervo do Arquivo Edgar Leuenroth, da Unicamp.

Coleção do *O Correio Familiar*, Rio de Janeiro, do número 1 a 13, em formato digital, na Hemeroteca Digital Brasileira.

O Leque

1886-1887

Periódico de quatro páginas, com formato 16x23 cm, *O Leque* – "Órgão Literário Dedicado ao Belo Sexo" – surgiu na cidade de São Paulo no final de 1886. A dúvida quanto à data do seu início deve-se ao fato de ter sido localizada apenas a edição de número 4, impressa em 16 de janeiro de 1887. Dirigido por Manoel F. de Oliveira, a redação localizava-se na Ladeira da Tabatinguera, n. 26. Era publicado semanalmente e vendido ao preço de 100 réis (exemplar avulso), ou através de assinaturas: 500 réis (mensal, na capital) e 1.500 réis (trimestral, no interior).

Defensor da educação religiosa, afirmava que "a mulher sem religião é um impossível". Apresentava uma visão contraditória, pois criticava a condição a que ela era submetida, ao mesmo tempo que elogia e a relega ao papel de mãe e esposa:

A mulher

> A mulher nossa mãe, nossa esposa, nossa filha, nossa irmã; a mulher, nossa ama, nossa educadora, nossa ecônoma, nossa enfermeira; a mulher, que nos civiliza, que nos adoça, nos encaminha, nos aconselha, nos acompanha e consola nos trabalhos, nos realça e requinta as alegrias; a mulher, que não vive, que não quer, que não pode viver senão para nós; que nos sofre e nos perdoa de

contínuo; a mulher, que é toda amor, e a mais brilhante revelação do céu; a mulher...é ainda escrava! [...] escrava, como sempre, e em toda parte!

(*O Leque*, São Paulo, ano I, n. 4, 16 jan. 1887, p. 2)

Na seção "Aviso dos editores", está registrada a passagem de Amélia Couto, a proprietária do jornal *Echo das Damas* (Rio de Janeiro, 1879-1888), pela cidade de São Paulo. Segundo o editor, cada leitora de *O Leque* receberia um exemplar de *A emancipação da mulher*, de Emiliana Moraes, colaboradora do *Echo das Damas*:

> Tencionamos no próximo número mimosear as nossas ilustradas e amabilíssimas leitoras com um primor literário, intitulado "A emancipação da mulher" – lavra da distinta escritora Emiliana de Moraes, residente na cidade de Ubá, e assídua colaboradora do primeiro jornal feminino brasileiro, o *Echo das Damas*. Antecipamos esta notícia, afim de que nossas leitoras se preparem para cear esse verdadeiro mimo literário.
>
> (*O Leque*, São Paulo, ano I, n. 4, 16 jan. 1887, p. 4)

Colaboraram nessa edição Octavia A. F. de Castilho, José Canuto, Fritz e Casse-Têtê. Não foram encontradas informações quanto à continuidade do jornal.

Fontes: *O Leque*, São Paulo, ano I, n. 4, 16 de janeiro de 1987, em formato digital, no acervo do Arquivo Público do Estado de São Paulo. Disponível em: <www.arquivoestado.sp.gov.br>. Acesso em: 10 fev. 2013.

CRUZ, Heloisa de Faria (Org.). *São Paulo em revista: catálogo de publicações da imprensa cultural e de variedade paulistana (1870-1930)*. São Paulo: Arquivo do Estado, 1997.

Revista Alagoana

1887

Dirigido por Maria Lúcia de Almeida Romariz (que também assina Maria Lúcia Duarte) e Rita de Mendonça Barros, surgiu em 31 de janeiro de 1887, na cidade de Maceió, a *Revista Alagoana* – "Periódico Científico e Literário de Propaganda da Educação da Mulher". Impresso quinzenalmente na Tipografia Mercantil, possuía oito páginas, divididas em três colunas, sem ilustrações. A redação localizava-se em um sobrado da Praça Dom Pedro II, n. 8. As leitoras da capital podiam adquiri-la através de assinaturas anuais (8.000 réis) e semestrais (5.000 réis); as residentes no interior pagavam a quantia de 10.000 réis e 6.000 réis por ano ou semestre, respectivamente.

Lamentavelmente, a edição número 1 encontra-se quase ilegível no site da Hemeroteca Digital Brasileira, o que impede a reprodução de informações importantes, como o conteúdo do editorial de estreia. Mas alguns artigos, como "A Mulher" e "Educação do Povo", permitem que se comprove a lucidez das redatoras. Nesse último, por exemplo, a autora afirma que "[...] estamos convencidas de que, cuidadosamente educado e convenientemente instruído o povo, deixará ele, uma vez para sempre, de ser ludibriado como tem sido em todos os tempos" (*Revista Alagoana*, ano I, n. 1, 31 jan. 1887, p. 2). Em "Indústria", a autora alerta as leitoras para a importância desse ramo de atividade, uma vez que dela originam as maiores riquezas públicas e particulares do estado.

O Colégio Atheneu Alagoano é divulgado com destaque na página de anúncios. Dirigido por Maria Lúcia de Almeida Romariz, "aceitava alunas externas, internas e semi-internas", e oferecia "lições de português, aritmética, desenho e História". (*Revista Alagoana*, ano I, n. 1, 31 jan. 1887).

Na edição n. 11, de 30 de junho de 1887, é reforçado o desejo das redatoras de "defender os interesses culturais da mulher alagoana". A primeira página reproduz trecho do discurso do jurista Tobias Barreto em defesa da instrução feminina:

> Eu ouso, pois, confiar na boa causa que trato de defender, e no bom gênio que me inspira, o gênio do conhecimento e do culto rendido às excelências do "belo sexo", ouso confiar, repito, que irei também contribuir com algumas verdades, seriamente meditadas e francamente expressas, para arredar desta assembleia a imensa

Imprensa feminina e feminista no Brasil

responsabilidade de um pecado imperdoável contra o santo espírito do progresso, de um crime de lesa civilização, de lesa ciência, qual seria sem dúvida o de ficar aqui decidido, barbaramente decidido e assentado, que a mulher não tem capacidade para os misteres científicos, para os misteres que demandam uma alta cultura intelectual.
(*Revista Alagoana*, Maceió, ano I, n. 11, 30 jun. 1887, p. 1)

"Gazetilha", seção destinada à literatura, noticiou o recebimento do livro da "festejada poetisa D. Ignez Sabino Pinho Maria". Em "Modas" foi traduzido um texto da revista *Mundo Elegante*, de Paris, assinado por Blanche de Mirebourg. Já a seção "Ciências" apresentou "Astronomia das Senhoras", também tradução francesa, orientando-as sobre os cuidados a serem tomados com relação aos vapores emitidos nas proximidades do mar e dos rios:

> Dissemos antecedentemente, minhas senhoras, como os vapores que elevam-se constantemente dos mares, rios, pântanos e de todos os lugares úmidos, podem ser condensados pelo frio a pouca distância do solo e se formar em pequenas vesículas que perturbam a transparência da atmosfera. Mais elevadas, estas vesículas formariam névoas; na superfície da terra formam o nevoeiro. [...] Acontece muitas vezes que o nevoeiro exala cheiro sulfuroso ou "repugnante" causado por exalações ou ácidos. Livrai-vos, então, minhas senhoras, de expor vossa tez à ação deste meteoro maligno, porque não somente ele pode manchar-lhe o brilho, mais ainda desorganizar a pele, e cobrir a epiderme de rugosidades. É um traidor que nada respeita.
> (*Revista Alagoana*, Maceió, ano I, n. 11, 30 jun. 1887, p. 1)

Os dois excertos citados explicitam a heterogeneidade que marca muitos dos periódicos dedicados à mulher daquele tempo, indo do discurso político à mais comezinha das futilidades.

Após a publicação desse número, não foram encontradas informações quanto a continuidade do periódico.

Fonte: *Revista Alagoana*, Maceió, ano I, n. 1, 31 de janeiro de 1887; *Revista Alagoana*, ano I, n. 11, 30 de junho de 1887, em formato digital, no site da Hemeroteca Digital Brasileira.

Dicionário Ilustrado – Século XIX

O Ramalhete

1887

O Ramalhete, "Periódico Semanal e Literário, Dedicado ao Belo Sexo", circulou em Salvador a partir de 2 de maio de 1887, e teve pelo menos quatro números. A redação situava-se à Rua da Laranjeira, n. 24.

Essas informações encontram-se nos *Anais da Imprensa da Bahia*, o precioso registro da pesquisa realizada por Alfredo de Carvalho e João Nepomuceno Torres (2005, p. 137). Não foram encontrados exemplares do jornal em nenhum dos acervos e bibliotecas pesquisados.

Fonte: CARVALHO, Alfredo de. TORRES, João Nepomuceno. *Anais da imprensa da Bahia: 1º Centenário (1811-1911).* 2. ed. Salvador: IGHB, Universidade Católica da Salvador, 2005.

A Violeta
1887

A Violeta – "Folha Literária Dedicada ao Belo Sexo" – foi publicada pela primeira vez em 17 de junho de 1887, na cidade de São Paulo. Dedicada à literatura, publicava contos, crônicas e poesias nas suas quatro páginas. Impressa sempre aos domingos, era vendida em diversos estabelecimentos ao preço de 2.000 réis na capital e 3.000 réis no interior (por 15 números); e 100 réis na capital e 200 no interior (o número avulso). Não apresentava ilustrações nem informações sobre as responsáveis. Mas o texto "Cartão de apresentação", que trata das pretensões do jornal, sugere a autoria feminina:

> *A Violeta* é toda dedicada às senhoras, moças e velhas, feias e bonitas, a todas enfim, enfim – ao belo sexo. [...]
> Ora, um jornal nestas condições (jornal dizemos mal, porque *A Violeta* só sai aos domingos), uma folha hebdomadária, nestas condições, deve apresentar-se vestidinha à moderna, assim à maneira dos içás do Jules Martin, que tanto agradam à sereníssima princesa imperial (desculpem o p pequeno; é que a princesa tem o *pé* pequeno).
> Assim, pois, a nossa *Violeta*, que será humilde, modesta e despretensiosa como a sua homônima do mundo vegetal, tem por mira defender sempre os direitos contestados desse bichinho travesso e invencível, que por ironia dos homens chamam de fraco, mas que

em realidade é a criação mais importante, mais vigorosa e forte que a natureza criou: a mulher.

Todos os nossos escritos, todos os nossos esforços n'*A Violeta*, serão determinados pelo pensamento altamente generoso da mulher.

Em qualquer frase, em qualquer palavra, em qualquer reticência mesmo, queres saber, leitor curioso, que vem a ser *A Violeta*? – *Cherchez la femme*!

Artigos de fundo, notícias, poesias, contos, literatura... tudo o que aí fizermos e inserirmos trará em fundo esse odor de feminina, que é o perfume que mais embriaga no mundo. [...]

Este jornalzinho pode, pois, segundo o seu programa, entrar no mais venerando *boudoir*, dormir no seio mais virginal de todos os seios, sem que disso advenha o menor mal, o mais leve prejuízo para as gentis leitoras que o tiverem consigo: é que a *Violeta* só embriaga pela suavidade santa do seu perfume, que eleva as almas e aprimora o coração.

A Violeta não tem veneno.

Contamos, pois, com a coadjuvação de todas as senhoras e de todos os cavalheiros que, naturalmente, por ela se interessam.

Eis a nossa apresentação.

(*A Violeta*, São Paulo, ano I, n. 1, 18 jun. 1887, p. 1)

Para além da questão da autoria, está presente o discurso que endossa o que mais tarde será denominado de "mística feminina": a reiteração da fragilidade, delicadeza e dependência, principalmente.

No cabeçalho encontra-se a informação de que o jornal contava com a colaboração "dos mais distintos escritores brasileiros" e, talvez por isso, foram publicados o poema "Na primeira página", de Olavo Bilac, e o soneto "Violeta morta", de Narcisa Amália,[44] transcrito abaixo:

Vejo-te sempre, ó pálida violeta
Entre flores do campo sepultada,
Como entre rosas, lívida, gelada
A legendária e doce Julieta!

Jaz morto o imorredouro amor do poeta
Lenta, ao longe, extinguiu-se a voz amada...

---

[44] Considerada a primeira jornalista profissional do Brasil, Narcisa Amália (1856-1824) nasceu em São João da Barra, Rio de Janeiro. Publicou o livro de poemas *Nebulosas*, em 1872, e *A mulher no século XIX*, em 1892. Ao longo de sua trajetória jornalística e literária foi uma defensora dos direitos da mulher.

E ainda aspiro-te a essência delicada
Com que perfumas a canção dileta!

Ave que reconquista a liberdade
Leva a sombra do cárcere na tristeza
Da voz com que saúda a soledade...

Eu gozo esta cruel felicidade!
Eis a sombra, flor morta e sem beleza,
Da dor que encarcerou-me a mocidade.
(*A Violeta*, São Paulo, ano I, n. 1, 18 jun. 1887, p. 2)

Já o texto "A Mulher", sem assinatura, aparentemente enaltece a figura feminina chamando-a "sorriso do mundo". Mas a sequência de comparações despropositadas termina por ressaltar o nível de idealização que as mulheres sofriam, e a expectativa que era depositada nas de carne e osso.

A mulher é um presente que engrandece e civiliza as nações, é a flor que adorna o mundo, é a rosa exprimindo a candura, é a açucena exprimindo a formosura, é o ente que suplanta os males neste mundo, é a estrela que, única, atrai os pensamentos do náufrago, e a quem ele pergunta – qual é o seu norte; é o ente que a natura abre todo o seu tesouro, é o dia ameno que sucede a noite tempestuosa, é a estação seca e serena que sucede a estação fria e chuvosa, é uma essência pura, é o ente que aos homens abre as portas da glória, é a rainha que tem o seu trono no coração do homem, enfim, a mulher é o sorriso do mundo.
(*A Violeta*, São Paulo, ano I, n. 1, 17 jun. 1887)

Não foram encontradas informações sobre a continuidade do periódico.

Fontes: *A Violeta*, São Paulo, ano I, n. 1, 17 de junho de 1887, em formato impresso, no Acervo do Instituto Histórico Geográfico de São Paulo.

A Violeta, São Paulo, ano I, n. 1, 17 de junho de 1887, em formato digital, no site do Arquivo Público do Estado de São Paulo. Disponível em: <http://www.arquivoestado.sp.gov.br/>. Acesso em: 02 mar. 2013.

Dicionário Ilustrado – Século XIX

Pyrilampo

1887-1889

Em 8 de dezembro de 1887, começou a circular na cidade de Maragogipe, Bahia, o pequeno jornal *Pyrilampo*, que vai sobreviver até 2 de fevereiro de 1889, último número que se tem notícia. Tinha como subtítulo "Folha Literária e Recreativa, Dedicada ao Belo Sexo". Propriedade de uma associação, tinha como administrador o senhor A. B. Santos.

Essas poucas informações encontram-se nos *Anais da Imprensa da Bahia*, de Alfredo de Carvalho e João Nepomuceno Torres (2005, p. 242).

Não foram encontrados exemplares nos acervos e sites pesquisados.

Fonte: CARVALHO, Alfredo de. TORRES, João Nepomuceno. *Anais da imprensa da Bahia: 1º Centenário (1811-1911)*. 2. ed. Salvador: IGHB, Universidade Católica do Salvador, 2005.

O Colibri
1888

Em 24 de fevereiro de 1888, surgiu na cidade de Manaus, *O Colibri*, pequeno jornal "Dedicado ao Belo Sexo". Dirigido por H. J. Oliveira, possuía quatro páginas, divididas em duas colunas, sem anúncios ou ilustração. Impresso na Tipografia do Corneta, teve como redatores J. Brule, Ebanez e Antônio Monteiro. No cabeçalho não há informações quanto à periodicidade.

Dedicado à literatura, conforme anunciado no editorial, incentivava a produção das leitoras, convidando-as a publicar nele seus escritos:

> *O Colibri* apresenta-se galhardamente nas lides da imprensa como órgão do belo sexo, e em suas colunas hão de cintilar os artigos literários com que as nossas colaboradoras nos hão de honrar.

O Colibri é criado tão somente para recriar delicadamente o espírito das formosas "hurys" que habitam o "Éden" e no qual o *Colibri* esvoaça sugando do seio o pólen de amor.

A única "indiscrição" do *Colibri* é pousar nos lábios das "Walckyrias" e esvoaçar os beijinhos ali criados.

Contamos, enfim, com a aceitação e colaboração de nossas simpáticas leitoras desta capital, e mesmo de longe paragem.

(*O Colibri*, Manaus, ano I, n. 1, 24 fev. 1888, p. 1)

Nessa edição os autores ou autoras fizeram uso de pseudônimos ao assinar seus textos, um artifício comum na época. Assim, o poema "Suspiros" é da autoria de O. Lyrio; o texto "Na tempestade", de O. Iris; e "Longe do Lar", de Minos. Além da seção "Literária", havia ainda "Variedades", cujo autor insiste que seu único objetivo é divertir o sexo feminino:

Aqui não achareis a pilhéria engraçada, a crítica picante, nem as flores da retórica, ciência que não conheço. O que desejo só é simplesmente divertir-vos com algumas frases mais ou menos engraçadas, que em nada ofenderão a ninguém; nem à religião, nem à moral.

Pois bem, formosa leitora, isto que aí vai é só para me apresentar e dizer que és muito encantadora.

(*O Colibri*, Manaus, ano I, n. 1, 24 fev. 1888, p. 3)

Mas *O Colibri* teve vida breve. Apenas dois dias após a estreia, foi publicado o segundo e último número. Segundo consta no site da Biblioteca Nacional do Rio de Janeiro, esse teria sido o 82º periódico a surgir no Amazonas.

Fonte: *O Colibri*, Manaus, ano I, n. 1, de 24 de fevereiro de 1888, em formato digital, no site da Hemeroteca Digital Brasileira.

A Mocinha
1888

Com o simpático título de *A Mocinha*, "Folha Dedicada às Moças", circulou na cidade de Curitiba um pequeno jornal, hoje esquecido. No Acervo de Periódicos Raros da Biblioteca Nacional foi encontrado apenas o número 4, de 4 de março de 1888, que tem páginas mutiladas, manchadas e trechos ilegíveis.

Mesclando palavras e expressões francesas, algumas grafadas erroneamente, a pequena folha trazia poemas, notícias sociais, acrósticos e até críticas aos jornais que erram no português. Dentre os anúncios, encontra-se um que informa o seguinte: "*A Mocinha* vende-se na Livraria Popular e na Contemporânea".

No editorial de 4 de março de 1888, o editor assim se expressa:

> Brevemente haverá grande *soirée. Mademoiselles au cotilon!*
> *A Mocinha* fará a descrição dessa *soirée, comme il faut*. Será Mlle. para aqui, Mlle. para lá, *toilette en soie vert force, jupon fin*, etc, etc, gentilíssima e delicadíssima filha do respeitável...
> *A Mocinha* pede respeitosamente, com a autoridade de mulher, para dar um beijo estalado na fronte da leitora e um *coup de main* muito apertado e quente.
> (*A Mocinha*, Curitiba, ano I, n. 4, 4 mar. 1888, p. 1)

Como poucos textos são assinados, é possível conhecer apenas os colaboradores Luiz M. de Oliveira, D. Múcio, Eurípedes, Mariano Umbigo de Lima, Padre Khon e Ernestino Junior.

Fonte: *A Mocinha*. Curitiba, ano I, n. 1, de 4 de março de 1888, em formato impresso, no Acervo de Periódicos Raros da Biblioteca Nacional do Rio de Janeiro.

O Bisbilhoteiro

1888-1889

Se foi mantida a periodicidade quinzenal, *O Bisbilhoteiro* – "Periódico Dedicado ao Belo Sexo" – teve a primeira edição publicada no Rio de Janeiro em março de 1888. No site da Hemeroteca Digital Brasileira estão disponíveis quatro edições: 26, de 27 de abril de 1889; 27, de 16 de maio de 1889; 28, de 31 de maio de 1889; e 29, de 22 de junho de 1889.

Com redação localizada à Rua Conde D'Eu, n. 16, podia ser adquirido com a condição de "um beijo dado no ato da entrega", conforme consta no cabeçalho. Apresentava quatro páginas e seções variadas: "Biografia Instantânea" e "Bisbilhoteiro no Salão", assinadas por Talismã e Elegante Chiado, respectivamente, ofereciam notícias de festas realizadas no salão da Sociedade R. S. Outra coluna, intitulada "Pensamentos de quem não tem o que fazer", destinava-se a divulgar textos satíricos e jocosos. Em "Reticências", eram publicados romances em capítulos. Na última página encontrava-se ainda um espaço destinado às "Charadas".

Provavelmente, nenhuma seção obteve tanta repercussão como a assinada por Babino, uma espécie de conselheiro comportamental do sexo feminino. Na edição de 16 de maio, por exemplo, o colunista comenta o uso de papelotes no cabelo e faz uma ameaça às que insistirem em continuar usando:

> Por mais agradável que eu deseje ser para com as minhas amáveis leitoras, não posso calar a má impressão de que estou possuído por vê-las continuarem a usar, como enfeite, os redígulos papelotes. Se me fosse possível procurar, um por um, todos os chefes de família que consentem que suas filhas cheguem à janela com a testa enfeitada como se enfeitam os presuntos, e

demonstrar-lhes quanto é desfrutável semelhante adorno, fazia-o com a maior satisfação. [...]

É o caso de se fazer um apelo a todos os rapazes de bom gosto para que considerem como não merecedoras de suas homenagens as moças que estiverem à janela *enfeitadas* com papéis de cores, vulgo papelotes. [...]

Para terminar, declaro que a redação do *Bisbilhoteiro* resolveu ser este o último número que será distribuído para as moças que usarem papelotes, considerando-as como não dignas de figurarem na lista de suas leitoras.

(*O Bisbilhoteiro*, Rio de Janeiro, ano II, n. 27, 16 maio 1889, p. 1)

Como era previsível, a possibilidade de ter o jornal suspenso por tal motivo não foi bem recebida. A leitora Madre Silva, de Campos, Rio de Janeiro, expressou sua indignação através de carta publicada na edição 28 e dirigida à "redação do *Bisbilhoteiro*", com os seguintes dizeres:

> Li com grande pesar o artigo em que um dos redatores declara ser o último número enviado às moças que usam papelotes.
>
> Como deixar, se a moda é os cabelos crespos e alguns há que custam a encrespar?
>
> Os papelotes incomodam bastante, e tão depressa acabe a moda deixaremos de usá-los.
>
> É provável que o jornalzinho doravante seja lido só por matronas que pela idade vão perdendo os ademanes e o gosto pela estética.
>
> (*O Bisbilhoteiro*, Rio de Janeiro, ano II, n. 28, 31 maio 1889, p. 1)

A carta da leitora se equipara ao nível do texto publicado, e ressalta o quão subserviente à moda parte delas vivia. Em 31 de maio de 1889, Babino pede às moças para ficarem atentas às supostas correspondências escritas por seus namorados, para não serem surpreendidas com falsificações, já que, segundo ele, essa era uma prática costumeira na sociedade brasileira:

> Peço às minhas queridas leitoras que examinem cuidadosamente as cartas que receberem de seus namorados, a fim de verificarem se são cartas verdadeiras.
>
> Não se admirem do conselho, pois que no nosso país tudo se falsifica.
>
> Os nossos jornais raramente deixam de noticiar coisas falsas.
>
> Até já houve um que tentou provar que o nosso monarca era falsificado!

Falsifica-se alimentos, falsifica-se bebidas, falsifica-se modas, falsifica-se ouro, prata, notas e até se falsifica saúde.

Quantas vezes vê-se uma menina, aparentando gozar uma saúde de ferro e na realidade ela sofre uma moléstia grave.

À vista de tantas falsificações não é para estranhar que os namorados também falsifiquem as cartas que dirigem às minhas queridas leitoras.

E como a justiça deve começar por casa, é necessário que as leitoras não se falsifiquem também...

É preciso que não se enfeitem extraordinariamente para parecerem mais belas.

A simplicidade é a maior beleza que uma moça, que pretenda encontrar um bom marido, pode apresentar.

Muitas vezes uma moça julga que o enfeite exagerado aumenta-lhe a beleza, e acontece exatamente o contrário.

E eu, para não ser falso aos meus colegas que me pedem sempre artigos pequenos, faço aqui o ponto final.

(*O Bisbilhoteiro*, Rio de Janeiro, ano II, n. 28, 31 maio 1889, p. 1)

A publicação destinava-se, como se vê, apenas ao divertimento. Mas mesmo em meio à brincadeira, num texto aparentemente fútil, encontra-se uma orientação de como as moças deviam se comportar. Afinal, "a simplicidade é a maior beleza que uma moça, que pretenda encontrar um bom marido, pode apresentar".

Após a edição de número 29, de 22 de junho de 1889, não foram encontrados outros exemplares desse periódico.

Fonte: *O Bisbilhoteiro*, Rio de Janeiro, ano II, n. 26, de 27 de abril de 1889; *O Bisbilhoteiro*, ano II, n. 27, de 16 de maio de 1889; *O Bisbilhoteiro*, ano II, n. 28, de 31 de maio de 1889; e *O Bisbilhoteiro*, ano II, n. 29, de 22 de junho de 1889; em formato digital, no site da Hemeroteca Digital Brasileira.

A FAMILIA

ANNO 1º — 1889 — Nº ESPECIAL

JORNAL LITTERARIO
DEDICADO A EDUCAÇÃO DA MÃI DE FAMILIA
REDACÇÃO DE
JOSEPHINA ALVARES DE AZEVEDO

JOSEPHINA ALVARES DE AZEVEDO
REDACTORA D'A FAMILIA

S. Paulo — Numero programma — Brazil

A FAMILIA

ASSIGNATURAS CAPITAL	JORNAL LITTERARIO Dedicado á educação da mãe de familia PUBLICA-SE UMA VEZ POR SEMANA PROPRIEDADE DE Josephina Alvares de Azevedo	ASSIGNATURAS INTERIOR
Anno.................. 10$000		Anno.................. 12$000
Pagamento adiantado		Pagamento adiantado

Veneremos a mulher! Santifiquemol-a e glorifiquemol-a !

Victor Hugo.

A FAMILIA

S. Paulo, 26 de Novembro de 1888.

ANNO I — Côrte, 25 de Maio de 1889 — NUM. 25

A FAMILIA

ASSIGNATURAS CAPITAL	JORNAL LITTERARIO Dedicado á educação da mãe de familia PROPRIEDADE DE Josephina Alvares de Azevedo	ASSIGNATURAS INTERIOR
Anno.................. 12$000		Anno.................. 15$000
Pagamento adiantado		Pagamento adiantado
Typographia: rua d'Alfandega 215		Redacção: rua do Rezende n. 146

Veneremos a mulher ! Santifiquemol-a e glorifiquemol-a !

Victor Hugo.

EXPEDIENTE

A FAMILIA

Côrte, 25 de Maio de 1889.

Mães e mestras

CAPITULO XVII

ANNO I — S. Paulo, 2 de Fevereiro de 1889. — NUM. 10

A FAMILIA

ASSIGNATURAS CAPITAL	JORNAL LITTERARIO Dedicado á educação da mãe de familia PROPRIEDADE DE Josephina Alvares de Azevedo	
Anno.......... 10$000		Anno.......... 12$000
Pagamento adiantado		Pagamento adiantado
		Typographia UNIÃO — Largo 7 de Setembro

Veneremos a mulher ! Santifiquemol-a e glorifiquemol-a !

Victor Hugo.

EXPEDIENTE

A FAMILIA

S. Paulo, 2 de Fevereiro de 1889.

Mães e mestras

(Continuação)

A Familia

1888-1897

Dentre os periódicos mais importantes do século XIX dirigidos por uma mulher no Brasil, com certeza encontra-se *A Familia*. Surgido em São Paulo em novembro de 1888, foi transferido para o Rio de Janeiro em 18 de maio de 1889, onde circulou até 1897. O jornal destaca-se pelo tom combativo em prol da emancipação, por questionar a tutela masculina e ainda por testemunhar momentos decisivos da luta das mulheres brasileiras por seus direitos.

Com oito páginas, divididas em três colunas, tinha como subtítulo "Jornal Literário Dedicado à Educação da Mãe de Família", que desapareceu na edição de 3 de outubro de 1889. Apenas a epígrafe de Victor Hugo – "Veneremos a mulher! Glorifiquemo-la! Santifiquemo-la!" – vai se manter em todos os exemplares. Nos dois primeiros anos as assinaturas custavam na capital, por ano, 10.000 réis, e no interior, 12.000 réis. Depois passaram a 12.000 réis e 14.000 réis, sempre com pagamento adiantado.

A responsável pelo empreendimento era a escritora e jornalista Josephina Álvares de Azevedo,[45] que nas páginas de *A Familia* realizou intenso trabalho de militância feminista, protestando contra a insensibilidade masculina em não reconhecer o direito da mulher ao ensino superior, ao divórcio, ao trabalho remunerado e ao voto. Em seus questionamentos, a autora antecipa a denúncia do gênero feminino enquanto construção ideológica, e exige mudanças radicais na sociedade. Em texto veiculado em uma edição especial, em 1888, ela incentiva as compatriotas nestes termos:

> Formem grupos e associações, fundem jornais e revistas, levem de vencida os tirocínios acadêmicos, procurem as mais ilustres e felizes, com a sua influência, aviventar a campanha em bem da mulher e seus direitos no Brasil: e assim terão as nossas virtuosas e dignas compatriotas pelejado, com o recato e moderação naturais ao

---

[45] Apesar de sua importância, sabe-se muito pouco sobre Josephina Álvares de Azevedo. Apenas que nasceu em 1852, e teria sido irmã (ou prima) do poeta romântico Álvares de Azevedo. Há dúvida se nasceu em Itaboraí (RJ) ou em Pernambuco, e quanto à data de seu falecimento. O pouco que se sabe está relacionado às suas atividades de escritora e jornalista. Obras: o periódico *A Mulher*, 1888-1897; *Retalhos* (ensaios, 1890), *O voto feminino* (teatro, 1890), *A mulher moderna*: *trabalhos de propaganda* (1891); e *Galleria illustre de mulheres célebres* (1897).

seu delicado sexo, pela bela ideia "Fazer da brasileira um modelo feminino de educação e cultura espiritual, ativa, distinta e forte".
(*A Familia*, São Paulo, ano I, número especial, 1888)

O título do periódico pode até sugerir que se trata de uma publicação tradicional e conformada aos padrões sociais da época. Mas não. O jornal de Josephina se destaca de seus contemporâneos justamente pela veemência com que defende as ideias e pela argumentação sempre lúcida e coerente. Se os primeiros textos sugeriam uma educação que contribuísse para tornar as mulheres mais conscientes da maternidade e de seus deveres junto ao lar, em pouco tempo seu discurso radicaliza e passa a advogar a causa mais ampla da emancipação. Ciente de que a educação das meninas limitava-se em "saber mal o português, a aritmética, o francês, o canto e o desenho, e muito mal arrumar a casa" (*A Familia*, ano II, 18 maio 1889, p. 2), a jornalista reivindica uma "educação sólida e desenvolvida", que preparasse as mulheres "para todos os *misters* da vida, como dignas e leais companheiras do homem, tão capazes de desempenhar altas funções do estado, como as secundárias obrigações que lhe competem na família" (*A Familia*, ano II, 23 fev. 1889. p. 1).

No longo editorial do primeiro número, a redatora esclarece os propósitos da folha:

> É dever de todo o jornal que aparece dizer o que vem fazer, o título porém desta minha revista, disto me poderia dispensar; tal não sucede, visto que, não venho unicamente fazer uso da imprensa para ensinar a mulher paulista a educar seus filhos, porque isso sabe ela. [...] Eu represento simplesmente uma convicção e um esforço, nada mais. [...] A consciência universal dorme sobre uma grande iniquidade secular – a escravidão da mulher.
> Até hoje têm os homens mantido o falso e funesto princípio de nossa inferioridade. Mas nós não somos a eles inferiores porque somos suas semelhantes, embora de sexo diverso. Temos, segundo a nossa natureza, funções especiais, como eles, pela mesma razão, as tem. Mas isso não é razão de inferioridade, porque essa traz o animal na escala natural de suas aptidões. Portanto, em tudo devemos competir com os homens – no governo da família, como na direção do estado.
> (*A Familia*, São Paulo, ano I, n. 1, 18 nov. 1888)

Para a jornalista, a diferença sexual não podia ser considerada fator de discriminação e inferiorização das mulheres. Ao contrário. Coerente com o pensamento das primeiras feministas, que desde meados do século XIX defendiam a igualdade de direitos entre a mulher e o homem, ela pretende – afirma – despertar a consciência das mulheres para torná-las capazes de competir em todos os campos profissionais.[46] E as convoca a partilharem a sua causa:

> Estou certa de que caminhareis comigo na senda desta árdua propaganda, incitadas também pelo exemplo das nossas amigas que na França e na Inglaterra desfraldaram aos ventos do porvir o estandarte das nossas liberdades.
>
> A revolução que deu ao mundo a igualdade do homem teve por teatro uma das mais gloriosas nações da vetusta Europa; pode estar reservada à jovem América a imensa glória de ser o teatro da grande conquista de nossa igualdade. Luz e progresso é hoje uma legenda americana. Seja também nosso esse patrimônio bendito. É esse entusiasmo que me arroja a esta propaganda, por amor deste Brasil, que me viu nascer, e que eu desejo ver engrandecido ao apogeu de todas as glórias, e em cujo seio a mulher seja nobre, instruída e livre. (*A Familia*, São Paulo, ano I, n. 1, 18 nov. 1888)

Na edição de 15 de dezembro de 1888, *A Familia* reúne os comentários de outros jornais sobre o seu lançamento. Alguns, como o *Diário Popular* e o *Diário Paulistano*, além dos elogios de praxe à diretora, fazem comentários mais superficiais: "leitura amena, estilo mimoso, elegante e simpático", "um guia para as mulheres". *O Correio Paulistano* também tece elogios e destaca o fato de ser um jornal literário "dedicado à educação da mãe de família". Apenas o jornalista de *Província de S. Paulo* emite um comentário que revela ter realmente lido o exemplar recebido: "Permita-nos, porém, que humildemente lhe digamos que a mulher para ser venerada, glorificada e sobretudo santificada, não deve competir com o homem na direção do estado e em muitas coisas mais, como V. Exc. sustenta e quer. É de justiça dizer-se que a revista está escrita com brilhantismo".

Entre as muitas colaboradoras, inclusive de regiões diferentes e até do exterior, destacavam-se Anália Franco, Guiomar Torresão, Ignez Sabino, Júlia Lopes de Almeida, Julieta de Mello Monteiro, Maria Clara

---

[46] Nísia Floresta, inclusive, em *Direitos das mulheres e injustiça dos homens*, de 1832, defendia exatamente essas ideias, o que pode indicar que Josephina Alvares de Azevedo conhecesse seu livro e demais escritos.

Vilhena da Cunha, Narcisa Amália, Presciliana Duarte de Almeida e Revocata de Mello. Além de artigos sobre direitos e emancipação, o jornal continha páginas dedicadas ao entretenimento, com romances, contos, poemas, receitas, e notícias de interesse do público leitor.

Em 27 de fevereiro de 1890, na quinquagésima edição, a editora faz o seguinte comentário:

> No largo período de pouco mais de um ano, tenho conseguido, porém, firmar uma publicação exclusivamente dedicada à emancipação da mulher, vencendo embora os maiores obstáculos, tendo de bater constantemente o indiferentismo atroz com que se olha para uma publicação semelhante.
>
> Outras publicações há por aí, também consagradas às senhoras brasileiras; essas, porém, não se preocupam de coisas úteis; consagram-se às vaidades mundanas, à literatura amena, a assuntos de mero passatempo.
>
> No terreno de alevantamento do espírito da mulher, não tenho visto senão algumas publicações raras, e essas mesmas devido a penas masculinas.
>
> (*A Familia*, Rio de Janeiro, ano II, n. 50, 27 fev. 1890)

A importância de *A Familia* pode ser avaliada pelos muitos estudos já realizados. Um deles, *O florete e a máscara* (2001), de Valéria Andrade Souto-Maior, afirma:

> Encontramos nas páginas de *A Familia*, desde o registro de denúncias pela condição subalterna em que as mulheres viviam, a protestos pela insensibilidade masculina em não reconhecer [o direito?] que todas tinham ao ensino superior, ao trabalho remunerado e ao voto. A exemplo do que fazia a imprensa feminina desde seus inícios, Josefina preconizava para as mulheres uma educação que, de fato, capacitasse ao exercício competente da maternidade e, neste sentido, uma das primeiras tarefas à frente da redação de *A Familia* foi publicar, em capítulos, a extensa obra intitulada *Mães e Mestras*, por ela traduzida do francês com esta finalidade (SOUTO-MAIOR, 2001, p. 50).

Para melhor incentivar as jovens a seguirem uma carreira superior, *A Familia* divulga seguidos textos sobre a temática, saúda o surgimento das primeiras doutoras, como Antonieta Dias e Maria Augusta Meira de Vasconcelos, entre outras, e não se cansa de divulgar os avanços nessa área em países como a França e os Estados Unidos, principalmente. Por

Dicionário Ilustrado – Século XIX

isso, quando entrou em cartaz a peça *A doutora*, de Silva Nunes, que justamente condenava a iniciativa, a resposta de Josefina foi contundente, considerando-a "peça literária de valor negativo, e como estudo sociológico de negativo alcance". Segundo suas palavras,

> A minha opinião teria sido melhor expressa se eu tivesse afirmado, como agora afirmo, que o Dr. Silva Nunes foi de uma indelicadeza cruel para com as pessoas do meu sexo. Pretendeu, em sua tese, chegar à conclusão absurda de que a profissão médica é incompatível com a honra de uma moça; e teve desejos demonstrados de que a instrução e a virtude são atributos que se repelem às damas. (*A Familia*, São Paulo, ano I, n. 37, 9 nov. 1888)

E quando Benjamin Constant, o ministro mais conservador da recém-proclamada república, revoga, em um de seus primeiros atos, as disposições favoráveis da Reforma Carlos Leôncio de Carvalho, de 1879, que permitia a entrada da mulher nas escolas de ensino superior, Josephina publicou um vigoroso protesto intitulado "Decreto iníquo e absurdo", que lhe rende tanto críticas dos que concordavam com a proibição, quanto elogios pela coragem em atacar uma autoridade constituída. Um pequeno trecho de seu longo e veemente protesto:

> Estávamos a ver se a estultice humana cedia um pouco dos seus foros em favor de direitos que devem ser sagrados nesta boa terra americana, quando, com o advento da República, entrou para o governo a estúrdia e flagelada filosofia positivista do Sr. Benjamin Constant. Desde então, a nossa causa ficou irremediavelmente ameaçada de aniquilamento.
> O tal positivismo do Sr. Benjamin é o que faz da mulher um ente descerebrado, um animal sem desenvolvimento, um pobre camelo do deserto destinado a servir ao homem eternamente, bestialmente, sem estímulo de revolta, sem um sinal de enfado, resignado, sombrio e indiferente.[47]

Josephina Álvares de Azevedo também radicalizou ao abraçar a causa do sufrágio feminino. Em 1888, durante alguns meses viajou por estados brasileiros, inclusive do norte e nordeste, visitando redações de jornais, reunindo-se com grupos feministas e, principalmente,

---

[47] O artigo não foi localizado na coleção disponível do periódico por estar incompleta. O texto acima foi retirado do livro *A mulher moderna* (1891, p. 110), de Josephina Alvares de Azevedo, que reúne uma seleção de artigos publicados no jornal.

fazendo conferências a favor do sufrágio. Em *A Família* manteve por meses a coluna "Carnet de Voyage", que informava sobre sua viagem pelas diferentes cidades e os contatos que fazia. No artigo intitulado "O direito do voto", ela afirma:

> Nas sociedades modernas, em que a democracia tem solapado as bases do feudalismo extinto, o direito de voto é a primeira e mais elevada afirmação da supremacia do indivíduo. [...]
>
> Mas se em geral assim é em relação aos homens, não o é em relação às mulheres. A nosso respeito as leis são de uma estultice implacável, de uma anomalia injusta e dolorosa. Não temos nem mantemos na sociedade o poder discricionário da consciência, em matéria que não seja, pela condição inferior, do nosso exclusivo domínio. [...]
>
> Por quê? Seremos porventura na ordem dos fenômenos humanos uns monstros de natureza a não podermos utilizar a supremacia das nossas faculdades morais e intelectuais? Formidável absurdo! A mulher que é e tem sido em todos os tempos um ser igual ao homem, como ele capaz de todos os heroísmos, de todas as dedicações, de todas as funções do espírito e do coração, não pode ser considerada a ele inferior em caso algum. [...]
>
> Se pelos atributos que, de há tempos, se tem reconhecido na mulher, hoje já podemos adquirir uns tantos foros sociais, exercer determinadas funções na vida exterior, claro está que as nossas aptidões não podem ser delimitadas pelos preconceitos de sexo, principalmente, nos casos com que tenhamos de afirmar a nossa soberania pelo direito do voto. O direito de votar não pode, não deve, não é justo que tenha outra restrição além da emancipação intelectual, da consciência do ato, da faculdade de discriminação. Ainda mesmo (o que não admito) que não tenhamos o direito de ser votadas, devemos possuir o de voto, isto é, o da livre e consciensiosa escolha daqueles que sejam chamados a reger os destinos da sociedade em que vivemos, e que alentamos com a vida e a educação de nossos filhos.
>
> (*A Família*, Rio de Janeiro, ano I, n. 41, 07 dez. 1889)

O discurso da jornalista é simplesmente revolucionário, pois reivindica para as brasileiras algo que sequer existia como direito nas sociedades mais avançadas do seu tempo. Já em artigo de 19 de outubro de 1889, Maria Clara Vilhena da Cunha observa com perspicácia a ironia embutida no título de "rainhas do lar", que ao fim e ao cabo alienava as mulheres, deixando-as acomodadas em seu estatuto doméstico e distantes da esfera pública. Ela assim conduz sua reflexão:

> A mulher tem sempre que ceder a seu marido, quando suas opiniões divergem. Sobre a profissão que deve seguir o filho, sobre a escolha do noivo para a filha, é sempre imperiosa e absoluta a opinião do marido. Em que, pois, perguntamos, consiste o seu domínio?
> Não se diga que ela dominou ou domina, porque seria jogar a ironia na face da vítima; diga-se que há de dominar, partilhando da igualdade dos direitos, quando as opiniões dos apóstolos da humanidade, como Legouvé, em vez de opiniões, forem decretos. (*A Familia*, Rio de Janeiro, ano I, n. 33, 19 out. 1889, p. 2)

Outra pesquisadora, Karine da Rocha Oliveira (2009), chama a atenção para o legado promissor do jornal para as gerações seguintes.

> Através das páginas do jornal fundado por Josephina Álvares de Azevedo podemos assistir à participação feminina durante a queda do regime monárquico, acreditando com isto, alcançar a igualdade social tão desejada.
> A rede de contatos do jornal *A Familia* era algo inusitado para a época. Josephina conseguiu, mesmo diante de toda a precariedade dos meios de comunicação, montar uma rede de colaboradoras vinda de várias partes do país. Assim, podemos checar a produção literária de mulheres do Rio Grande Sul a Pernambuco, por exemplo, concluindo que os lentos avanços feministas não atingiam apenas a cidade do Rio de Janeiro (OLIVEIRA, 2009, p. 69-70).

Nos últimos números de 1894, surpreende a quantidade e a variedade de anúncios publicados. Tal fato pode, talvez, significar que o periódico tinha boa circulação e prestígio junto aos assinantes e leitores.

Fontes: *A Familia*, São Paulo, Rio de Janeiro, 1888 a 1894. Coleção com 142 exemplares, assim distribuídos: ano I, 1888/1889, do 1 (18/11/1888) ao 44 (31/12/1889), faltando 28, 30, 32 e 35. Ano II, 1890, completo: do 45 (16/01) ao 87 (11/12). Ano III, 1891, do 96 (26/02) ao 127 (10/12). Ano IV, 1892, incompleta, números 129 (01/01) ao 132 e 139 (07/07); Ano V, 1893, do 153 (10/01) ao 165 (10/12), completa. Ano VI, 1894, de 166 (6/01) ao 177 (28/10), faltando o 175 e o 176. Em formato digital, na Hemeroteca Digital Brasileira.

BUITONI, Dulcília Schroeder. *Imprensa Feminina*. São Paulo: Ática, 1986.

OLIVEIRA, Karine da Rocha. Josephina Álvares de Azevedo: a voz feminina do século XIX através do jornal *A Familia*. [S. l.]: Fundação Biblioteca Nacional – Ministério da Cultura, 2009. Disponível em: <https://www.bn.br/producao-intelectual/documentos/josefina-alvares-azevedo-voz-feminina-seculo-xix>. Acesso em: 04 set. 2011.

SOUTO-MAIOR, Valéria Andrade. *O Florete e a máscara*. Florianópolis: Mulheres, 2001.

Orvalho

1888

Em 19 de agosto de 1888, surgiu na cidade de Fortaleza um pequeno jornal intitulado *Orvalho*, cujas responsáveis eram as alunas da Escola Normal. Segundo a pesquisadora Cecília Maria Cunha (2008), os textos divulgados em *Orvalho*, saídos de "fidalgas e macias mãos", versavam sobre a saudade, a natureza, a caridade e o amor. A publicação recebia a colaboração de mulheres fortalezenses, e tinha como principais responsáveis as jovens Luiza Amélia de Paula Rodrigues e Ana Lectícia de Frota Pessoa (CUNHA, 2008, p. 96).

Na primeira edição, de 19 de agosto de 1888, a folha assim se apresenta ao público leitor:

> Caros leitores, já passeastes pelo campo, ao romper de uma manhã de primavera?
> Já vistes sem dúvida essas verdejantes campinas onde se divisa, ora uma moita de margaridas, ora a modesta violeta?
> Pois bem: se já observastes esse belo quadro da natureza, dizei-me o que sente o vosso coração ao ver naquelas pétalas aveludadas tremer uma gota de orvalho.
> Quando o sol expande seus vivíssimos raios saudando a risonha natureza os seus primeiros beijos sadios nas flores, dão um brilho prodigioso ao orvalho: então aquelas corolas purpurinas tornam-se semelhantes à multidão de louras cabecinhas angélicas cingidas com diadema de pérolas.
> Haverá espetáculo mais esplêndido?
> Pois bem: aparece hoje o *Orvalho*, não nas pétalas das flores, mas em vossas fidalgas e macias mãos.
> Tendes hoje diante de vós uma dessas diminutas gotas pedindo um raio de luz de vossos brilhantes olhos para dar-lhes mais brilho.
> (*O Orvalho*, Fortaleza, ano I, n. 1, 19 ago. 1888)

Na coluna "Variedades", o texto intitulado "A gramática das mulheres", que brinca ironicamente com alguns estereótipos patriarcais, merece ser transcrito:

> A mulher é adjetivo que precisa concordar com o substantivo homem, para estar colocada gramaticalmente na sociedade.
> – O namoro é advérbio de tempo, com um complemento alternativo – o casamento. [...]

Dicionário Ilustrado – Século XIX

– Quando alguns pensam em tomar esposa, procura logo a oração principal, o dote.

– O verbo amar é de todos os verbos da língua o mais irregular. Há mulheres que não sabem absolutamente conjugá-lo, porque lhes esquece o tempo e as pessoas. [...]

– Uma solteirona bem conservada é um pretérito perfeito; se for entrada em anos e acabada, é pretérito imperfeito. [...]

(*Orvalho*, Fortaleza, ano I, 16 ago. 1888, p. 2 *apud* CUNHA, 2008, p. 95)

Outros textos também se encontram nessa edição, como "Saudade" e "Caridade", o último assinado por Odette d' Orleans.

Fonte: CUNHA, Cecília Maria. *Além do amor e das flores: primeiras escritoras cearenses*. Fortaleza: Expressão Gráfica, 2008.

A Borboleta

1888

Sob os cuidados da Tipografia da Imprensa, *A Borboleta* surgiu em Terezina, com quatro páginas, duas colunas, e o subtítulo "Mimo ao Belo Sexo". No acervo da Hemeroteca Digital Brasileira encontra-se apenas a edição de número 3, publicada em 7 de outubro de 1888, o que impossibilita saber a data de seu aparecimento e de seu término.

Conforme anunciado no cabeçalho, tratava-se de um "Periódico Exclusivamente Literário", daí ter as páginas ocupadas apenas por poemas e textos em prosa, que reiteram a ideia da mulher como ser divino e frágil. O artigo de Black Kuight, "A mulher e a flor", é ótimo exemplo:

> Houve um dia uma grande festa no magnífico palácio de Deus. Gastaram os artífices celestes seis dias em decorar os infinitos salões do universo. Uma imensa cortina azul clara, cravejada de miríades de brilhantes enormes, serve de reposteiro à sala principal do palácio. [...]
> Mas Deus [...] de repente ergueu-se, chamou o seu primeiro ministro [...] e disse-lhe:
> "Tive uma ideia que me alegrou bastante; idealizei formar um ser que sempre me traga à mente o dia de hoje, por isso quero que ele tenha uma partícula de tudo que nos cerca. Portanto, vai, traze-me daquele candeeiro do espaço um pouco de sua luz; da orquestra os seus mais belos sons; traze-me também um floco daquela nuvem branca, que estou vendo daqui; uma ânfora com perfumes; algumas pérolas e fios de ouro".
> Assim fez o ministro. Então Deus colocou todas essas coisas em um vaso de cristal, tornou-as uma massa por um processo químico por ele inventado e formou uma estátua. Depois imprimiu-lhe na boca um beijo muito longo e a estátua animou-se como por encanto, suas formas adquiriram movimento e ela sorriu e olhou. Estava feita a mulher. Porém a mulher estava triste. Deus compreendeu

essa tristeza e disse-lhe: "Falta-te uma companheira, não é assim? Pois bem, façamo-la." E fez com que a mulher dormisse; tomou de cada parte de seu corpo um pedacinho e formou a flor.
(*A Borboleta*, Terezina, ano I, n. 3, 7 out. 1888, p. 1)

Além de reformular o mito bíblico da criação, o autor exagera na idealização feminina. Nessa edição colaboraram Giovani e Warton, autores dos contos "Inocente" e "No baile", respectivamente. Júlio Fanny assinou os poemas "Impossível" e "Imitação", cujos versos são reproduzidos a seguir:

Imitação

A...

Aquela mão de formas divinais
Branca com alabastro alvinitente,
Queimou a minha carta, friamente
E lançou-a aos loucos vendavais.

Mas um verso de termos singulares
Foi, sim, "pousar-lhe caprichosamente
No seio, que é tão branco e tão tremendo
Como a espuma deixada pelos mares".

E ela, coitadinha, tem guardado
No pequenino seio palpitante
Como uma relíquia do passado.

Aquele belo verso namorado,
Espelho luminoso e fascinante,
De um coração que vive apaixonante.
(*A Borboleta*, Terezina, ano I, n. 3, 7 out. 1888, p. 4)

Não foram encontradas informações quanto à continuidade do periódico.

Fonte: *A Borboleta*, Terezina, ano I, n. 3, 7 de outubro de 1888, em formato digital, na Hemeroteca Digital Brasileira.

Almanach Litterario Alagoano das Senhoras
1888-1889

A primeira edição do *Almanach Literario Alagoano das Senhoras* surgiu em Maceió no final de 1888, impressa na Tipografia de Antônio Luiz & C., e a segunda, em 1889, na Tipografia Novo Mundo. O curioso é que, na primeira edição, o título estava grafado como Almanack, e a responsável era Maria Lúcia de Almeida Romariz. Na segunda, o título passa a ser *Almanach*, e a responsável, Maria Lúcia Duarte, em verdade a mesma pessoa. Ambas as edições contaram com o "auxílio da Sereníssima Princesa Imperial Regente", conforme destaque na primeira página.

O anuário aceitava anúncios de chapelarias, escritórios de advocacia, relojoarias e casas de produtos importados, por 5.000 réis, na "Parte Literária", e 4.000 réis nas páginas finais. Esses valores eram válidos para a capital, pois no interior custavam 8.000 réis. Nas páginas do *Almanach* as leitoras tinham acesso a charadas, logogrifos, calendários e notícias de festejos, além de vasta produção literária. As colaborações deveriam ser encaminhadas para o "Escritório do Tabelião José Vieira Sampaio até o mês de outubro" do ano anterior à publicação. Consta ainda a informação de que seria dada preferência às "colaborações que tivessem mérito literário ou científico e as que especialmente trouxerem interesse à Província" (*Almanack Literário Alagoano das Senhoras*, Maceió, ano I, 1888, p. 108).

Dentre as colaboradoras dos exemplares examinados estão Anna Autran, Ignez Sabino, Francisca Clotilde, Maria Jucá, Alcina Leite, Alice Medeiros e Cândida Fortes. E também Izidoro Martins Júnior, Joaquim Elias d'Albuquerque Rego Barros, Guido Duarte, Pedro Nolasco Maciel e Josino de Menezes. Segundo a redatora, contar com tantos ilustres colaboradores era motivo de orgulho, pois "estes nomes, pelo muito que exprimem no meio literário, são a maior recompensa que poderíamos almejar [...]" (*Almanach Literário Alagoano das Senhoras*, Maceió, ano II, 1889, p. 40).

A edição de 1889 destinou quase a metade das 148 páginas à divulgação dos acontecimentos relacionados à abolição da escravatura, ocorrida no ano anterior, e à homenagem à Princesa Isabel:

> Dedicamos a presente edição do *Almanach das Senhoras* à S. A. I., a Condessa d'Eu, que o mundo civilizado chama hoje – Isabel, a Redentora.
> Cumprimos, assim, um grato dever. A mulher brasileira deve à herdeira do Trono o que de nobre e puro ela tem na pátria livre: o seu porvir e os seus afetos. Devemos à Augusta Princesa – à sua firme resolução e à sua grande bondade – a maior glória nacional: a extinção do elemento servil. [...]
> Enterraram-na a 13 de maio de 1888. O Brasil Livre recebe as bênçãos do mundo católico; o Trono estreita-se com a Nação num só delírio, num só amplexo.
> Glorifica-se a Monarquia Sul-Americana. Honra à Coroa Brasileira! Honra ao Grande Ministério!
> Assinado: Maria Lúcia d'Almeida Romariz.
> (*Almanach Literário Alagoano das Senhoras*, Maceió, ano II, 1889, p. 5-6)

A edição divulgou ainda a relação dos beneméritos do abolicionismo, além de reproduzir o texto da Lei Áurea. Não foram encontradas informações referentes à continuidade da publicação.

Fonte: *Almanack Literário Alagoano das Senhoras*, Maceió, ano I, 1888, *Almanach Literário Alagoano das Senhoras*, Maceió, ano II, 1889, em formato digital, no site da Hemeroteca Digital Brasileira.

Pátria Mineira

1889-1894

Em 16 de maio de 1889, Sebastião Sette Câmara fundou, na cidade de São João del-Rei, Minas Gerais, o jornal *Pátria Mineira*, definido como "Órgão da Ideia Republicana". Era composto por quatro páginas, divididas em cinco colunas, sendo a última página dedicada a anúncios diversos, inclusive do jornal *A Família*.[48] Circulou semanalmente até 1894, totalizando 230 edições. Em suas páginas, conforme consta na primeira edição, haveria "espaço para artigos doutrinários e noticiosos sobre a República", além da defesa dos interesses econômicos e industriais do

---

[48] Importante publicação editada por Josephina Álvares de Azevedo, que circulou entre 1888 e 1897, em São Paulo e no Rio de Janeiro. Considerada uma das mais combativas vozes na defesa da emancipação da mulher em seu tempo.

Dicionário Ilustrado – Século XIX

país e da então província são-joanense (*Pátria Mineira*, São João del-Rei, MG, ano I, n. 1, 16 maio 1889, p. 2).

Num primeiro momento é possível pensar que não se tratava de um jornal destinado ao público feminino. Mas a pesquisadora Mirian Cristina dos Santos (2010, p. 14) afirma que a publicação editada no interior de Minas "ocupou-se também da educação das mulheres, por meio da seção 'Folhetim' e de outros espaços de escrita", o que certamente garantiu a presença da mulher entre os leitores.

Entre os anos 1892 e 1893, a escritora Elisa Lemos,[49] natural do Rio de Janeiro, foi responsável pela coluna "Palestrando de S. João del-Rei", que defendia a emancipação feminina. Concomitante à colaboração no jornal mineiro, manteve produção assídua no carioca *A Família*. Segundo Mirian Santos, a produção intelectual de Elisa Lemos conciliava as reivindicações feministas com textos mais amenos sobre as relações amorosas e a natureza. De forma a ilustrar seu pensamento combativo em defesa da educação da mulher, transcreve-se parte de artigo publicado na edição número 196, de 6 de abril de 1893:

> Nós, impertinentes sonhadoras, que giramos pelo mundo ideal, não toleramos certos desarranjos do globo terrestre. E embora suportemos cáusticos desdéns de nossa geração sedenta de prazeres, e que calca toda a ideia que se eleva da trivialidade, estamos sempre dispostas a pregar mesmo no deserto. Será pedantesca aspiração à palmatória do mundo? Não! É que somos sinceramente amantes convictas da ideia que defendemos, e não obstante a pecha de fantasias, fixamos no horizonte da esperança um único ponto – a vitória. [...] Encaremos, pois, a vida por este prisma – lutar e vencer. E o que é ela senão um vasto campo de batalha, onde vencem os fortes, e os que mais se aproximam de Deus?! [...] Sendo assim, qual é o dever da mulher? – Formar almas boas e enérgicas que estejam sempre prontas para lutar, nunca se deixando vencer pelo infortúnio; e, decerto, não é com a leitura de romances doentios que o conseguiremos.
>
> Eis aí o ponto a que queríamos chegar, pois é contra certos romances que fazemos a presente propaganda.
>
> A nossa educação atual sofre as consequências deste medonho aleijão – o egoísmo, o qual parece aumentar com a evolução do

---

[49] Infelizmente não foram encontradas informações sobre Elisa Lemos nas antologias de escritoras do século XIX, nem nos dicionários biobliográficos mais conhecidos.

tempo; e no meio da indiferença que muitos espíritos mostram pelos assuntos sérios, o sexo feminino é o principal refletor. Porém, desgraçadamente as mulheres, que deveriam auxiliar-nos nesta empresa, porque é em prol delas que hipotecamos o nosso amor e os dias mais esperançosos de nossa juventude, são as primeiras a atirarem-se à doida voragem tornando-se nossas adversárias. Que fazer!... Prosseguiremos, sempre com a mesma tenacidade na árdua missão que Deus nos colocou.

(*Pátria Mineira*, São João del-Rei, MG, ano IV, n. 196, 6 abr. 1893, p. 2)

Atenta aos anseios das leitoras, Elisa Lemos incluiu também a moda em seus artigos, porém de forma crítica, contestando os padrões de beleza e a vaidade exagerada. Nesse sentido, a escritora sugere às mulheres simplicidade ao vestir, em contraposição à ostentação do estilo francês, conforme texto publicado em janeiro de 1893:

Acho-o encantador com o seu vestidinho branco e simples; sim, bem simples, por que não quero que ele se atufe entre rendas custosas de Bruxelas ou sedas de Lion, não, faria muito mal ao seu físico, tolhendo os seus movimentos de criança, e ainda mais, inflamaria a vaidade naquele coraçãozinho novo e puro; trajo-o sempre de uma simplicidade graciosa e saudável. [...] Já tenho em mente um plano traçado para futura educação. (*Pátria Mineira*, São João del-Rei, MG, ano IV, jan. 1893 *apud* SANTOS, 2010, p. 46).

Ainda segundo Mirian Santos, a participação de Elisa Lemos na *Pátria Mineira* resultou na publicação de um total de sete textos, tendo o casamento com o editor Sebastião Sette Câmara e o retorno ao Rio de Janeiro provocado o encerramento de sua participação no periódico, em junho de 1893. A folha são-joanense encerrou as atividades oito meses depois, em fevereiro de 1894.

Fontes: Coleção completa da *Pátria Mineira*, São João del-Rei, MG, em formato digital. Disponível em: <www.patriamineira.com.br>. Acesso em: 20 abr. 2014.

SANTOS, Mirian Cristina dos. *Palestrando em Minas Gerais: a produção periodística de Elisa Lemos e Maria Emília Lemos*. São João del-Rei: UFSJ, 2010. Dissertação (Mestrado em Letras) – Programa de Pós-Graduação em Letras, Departamento de Letras, Artes e Cultura, Universidade Federal de São João del-Rei, São João del-Rei, 2010.

A Palavra
1889-1898

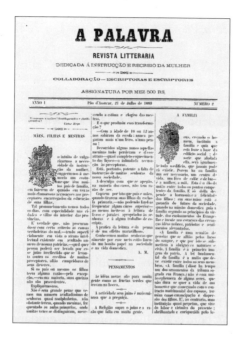

A Palavra – "Revista Literária Dedicada à Instrução e Recreio da Mulher" –, que circulou pelo largo período de 1889 a 1898, surgiu inicialmente na cidade Pão de Açúcar, Alagoas, sendo depois transferida para Penedo, no mesmo estado. A redação funcionava no endereço do jornal *Trabalho*, e tinha como redator-responsável Achilles de Melo. De periodicidade semanal, saía sempre aos domingos.

Os textos não são assinados e, no cabeçalho do primeiro número, consta a informação de que aceitava a "colaboração de escritores e escritoras". No número seguinte, talvez para reforçar o pedido, consta que "aceita a colaboração do belo sexo".

O editorial de 21 de julho de 1889, intitulado "Mães, Filhas e Mestras", alertava para o costume de se tirar as meninas da escola, mal aprendiam a ler e a escrever, e o atraso intelectual de parte das jovens advindas desse costume. E conclui:

> Convém por isso que pais e mães, quando tirarem suas filhas da escola primária, não podendo fazê-las frequentar algum curso

superior, ao menos as incite à leitura de livros e jornais apropriados às senhoras e a algum trabalho de escrita.

A prática da leitura e da pena é de um efeito maravilhoso. Conhecemos muitas senhoras que somente por este meio estão fazendo um bonito papel na sociedade e na vida doméstica.

(*A Palavra*, Pão de Assucar, AL, ano I, n. 2, 21 jul. 1889, p. 1)

Outro artigo, "A Família", exalta a mulher como "foco de calor e luz", e completa:

> Só dela depende a harmonia e a felicidade dos filhos; em suas mãos está a garantia do futuro da sociedade, quando na missão doméstica guia a família, segundo os princípios da virtude, dos ensinamentos do evangelho e incute nos corações das crianças ideias nobres, patriotas e sentimentos alevantados.
> (*A Palavra*, Pão de Assucar, AL, ano I, n. 2, 21 jul. 1889)

Dentre as seções destacam-se "Utilidades da macélia", que ensina como tratar "embaraços gástricos" e "febres nervosas"; "Culinária", que dava receitas, como a de Bolinho de Nhonho; "Conselho higiênico", sobre os cuidados que as mães devem ter com os colchões das crianças; e ainda "A beleza feminina", com conselhos sobre como cuidar da pele e dos cabelos, "Miscelânea", com charadas e piadas, e anúncios, com destaque para as máquinas de costura e os remédios para o fígado e tônicos nutritivos.

Dentre os textos pretensamente literários estão "O sentimento das flores", de Anna Brandão, e "O passado", de Maria Freitas. Predominam imagens idealizantes da mulher como "anjo do lar", "bálsamo refrigerante das enfermidades d'alma" e única responsável pela paz da família e pelo amor no casamento.

Fontes: *A Palavra*, Pão de Assucar, AL, ano I, n. 2, de 21 de julho de 1889; ano I, n. 45, de 19 de outubro de 1889; ano III, n. 7, de 15 de março de 1891; *A Palavra*, Penedo, AL, ano X, 32 edições de 1898, do n. 1 ao 43, sendo a última de 10 de dezembro de 1898, em formato impresso e microfilmado, no Acervo de Periódicos Raros da Biblioteca Nacional do Rio de Janeiro.

O Bandolim

1889

Intitulado *O Bandolim*, surgiu no Rio de Janeiro, em 7 de setembro de 1889, um periódico com quatro páginas, dirigido por Elísio d'Alva, D. Juan, Alcino Mario e D. Simplício. São esses quatro nomes que justificam o subtítulo dado ao jornal: "Quarteto Dedicado ao Belo Sexo do Congresso do Catete". Foi impresso na Tipografia Lith. de Bittencourt, Vieira & C., situada na Rua Visconde Inhaúma, n. 71, e, a partir do segundo número, na Tipografia Central, na Rua Nova do Ouvidor, n. 7. O periódico tinha como público alvo as "Exmas. Sras. que honram com suas presenças as festas do Congresso". Além da edição de estreia, é conhecido também o número 3, de 9 de novembro de 1889.

Dentre os colaboradores estavam Diógenes Mirim, Flaviano Gil, Elísio d'Alva, Alcino Mário, Eugênio Azevedo e Mâncio, e nenhum nome feminino. As poesias, contos e letras de canções tematizam sempre o amor e enaltecem a beleza da mulher. Possui ainda uma seção com "Fofocas", escrita por D. Juan, destinada a "cuidar da vida alheia".

O editorial da primeira edição dirige-se às leitoras em termos elegantes:

> A publicação deste modesto jornalzinho não importa um desejo de glória, nem significa um pedido de aplauso. O Bandolim vem unicamente trazer as homenagens do seu respeito, transformadas em pétalas de rosas, pedindo licença para depô-las nos regaços das Exmas. Sras., que honram com suas presenças as festas do Congresso, emprestando-lhes o deslumbramento e fulgor de que elas tanto carecem, e que vem da magia de suas belezas e da irradiação dos olhares. [...] Os vossos corações, cofres repletos de generosidade, nos animarão e nos hão de guiar na tarefa que voluntariamente tomamos sobre os nossos ombros.
>
> Bem pesada é esta missão para a pobreza de nossas inteligências, porém, qualquer que seja o resultado desta luta, os vossos aplausos nos recompensarão.
>
> Senhoras! *O Bandolim* é exclusivamente vosso. Protegei-o!
>
> (*O Bandolim*, Rio de Janeiro, ano I, n. 1, 7 set. 1889, p. 1)

Na edição de 9 de novembro de 1889, encontra-se o seguinte texto intitulado "A Mulher", que exemplifica bem o pensamento dos jovens editores:

Não sabemos o que mais admirar na mulher, se a beleza plástica se a beleza moral. [...] Como mãe, a mulher é mártir e santa!

Santa porque exerce a mais sublime missão que a mulher pode desempenhar no mundo; mártir porque todos os sofrimentos dos filhos vibram com dobrada intensidade no seu coração, fazendo-a sofrer duplamente. Evangelizadora das almas, ela ensina o homem a ser bom e caridoso. Se a ela devemos a mácula do pecado original, esta mácula já foi resgatada pelos seus sofrimentos e pelas suas lágrimas. [...]

Seu coração é um templo; que possamos sempre ajoelhados nos degraus desse templo, adorá-la com a maior veneração.

(*O Bandolim*, Rio de Janeiro, ano I, n. 3; 9 nov. 1889, p. 1)

Não foram encontrados outros números além dos citados.

Fonte: *O Bandolim*, Rio de Janeiro, ano I, n. 1, de 7 de setembro de 1889; ano I, n. 3, de 9 de novembro de 1889, em formato microfilme, no Acervo de Periódicos Raros da Biblioteca Nacional.

O Bandolim

1889-1890

O Bandolim, destinado ao belo sexo, foi fundado por Gomes e Bittencourt na cidade de Barbacena, Minas Gerais, provavelmente em outubro de 1889. Composto por quatro páginas, era trimestral, trazia textos literários, reflexões e charadas, sem anúncios ou ilustrações. A segunda edição, datada de 12 de janeiro de 1890, apresenta no editorial um relato da receptividade que o primeiro número obteve e do desejo de continuar o trabalho iniciado.

Nós

Quando, há dias, resolvemos definitivamente fundar nessa cidade o nosso pequenino jornal, veio-nos logo a ideia de dedicá-lo ao belo sexo.

Em boa hora ocorreu-nos essa lembrança, porque não nos tem faltado palavras de animação para a nossa carreira.

Antes, porém, de o darmos à luz da publicidade, toda a sorte de contrariedades vinham antepor-se à nossa ideia, e a não ser muita abnegação, muita força de vontade e muito desejo mesmo de vermos em realidade o nosso sonho, teríamos retrocedido diante dos embaraços, em todos os sentidos, que se nos antepunham.

Para nós, fracos e sem cabedal intelectual suficiente para colocarmos o *Bandolim* na altura a que o destinamos, esses obstáculos eram insuperáveis; mas, à custa da nossa boa vontade vimos a estrada que começamos a trilhar estender-se diante de nós, franca e sem escabrosidades.

Resta-nos uma dificuldade unicamente: colocarmos o modesto e pequerrucho *Bandolim* na altura de nossas leitoras.

Publicamos o primeiro número pelo qual temos recebido palavras animadoras, o que nos anima neste momento a entregar ao público o segundo.

Entoando a música rústica e modesta das aldeias; nessa rusticidade que fala à alma de quem bem o compreende, aí vai o *Bandolim*, para o qual pedimos a proteção do público; e de nossa parte continuamos a empregar os esforços ao alcance de nossas pequenas forças, a fim de que ele possa atingir dignamente o seu fim.

(*O Bandolim*, Barbacena, MG, n. 2, 12 jan. 1890, p. 1)

Outros periódicos, como *O Paiz*, do Rio de Janeiro, e *Folha Sabarense*, de Sabará, Minas Gerais, saudaram o novo jornal, e tiveram suas notas transcritas na edição de número 2.

É importante ressaltar o espaço dado à escrita feminina. Na edição consultada, Theresina Gomes de Souza publicou um apólogo de caráter religioso, onde criava um diálogo entre o "Colar e o Rosário", em que dá vida a ambos, numa evidente analogia entre o bem e o mal, o sagrado e o profano:

> Adormeceram ambos sob o seio cetinoso da virgem.
>
> Distanciados por condições diametralmente opostas, aproximaram-se uma noite: um representando a humildade, a simplicidade; o outro, a elegância e a Aristocracia da Arte. Dialogavam.
>
> [Colar] Eu sou a obra-prima do homem, o produto de mil aptidões. Para chegar ao meu estado de perfeição, o engenho humano revestiu-se de múltiplas e diversas transfigurações. [...]
>
> Na elaboração de meu todo, quantos não se opulentaram? Quantas famílias proletárias não encontraram o pão, não cobriram a nudez, não evitaram as tentações da sedução?
>
> Eu represento o trabalho na sua mais bela e delicada manifestação. E tu, meu pobre Rosário, o que és tu? O produto do fanatismo.
>
> Na nossa atualidade representada pelas especulações utilitárias, representas o idealismo, cheio de sombras e dúvidas.
>
> Para onde encaminhas a humanidade? Para o incognoscível, para o ignoto. [...]
>
> [Rosário] Enganas-te. Eu sou a verdade. [...] O seio desta virgem está debaixo da minha proteção. [...]
>
> Tu és Satã, o tentador – eu sou o Anjo Guardador.
>
> (*O Bandolim*, Barbacena, MG, trimestre I, n. 2, 12 jan. 1890, p. 2)

O jornal publicava romances, poemas, notas sociais e charadas. Não foram encontradas informações acerca de sua continuidade.

Fonte: *O Bandolim*, trimestre I, n. 2, 12 de janeiro de 1890, em formato microfilme, localizado no Acervo de Periódicos Raros da Biblioteca Nacional; e em formato digital, no site da Hemeroteca Digital Brasileira.

O QUINZE DE NOVEMBRO

DO SEXO FEMININO

PERIODICO QUINZENAL, LITTERARIO, RECREATIVO E NOTICIOSO

ESPECIALMENTE DEDICADO AOS INTERESSES DA MULHER

Redactora proprietaria, D. Francisca Senhorinha da Motta Diniz

COLLABORADORAS, SUAS FILHAS E DIVERSAS SENHORAS

REDACÇÃO: RUA DO LAVRADIO N. 24

ASSIGNATURAS PARA A CAPITAL FEDERAL	E' por intermedio da mulher que a natureza escreve no coração humano.	ASSIGNATURAS PARA OS ESTADOS
Por anno...... 10$000	Por trimestre.. 3$000 Por semestre... 5$000	Por mez....... 1$ 00 Numero avulso... ...... 100 rs.	AIMÉ MARTIN.	Por anno...... 12$000	Por semestre.., 6$000 Por trimestre............... 3$000

Anno III	Capital Federal 6 de Abril de 1890	Num. 14

O QUINZE DE NOVEMBRO

A racional emancipação da mulher

IGUALDADE DE DIREITOS

O Seculo XIX caminha com profunda crença de um Colombo no coração e os olhos fitos de uma aguia no sol do futuro, em demanda de um novo mundo, de um novo Paraiso, onde a mulher hade ter o seu throno de honra e a sua radiante corôa de rainha, lançada não por mãos sacrilegas de um Alcibiades, mas pelas mãos sagradas da justiça e do direito, que são os verdadeiros soberanos, que hão de desthronizar os falsos reis que têm por throno a injustiça e a iniquidade, e por sceptro o despotismo.

Sim: temos fé que a prophecia do immortal Hugo ha de ser realisada. Temos fé que este seculo é o seculo do ideal. Que este seculo vencerá pelo ideal radiante de Justiça que lhe circunda a magestosa fronte.

Cremos, com aquella boa fé que as nobres causas inspiram, que, esse ideal chegará mui breve á sua realidade, quando a mulher illustrada e livre dos prejuizos e preconceitos tradici maes banir de sua educação as oppressões e erroneos preconceitos com que a cercam, e que der pleno desenvolvimento á sua natureza physica, moral e intellectual... Quando, emfim, passando de braço dado com o homem virtuoso, honesto e justo no jardim da civilisação espiritual, subir ao Capitolio de luz para lá cõrar a belleza ephemera de sua fronte, com o diadema immortal da belleza, da sciencia e do genio.

No pleno clarão da nova era de redempção veremos entrar no combate travado para restauração do direito de igualdade a nossa causa — a Emancipação da Mulher.

Nós, as mulheres, não queremos ser a Venus de Milo, mas sim queremos ser a Venus Urania, para que possamos percorrer brilhantemente todos os circulos concentricos que a actividade humana tem de descrever na aurora da vida da humanidade e social sociedade.

Não queremos representar na sociedade o papel de adorno dos palacios dos senhores do sexo forte, não devemos continuar na si-mi escravidão em que jazemos, vendo-nos mutiladas em nossa personalidade, em seus codigos ou leis por elles legisladas, tal como da outr'ora escravidão, sem que podesse ser pela escrava protestada.

Não nos perturba a negativa. Seu soffisma é tal, que nos tratando de rainhas, só nos dão o sceptro da cozinha, da machina de procração, etc., etc. Não nos consideram senão como objecto de imprescindivel necessidade! somos a flôr de Catus e nada mais.

A emancipação da mulher pelo estudo, é o facho luminoso que póde dissipar-lhe as trevas pela verdade em que deve viver, e que levai-a ha ao templo augusto da sciencia, de bem viver na sociedade civilisadora.

A elevação moral, que é a sciencia que melhor póde fazer-lhe conhecer seus direitos e seus deveres, guiar-lhe-ha o coração para o paraiso do bem e da felicidade domestica, social e humanitaria.

O consorcio das bellas artes com a litteratura, que é a estrella do bello céo de sua alma, tornal-a-ha digna companheira do

---

FOLHETIM

A Diva Isabella

ROMANCE ORIGINAL

POR

D. Elisa Diniz Machado Coelho

IX

A MÃO DE DEUS

Emquanto os Visconti instalavam-se na graciosa vivenda, propriedade de Genike travemos conhecimento com o seu futuro rival.

Pelo seu caracter resoluto em que predominava o amor proprio elevado ao mais alto grão, reconhecemos mais ou menos o que poderia ser o seu physico.

Filho como Lizetta, da bella Italia tinha ao contrario desta o typo moreno, de olhos e cabellos negros e a expressão de desdem que bem denunciava a sua desmedida altivez.

As feições frias e accentuadas da raça latina eram de uma belleza correcta.

O porte elegante e cheio de distincção, em cada gesto ou attitude manifestavam vão o seu frano.

E, como não bastasse á prodiga natureza dar-lhe esses dotes physicos inveijaveis, possuia ainda o brilhante talento a que devia a sua posição.

Entretanto, apezar de todos esses atractivos, de seu vigor, por um capricho da natureza, ou não inspirava, ou não alimentava as sympathias, e tinha chegado á idade da plena mocidade, livre das paixões que nos ava salam.

No momento em que o vamos encontrar elle conclua a leitura matutina descançando reclinado n'um fauteuil, junto de uma janella de seu aposento, por coincidencia situado na graciosa Gelaguina, retiro procurado pela aristocraci russa, no Verão, e um tanto abandonado nos mezes de inverno.

Graças a seu talento que lhe valia uma renda regular, para bem gosar das poucas horas de descanço de sua afanosa Carreira, Revel, podia, sem fortuna cercar-se de todo o bem estar em que o achamos.

Tinha acabado uma curta conferencia com o emprezario do Circo, a res; eito da estréa do Lowe, peça em espectativa.

Dessa consulta do Emprezario á mais notavel figura de seu elenco, tinham resolvido escolher uma peça que não tivesse os inconvenientes do Lowe, em razão das difficuldades que se lhes antolhavam.

A aristocracia russa continuava em inquietadora concentração.

A todos cansava sincera magua o estado de Alexandre I e a tristeza de máu agouro da Czarina.

Resolveram pois, adiar a estréa para melhor estação e levar a scena—Treyschutz—de Weber.

Conforme prometterá a Genike, o Emprezario predispoz o tenor em favor da pretenção da filha de Angelo Visconti

O silencio de Revel em resposta á intervenção do Emprezario era senão a tolerancia, ao menos melhor disposição de animo.

Reflectindo na situação Revel deixava-se levar nas azas da phantasia, quando foi interrompido pelo criado que annunciava a chegada do rico ex-mineiro.

Depois dos comprimentos de estylo, Genike exigia uma resposta definitiva.

Eram decorridos já dias que lhe pareceram seculos, e tardava ter uma decisão que ia levar aos Visconti.

Revel sobrio de palavras, como de agente, não todavia ceder, comprometteu se, entretanto a assistir a um ensaio da peça — tinham escolhido, o conforme julgasse do merito da novel artista, dar a sua resposta definitiva.

Não era tudo, mas já um bom pretexto para mostrar à Isabella o quanto se interessava por ella.

O ex-mineiro agradeceu polidamente ao tenor a indulgencia com que lhe ouvira e reiterando-lhe a sua gratidão e offerecendo sua amizade na retirar se.

Mas, uma idéa subita de Revel manifestada, deteve-o ainda momentos.

— Ignora a residencia da filha do Visconti, disse, que lhe podesse fallar .. induzil-a a seguir a carreira por meios de exitos mais certos, estudando reputação e conhecimentos necessarios?

— Mil graças; si quizer que lhe apresente aos paes... respondeu cheio de contentamento o slavo.

E, diante do outro, os dous rivaes sem o saber-m, interrogavam se mutuamente com o olhar.

— Amanhã, rompeu finalmente Genike, se me dão o prazer de acompanhal-o, apresental-o-hei aos bons pais da joven diva cujos merecimentos irá apreciar.

— Estamos de accordo;
Pela tarde esperal-o-hei.

O slavo sahia levando o coração puro e confiante de homem não corrompido, graças á felicidade do trabalho, que lhe facultava o bem estar, e por conseguinte o bom humor e as boas disposições para o bem.

Julgava que esse passo ia decidir da felicidade de Lizetta como da sua.

Della deslaçando os obstaculos para que sua belleza e talento fossem em tão auspicioso terreno aproveitado.

E, sua, fazendo que da gratidão de Isabella pudesse despontar a scentelha do amor que desejava inspirar-lhe.

Não se enganaria?
Talvez.

O Quinze de Novembro do Sexo Feminino
1889-1890

"Viva os Estados Unidos do Brasil! Viva a República Brasileira! Viva o Governo Provisório!": com esses dizeres, a escritora, professora e jornalista mineira Francisca Senhorinha da Motta Diniz, juntamente com as filhas, saudou o surgimento, na cidade do Rio de Janeiro, de *O Quinze de Novembro do Sexo Feminino*, periódico de sua propriedade que vai suceder o conhecido *O Sexo Feminino* (1873-1889).

Inaugurado em 16 de novembro de 1889, um dia após a Proclamação da República, o novo título expressava o desejo da redatora de dar continuidade à luta por transformações também na vida das mulheres, principalmente no que dizia respeito à conquista de direitos. Com redação localizada à Rua do Lavradio, n. 24, a primeira edição recebeu o número 12, correspondente ao ano III de publicação, tinha quatro páginas, divididas em três colunas, e a expressiva tiragem de 2.400 exemplares.

O combativo "Periódico Quinzenal, Literário, Recreativo e Noticioso, especialmente Dedicado aos Interesses da Mulher", de Francisca Senhorinha, seguia firme nos propósitos iniciados na publicação anterior, conforme expresso pela diretora:

> Demonstraremos aos patriotas da nova era de redenção que desejamos pô-los ao fato do nosso credo político e ousamos, como já o dissemos, dar à nossa folha dois títulos enunciados nesta epígrafe – *O Quinze de Novembro do Sexo Feminino*.
>
> Além das seções noticiosas, de crítica, de anúncios, de literatura, medicina doméstica e de outros assuntos que possam interessar aos nossos leitores e leitoras, trataremos um pouco de política, assunto este alheio ao nosso sexo, porém bem necessário para o fim que desejamos atingir.
>
> Trataremos agora mais amplamente de dirigir a agitação geral para a meta que temos em vista: a igualdade de direitos, igualdade esta estabelecida na lei do casamento. [...]
>
> Tornaremos nossa palavra forte em bem do progresso de nossa cara pátria, e mostraremos que mesmo com pouco material poderemos transportar nossa vontade ideal.
>
> (*O Quinze de Novembro do Sexo Feminino*, Rio de Janeiro, ano III, n. 12, 16 nov. 1889, p. 3)

Francisca Senhorinha tinha consciência de que a passagem do regime monárquico para o republicano, por si só, não garantiria a emancipação feminina. Nesse sentido, o periódico tinha a função de convencer tanto os homens quanto as mulheres da necessidade de se educar as crianças e as jovens, não apenas para os afazeres domésticos, mas também para a participação política. E assim, finalmente, poder alcançar os ideais de igualdade e liberdade, estabelecidos no decreto assinado por Marechal Deodoro da Fonseca, assinalando o início de uma república democrática:

A Racional Emancipação da Mulher

Teremos o nosso 15 de novembro de 1889.
Talvez!
O juramento prestado pelo governo provisório na Câmara Municipal, despido da forma religiosa e afirmado sob palavra, assentou que o primeiro governo republicano, aquele que simboliza a aspiração democrática nesta venturosa nação, aceita o princípio fecundo da liberdade e da igualdade.
O verdadeiro ideal do nosso século presente é a democracia, a santa igualdade. [...]
Como bem temos demonstrado, em vez de ficarmos dentro dos limites dos meios interesseiros e positivos, como são a contínua aplicação de nossos pequenos recursos em prol de fazer fortuna para nossa família, tratamos sem descanso por todos os meios no nosso alcance de angariarmos adeptos ao nosso ideal – A Emancipação da Mulher. [...]
Se a mulher é como dizem os bons pensadores, uma pérola da criação divina, lançada no Éden ou Paraíso terreal pelas mãos de Deus, para fazer antever ao homem as belezas criadas, se é a rosa mística escapada do sorriso dos anjos para embalsamar com seu doce e suave perfume a existência do homem na terra; se é a síntese de todas as perfeições, como ele, senhor absoluto da lei ou seu fator, deixa-a desabrigada da proteção de suas leis? Como injusto tem sido fazendo-a sua tutelada? [...]
No intuito de vivermos, nos Estados Unidos do Brasil, equiparados aos seus irmãos – Estados Unidos da América do Norte, fazemos um apelo às Exmas. Senhoras, pedindo-lhes que nos auxiliem tanto com seu nobre poderoso concurso intelectual, como com seu pequeno e caridoso óbolo a fim de que possamos em breve ver instaladas as aulas necessárias aos estudos profissionais para as nossas meninas.
(*O Quinze de Novembro do Sexo Feminino*, Rio de Janeiro, ano III, n. 12, 16 nov. 1889, p. 2-3)

Os exemplares podiam ser adquiridos através de assinaturas, no Rio de Janeiro, ao preço de 10.000, 5.000, 3.000, 1.000 e 100 réis (anual, semestral, trimestral, mensal e exemplar avulso, respectivamente). Nos outros estados era acrescido 2.000 réis para o envio. Parte da renda seria revertida para a Escola Doméstica, mantida por Francisca Senhorinha e suas filhas, cuja finalidade era "dar às crianças a instrução primária e ensinar-lhes todos os trabalhos domésticos". O direito à educação, em suas diversas esferas, foi defendido de maneira incisiva em texto dirigido às mães de família, publicado na edição de 15 de março de 1889:

Educação das Meninas
Pela mãe de família

> Pois bem, mães de família, e imitação do Divino Mestre, sejamos a continuação de sua santa missão. Eduquemos nossas filhas; escolhamos para elas as disciplinas que soem ser ensinadas aos homens, a fim de que possam elas buscar meios de subsistência, ao menos proporcionados às suas mais imprescindíveis necessidades. Ministremos-lhes nós mesmas a tríplice educação, isto é, robusteçamos-lhes o corpo por meio de uma perfeita higiene; o seu intelecto, desenvolvendo-lhes as faculdades por meio da atenção, e formemo-lhes o coração pela doutrina, santa e justa que o Divino Redentor nos ensinou.
>
> (*O Quinze de Novembro do Sexo Feminino*, Rio de Janeiro, ano III, n. 13, 15 mar. 1889, p. 3)

A partir de 6 de abril de 1889, teve início uma série de artigos intitulados "Defesa de Direitos", em que Francisca Senhorinha deixava clara sua posição de vanguarda. Nesses textos, advoga o direito de participação política das contemporâneas, conscientizando-as da condição submissa que viviam, imposta pelos pais, maridos e a sociedade como um todo:

> O século XIX caminha com profunda crença de um Colombo no coração e os olhos fitos de uma águia no sol do futuro, em demanda de um novo mundo, de um novo país, onde a mulher há de ter o seu trono de honra e a sua radiante coroa de rainha, lançada não por mãos sacrílegas de um Alcebíades, mas pelas mãos sagradas da justiça e do direito, que são os verdadeiros soberanos, que hão de destronizar os falsos reis que têm por trono a injustiça e a iniquidade, e por cetro o despotismo. [...]

No pleno clarão da nova era de redenção veremos entrar no combate travado para a restauração do direito de igualdade a nossa causa – a Emancipação da Mulher. [...]

Não queremos representar na sociedade o papel de adorno dos palácios dos senhores do sexo forte, não devemos continuar na semiescravidão em que jazemos, vendo-nos mutiladas em nossa personalidade, em seus códigos ou leis por eles legisladas, tal como da outrora escravidão, sem que pudesse ser pela escrava protestada. [...]

Em resumo, desejamos que a mulher tenha plena consciência do que vale e do que pode valer pela sua plástica, tanto como pela sua beleza moral e esplendor do seu gênio. Desejamos que os Senhores do sexo forte saibam que se nos podem mandar, em suas leis, subir ao Cadafalso, mesmo pelas ideias políticas que tivermos, como já o fizeram as desditosas R. Ian, Charlotte Corday e tantas outras, também nos devem justiça de igualdade de direitos, tocante ao direito de votar e o de sermos votadas. [...]

Não temos ideias utopistas, e sim ideias grandiosas: a de fazer caminhar a humanidade na senda do dever e da justiça.

É, pois, este o nosso programa político.

(*O Quinze de Novembro do Sexo Feminino*, Rio de Janeiro, ano III, n. 14, 6 abr. 1890, p. 1-2)

Além dos textos de veemente tom reivindicatório, o jornal reservava espaço para literatura e divertimento. Nos sete números do periódico encontrados no site da Hemeroteca Digital Brasileira foram publicados capítulos do romance *A Diva Isabella*, de Elisa Machado Coelho. Eulália Diniz assinou o conto "A Humildade", e as conhecidas escritoras Júlia Lopes e Presciliana Duarte colaboraram com "Ser mãe é" e "Esperança", respectivamente. A boa receptividade da folha feminista fez com que fosse criada a seção "Imprensa", destinada a noticiar os comentários de outros jornais sobre a publicação de Francisca Senhorinha. Havia também uma curiosa tabela informando "os dias felizes e infelizes em todos os meses do ano". As últimas páginas destinavam-se a anúncios de professoras e professores oferecendo aulas e de lojas de vestuário feminino.

A partir da edição número 19, de 3 de agosto de 1890, sem maiores explicações o jornal passa a ostentar "ano II" no cabeçalho. Não manteve a periodicidade quinzenal, e passa a ser impresso a cada 30 dias ou mais. No número 21, de 30 de setembro de 1890, Francisca Senhorinha desculpa-se pela interrupção do periódico. No seguinte, ao lado da divulgação da

Escola Doméstica, ela solicita enfaticamente às leitoras para adquirirem assinaturas, pois essas seriam revertidas em benefício da instituição e da manutenção do jornal. Ao que parece, a campanha não foi bem-sucedida. A partir dessa data não há notícias da continuidade desse importante empreendimento para a história do periodismo e do feminismo no Brasil.

Fontes: Coleção d'*O Quinze de Novembro do Sexo Feminino*, Rio de Janeiro, contendo 8 edições, em formato digital, no site da Hemeroteca Digital Brasileira. As edições são as seguintes: ano III, n. 12, 16 de novembro de 1889; ano III, n. 13, 15 de março de 1889; ano III, n. 14, 6 de abril de 1890; ano III, n. 18, 16 de julho de 1890; ano II, n. 19, 3 de agosto de 1890; ano II, n. 20, 29 de agosto de 1890; ano II, n. 21, 30 de setembro de 1890; ano II, n. 23, 6 de dezembro de 1890; disponível em: <www.hemerotecadigintal.bn.br>. Acesso em: 16 jan. 2015.

Dicionário Ilustrado – Século XIX

Jornal das Damas

1890

Segundo a pesquisadora Heloisa de Faria Cruz (1997, p. 150-151), *Jornal das Damas* surgiu na cidade de São Paulo em 06 de janeiro de 1890, apresentando-se como "Periódico literário voltado para o público feminino". Dirigido por Pedro Foster Filho, era impresso na Tipografia Magro, localizada à Rua José Bonifácio, n. 13. Tinha quatro páginas, divididas em quatro colunas, e periodicidade indefinida. Podia ser adquirido através de assinaturas trimestrais (1.000 réis) ou anuais (4.000 réis). Nas seções "Literária" e "Modas", as leitoras tinham acesso a crônicas, contos, poemas, dicas de vestuário, receitas, além de pequenos anúncios. Segundo a pesquisadora, a edição inaugural do jornal encontra-se em formato impresso no Instituto Histórico e Geográfico de São Paulo.

Fonte: CRUZ, Heloisa de Faria (Org.). *São Paulo em revista: catálogo de publicações da imprensa cultural e de variedade paulistana (1870-1930)*. São Paulo: Arquivo do Estado, 1997.

O Leque
1890

Se foi mantida a periodicidade semanal, *O Leque* – "Órgão das Moças" – começou a circular em Aracaju no início de abril de 1890. A única edição localizada data de 4 de maio, correspondendo ao número 4. Periódico literário, tinha as quatro páginas ocupadas por pequenos contos e poemas. Publicado aos domingos, era impresso na Tipografia da *Gazeta do Sergipe*, e trazia no cabeçalho a imagem de duas mulheres.

O texto da primeira página, assinado por Juvenal, é exemplo do tom fútil e descompromissado do periódico. Nele, o colunista trata do leque, pequeno objeto que, manejado por mãos femininas, seria capaz de comunicar diferentes mensagens:

O Leque

Há leques de inúmeros feitios, inúmeros gostos e de inúmeros valores. Conhece-se a posição social de uma senhora simplesmente no abrir e fechar do leque. [...]

O amor tem nele o seu escudo; a timidez oculta-se nas dobras de um leque; o estado de um coração feminino conhece-se pelo movimento dele: isso não falha.

Quando se está num baile e se encontra um desses olhos que perturbam e entontecem, o homem mais nada tem a fazer do que acompanhar o leque daquela que o feriu.

Se o homem lhe causou impressão, ela abre e fecha o leque a miúdo. Se lhe é indiferente, abre-o uma vez com certa negligência e fica algum tempo a abanar-se até se aborrecer e fechá-lo descuidadosamente.

Se ama o indivíduo, brinca com o leque fechado nas mãos, ou batendo levemente na mão esquerda.

Se o detesta, morde o leque e arranca-lhe o arminho fio por fio. Se tem ciúmes, tanto endireita as varetas que o quebra. [...] E, no entanto, (compreenda-se isso!) não conheço nada mais sem gosto, mais sem ordem, mais mal rematado do que uma mulher elegantemente trajada, sem leque!

Acho-a ainda mais perigosa.

(*O Leque*, Aracaju, ano I, n. 4, 4 maio 1890, p. 1-2)

O cronista explora o que podemos chamar de "psicologia de salão", típica de um momento em que imperava o *flerte* como mediador entre homem e mulher, dado o recato que devia conduzir tal aproximação. Como nas cantigas medievais, o olhar é o sentido privilegiado, por permitir uma forma de contato entre os namorados.

O periódico aceitava a colaboração "de todas as senhoras e cavalheiros da capital". Assim, foram publicados os poemas "Cantos", "Sonho", "Biolets" e "Aquarela", de Júlio Diniz, Ophelia e Felinto de Almeida e B. de Queiroz, respectivamente. Além do conto "O lenço", assinado por Diana Mali.

Não foram encontradas informações quanto à continuidade da folha sergipana.

Fonte: *O Leque*, Aracaju, ano I, n. 4, 4 de maio de 1890, em formato digital, na Hemeroteca Digital Brasileira.

O Bond
1890-1891

Com o subtítulo "Jornal das Moças", começou a circular em Fortaleza, em 18 de maio de 1890, o pequeno jornal *O Bond*, cujo título com certeza revela o desejo de ser identificado com um símbolo de modernidade. Com quatro páginas, divididas em duas colunas largas, era impresso na Tipografia Popular. Os responsáveis se identificavam como Rocha e Santos Brito. Os textos eram assinados com pseudônimos, como Coinamã Tatá, Olho de Lince, e Xico Jaqueta, entre outros. O exemplar avulso custava 40 réis.

O primeiro editorial, em tom brincalhão e fazendo referências a outros periódicos e a pessoas da cidade, marca o estilo que vai predominar:

"Bom-dia!"

Velhos e velhas, moças e moços, meninos e meninas, bom-dia!
Cá estou, bela rapaziada, de saia e calça larga, sistema-Confúcio.
Não venho pedir-vos que aceiteis as minhas passagens, nem tão pouco mendigar uma esmola para as vítimas da Bahia.
Não vos assusteis.
Sou o *Bond*, jornal pequeno, mas fogoso.
Falo como qualquer tribuno; aplico ventosas nos senhores namorados, melhor que o Miranda ou o João Facundo.
Em política, monarquista e republicano.
Não tenho assinantes... por causa dos calotes.
Entro nos salões – desde o *Iracema* ao mais pífio da Rua das Cachorras Magras.
Bebo, toco, esperneio neste mundo, mas não caloteio, nem sou enciclopédico, como certos barbeiros tolos que existem neste pobre Estado.
Namoro, porém fujo das sogras, como o Miguel da Ponda da Pátria.
Enfim, quem quiser passear a bom gosto, procure-me que estarei sempre às ordens.
Cada passagem custa apenas 40 réis.
O meu programa diz: publicação diária, mas isto só farei quando a *Pátria* ou a *Tribuna*, do Lino, deixar de existir, o que não disse em cima por ficar muito comprido.
A minha estação é no coração da Maroca, da Sinhá e da Elisa.
Nada mais tendo a dizer, vou tratar de coisa melhor.
Bom-dia!
(*O Bond*, Fortaleza, ano I, n. 1, 18 maio 1890, p. 1)

Na mesma edição, encontra-se o registro da abolição da escravatura nestes termos:

> Os filhos da Terra da Luz, da decantada Iracema, não deixaram passar sem uma demonstração de regozijo a data mais memorável da história brasileira:
> – A LIBERTAÇÃO DOS ESCRAVOS!
> Todos, em um só amplexo, trabalharam para mostrar que a terra do 25 de Março sabia rememorar o 13 de Maio como a lei mais sábia que a ex-monarquia referendou.
> Todos jornais, comércio, armada, exército e povo, pareciam cheios daquela santa liberdade que há tantos anos fora roubada aos nossos irmãos escravos, e todos eram entusiasmo!
> (*O Bond*, Fortaleza, ano I, n. 1, 18 maio 1890, p. 1)

Mas *O Bond* parece ter perdido o rumo nas edições seguintes, e em cada uma informa novo subtítulo. No número 11, o jornal é "Propriedade de uma Associação"; no número 20, "Folha da Tarde". Mas independente dessas alterações, continuou noticiando fatos sociais e políticos, brincando com as moças casadouras, as sogras e os jovens solteiros da cidade. A última edição conhecida é a de número 20, de 21 de janeiro de 1891.

Fonte: *O Bond*, Fortaleza, ano 1, n. 1, de 18 de maio de 1890; ano I, n. 11, de 1º de outubro de 1890; ano I, n. 20, de 21 de janeiro de 1891; em formato digital, no site da Hemeroteca Digital Brasileira.

A Camelia
1890

Mais um periódico com nome de flor: *A Camelia* – "Órgão da Sociedade de Noites Recreativas" –, que circulou em São Paulo em 1890, "Dedicado às Exmas. Famílias". Foi localizado apenas o número 10, de 11 de outubro de 1890, digitalizado no Arquivo Público do Estado de São Paulo, o que impede que se conheçam as datas da primeira edição, a periodicidade e qual teria sido o último número. Como bem explicita o subtítulo, a folha destinava-se a divulgar as atividades de uma sociedade recreativa, o que significa dizer que se ocupava apenas de temas amenos, como literatura, notas sociais, pensamentos e charadas.

As colaboradoras da edição examinada foram Maria Augusta Gonçalves, Flavia Augusta de Meirelles, Maria Emília de Oliveira, Adelaide Nunes, Maria Cândida de Barros e Carlota Maria Lang, conforme consta na primeira página. Mas seus nomes não aparecem no interior da folha, pois estão camuflados por pseudônimos, como Mary, Bebê, Donga, e J. J., entre outros.

A seguir, o fragmento de um texto sem título, que conta a desventura de um rapaz cuja noiva morreu, para que se conheça o tom romântico que domina a publicação:

> Triste como uma história de amor é o que vamos narrar às prezadas leitoras. Contudo não aconselhamos que torem os lenços e

irresistivelmente os levem aos olhos para enxugarem compridas lágrimas, ou aos lábios para abafarem dolorosos soluços. Será motivo para reflexão e não prantos.

Não é o amor fruto que se vá buscar nos bazares, bem confeccionado em elegantes vidrinhos de cheiro de suas paramentadas prateleiras.

Nem flor que se colha nos jardins, ao lado de ruidosas fontes, ou no murmúrio ligeiro das correntes aéreas. É no caminho da existência que o encontramos, sempre sedutor, seguido de seu seleto cortejo de impaciências, de contrariedades, e mesmo, por vezes, de desventuras frias, esmagadoras.

(*A Camelia*, São Paulo, ano I, n. 10, 11 out. 1890, p. 1)

Encontram-se ainda na edição os poemas "A Missiva", de Petrus; "O tesouro íntimo", de J. J.; e "Uma rosa", de Donga. Ao final, segue-se o Programa da Sociedade Noites Recreativas, com a sequência de danças previstas.

Fonte: *A Camelia*, São Paulo, ano I, n. 10, de 11 de outubro de 1890, em formato digital, no Arquivo Público do Estado de São Paulo.

A Rosa

1890-1893

A Rosa – "Periódico Crítico e Científico" – circulou em Recife de 18 de outubro de 1890 a 15 de junho de 1893 (ou de dezembro, há dúvida quanto à data). Impresso em formato 25x17 cm, com quatro páginas de duas colunas, na Tipografia D. Pórcia, informava no cabeçalho ser "Redigido por Senhoras". Saía em dias indeterminados e custava 300 réis a mensalidade e 40 réis o exemplar. O número 2 veio a público em 25 de outubro; o número 3, em 11 de novembro; o 4, em 21 de novembro; e o 5, em 8 de dezembro de 1890. Após esta edição, a publicação foi interrompida, só retornando dois anos depois, em 15 de junho de 1893.

A redatora-responsável, Pórcia Constância de Mello,[50] ao publicar o 6º número, comentou que a pequena folha quase morreu porque "tantas senhoras habilitadas que podiam tê-la sustentado, a trataram com desprezo, desdenhando coadjuvá-la". Na apresentação da edição de estreia, a editora se desculpou por sua "pequenez e ousadia", como era frequente nos jornais femininos, e apela às leitoras que "queiram colaborar para este pequeno e inocente jornal, tendo coragem e perseverança, desprezando a ameaça à crítica ou ridículo".

> *A Rosa* é um pequeno jornal que corajosamente se apresenta, mas envolto em um véu de pudor, ante tantos jornais corpulentos e ilustrados, e, como pobre que é, pede licença para levar seu óbulo à grande obra da civilização.
>
> Sendo instituído e sustentado por senhoras pede também desculpa de sua ousadia. [...]
>
> Por que não hão de serem publicados os escritos das senhoras?
>
> Por ventura Pernambuco é tão mesquinho que lhe faltem hoje senhoras ilustradas como em outros tempos? Como nos repete a história de nossa querida pátria! – Mas onde estão elas? – Nos perguntarão. [...]
>
> Deem-lhe livros apropriados aos seus princípios literários. Deem-lhe mestres ou mestras amigas, que em comum e constantemente continuem a estudar, para que apareça a luz de sua vasta inteligência oprimida e desterrada.

---

[50] Pórcia Constância de Mello pertencia à elite econômica representante do patriarcado nordestino. Seu pai ocupava um alto cargo no governo local.

Enfim, tenha também Pernambuco seu jornalzinho redigido por senhoras.
(*A Rosa*, Recife, ano I, n. 1, 18 out. 1890, p. 1)

Após criticar a educação superficial dada às meninas, denunciar a sobrecarga de afazeres domésticos e reafirmar a capacidade intelectual da mulher, Pórcia Constância pede às leitoras que atentem para suas palavras:

> Meditai bem, aplicai vosso juízo e razão a observar com vagar e sem prevenção, como se estudasse a autopsia de um animal desconhecido, e vereis então o horroroso engano em que laborais; conhecereis por fim que não é nada mesquinha nem impotente a inteligência feminina; que ela existe viva, grandiosa e potente, mas (ai, triste) está soterrada pelos prejuízos e pela perseguição que sistematicamente se lhe tem feito por tantos séculos.
> (*A Rosa*, Recife, ano I, n. 1, 18 out. 1890, p. 2)

A editora deixa sobressair o tom militante de quem tem coragem de tocar nas feridas provocadas pelo preconceito de gênero, que sequestrava a mulher do debate acerca de sua própria condição.

Na edição número 5, de 8 de dezembro de 1890, a primeira página traz uma nota fúnebre, encimada por uma cruz, com os dizeres: "XVII Aniversário do falecimento do Comendador Antônio Joaquim de Mello. Saudades de sua filha Pórcia Constância de Mello".

Segundo Luiz do Nascimento, em *História da Imprensa de Pernambuco* (1970, p. 301), *A Rosa* "manteve o programa enunciado, contendo matéria variada e de leitura amena, incluindo, já no fim, a colaboração de Inês Pessoa". E informa sobre a existência de exemplares na Biblioteca Pública Estadual de Recife.

Fontes: *A Rosa*, Recife, ano I, n. 1, de 18 de outubro de 1890; ano I, n. 2, de 25 de outubro de 1890; ano I, n. 3, de 11 de novembro de 1890; ano I, n. 4, de 21 de novembro de 1890; ano I, n. 5, de 8 de dezembro de 1890; em formato impresso, do acervo pessoal de Constância Lima Duarte.

A Rosa, Recife, ano I, n. 2, de 25 de outubro de 1890; ano I, n. 3, de 11 de novembro de 1890, em formato microfilme, no Acervo de Periódicos Raros da Biblioteca Nacional.

NASCIMENTO, Luiz do. Periódicos do Recife (1876-1900). In: *História da Imprensa de Pernambuco (1821-1954)*. Recife: Ed. da UFPE, 1972. v. VI. Disponível em: <http://www.fundaj.gov.br/geral/200anosdaimprensa/historia_da_imprensa_v06.pdf>. Acesso em: 26 set. 2009.

O Bandolim

1891

Em 1891, surgiu na cidade de Oliveira, Minas Gerais, mais uma publicação intitulada *O Bandolim*, que no cabeçalho trazia os seguintes dizeres: "De chapéu na mão/ Ao belo sexo/ Por vós tudo! Tudo para vós!". No Acervo de Periódicos Raros da Biblioteca Nacional do Rio de Janeiro encontra-se apenas o número 10, de 16 de julho de 1891, o que impede afirmar a data do surgimento do jornal. Além disso, tratava-se de uma publicação de "periodicidade indefinida".

Na primeira página, um poema de autoria desconhecida solicita às senhoras compreensão em relação à pequenez do jornal e, ao mesmo tempo, apoio para o seu sucesso:

Senhora!...

O Bandolim que em vossas mãos está
Não tem as meigas frases dos meigos madrigais!
E pobre como é, pequeno, não para
De versos gloriosos as rimas triunfais.

Não poderá de certo vos dar do fundo da alma
Os devaneios doces que a ventura produz!
Nem de noite enluarada, serena, bela e calma
Dos astros irradiantes a fulgurante luz.

Ele nada promete...
Curvado e submisso, qual prova de respeito,
Suplicando, senhora, a vossa proteção.

Dará das cordas frouxas as notas vaporosas
Como se fora um *bouquet* de flores primorosas
Beijando a vossa branca e pequenina mão.
(*O Bandolim*, Oliveira, MG, ano I, n. 10, 16 jul. 1891, p. 1)

Fica evidente a manutenção da mulher no campo semântico da natureza delicada e bela, como um *bouquet* de flores. Não foram encontradas informações referentes à continuidade do jornal.

Fonte: *O Bandolim*, Oliveira, MG, ano I, n. 10, 16 de julho de 1891, em formato microfilme, no Acervo de Periódicos Raros da Biblioteca Nacional do Rio de Janeiro.

A BONINA

ORGAM DEDICADO ÁS DAMAS

PROPRIEDADE DE Cnostança A. Garcia

ANNO I   OLIVEIRA, 16 DE JULHO DE 1891   N. 10

Violeta

Izal se teu nome não me percutisse n'alma, suave como um beijo, bello como um raio de luar, eu quisera que te chamasses—violeta.

Adoro esta florzinha.

Quando o sol se immerge no ricochete da serra deixando n'um rasto de luz o roxo do crepusculo desmaiado em tons de saudade; quando a lua ainda em semicirculo destribue uma luz indecisa e medrosa que beija a corola da pallida açuceua, vou assistir o epicedio do dia formoso no chilrear-da passarada que desfallece n'um adagio de amor sob a cupola do jasmineiro, junto das camelias do jardim, junto da rosa altiva como a vaidade, da angelicá a trausudar perfumes de sensualimo embriagador, das violetas, timidas, medrosas a saturarem de aromas a aragem da tarde.

Amo as violetas porque são a modestia e o amor.

Debeis e pequeninas, humildes e perfumosas parecem lagrimas resvaladas dos olhos da naturesa...

Quando o sol dardeja a pino e as outras flores se estiolam á mingua de uma gotta de agua as violetas se alimentam das lagrimas da aurora, pela manhã recolhidas com amoroso cuidado nas dobras setinosas.

Se mãos barbaras as arrancarem d'ahi, se as tirarem do atufo da folhagem, de seu modesto recanto, morrem, esvaindo a vida em perfumes que se perdem na atmosphera pesada das salas, á luz de fementidos olhares, ao som de mentidas juras.

A violeta quer morrer no canteiro, pender a frente na terra onde nasceu e entregar a alma de odores á brisa enamorada que á tardinha furtava-lhe beijos

Assim eu te quero, Iza!

Pura e modesta como a florzinha, destacando-te nas vérdes cores de teus desaseis annos, quero-te scismativa como a violeta.

Nas salas, ao rumor das dansas pareces-me contrafeita e menos bella que quando á tarde fitas teus olhos verdes e magoados no azul espraiado da immensidade ou quando acompanhas da tua janella, com riso infantil, os recortes que a andorinha cápriçhosa traça celere no espaço

Quero-te assim. Aos pes do altar quando fitas o rosto pallido das imagens, á luz dos cirios, pareces-me a violeta a erguer a cabecinha e escutir os carmes sentidos do sabiá ou o sussurro da viração da tarde.

O teu halito tem o perfume da violeta; violetas pallidas são-te as bagas do pranto a deslisarem pelo setim da face nas horas de tristeza. Os teus risos são melancholicos como a violeta; violeta enfim é a tua bocca pequena e primorosa.

Assim, Iza! se teu nome não me echoasse no coração como um hymno de poesia, uma estrophe de amor, uma epopeia de innocencia, eu quisera que tivesses o nome da flor adoravel e melancholica, o nome da Iza das flores; eu quisera que te chamasses Violeta.

O. de C.

A poesia está n'alma cómo o rouxinol na ramagem.

A Bonina

1891

Em 1891 surgiu na cidade de Oliveira, Minas Gerais, o jornal literário *A Bonina*, que trazia como subtítulo "Órgão Dedicado às Damas". A proprietária era Constança A. Garcia. Possuía quatro páginas, três colunas, sem ilustrações. O único exemplar localizado no Acervo de Periódicos Raros da Biblioteca Nacional, o número 10 do ano I, traz a data de 16 de julho de 1891, e informa que era quinzenal. Sendo assim, o primeiro número deve ter surgido em março.

Chamam a atenção os textos e poemas, provavelmente escritos por homens, carregados de diminutivos e expressões atribuindo ao sexo feminino uma condição frágil e infantilizada, conforme se lê no texto "Violeta", assinado por O. de C.:

> Assim eu te quero, Iza!
> Pura e modesta como a florzinha, destacando-te nas verdes cores de teus dezesseis anos, quero-te cismativa como a violeta.
> Nas salas, ao rumor das danças pareces-me contrafeita e menos bela que quando à tarde fitas teus olhos verdes e magoados no azul espraiado da imensidade, ou quando acompanhas da tua janela, com riso infantil, os recortes que a andorinha caprichosa traça célere no espaço.
> Quero-te assim. Aos pés do altar quando fitas o rosto pálido nas imagens, à luz dos círios, pareces-me a violeta a erguer a cabecinha e escutar os carmes sentidos do sabiá ou o sussurro da viração da tarde. [...]
> Assim, Iza! Se teu nome não me ecoasse no coração como um hino de poesia, uma estrofe de amor, uma epopeia de inocência, eu quisera que tivesses o nome da flor adorável e melancólica, o nome da Iza das flores; – eu quisera que te chamasses Violeta.
> (*A Bonina*, Oliveira, MG, ano I, n. 10, 16 jul. 1891, p. 1)

O autor reitera o desejo por confinar a mulher cada vez mais no espaço doméstico. O jornal apresentava as seguintes seções: "Contos", "Aniversários", "Charadas" e "Crônicas", a última dedicada a eventos sociais ocorridos na cidade. Na edição examinada, alguém assinando Pirilampo registra o baile em comemoração ao aniversário da editora Constança Garcia:

Meia dúzia de bailes, um jantar e uma manifestação. Quanta coisa para cronicar num cantinho deste papelucho que tem a maior honra que o sol cobre – ser lido pelas amáveis leitoras.

Da manifestação só soube o cronista que beberam os oradores muita cerveja e verteram água potável (sem malícia) borrifando o entusiasmo popular; não é comigo, portanto adiante. [...]

Dos bailes... é muita coisa para dizer.

Desde a festa improvisada para solenizar as primaveras da redatora da Bonina até as danças arranjadas do pé pra mão; desde o piano com escala decrescente até a celestina; desde o *frou-frou* das sedas até as morenas de vestido de chita, sem colete... tudo esteve bom, bom até rachar.

É pena que fossem tão pouco. Seis bailes em 15 dias é uma miséria; porém mais miséria é o espaço para nele vazar as impressões boas que destas boas reuniões traz.

(*A Bonina*, Oliveira, MG, ano I, n. 10, 16 jul. 1891, p. 3)

A leitura de *A Bonina* permite afirmar que o jornal de Constança Garcia foi um espaço legitimador dos padrões de comportamento desejados na época, como ocorreu em parte da imprensa destinada às mulheres no século XIX. Não há notícia acerca de sua continuidade.

Fonte: *A Bonina*, Oliveira, MG, ano I, n. 10, 16 de julho de 1891, microfilmado, no Acervo de Periódicos Raros da Biblioteca Nacional do Rio de Janeiro.

O Recreio

1892

O Recreio, "Periódico Literário e Científico Dedicado ao Belo Sexo", surgiu em 2 de abril de 1892 na cidade do Rio de Janeiro. A redação ficava na Rua Sete de Setembro, n. 19, e tinha periodicidade semanal.

Através do editorial conhece-se o propósito da publicação:

> Sempre que no vasto horizonte da imprensa desponta um novo órgão, é praxe fazer-se um vasto e bem elaborado programa que na maior parte das vezes não é cumprido. Nós, que somos novos no jornalismo, desejamos fazer uma inovação, não publicaremos algum programa, tudo que em nossos esforços faremos possível para bem servir os nossos leitores e, principalmente, as nossas amáveis leitoras. O que uma mulher quer, Deus quer, dizia um poeta algures, depositamos por isso, cheios de fé, o nosso futuro nas mãos do ente idolatrado por todos – a mulher. Que elas, com as mãozinhas alvas e delicadas afaguem e nos recebam com doces sorrisos de satisfação, com um desses sorrisos que tão bem aparecem nos lábios das mulheres que amam. E assim, crentes no porvir, prometemos, segundo o nosso título *O Recreio*, proporcionar por todos os modos momentos de agradável e útil de recreio. Seja este o nosso artigo de apresentação.
>
> Assinado: JB.
>
> (*O Recreio*, Rio de Janeiro, ano I, n. 1, 2 abr. 1892)

Dentre os assuntos presentes na única edição localizada, a primeira, de 2 de abril de 1892, estão literatura, generalidades e alguns anúncios. Não foi possível saber sobre sua continuidade.

Fonte: *O Recreio*, Rio de Janeiro, ano I, n. 1, 2 de abril de 1892, em formato microfilme, no Acervo de Periódicos Raros da Biblioteca Nacional do Rio de Janeiro.

A Perola

1895-1896

A PEROLA

Revista humoristica e litteraria, dedicada ao Bello Sexo

Director--ACRISIO DINIZ

REDACTOR-GERENTE COELHO JUNIOR   REDACTOR-SECRETARIO ARTHUR CHAGAS

Collaboração dos principaes litteratos do mundo

| ANNO I | Oliveira, 8 de Março de 1895 | NUMERO 3 |

MUSA FACETA

TEU OLHAR

O teu formoso olhar me offusca,
Vem qual vinho me embriagar,
E, no emtanto, meu olhar busca
A todo instante o teu olhar

E embora eu sempre, querido entè,
De vinhos fuja horrorisado,
Desse licôr eternamente
Quero viver embriagado

Pará-Minas

BENTO ERNESTO JUNIOR

Instrucção

Hoje que tanto se fala em instrucção e que tanto se trabalha para seu progresso e, portanto. para melhoramento do Brasil, porque della é que vieram grandes benefícios, convem dizer que muito mal irá ella, se não mudar de caminho: fallo da immeusidade de materias que são exigidas para que uma penna tire seu diploma de professor, não de normalista mas de simples professor ou mestre rural.

Já o illustre periodico *A Democracia* em um de seus numeros e assignado por pessoa cujo nome não me lembro, fallou no assumpto que me occupa agora e sabiamente o fez.

De dusentos alumnos, uns dez, quando muito, desses alumnos pobres, poderão estudar á risca, as materias todas de sua escola: mesmo porque, poucos são os mestres que sabem *para ensinar* porque alguns exames tem já

suas notas da approvação nos bons empenhos de que se munem os examinandos. E,infelizmente, coitado do que quer se embarcar sem elles nas *Barcas terceiras* de éxames.

Não é falso o que digo, mas tambem não ha regras seu exepção: ha mestres que escrevem só para guerrear a etymologia e assassinar a orthographia.

Pela tenra edade, os alumnos não aguentam tantas materias se não se dispõem a ficar velhos na aula, desejando sabor todas.

É attentatoria do caracter Mineiro a falta de ensino de cathecismo nas aulas: é cousa que não que não tem explicação. O paiz é catholico. Diminúa o governo o sem numero de materies; pague melhor ao professorado o augmento e tempo das aulas, que apparecerão homens idoneos e maduros para o ensino, porque a não ser assim, só começando de menino o estudo para mestre, é

que ensinão bem as poucas materias. Só assim se espalhará a instrucção necessaria a todos.

14—2—95

JOPO

BENTO ERNESTO JUNIOR

Começa, hoje, a illustrar as paginas da nossa mo lesta folha com o magnifico soneto—TEO OLHAR—o maviosissimo poeta mineiro, cujo nome encima esta noticia.

Bento Ernesto promette-nos a brilhantar sempre as columnas d' *A Perola* com a sua valiosissima collaboração.

Parabens aos nossos leitores.

BAZILIO DE MAGALHÃES

Deve chegar a esta cidade por todo mez de março, o nosso collaborador e distincto litterato Bazilio de Magalhães. Cá esperamos com uma grosa de abra.

A Perola surgiu em 1895, na cidade de Oliveira, Minas Gerais, com a proposta de ser uma "Revista Humorística, Literária, Dedicada ao Belo Sexo". Foram localizadas seis edições (3, 4, 13, 18, 20 e 21) no Acervo de Periódicos Raros da Biblioteca Nacional do Rio de Janeiro, editados entre março de 1895 e janeiro de 1896. Provavelmente, a publicação teve uma periodicidade quinzenal, e o primeiro número deve ter saído em janeiro de 1895.

O periódico – ora chamado de jornal, ora de revista – tinha sempre quatro páginas, divididas em três colunas, sem ilustrações. Entre os colaboradores estavam os "principais literatos do mundo", conforme o cabeçalho anuncia por pretensão ou ironia. O corpo redacional era composto pelo diretor Acrísio Diniz, o redator-gerente Coelho Júnior, e o redator-secretário Arthur Chagas.

Nas edições consultadas encontram-se propagandas do Jornal *A Democracia*, também de Oliveira, e do Salão Bilhar Café, de Dona Anna Adelaide das Chagas. Na edição 4, de 23 de março de 1895, foi publicada uma crônica de Fagundes Varella, intitulada "No jardim", e um poema de Revocata Heloisa de Mello, a editora do *O Corymbo*. Há também artigos que visam valorizar a mulher no espaço doméstico e exaltar as qualidades da beleza, delicadeza e meiguice. Um pequeno trecho, para exemplificar:

A mulher

A mulher é uma fada benfazeja, um anjo, medianeira entre Deus para elevar a alma do homem às delícias do céu.
A mulher é a flor que escala o prazer, o cálice que contém a felicidade.
O sol e a mulher parecem ter dividido entre si o ímpeto do mundo. Um nos dá o dia, outro nos embeleza e nos ameniza.
(*A Perola*, Oliveira, MG, ano I, n. 18, 4 dez. 1895, p. 1)

A edição de número 21, que comemorava o primeiro ano da revista, trouxe mudanças a começar pelo subtítulo, que perdeu a denominação "Dedicada ao Belo Sexo", e passou a ser "Revista humorística, literária, recreativa e noticiosa". Mas, apesar de retirada a expressão, a maioria dos textos continuou se dirigindo às mulheres. Em outro artigo, que não foi possível identificar a autoria devido à precariedade do original, são arrolados elogios vazios à figura feminina nos seguintes termos:

A mulher é o nosso ídolo, Ela nos dá o amor, Ela nos dá a vida, e quando nos vemos embalados em doces quimeras pensamos que nos levam para outra vida.
Sejamos fortes! Ouçamos o seu riso cadencioso, admiramos a sua boca cheia de pérolas que concede prometendo doces; a sua palavra nos subjuga por invencíveis arrolos; os ritmados sons nos repreendem dos seus lábios, pululam êxtases pelos nossos ouvidos e nos acaricia com a delicada emanação de mil vagos perfumes; os olhos veludosos e meigos atiram-nos chispas, que tem para nós a suavidade da rosa e a ternura da violeta.

A mulher é a síntese de todas as perfeições. Suas faculdades são ricas e variadas. Ela também tem o poder de sondar o que se passa ao coração do homem até o coração dos astros.

É um engano supô-la todo coração quando Deus lhe der a mais graciosa cabeça para girar como uma bela esfera em torno das mais nobres e radiantes ideias. A sua missão na terra não se limita, como muita gente pensa, a procriar filhos, mas bons filhos, [...] e para sabê-los educar é preciso ter alegria, luz que possa iluminá-los ao céu. É-lhe preciso uma instrução sólida e profícua.

É preciso que conheça seus direitos e deveres para melhor saber a nobre missão que tem a desempenhar no seio da família e da sociedade. [...]

Sejamos para com a mulher o que a natureza ordena ser: seus leais e verdadeiros amigos.

Só assim descansaremos em leito de rosas; e veremos na terra um novo paraíso.

(*A Perola*, Oliveira, MG, ano II, n. 21, 1 fev. 1896, p. 1)

A contradição inerente ao texto compromete a argumentação favorável ao "direito a uma instrução sólida" por parte da mulher. Afinal, o articulista não consegue extrapolar o círculo vicioso inerente ao essencialismo feminino.

A partir dessa edição, *A Perola* passou a oferecer o serviço de assinaturas: 5.000 réis anual, 3.000 réis semestral e 200 réis o exemplar avulso. Os números atrasados eram vendidos por 300 réis. Não foram encontradas informações referentes à sua continuidade.

Fonte: *A Perola*, Oliveira, MG, ano I, n. 3, de 08 de março de 1895; n. 4, de 23 de março de 1895; n. 13, de 15 de agosto de 1895; n. 18, de 04 de dezembro de 1895; n. 20, de 15 de janeiro de 1896; e n. 21, de 1º de fevereiro de 1896, no formato microfilme, no Acervo de Periódicos Raros da Biblioteca Nacional do Rio de Janeiro.

O BANDOLIM

REDACTOR-DIRECTOR: J. PAIXÃO

SECRETARIO: JOVIANO DE MELLO

Semestre I — Juiz de Fóra, 13 de Outubro de 1895 — Numero I

Expediente

Recebe-se annuncios para a quarta pagina d'O BANDOLIM.

O Bandolim

Depois que houverdes acordado, com as faces roseadas pelo calor da almofadinha de setim azul e pelo rendilhado da fronha que vossas mãos trabalharam emquanto, na calada da noite, vosso pensamento febril de moça ambulava pelo ignotus dos sonhos; depois que já houverdes molhado a cabelleira curvinea na agua aromalisada da bacia de porcellana onde o pincel do chinez phantasiou lagos e flores; depois de exercitardes no espelho lavoroso o gracioso de vossos risos e, abrindo as persianas, olhardes o espaço lucilante, os canteiros aljofrados de vosso jardim e ouvirdes o *ralentando* do gorgeio passaral; tomai entre as mãos de coral e jaspe este BANDOLIM.

Abri-o como se abrisseis uma flor em botão, que um perfume voará d'elle para o vosso peito: esse perfume será a poesia, que tanto pode existir na hydria sonora do verso, como no manto dourado da phrase phantastica do artista.

No bandolim que repousa, de cordas mudas, ao lado do thalamo em que dormes, velada pelas cortinas ondulantes -- rivaes da subtil neblina das manhãs - n'esse bandolim vibraes [o dolorido de vossas saudades, a alegria da realisação de vossos anhelos, de vossas esperanças.

Pois bem. Uni as queixas, as alacri-dades de vosso predilecto instrumento, ás queixas, ás alegrias deste BANDOLIM que vos offerecemos e que vibrará sorrisos quando sorrirdes, soluços quando chorardes.

RUINAS

Ruinas e só ruinas
A casa em que ella morou....
Invade a tudo as sylvinas
Velando o que ella sonhou....

Vem-me sempre do aposento
De seu quarto todo azul,
Pela janella, o lamento
Das frouxas auras do sul.

As andorinhas em bando,
Sobre as columnas da escada,
Foram ninhos fabricando
Para a gazil filharada.

E á tarde, ao rubro do occaso,
Pousa uma strige irradia,
Do jardim n'um grande vaso
Soltando a risada fria....

Quanta emoção não desperta
N'uma fronte que medita,
Aquella casa deserta
Onde a Saudade palpita?!.

Alli, que dias risonhos!
Que noites cheias de amor!
Que ninho quente de sonhos
Da mocidade no ardor!...

As flores entrelaçadas
Ás verdes plantas maninhas,
As paredes derrocadas,
O chilro das andorinhas;

O tanque secco, musgoso,
O repuxo sem fluir,
Aquelle fundo repouso,
Aquella strige a carpir...

Tudo nos faz recordar
Mil corações que ferveram
N'aquelle vasto solar
Que as mãos do Tempo abateram.

E agora restam apenas
D'aquelles idos trophéos,
Duas estatuas serenas,
Immoveis olhando os céos.

J. PAIXÃO

O Bandolim

1895

O pequeno jornal literário surgido em Juiz de Fora, Minas Gerais, em 13 de outubro de 1895, era composto por quatro páginas, dirigido J. Paixão e secretariado por Joviano de Mello. À primeira vista não parece ser um periódico voltado para o público feminino, porém a leitura dos artigos logo revela que se tratava de mais uma publicação destinada ao belo sexo:

> Depois de houverdes acordado, com as faces roseadas pelo calor da almofadinha de cetim azul e pelo rendilhado da fronha que vossas mãos trabalham enquanto, na calada da noite, vosso pensamento febril de moça ambulava pelo ignotos dos sonhos; depois que já houverdes molhado a cabeleira curvínea na água aromatizada da bacia de porcelana onde o pincel do chinês fantasiou lagos e flores; depois de exercitardes no espelho lavoroso e gracioso de vossos rios e, abrindo as persianas, olhardes o espaço lucilante, os canteiros aljofrados de vosso jardim e ouvirdes o ralentando de gorjeio passaral; toma entre as mãos de coral e jaspe este *Bandolim*. [...] Pois bem. Uni as queixas, as alacridades de vosso predileto instrumento, às queixas, às alegrias deste BANDOLIM que vos oferecemos e que vibrará sorrisos quando sorrides, soluços quando chorardes.
>
> (*O Bandolim*, Juiz de Fora, MG, semestre I, n. 1, 13 out. 1895)

O Bandolim não apresenta colunas fixas ou ilustrações. A última página era dedicada a anúncios de drogarias, bazares e casas de tecidos. Os textos são em sua maioria assinados por J. Paixão e Catulle Mendes. O único exemplar localizado não traz referência ao endereço da redação nem à sua periodicidade.

Fonte: *O Bandolim*, Juiz de Fora, MG, semestre I, n. 1, 13 de outubro de 1895, em formato microfilme, no Acervo de Periódicos Raros da Biblioteca Nacional do Rio de Janeiro; e em formato digital, no site da Hemeroteca Digital Brasileira.

Imprensa feminina e feminista no Brasil

O Beijo

1896

Com o subtítulo de "Jornal Literário, Artístico e Recreativo Dedicado ao Belo Sexo", surgiu na cidade do Rio de Janeiro, em 19 de julho de 1896, o periódico *O Beijo*. De periodicidade semanal, dimensões 26x19 cm, era impresso na Tipografia Moraes, situada na Rua de São José, n. 35. Eram responsáveis: E. de Lima (redator-chefe), Santos & Renner (proprietários), e ainda A. Rocha (secretário) e J. Teodorico (gerente), que também colaboravam com artigos e poemas.

O exemplar localizado no Acervo de Obras Raras da Biblioteca Nacional encontra-se em estado precário e não foi permitido seu manuseio.

Fonte: *O Beijo*, Rio de Janeiro, RJ, ano I, n. 1, de 19 de julho de 1896, em formato impresso, no Acervo de Obras Raras da Biblioteca Nacional do Rio de Janeiro.

O Recreio da Mocidade
1896-1899

Com o subtítulo de "Órgão das Morenas Dengosas", circulou no Rio de Janeiro o periódico literário intitulado *O Recreio da Mocidade*, entre os anos de 1896 e 1899. Sabe-se muito pouco sobre ele. Apenas que era "propriedade de uma empresa", e que a edição de número 41, relativa ao ano III, é de 1898. Lamentavelmente não foi encontrado nenhum exemplar nos arquivos disponíveis *on-line*. Os dados aqui transcritos encontram-se na ficha catalográfica do periódico na Biblioteca Nacional do Rio de Janeiro, que não permitiu contato com o periódico por se encontrar no setor de restauração.

O Leque
1897

O Leque – "Órgão dedicado ao Belo Sexo, Literário e Noticioso" – surgiu na cidade de Rio Branco, Minas Gerais, em 6 de janeiro de 1897, com periodicidade quinzenal. Teve como redatores Silvino Viana e Jefferson Araújo, como gerente Odorico Gouvêa, e José R. Telesphoro como secretário-gerente. O escritório localizava-se à Rua Coronel Geraldo, s/n. As assinaturas semestrais custavam 4.000 réis, e as trimestrais 2.000 réis, com "pagamento adiantado".

Apenas o primeiro número foi localizado no Acervo de Periódicos Raros da Biblioteca Nacional. Os textos aí publicados, de prosa e poesia, eram assinados por "colaboradores diversos". Uma nota informava que o jornal aceitava a "colaboração do belo-sexo" desde que "devidamente legalizada", isto é: identificada e autorizada pelo marido (*O Leque*, Rio Grande, MG, ano I, n. 1, 6 jan. 1897, p. 1). Tal exigência revela as limitações impostas às mulheres para o exercício do ofício literário, e devia, por si só, funcionar como fator de inibição para muitas.

No texto de apresentação, o editor utiliza a imagem do leque para aproximar o jornal do seu público alvo:

> Com as varetas de uma pérola coberta de gaze rendilhada aparece hoje *O Leque* solicitando um pequeno espaço no campo da imprensa para viver.
> Pequeno, modista e ao mesmo tempo elegante, ele é o encanto e o defensor do belo sexo.
> Visando um único fim divertir por meio de uma literatura amena, de acordo com a delicadeza do sexo que se propôs defender, ele espera bom acolhimento de todas as famílias, em cujo regaço,

Dicionário Ilustrado – Século XIX

além de tudo, amenizará a caligem da atmosfera com a doçura
encantadora de artigos literários e noticiosos.
Nada de política nem de questões pessoais.
Instruir divertindo, eis o lema de sua bandeira.
(*O Leque*, Rio Branco, MG, ano I, n. 1, 6 jan. 1897, p. 1)

A "defesa" ao sexo feminino é enfatizada também em outro artigo,
assinado com o pseudônimo Zetu:

> *O Leque*, a pequenina folha dedicada ao belo sexo, deve ser acolhi-
> da com um sorriso e, sabe Deus, se algum exemplar do delicado
> *Leque* não terá a dita de ser agasalhado num colo moreno ou alvo
> de alguma gentil senhorita? Quem sabe o que ocultam essas rimas
> ligeiras que enfeitam o leque. [...]
> Amigo de tudo quanto é útil e agradável, eu desejo ao *Leque* uma
> existência risonha e que se torne querido das gentis senhoritas
> desta terra, que o devem guardá-lo na caixinha perfumada de suas
> fitas, onde também se guarda os objetos de estima, tais como: um
> delicado botão de rosa, que às vezes vale uma relíquia.
> (*O Leque*, Rio Branco, MG, ano I, n. 1, 6 jan. 1897, p. 1)

Nessa edição, Júlia Cesarina da Silva é a única colaboradora a
assinar um conto, "Sonho com Ernestina", do qual transcrevemos um
pequeno trecho:

> Estamos em pleno mês de abril, este mês alegre e risonho do
> outono, em que as flores vigorosas e orvalhadas exalam deliciosos
> perfumes, nos quais se embriagam os verdes e dourados colibris,
> sugando o delicioso mel.
> Neste mês das alegrias e dos prazeres, a bela e pitoresca cidade
> do Rio Branco está submersa em dor devido à epidemia da febre
> amarela que, sem piedade, tem ceifado tão preciosas vidas.
> Foi neste mês de flores, durante a agitação pavorosa do terrível
> flagelo, que eu, uma noite, triste e melancólica, mal adormecida,
> com o sono perturbado, sonhei com a minha querida Ernestina
> Ribeiro.
> Sonhei que era de madrugada. Fazia um frio que me enregelava
> os ossos, quando ouço leves pancadas na porta do meu quarto.
> Perguntei quem era. – Respondeu-me a voz doce e maravilhosa
> de Ernestina, que me chamava. [...]
> Ernestina, radiante de alegria, colocou-se ao lado de seu lindo
> noivo, e dando-lhe o braço, acenou-me com a mão, dizendo-me o
> saudoso adeus de despedida.

Depois sumiu-se entre os resplendores, na confusão de um coro de virgens.

Fiquei extasiada, e apenas pude balbuciar estas palavras: – Como és feliz, Ernestina!

Acordei banhada em suores frios, e dei um profundo suspiro.

Rio Branco, 30 de abril de 1896.

(*O Leque*, Rio Branco, MG, ano I, n. 1, 6 jan. 1897, p. 3)

A metáfora do sonho, como sustentáculo da narrativa, remete ao desejo inconsciente de realização feminina pelo casamento, simbolizado no conto pela presença do noivo.

No artigo "O que são as mulheres?", de Flávio Pires, repete-se a idealização do sexo feminino, apresentado como divino, casto, objeto da imaginação de poetas:

> Dupati diz que a mulher aparece em tudo o que agrada; Pierre Leroux, que a mulher é o coração do homem; Terencio que as mulheres são flores que o amor faz brilhar nos jardins do universo; Byron, que o coração da mulher é uma parte dos céus; Affonso de Esquiros, que Deus criou as mulheres para que os homens cressem nele por amor delas; La Chussé, que o que a mulher deseja está escrito no céu; Manoel Gonzalez, que todas as mulheres são poetas pela imaginação, anjos pelo coração e diplomatas pelo espírito: Legourié, que a mulher é Deus porque é adorada; Bussanelli, que elas são o nosso primeiro voto, o ídolo do nosso coração.
>
> (*O Leque*, Rio Branco, MG, ano I, n. 1, 6 jan. 1897, p. 2)

O Leque ostentava ainda o título de "segundo jornal publicado na cidade de Rio Branco". Não trazia ilustrações nem anúncios. E não foi possível saber sobre sua continuidade.

Fonte: *O Leque*, Rio Branco, MG, ano I, n. 1, 6 de janeiro de 1897, em formato microfilme, no Acervo de Periódicos Raros da Biblioteca Nacional.

O Beija-Flor
1897

O Beija-Flor surgiu em Viçosa, Minas Gerais, em 1897, sob a direção de J. Pacheco e Silvio de Mello. Trazia como subtítulo: "Órgão Escolástico. Periódico Instrutivo e Noticioso". Não foi possível localizar a data da primeira edição nem sua periodicidade, uma vez que no Acervo de Periódicos Raros da Biblioteca Nacional encontra-se apenas o número 6, de 2 de dezembro de 1897. O jornal possuía quatro páginas, divididas em duas colunas, sem ilustrações ou anúncios, e proclamava que "Aceita-se colaborações do belo sexo". Na página 2, a coluna "Perfil", destinada ao divertimento das leitoras, tentava despertar sua curiosidade para adivinhar qual delas estava sendo ali descrita:

> Esta é do tamanho das moças elegantes, tem a cor da meridional da Europa, é morena, cabelos pretos, fonte cismadora, olhos langorosos e feições mimosas, é bela e afável como são todas as moças bem educadas, segreda, brinca com o piano, queixa-se com o órgão

e domina os corações com uma voz argentina e forte, diferente de uma outra *dolce, mesta e passionata*, e quando canta à tardinha nunca se esquece do caso de amor tão fingido.

"Eu já fiz, hoje não faço;/ Por ti já dei a vida,/ Hoje não dou nem um passo!"

Já conheceis, bela leitora?

Olha, ela desempenha também a mais santa das missões que uma mãe de família pode confiar a uma moça.

Assinado: Ernani.

(*O Beija-Flor*, Viçosa, MG, ano I, n. 6, 2 dez. 1897, p. 2)

Na mesma página, Zephiro publicou "De passeio", texto dedicado a uma jovem cujo nome também não é revelado:

Na avenida dos amores eras a mais linda de todas as moças, estavas assim de branco e mais alva ainda que a neve em flocos; tinhas solta e desembaraçada a vasta cabeleira formando mil anéis que prendiam os olhos de quem te via. Uma *toillete* fina era a tua graça, e a cassa a mais rara prendia a cintura um laço celestial que levava o vento aos balanços, como se tu fosses um desses querubins que Deus faz vir à terra para entoar o poema real dos que amam.

Vi-te assim toda cheia de encantos e tinhas a fronte erguida como a divina formosura da galeria dos modernos.

Teu rosto angélico era pálido e de uma palidez sensível, imitando o jaspe claro e delicado, mas nos olhos duas estrelas travessas cintilavam como as que brilham no céu. [...]

E foste assim com aquela graça do passarinho travesso, que ao esconder-se o dia, foge cantando em procura do seu ninho.

(*O Beija-Flor*, Viçosa, MG, ano I, n. 6, 2 dez. 1897, p. 2)

Em reforço ao discurso da mística feminina, presente nos trechos citados, o periódico exibia ainda as colunas "Aniversários", "Folhetim", em que eram publicados contos em capítulos, e "Boas Vindas", com notícias de visitantes que chegavam à cidade.

Fonte: *O Beija-Flor*, Viçosa, MG, ano I, n. 6, 2 de dezembro de 1897, no formato microfilme, localizado no Acervo de Periódicos Raros da Biblioteca Nacional do Rio de Janeiro.

O Mimo

1897

O Mimo, "Dedicado ao Belo Sexo", surgiu na cidade de Jaguari, Minas Gerais, em setembro de 1897. Dirigida por Aristides de Araújo, possuía o formato tradicional da maioria dos periódicos do século XIX: quatro páginas, divididas em duas colunas, sem ilustrações. Na apresentação o editor utiliza diminutivos para se referir ao jornal e esclarece que seu principal propósito era distrair as jovens da cidade.

> Pequenino, desajudado de toda e qualquer proteção, *O Mimo* é um jornalzinho que não se destina às questões transcendentais e de alta indagação, mas simplesmente ao recreio do belo sexo jaguariense, sob cujos auspícios, unicamente, enceta hoje a sua carreira. Tendo as costas voltadas à política, alheio a tudo que se relacionar com a intriga, com a difamação, *O Mimo*, qual barquinho em sereno lago, se conduzirá pela senda do dever, sem descambar, tranquilamente, visando tão somente o fim para que foi criado. Nestas condições, aparece hoje, animado pela certeza de que merecerá do povo jaguariense generoso acolhimento.
> (*O Mimo*, Jaguari, MG, ano I, n. 1, 15 set. 1897, p. 1-2)

Logo no primeiro número, traz a carta de uma jovem dirigida a Arthur Schopenhauer, intitulada "Breve resposta", que defende as mulheres da acusação de "inclinação para o furto" que teria sido feita pelo filósofo:

> É deveras injusto, se não é cruel, Arthur Schopenhauer, no seu esboço sobre as mulheres.
> Atribuir-se às mulheres mais do que aos homens a inclinação para o furto, para o roubo, certamente é pretender substituir a regra pela exceção. Os maus instintos são mais frequentes no homem do que nas mulheres. A rapina quase que se pode dizer que é propriedade do *sexo feio*.
> A prova é que quase não se conhecem fatos dessa natureza praticados por mulheres. Entretanto, o mesmo não acontece com os homens, que todos os dias são surpreendidos em flagrante com o alheio na mão.
> Quanto ao fato de julgar o mesmo escritor a mulher um ente *inestético*, poderíamos responder-lhe: inestético é o homem, que é um ente espadaúdo, de pés descomunais, de mãos grossas e dedos curtos, cintura de barril de biscoito, pernas longas e finas, cambitos, barbaças, cabeludos. A maior parte dos homens se aproxima mais da raça dos macacos, que da raça humana. E se não vejamos: cabelos nos ouvidos, cabelos nas ventas, pelo de bugio nas pernas, nos braços.
> A mulher, entretanto, é graça, o encanto e concretiza em si todo o esplendor do gosto estético.
> (*O Mimo*, Jaguari, MG, ano I, n. 1, 15 set. 1897, p. 1-2)

Em contrapartida, reiterando a visão tradicionalista defensora dos costumes e de valores morais, o artigo assinado por Polypheno Sobrinho descreve a mulher de forma conservadora, como alguém que deve viver dedicada ao lar, e cuja virgindade precisa ser preservada para o casamento. Segundo ele, as páginas de *O Mimo* dirigiam-se somente às mulheres virtuosas:

> A vida sem a mulher não se compreende. A suprema felicidade do homem na terra, não há negá-lo, resume-se antes no ser amado, depois nas doçuras do lar. Daí as duas fases divinas da mulher: a virgindade é o ideal, a maternidade honesta que é o sublime. A que transviou-se da senda da virtude, arrastada pelos ardis da corrupção masculina, é uma mártir, mas ainda é mulher. A adúltera, que é

a desgraça no lar e o aniquilamento da família, não tem direito de usar deste nome santo. A adúltera é lama, e nada mais. Mas por isso mesmo que há adúlteras, a lama nojenta da sociedade, é que a mulher honesta se alevanta cheia de luz; por isso é que o homem deve prestar culto e veneração àquelas que têm sabido respeitar o seu nome.

Peço vênia para dedicar estas linhas às mulheres honestas deste município e me desvaneço ao lembrar que são em grande número. As leitoras, que por um acaso fatal estejam na exceção aqui aberta, tremam muito embora de raiva e despeito, que pouco se me dá e muito menos a *O Mimo*, que só é dedicado às mulheres virtuosas. Assinado: Polypheno Sobrinho.

(*O Mimo*, Jaguari, MG, ano I, n. 1, 15 set. 1897, p. 2)

O periódico abre espaço para diferentes discursos. No entanto, é preciso destacar a discrepância de ênfases: enquanto a autora que polemiza com Schopenhauer detém-se numa discussão moral e estética, o articulista Polypheno limita-se ao aspecto moral, exigindo das mulheres um comportamento enquadrado no casamento monogâmico.

O periódico aceitava assinaturas trimestrais no valor de 500 réis. A última página era dedicada a anúncios de profissionais, como médicos e advogados. Como apenas o primeiro número foi localizado, não é possível saber sua duração.

Fonte: *O Mimo*, Jaguar, MG, ano I, n. 1, 15 de setembro de 1897, em formato digital, no site do Arquivo Público Mineiro. Disponível em: <www.apm.mg.gov.br>. Acesso em: 13 maio 2014.

Anno I. — 15 de Outubro de 1897 — N.

A MENSAGEIRA

Revista Literaria
dedicada á mulher brazileira

Directora: Presciliana Duarte de Almeida

☆

São Paulo
Typographia Brasil de Carlos Gerke & Comp.

A Mensageira
1897-1900

Em 15 de outubro de 1897, a jornalista mineira Presciliana Duarte[51] deu início a uma das publicações feministas de maior importância do final do século XIX. Tratava-se de *A Mensageira* – "Revista Literária Dedicada à Mulher Brasileira"– que circulou em São Paulo até 1900. O projeto destoava da maioria dos títulos destinados ao público feminino da época, porque, no lugar de conselhos de moda, receitas, anedotas e textos enfatizando a condição de inferioridade, a revista pretendia colaborar para a emancipação, conforme anuncia a redatora no primeiro editorial:

Duas palavras

Estabelecer entre as brasileiras uma simpatia espiritual, pela comunhão das mesmas ideias, levando-lhes de quinze em quinze dias, ao remansoso lar, algum pensamento novo – sonho de poeta ou fruto de observação acurada, eis o fim que modestamente nos propomos. Será recebida com indiferença *A Mensageira* – portadora feliz da prosa amena e discreta de Júlia Lopes de Almeida e dos versos artísticos e sentidos das mais festejadas e conhecidas poetisas brasileiras? Não o cremos! E é por isto que nos arrojamos a uma empresa desta ordem. [...] Ao empreendermos esta publicação, sentimo-nos animadas da mais viva esperança, depositada no espírito progressivo e na benemerência de nossas compatriotas.

---

[51] Presciliana Duarte de Almeida nasceu em Pouso Alegre, Minas Gerais, em 03 de junho de 1867. Além de jornalista era também escritora, tendo participado da criação da Academia Paulista de Letras. É autora de *Rumarejos*, 1890; *Sombras*, 1906; *Páginas infantis*, 1910; e de *O Livro das artes* e *Vertiver*, ambos de 1939. Faleceu em São Paulo no dia 13 de junho de 1944, aos 77 anos.

Para mais variada e interessante tornarmos a nossa revista, temos, além da colaboração das mais ilustres escritoras nacionais, o concurso de distintíssimos cavaleiros [...]. Esperamos, portanto, o apoio de nossas inteligentes patrícias e aqui ficamos com braçadas de flores de todas aquelas que nos quiserem trazer o auxílio de seu talento. Que a nossa revista seja como que um centro para o qual convirja a inteligência de todas as brasileiras! Que as mais aptas, as de mérito incontestável nos prestem o concurso de suas luzes e enriqueçam as nossas páginas com as suas produções admiráveis e belas; que as que começam a manejar a pena, ensaiando o voo altivo, procurem aqui um ponto de apoio, sem o qual nenhum talento se manifesta; e que, finalmente, todas as filhas desta grande terra nos dispensem o seu auxílio e um pouco de boa vontade e benevolência.
(*A Mensageira*, São Paulo, ano I, n. 1, 15 out. 1897, p. 1-2)

Com uma média de vinte páginas e periodicidade quinzenal nas primeiras edições, passou a ser editada uma vez por mês a partir de 15 de fevereiro de 1889. A redação localizava-se à Rua Santa Efigênia, n. 57, era vendida através de assinaturas anuais ao preço de 12.000 réis, com "pagamento adiantado". O exemplar avulso podia ser adquirido por 1.000 réis.

A proposta inovadora de Presciliana Duarte, aliada à possibilidade de publicar e de contribuir para denunciar a condição submissa do sexo feminino, despertou imediatamente o interesse de colaboração de renomadas escritoras. Adelina Lopes, Francisca Júlia da Silva, Ignez Sabino, Auta de Souza e Júlia Lopes de Almeida foram algumas delas. A última, prima da redatora, teceu o seguinte comentário sobre o surgimento da folha feminista:

> Não é sem algum espanto que escrevo este artigo, para um jornal novo, e de mulheres! É uma tentativa sem grandes fundamentos? Viverá pouco? Ficará? Só o tempo poderá responder a estas perguntas; entretanto, que fique, ou que passe no sopro ligeiro dos dias curtos, esta revista assinala um fato digno de atenção de que o movimento feminista vai desenvolvendo a força de suas asas no Brasil. [...]
> A mulher brasileira conhece que pode querer mais, do que até aqui tem querido; que pode fazer mais, do que até aqui tem feito. [...]
> Uma mãe instruída, disciplinada, bem conhecedora dos seus deveres, marcará, funda, indestrutivelmente, no espírito do seu filho, o sentimento da ordem, do estudo e de trabalho de que tanto carecemos. Parece-me que são esses os elementos de progresso e de paz para as nações. [...]

Dicionário Ilustrado – Século XIX

O assunto é tão melindroso que eu o evito sempre, e se lhe toco hoje, é porque a índole especialíssima deste jornal a ele me chama com certa imposição e insistência...
(*A Mensageira*, São Paulo, ano I, n. 1, 15 out. 1897, p. 3)

Como assinala Júlia Lopes, a revista marcava o fortalecimento do feminismo brasileiro no final do século XIX, que consistia na reverberação de vozes que vinham de várias partes do país, clamando pela emancipação através de jornais e revistas. Tal fato permite considerar a existência de um "movimento" feminista entre nós, embora ainda em estado embrionário.

Para Maria Amália Vaz de Carvalho, os esforços de Presciliana Duarte e suas contemporâneas eram importantes para se alcançar a autonomia intelectual, a igualdade no campo do trabalho e a conquista de direitos. Em artigo publicado na edição 31, de 1887, pode-se ler:

À hora em que escrevo (dia 4 de Julho), está se encerrando em Londres o *Congresso Internacional das Mulheres*, o qual desta vez teve uma importância muito maior do que nunca tivera, pela qualidade e representação das pessoas que a ele aderiram ou nele figuraram. [...]
Vê-se, portanto, que a onda do feminismo tem engrossado e está já em torrente; vê-se que esta reunião já não é uma assembleia de *declassés* a reclamar coisas irrealizáveis ou ridículas e a reclamar pomposas e vãs teorias. [...]
Fui educada sob a influência de ideias que já se não coadunam com o momento atual. O mundo moral que nunca parou, como não para o mundo físico, como não param os infinitos planetas que povoam o espaço, tem nestes últimos trinta anos adquirido uma velocidade quase frenética. [...] A gente tem de se modificar rapidamente para seguir as modificações do seu tempo.
E por isso eu, tantos anos adversária inconciliável dos direitos políticos da mulher, tenho de converter-me a essa inovação, desde que nela se incluem vantagens de ordem econômica e de ordem moral, que não eram necessárias à mulher antigamente e que hoje lhe são absolutamente indispensáveis para que a brutalidade da vida moderna a não esmague. [...]
O século XX verá a mulher trabalhando ao lado do homem, concorrendo com ele em todas as carreiras liberais, vencendo-o, talvez, em algumas delas pela sua tenacidade, pela sua paciência, pela sua habilidade manual, pela perspicácia ingênita que a distingue, pela

sua faculdade apurada em longos séculos de padecer calada, de suportar o mal sem se queixar. [...]

Eu, a quem a miséria moral, intelectual e física de milhões de irmãs pelo sexo converteu finalmente à necessidade de aceitar a nova ordem de ideias, estimo em todo o caso não ter que assistir ao pulular das bordas femininas militantes que vão aparecer, e as quais está talvez destinada, com o andar dos séculos, à vitória sobre o homem gasto, envelhecido, exausto, pela sua labuta secular, a que *elas* tem escapado.

Assinado: Maria Amália Vaz de Carvalho.

(*A Mensageira*, São Paulo, ano II, n. 31, 31 ago. 1899, p. 133-139)

Maria Amália Vaz de Carvalho reconhece com lucidez a necessidade de reconfigurar o seu discurso, aliás, da mesma forma que Júlia Lopes de Almeida. Se antes resistia à participação política da mulher e renegava o feminismo, ao se aproximar o final do século dá-se conta do novo contexto de redirecionamento do movimento feminista. Tal fato só vem comprovar a importância da imprensa no século XIX como espaço de reflexão e polêmica: uma espécie de "república do pensamento", de molde iluminista, tal como assinalado anteriormente por Machado de Assis.

Para a pesquisadora Rosana Cássia Kamita (2004, p. 165), o ideário de educação defendido pela revista pautava-se em dois aspectos: a instrução para melhor cuidar da família e o saber como suporte para a inserção das mulheres no mercado de trabalho e, consequentemente, para a conquista da elevação intelectual e independência.

O lúcido artigo "Falso encanto" aponta para dificuldade que muitas tinham em assumir uma postura mais crítica frente ao contexto a que estavam submetidas. E ilustra a defesa pelo direito ao saber:

Sempre que se fala em modificar a educação da mulher ou ampliar os seus meios de ação, aparece alguém que faça a apologia da mulher como rainha que deve ser... pela fraqueza! Que o encanto da mulher está justamente na ignorância, na sua timidez, na sua infantilidade! Pensem assim ou não, entretanto, queiram ou não queiram, a mulher instruída, forte, capaz de velar à cabeceira de um filho enfermo, auxiliando as perscrutações da ciência; ou de repelir com energia as chalaças de qualquer imbecil, será a mulher do futuro, será a verdadeira companheira do homem, que sabe participar de todos os seus pensamentos e ajudá-lo em todas as resoluções difíceis. [...] Esse falso encanto é o veneno corrosivo de muitas mulheres: não querendo deixar de ter atrativos e ouvindo os pregoeiros da futilidade, deixam-se levar, esterilizando sua inteligência, sua força, sua energia e até, algumas vezes, seu caráter! Quantas senhoras, apesar de pensarem como nós, manifestam-se de todo contrário com o fim de serem benquistas e passarem vida sossegada.

São estas, a nosso ver, criminosas egoístas, que não cuidam nem do futuro de suas filhas nem da sorte das mulheres em geral. Estas fazem na sua espera o papel cômodo de certos homens que não têm nunca uma opinião firme e decisiva, agitem-se embora no seu país, as mais complicadas e importantes questões de interesse público!

Assinado: Maria Emília.

(*A Mensageira*, São Paulo, ano I, n. 2, 30 out. 1897, p. 17-18)

A revista mantinha duas seções pontuais: "Notas pequenas", contendo comentários feitos por outros periódicos sobre *A Mensageira*, como *O Paiz*, *Revista Fluminense* e *Revista do Brasil*, e a de cartas. Na edição de 15 de novembro de 1897, por exemplo, foi publicada na íntegra a seguinte carta assinada pela escritora gaúcha Ibrantina Cardona:

Minha Senhora:

Teu amor pela literatura, diz Montesquieu, é trocar as horas do tédio por horas deliciosas. E, realmente, depois que li *A Mensageira*, senti comigo essa satisfação espiritual que, deixando-me, por algumas horas esquecida de uma persistente e manhosa enfermidade, que há meses me aniquila o corpo, concorreu para que eu recobrasse o entusiasmo para dizer-vos, na frase de Mme. de Stael, que – "a vós pertence um lugar entre aquelas que bem mostram ser a mulher apta para todos os arrojos do engenho humano".

E, para confirmar esta asserção, aqui está, sobre a minha mesa de trabalho, *A Mensageira*, cujo programa revela o mais louvável *tentamen* de um espírito superior em favor da instrução; aqui estão os preciosos frutos intelectuais das pensadoras que acompanham a marcha do progresso, sob o lábaro triunfal da Arte. [...]

Oxalá que *A Mensageira* da civilização, na espinhosa senda porque vai atravessar, conseguindo erguer a mulher ao nível da luz, no plaustro azul da Arte, possa desfraldar o lábaro da vitória, para compensação do vosso imaculado ideal, minha Senhora!

Da admiradora patrícia e colega

Campinas, 3-11-97

Assinado: Ibrantina Cardona.

(*A Mensageira*, São Paulo, ano I, 15 nov. 1897, p. 40-41)

Ibrantina Cardona não só louva o periódico como, ao fazê-lo, declara sua identificação com os propósitos do mesmo. Outra carta que também revela a repercussão positiva da revista é esta, assinada por Guiomar Torresão, a responsável pelo *Almanach das Senhoras* (1871-1929):

> Felicito-a pela sua *Mensageira*, porta-estandarte do movimento *feminista* no Brasil, que me traz em cada número que leio, com progressivo e afetivo interesse, um grande e consolador júbilo.
> [...] Saúdo-a pelo seu empreendimento, que tão decisiva e benéfica influência deverá ter nos destinos da mulher brasileira e no vasto território da sua pátria. [...]
> Assinado: Guiomar Torrezão.
> (*A Mensageira*, São Paulo, ano I, n. 1, v. 15, p. 189-190)

Mas em 15 de janeiro de 1900, o editorial de Presciliana Duarte expõe as dificuldades para se manter uma revista como aquela, fora dos padrões da imprensa destinada às mulheres, e dá por encerrada a publicação.

> Dois anos de vida... que é isso? Nada, absolutamente nada, o desabrochar de uma rosa, um rápido e fugitivo sonho que se desfaz aos primeiros clarões da aurora.
> Mas se olharmos para todas as dificuldades, para a má vontade de uns e para a intolerância de outros, veremos que a campanha vencida não é das menores.
> Se durante estes dois anos de trabalho *A Mensageira* cumpriu bem ou mal o seu programa é o que eu não posso saber pela suspeição que sinto na alma ao falar desta revista que tanto estimo, que tanto estremeço.
> (*A Mensageira*, São Paulo, ano II, n. 36, 15 jan. 1900, p. 230)

Fontes: MENSAGEIRA, A. Revista Literária Dedicada à Mulher Brasileira. São Paulo: Secretaria do Estado de Cultura, 1987. Edição fac-similar, v. I e II.

A Mensageira, São Paulo, ano I, n. 1, 15 de outubro de 1897; ano I, n. 17, 15 de junho de 1898; ano I, n. 18, 30 de junho de 1898, em formato digital, na Hemeroteca Digital Brasileira.

KAMITA, Rosana Cássia. Revista *A Mensageira*: alvorecer de uma nova era? *Revista Estudos Feministas*, Florianópolis, v. 12, n. spe., p. 164-168, set./dez. 2004. Disponível em: <http://www.scielo.br/scielo.php?pid=S0104-026X2004000300018&script=sci_arttext>. Acesso em: 23 jan. 2015.

PERES, Maria de Fátima Moreira. Presciliana Duarte. In: DUARTE, Constância Lima. *Mulheres em Letras: antologia de escritoras mineiras*. Florianópolis: Mulheres, 2008. p. 45-54.

Escrinio
1898-1910

Importante jornal do Rio Grande do Sul, *O Escrinio* (depois só *Escrinio*) circulou primeiro nas cidades de Bagé e Santa Maria, antes de se transferir para Porto Alegre. A fundadora e principal responsável foi Andradina de Oliveira,[52] cujos dinamismo e espírito de liderança arregimentaram um número significativo de mulheres em torno do projeto social, político e cultural do periódico. Em Bagé, a folha surgiu em 2 de janeiro de 1898, com quatro páginas, ostentando o subtítulo de "Hebdomadário literário, ilustrativo e noticioso". Ao longo de sua extensa trajetória, adotou outros subtítulos, entre eles "Pela Mulher".

No editorial de estreia, como era de praxe, constam os propósitos do jornal:

> O paladino que hoje surge na arena escabrosa do jornalismo é o produto de uma vontade feminil que jamais se entibiou no meio das terríveis lutas pela vida; [...]
> *O Escrinio*, o modesto *Escrinio*, será o eco de todos os bons sentimentos, de todas as legítimas doutrinas, de todas as nobres tentativas, de todos os levantados cometimentos, de todas as sublimes aspirações; será finalmente, o cofre amoroso das joias literárias.
> (*O Escrinio*, Bagé, RS, ano I, n. 1, 2 jan. 1898, p. 1)

---

[52] A feminista Andradina América de Andrade e Oliveira nasceu em Porto Alegre em 12 de junho1864, e faleceu em São Paulo em 19 de junho 1935. Professora, contista, romancista, poetisa, biógrafa, dramaturga e jornalista, colaborou em diversos jornais e revistas do país, e publicou inúmeros livros, entre eles *O sacrifício de Laura* (drama, 1897), *Preludiando* (contos, 1897), *Viúva e virgem* (drama, 1902), *A mulher rio-grandense: escritoras mortas* (1907), *Cruz de pérolas* (crônicas, 1908), *O perdão* (romance, 1910), *Divórcio?* (tese social, 1912) e *O abismo* (romance, 1912).

Em 12 de junho de 1901, *Escrinio* se transferiu para Porto Alegre, onde se apresenta como "Jornal dedicado à Mulher Rio-grandense". Nesse momento, amplia consideravelmente o número de colaboradores e colaboradoras, e passa a ostentar textos vindos da Bahia, Ceará, Goiás, Maranhão, Minas Gerais, Paraná, Pernambuco, Rio de Janeiro, Rio Grande do Norte, Santa Catarina, São Paulo e até do exterior, no caso, o Chile. Ampliou também os assuntos abordados, comentando problemas decorrentes da falta de políticas públicas na área da saúde. Enquanto "Revista ilustrada, literária, artística, científica, educativa e noticiosa", investiu na divulgação da literatura, promovendo concursos que incentivavam a participação feminina.

Mais tarde, com o subtítulo "Pela Mulher", fica mais explícito seu posicionamento nas questões relacionadas à instrução, ao trabalho, à maternidade, ao divórcio e ao casamento de conveniência. Para Andradina, a educação prepara a mulher não apenas para melhor exercer seu papel junto à família, mas também para ser independente econômica e intelectualmente. O periódico noticiava as conquistas femininas obtidas no Brasil e no mundo, visando incentivar as leitoras para o trabalho profissional e o desempenho de funções públicas.

Em texto da edição de 16 de outubro de 1909, encontra-se a seguinte nota:

> Sairão este ano da Faculdade de Agronomia de Buenos Aires, diplomadas com o título de engenheiros agrônomos, as senhoritas Célia Silva Lynch e Amália Vicentini. Comentando a notícia, diz *La Verdad*, importante revista portenha: "assim se inicia um novo rumo para as atividades femininas na mais nobre das carreiras, a que nos ensina a fazer produzir a mãe terra. Amanhã o espírito intuitivo da mulher fará da terra um paraíso".
> (*Escrinio*, Porto Alegre, ano I, 02 jan. 1898, *apud* GAUTÉRIO, 2011, p. 59)

Em substancioso estudo sobre o periódico, Rosa Cristina Hood Gautério (2011, p. 523) destaca sua importância no contexto da imprensa feminina sul-rio-grandense "como produto cultural na construção da história das mulheres", suas relações com o feminismo da época, e o quanto seu discurso estava afinado com as reivindicações do tempo. O periódico, inclusive, apresentou um retrospecto da história do "segundo sexo", intitulado "A mulher através dos tempos", em sucessivas edições, fruto de uma conferência realizada por Andradina em 30 de junho de 1906, no Teatro São Pedro, em Porto Alegre.

Na edição de 25 de junho de 1910, encontra-se o artigo relacionado à "Época Moderna":

> Libertai a mulher brasileira desses preconceitos e prejuízos que lhe pesam esmagadoramente sobre o cérebro enfraquecido por séculos de escravatura e humilhações! Dai-lhe a consciência dos seus deveres; dai-lhe o conhecimento dos seus direitos; dai-lhe a posse de si mesma! Libertai-a! Educai as filhas como educais os filhos, preparando-as para a vida, tornando-as aptas a cooperar no preparo do porvir! Instruí a mulher para quando chegarem os tempos que estão próximos!
> (*Escrinio*, Porto Alegre, ano III, 25 jun. 1910, p. 297-299 *apud* GAUTÉRIO, 2011, p. 523)

Após doze ou treze anos de circulação, segundo a historiadora Hilda Flores (2011), *Escrinio* encerrou sua carreira em data ainda não conhecida. Segundo algumas fontes, o Museu da Comunicação Hipólito José da Costa, em Porto Alegre, possuiria três exemplares do jornal, datados de 1909.

Fontes: ELEUTÉRIO, Maria de Lourdes. *Vidas de romance*. [S.l.]: Unicamp, [S.d.]. Disponível em: <http://www.unicamp.br/iel/memoria/projetos/ensaios/ensaio40.html>. Acesso em: 12 dez. 2010.

Museu da Comunicação Hipólito José da Costa: <http://www.museudacomunicacao.rs.gov.br/site/>. Acesso em: 24 fev. 2011.

FLORES, Hilda Agnes H. *Dicionário de mulheres*. 2 ed. Florianópolis: Mulheres, 2011.

GAUTÉRIO, Rosa Cristina Hood. *Escrinio*: a imprensa feminina sul-rio-grandense como produto cultural na construção da história das mulheres. In: SEMINÁRIO INTERNACIONAL DE HISTÓRIA DA LITERATURA, IX., 2011, Porto Alegre. *Anais...* Porto Alegre: Edipucrs, p. 516-525, 2011. Disponível em: <http://ebooks.pucrs.br/edipucrs/Ebooks/Web/978-85-397-0198-8/Trabalhos/89.pdf>. Acesso em: 13 set. 2012.

Cecy

1898

Com o objetivo de ser porta-voz da Sociedade Pérola Brasileira, clube de dança da sociedade paulistana, *Cecy* surgiu em São Paulo em 26 de fevereiro de 1898. Composto por quatro páginas, divididas em três colunas, informava no subtítulo ser destinado unicamente à literatura, para assim "penetrar no seio puro e imaculado das gentis donzelas e lá nesse lugar sagrado gozar as carícias desses anjinhos" (*Cecy*, São Paulo, ano I, n. 4, 26 fev. 1898, p. 1).

A direção ficava a cargo dos membros da Sociedade Pérola Brasileira, mas as crônicas e poemas eram assinados com pseudônimos, ou de forma camuflada, desta maneira: M. Oirad, Teimoso, Arisalpino, e D. G. Azevedo.

Através de um acróstico assinado por Zure, e dedicado às leitoras, é possível conhecer algumas delas:

Palmira da Silva
Eulália Pacheco
Rosina Vaz
Olympia Bragança
Lucinda Ferreira
Alice Rocha
Bertha Cruzize
Rosa Gonçalves
Amélia Silva
Zenobia de Oliveira
Isabel Lutzan
Leonor Horemans
Emília Quinto
Ignez da Veiga
Rufina Campos
Augusta de Almeida
(*Cecy*, São Paulo, ano I, n. 1, 26 ago. 1898, p. 3)

Na última página encontram-se informes gerais e notícias sobre festas e eventos promovidos pela Sociedade Pérola Brasileira.

Fonte: *Cecy*, São Paulo, ano I, n. 1, 26 de agosto de 1898, em formato microfilme, no Acervo de Periódicos Raros da Biblioteca Nacional do Rio de Janeiro.

O Amor

1898

Com o singelo título de *O Amor*, "Órgão Literário", o pequeno jornal começou a circular em São Paulo no dia 13 de março de 1898. Para melhor justificar o nome, trazia o conhecido poema de Luís Vaz de Camões à guisa de editorial: "Amor é fogo que arde sem se ver/ É ferida que dói e não se sente/ É um contentamento descontente/ É dor que desatina sem doer". De periodicidade quinzenal e quatro páginas, tinha como redator J. Cantinho. As assinaturas eram vendidas ao preço de 3.000 réis, a anual, e 2.000 réis, a semestral. As correspondências deveriam ser enviadas à Travessa do Braz, n. 33.

Foi encontrada apenas a edição número 1, de 13 de março de 1898, em microfilme, no Acervo de Periódicos Raros da Biblioteca Nacional, com algumas páginas ilegíveis.

Fonte: *O Amor*, São Paulo, n. 1, 13 de março de 1898, em formato microfilme, no Acervo de Periódicos Raros da Biblioteca Nacional do Rio de Janeiro.

Album das Meninas
1898-1901

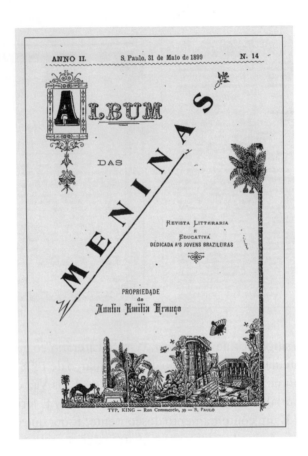

Com o subtítulo de "Revista Literária e Educativa Dedicada às Jovens Brasileiras", circulou em São Paulo, no período de 1898 a 1901, o periódico mensal *Album das Meninas*. Até o sétimo número a redação localizava-se na Rua São João, n. 160; depois passou para Largo do Arouche, n. 79.

O primeiro número surgiu em 30 de abril de 1898, sob a direção de Anália Franco Albuquerque.[53] Eram colaboradores E. A. Pitoresca,

---

[53] Anália Franco Albuquerque (1856-1919) foi romancista, escritora, teatróloga, jornalista e poetisa, autora de inúmeros livros dedicados à educação das crianças. Praticante da Doutrina Espírita, criou no interior do estado de São Paulo a primeira "Casa Maternal" para receber crianças necessitadas de abrigo.

D. Antônio Franco, Elisa de Mattos, Alves Mendes, Ismael de Souza, Amélia Janny, Júlia Gusmão, Caetano de Moura, Antonio Candido e Maria Cândida Pereira de Vasconcelos. Tinha em média vinte e quatro páginas e formato 14x21 cm.

Segundo Samantha Correa-Lodi, que teve acesso a uma coletânea, o *"Album das Meninas* pode ser considerado um laboratório de ideias que seriam colocadas em prática em 1901, com a fundação da AFBI – Associação Feminina Beneficente e Instrutiva" (CORREA-LODI, 2009, p. 75). Só que, quando a Associação iniciou as atividades e Anália Franco assumiu a presidência, o jornal deixou de ser publicado.[54]

Segundo consta no editorial da primeira edição,

> A nossa missão é, pois, evangelizar a nação, e levantar bem alto o estandarte da virtude e do belo, inoculando no coração da mocidade confiada às nossas mãos, as grandes qualidades que nos vão faltando: a ordem, o trabalho, a noção exata do dever, o verdadeiro amor da pátria, a compreensão da vida humana com um destino elevado e sério e, sobretudo, fazer-lhe conceber o bem absoluto, a eterna justiça, o Espírito Supremo que anima e vivifica toda a natureza. É porém fora de dúvida que a educação e a instrução elementares só poderiam tornar-se verdadeiramente profícuas se os alunos ao voltarem da escola encontrassem no lar os meios de continuarem a instruir-se, e um dos mais eficazes recursos para consegui-lo consiste em facilitar-lhes a leitura dos bons livros. Todas sabem, entretanto, que os livros não se acham ao alcance de todos.
> (*Album das Meninas*, São Paulo, ano I, n. 1, 30 abr. 1898, p. 1-2)

Enquanto circulou, o *Album das Meninas* tinha, pois, como objetivo, incentivar a leitura entre as jovens. Esse seria, segundo a autora, "um diferencial em relação aos outros impressos da imprensa feminina, que não se preocupavam com as camadas populares da sociedade". (*Album das Meninas*, São Paulo, ano I, n. 1, 30 abr. 1898, *apud* CORREA-LODI, 2009, p. 77). Dentre os textos em que manifesta sua preocupação com a pouca instrução e a falta de leitura das moças, destacam-se "Nossa apatia intelectual" e "A nossa apatia mental". Para tanto, *Álbum das Meninas* trazia, ao lado de poemas e textos literários em prosa, notícias sobre a educação

---

[54] Na verdade, o periódico reaparece em 1903 com novo título – *A Vóz Maternal*, "Órgão da Associação Feminina Beneficente e Instrutiva" – e circula até 1910, sob a direção de Anália Franco.

Imprensa feminina e feminista no Brasil

feminina em outros países, além de "traduções recheadas por um ativismo sócio educacional" (CORREA-LODI, 2009, p. 80).

Preocupada com a sorte das crianças abandonadas, Anália Franco usou as páginas do *Album das Meninas* para denunciar a situação e tentar arregimentar pessoas que pudessem contribuir em favor da causa:

> Existe, creio eu, nesta capital, uma sociedade protetora dos animais. E, não me consta que haja uma idêntica de proteção e instrução das crianças abandonadas à ignorância e à vagabundagem. Pois valem elas menos que os animais?
>
> (*Album das Meninas*, São Paulo, n. 4, 1898, p. 74 *apud* CORREA-LODI 2009, p. 82)

Já no artigo "Questões sociais", Anália lamenta as diferenças existentes entre as classes, e convida a população para meditar sobre o problema. Segundo ela, "o profundo caráter da sociedade atual é o luxo desenfreado de uns, incrustado na miséria asquerosa de outros" (*Album das Meninas*, São Paulo, n. 6, p. 121, *apud* CORREA-LODI, 2009, p. 85).

Como ocorre em diversos periódicos que militavam em defesa das mulheres, também esse não escapa da armadilha ideológica do sexo. Assim, ao mesmo tempo em que defende a instrução e a profissionalização feminina, Anália Franco sugere que as mulheres deveriam preferir o lar, para fazerem jus ao seu papel biológico específico.

Fontes: CORREA-LODI, Samantha. *Anália Franco e sua ação sócio-educacional na transição do Império para República (1868-1919)*. Campinas: Unicamp, 2009. Dissertação (Mestrado em Educação) – Programa de Pós-Graduação em Educação, Faculdade de Educação, Universidade Estadual de Campinas, Campinas, 2009. Disponível em: <http://libdigi.unicamp.br/document/?-code=000449107>. Acesso em: 27 maio 2010.

OLIVEIRA, Eliane de Christo. *Anália Franco e a Associação Feminina Beneficente e Instrutiva: ideias e práticas educativas para a criança e para a mulher (1870-1920)*. Itatiba: USF, 2007. Dissertação (Mestrado em Educação) – Programa de Pós-Graduação em Educação, Universidade São Francisco, Itatiba, 2007. Disponível em: <http://www.saofrancisco.edu.br/itatiba/mestrado/educacao.pdf>.

OLIVEIRA, Eliane de Christo; KUHLMANN JR., Moysés. A Promoção da educação infantil na obra e pensamento de Anália Franco. In: CONGRESSO BRASILEIRO DE HISTÓRIA DA EDUCAÇÃO, 4., 2006. *Comunicações...* Goiânia: UCG, 2006. Disponível em: <http://www.sbhe.org.br/novo/congressos/cbhe4/individuais-coautorais/eixo02/Eliane%20de%20Christo%20Oliveira%20e%20Moyses%20Kuhlmann%20Jr.%20-%20Texto.pdf>.

Ave Maria
1898

Conforme anuncia a epígrafe do pequeno jornal *Ave Maria*, ele foi um órgão "Dedicado à Imaculada Virgem Mãe de Deus". Publicado pela primeira vez na cidade de São Paulo em 28 de maio de 1898, com quatro páginas, era impresso na Tipografia Fagundes & Comp., localizada à Rua Jaguaribe, n. 47. De periodicidade semanal, não tinha colunas fixas.

A maioria dos textos trata de passagens da Bíblia, da vida de Maria, de literatura e da moral cristã. O artigo inaugural, dedicado "Às Senhoras Católicas", dá o tom moralista e religioso que vai predominar no periódico:

> Convidada para auxiliar nesta publicação, cujo objetivo é honrar a Virgem Santíssima, Senhora Nossa; defender suas sublimes prerrogativas e, ao mesmo tempo, pugnar sob o manto da mesma Virgem, pela causa da nossa Sacrossanta Religião; julguei de meu dever, como humilde, mas dedicada filha da Igreja Católica, fazer por Ela quando pudesse, na medida de minhas fracas posses. [...].
> Quem como Ela jamais poderá ensinar-nos a cumprir nossos deveres de filha, de esposa e de mãe?
> E demais disso, devem as senhoras católicas cruzar os braços e permanecer indiferentes ao tratar-se dos interesses vitais da Religião? De certo que não; antes pelo contrário cumpre-lhes fazer tudo quanto lhes permitam seu sexo, sua posição social, e os recursos que Deus lhe houver confiado em bem da propagação e conservação das sãs doutrinas e dos bons costumes na família e na sociedade.
> Assinado: Maria Cândida J. Álvares.
> (*Ave Maria*, São Paulo, ano I, n. 1, 28 maio 1898, p. 1)

Dentre as primeiras preocupações dos editores de *Ave Maria* estava a educação que as jovens deveriam receber, baseada na moral cristã. Para tanto, usavam crônicas e parábolas para transmitir ensinamentos e atitudes que deveriam tomar no dia a dia. O texto intitulado "Egoísmo" aponta para o propósito educador do jornal:

> O egoísmo, esse vício desprezível, é um dos mais amargos frutos do materialismo. Aquele que busca somente os gozos materiais, cujo espírito jamais se eleva acima da terra, e cuja alma não estende a vista além dos horizontes desta vida, não é capaz de fazer um

sacrifício a custo de seus cômodos haveres ou de sua existência; entretanto, só aceitando sacrifício, fitando os olhos nos eternos destinos, é que sentimos redobrar nossa coragem; é que nos tornamos capazes de praticar boas ações, e que por amor do bem geral, nos esquecemos do nosso eu. Se os santos praticaram tão altos feitos, se afrontaram as garras e os dentes das feras, foi porque não estavam aferrados nem às honras, nem às riquezas, nem à vida.
(*Ave Maria*, São Paulo, ano I, 28 maio 1898, p. 4)

Como se vê, *Ave Maria* bate de frente com o periodismo feminista que já circulava no país, em especial com seu contemporâneo paulistano *A Mensageira*.

Não foram encontradas informações sobre sua continuidade.

Fonte: *Ave Maria*, São Paulo, ano I, 28 de maio de 1898, em formato impresso, no Acervo de Periódicos Raros da Biblioteca Nacional do Rio de Janeiro.

O Anjo do Lar

1898

Em 1º de setembro de 1898 surgiu em Belém *O Anjo do Lar*, "Revista Mensal Internacional do Órgão Auxiliar dos Asilos Internacionais Protetores da Infância", que tinha como epígrafe *"Smite parvulis venire ad me"*. Eram responsáveis as senhoras Esmeralda Cervantes, Luisa de Araújo e Cassilda Martins, e o senhor Laulino de Brito. A redação funcionava na Rua 28 de setembro, n. 59.

No editorial do primeiro número, aliás o único localizado, encontra-se a seguinte informação:

> A criação de creches e *kindergarten* no Pará, por iniciativa de uma associação de senhoras, saudada pelo aplauso unânime da população e consagrada pelo apoio inequívoco e positivo de todas as classes sociais, a começar pelos poderes públicos do Estado, é para nós motivo de grande alegria, risonhas esperanças e legítimo desvanecimento. [...]
>
> Os filhos do imigrante são nossos filhos porque serão filhos desta pátria, que desde a mais tenra idade se habituarão a amar e a venerar.
>
> Tudo pelas crianças.
>
> Esta divisa que representa um grito de combate equivale a – Tudo por Deus! Tudo pela Pátria! Tudo pelo Futuro!
>
> (*O Anjo do Lar*, Belém, ano I, n. 1, 1 set. 1898)

Dentre os assuntos tratados na edição destacam-se notícias da inauguração da associação, a lista de doadores, o regulamento interno dos Asilos Internacionais, as cartas de cumprimentos, além da informação de que eram aceitas crianças de 12 meses aos 6 anos, e que as mães podiam amamentar os filhos quando quisessem. Às mães, inclusive, se destinava o periódico, que a elas se dirige em todos os textos. Apesar de não tratar da luta pelos direitos sociais da mulher, estava centrado na bandeira da filantropia e do assistencialismo.

Não foram encontradas informações sobre a continuidade do periódico.

Fonte: *O Anjo do Lar*. Belém, ano I, n. 1, 1º de setembro de 1898, em formato digital, na Hemeroteca Digital Brasileira.

Imprensa feminina e feminista no Brasil

A Camelia
1898

A Camelia – "Semanário dedicado ao belo sexo" – alcançou a oitava edição em 15 de setembro de 1898. Publicado sempre às quintas-feiras, na cidade de Mar de Espanha, Minas Gerais, supõe-se que o primeiro número tenha sido lançado no final de agosto do mesmo ano. Sob a responsabilidade de Horácio Frade e Gil, trazia textos em prosa e em verso, e era composto por quatro páginas divididas em duas colunas, com pequenas ilustrações. O escritório localizava-se à Rua do Comércio, e os jornais eram vendidos através de assinaturas trimestrais no valor de 1.500 réis.

Na primeira página foi publicada a segunda parte do texto "Do País das Fantasias" assinado por Ofélia de Schelomith, em que a autora relata um sonho. Na página seguinte, o "Requerimento curioso" certamente foi motivo de riso das leitoras, dado o tom irônico e bem-humorado:

> Certo indivíduo novamente chegado à nossa terra, dirigiu a uma espirituosa moça de uma certa cidade o seguinte requerimento:
> Senhora, diz um coração triste e amante morador na vila da Imaginação do Martírio, Bispado do Bem-Querer, que ele suplicante vive encarcerado nas cadeias do amor, sem ter meios nem modos de falar à sua bela, manifestar-lhe a sua afeição.
> P. a V. Ex. que lhe mande por despacho de Sim ou Não, dar liberdade para alívio de seu coração.
> E.M.R.
>
> A moça, que de tola não tem nada, deu o seguinte despacho:
> Se por tolo preso estás,
> Preso deixa-te ficar;
> Que tolos só servem
> Para a gente atormentar.
> (*A Camelia*, Mar de Espanha, MG, ano I, n. 8, 15 set. 1898, p. 2)

Também de forma divertida a autora de um poema, que se limitou a assiná-lo com a letra D..., alerta as moças para terem cuidado no momento de escolher os noivos, e, ao mesmo tempo, convoca os rapazes a se casarem logo, para que festas fossem realizadas:

388

Aos noivos

As belas desta cidade
Vão tendo muita distração
Bastando um simples pedido
E está feita a união.

Os rapazes já cansados
Da vidinha de solteiros
Não querem que o povo diga
Que são simples azeiteiros.

Assim cada um se chega
Aos pés de sua bela
E, passados poucos dias,
Está caído na esparrela.

Avante rapazes, avante;
E se casem muito breve,
Pois quer ter parte na festa
Quem estes versos escreve.

Um conselho agora dou
E de graça o aceite,
Que todo o pai de família
Não consinta muito azeite.
(*A Camelia*, Mar de Espanha, MG, ano I, n. 8, 15 set. 1898, p. 3)

A Camelia publicava também notícias de eventos sociais, como aniversários e casamentos, e, na última página, anúncios variados. Não foram encontradas informações quanto à sua continuidade após a edição de número 8.

Fonte: *A Camelia*, Mar de Espanha, MG, I trimestre, n. 8, 15 de setembro de 1898, em formato digital, na Hemeroteca Digital Brasileira. Disponível em: <http://hemerotecadigital.bn.br/>. Acesso em: 26 jul. 2014.

O Ramilhete

1898-1901

Sob a direção de Alfredo Durval e Silva e Antônio José Correa, no ano 1898 surgiu na cidade de São Paulo *O Ramilhete* – "Órgão Dedicado ao Belo Sexo". A periodicidade indefinida e a inexistência dos primeiros números nos acervos consultados impedem afirmar a data de seu aparecimento. Foi localizada apenas a edição de número 4, de 26 de maio de 1901, correspondente ao quarto ano de circulação. Com redação à Rua da Glória, n. 8, apresentava o formato 19x28 cm, quatro páginas, sem ilustrações (CRUZ, 1997, p. 37).

No texto de abertura, o editor regozijava-se por contar com a colaboração feminina na forma de crônicas e sonetos:

> Com inefável satisfação, inserimos em nossas colunas a colaboração de gentis senhoritas, que imerecidamente nos distinguem com essa honra o que julgamos ser para os leitores, assim como o é para nós, um atrativo de indescritível valor.
> (*O Ramilhete*, São Paulo, ano IV, n. 4, 26 maio 1901, p. 1)

Nessa edição colaboraram Hortênsia T. Leite de Abreu, com o artigo "Ave Maria"; Alice Aguiar, com "Recordação"; Elisa T. L de Abreu e R. Teixeira Leite, com os sonetos "No cemitério" e "Estátua", respectivamente. Adelaide Brito colaborou com "Saudade"; Corina Aguiar, com "Um sonho"; e Sibela, com "Presságio". Outra colaboradora, que assina Saphira, publicou um texto absurdamente ingênuo e romântico:

A Mulher

> A mulher é na vida o que a flor é no campo, o aroma na flor, o oásis no deserto, a frescura no oásis, o desenho na pintura, o colorido no desenho, o trinado na música, a melodia no trinado, o bálsamo, a lágrima no martírio, a poesia na lágrima, a esmola na indigência, a modéstia na esmola, o mavioso sorriso da aurora na madrugada e a lava refrigerante no vulcão.
> (*O Ramilhete*, São Paulo, ano IV, n. 4, 26 maio 1901, p. 3)

O jornal contou também com colaboradores homens, como Érico Djalma, Alfredo Durval e Silva, Magalhães Costa e Nico. Justino de

França é autor da coluna "Para um álbum", que pretende orientar as leitoras quanto às virtudes que deveriam cultivar:

> Sê boa e simples, ama a sinceridade e a pureza; despreza a lisonja e o artifício que maculam e corrompem.
> Ser boa vale mais do que ser bela.
> A bondade é eterna e brilha em toda nossa existência terrenal, límpida e forte como o brilhante que se não ofusca, em nada o consegue fender nem lascar.
> A beleza é efêmera e enganadora como o aveludado rutilo da pétala, que se descolora ao sol ardente, que emurchece e morre ao beijo frio da geada.
> A beleza é perseguida pela vaidade, ao passo que a bondade é a mensageira do coração.
> Bela – sê sempre pura, dócil e singela. [...]
> Sê, portanto, boa e simples – ama a verdade, a virtude e a singeleza que te farão mais bela.
> (*O Ramilhete*, São Paulo, ano IV, n. 4, 26 maio 1901, p. 3)

Mais do que orientar, o jornalista se investe de um discurso imperativo e doutrinador. Sua retórica parece querer ocupar o posto historicamente concedido aos homens de religião. A última página destinava-se à divulgação de bailes e festas. Não foram encontradas informações quanto à continuidade do jornal.

Fontes: *O Ramilhete*, São Paulo, ano IV, n. 4, 26 de maio de 1901, em formato digital, no acervo do Arquivo Público do Estado de São Paulo. Disponível em: <www.arquivoestado.sp.gov.br>. Acesso em: 10 fev. 2013.

CRUZ, Heloisa de Faria (Org.). *São Paulo em revista: catálogo de publicações da imprensa cultural e de variedade paulistana (1870-1930)*. São Paulo: Arquivo do Estado, 1997. Disponível em: <http://www.arquivoestado.sp.gov.br/>. Acesso em: 10 fev. 2013.

A Perola

1899

Com o título de *A Perola* – "Folha Literária Bimensal Dedicada ao Belo Sexo" –, surgiu em 1899, em São Paulo, um periódico dirigido por João Baptista Bayeux e M. Mário Trenoes de Pinho. A redação funcionava na Rua Bento Freitas, n. 25, e a Tipografia localizava-se na Rua Martin Francisco, n. 59. Era vendido através de assinaturas anuais no valor de 10.000 réis e semestrais de 6.000 réis, sempre com "pagamento adiantado".

Embora dedicado ao sexo feminino, o corpo redacional era composto apenas por homens: Moacir Maia ocupava a redação e Antônio S. Jardim era responsável pela secretaria. Nas páginas de *A Perola* eram publicadas principalmente pequenas narrativas em prosa e alguns poemas. Na edição de número 4, colaboraram Alfredo Boucher Jr., Moacyr Maia, Siljar, Ogramac Legmar, Orlando Goes, A. Pinheiro e Trovões de Pinho.

O poema de A. Pinheiro é dedicado à Virgem Maria, a quem as mulheres deviam tomar como exemplo:

> ?...
>
> Todos os nomes são belos,
> Traduzem lendas, primores,
> Beijos, encantos, anhelos,
> Penumbra, luzes e flores.
>
> Dentre os muitos, um somente,
> Tem divina tradição,
> Ante o qual se humilha o crente
> Em solene adoração:
>
> O de minha amada... este
> Goza eterna hierarquia
> É virgem, dócil, celeste;
> Vive com os anjos – MARIA!
> (*A Perola*, São Paulo, ano I, n. 4, 18 ago. 1899, p. 4)

Na última página, os redatores assim justificam a impontualidade do jornal:

Os nossos Diretores tiveram a necessidade de se ausentar de São Paulo por algum tempo, a fim de tratarem de negócios relativos à *Perola*, o que deu causa à demora deste número. Pedimos por isso indulgência da parte dos nossos assinantes.

(*A Perola*, São Paulo, ano I, n. 4, 18 ago. 1899, p. 4)

O periódico apenas reproduz os lugares comuns presentes entre as publicações similares. Não foram encontradas informações sobre sua continuidade.

Fonte: *A Perola*, São Paulo, ano I, n. 4, 18 de agosto de 1899, em versão digitalizada, no site do Arquivo Público do Estado de São Paulo. Disponível em: <http://www.arquivoestado.sp.gov.br/>. Acesso em: 10 fev. 2013.

Sumário por ordem alfabética

Abolicionista do Amazonas, O. Manaus, 1884 276

Album das Meninas. São Paulo, 1898-1901 382

Almanach das Senhoras. Portugal, Brasil 1871-1927 184

Almanach Litterario Alagoano das Senhoras.
Jaraguá, AL, 1888-1889 324

Amor, O. São Paulo, 1898. 381

Anjo do Lar, O. Belém, 1898. 387

Archivo das Familias. Rio de Janeiro, 1881. 264

Aurora, A. Salvador, 1866-1867 167

Ave Libertas. Recife, 1885. 283

Ave Maria. São Paulo, 1898 385

Bandolim, O. Barbacena, MG, 1889-1890 333

Bandolim, O. Juiz de Fora, MG, 1895 359

Bandolim, O. Oliveira, MG, 1891 350

Bandolim, O. Rio de Janeiro, 1889 331

Beija-Flor, O. BA, 1881 266

Beija-Flor, O. Belém, 1850-1851 112

Beija-Flor, O. Recife, 1880 251

Beija-Flor, O. Recife, 1883 267

Beija-Flor, O. Rio de Janeiro, 1849-1850 89

Beija-Flor, O. Viçosa, MG, 1897 365

Beijo, O. Rio de Janeiro, 1881 260

Beijo, O. Rio de Janeiro, 1896 360

Bello Sexo, O. Recife, 1850-1851 107

Bello Sexo. Rio de Janeiro, 1862 159

Belona Irada Contra os Sectarios de Momo.
Porto Alegre, 1833-1834 68

Bibliotheca das Senhoras. Rio de Janeiro, 1874 197

Bisbilhoteiro, O. Rio de Janeiro, 1888-1889 309

Bond, O. Fortaleza, 1890-1891 344

Bonina, A. Oliveira, MG, 1891 352

Bonina, A. Recife, 1854 129

Borboleta, A. Aracaju, 1859 143

Borboleta, A. Rio de Janeiro, 1857 132

Borboleta, A. Teresina, 1888 322

Boulevard, O. Conde D'Eu, BA, 1870 180

Brinco das Damas, O. Recife, 1849 93

Brisa, A. Fortaleza, 1875 202

Camelia, A. Mar de Espanha, MG, 1898 388

Camelia, A. Recife, 1854 130

Camelia, A. São Paulo, 1890 346

Cecy. São Paulo, 1898 380

Cherubim, O. Rio de Janeiro, 1885-1887 287

Chrysalida, A. BA, 1879 243

Chrysalida. Caxias, MA, 1883-1884 274

Colibri, O. Manaus, 1888 306

Correio das Damas, O. Lisboa, Rio de Janeiro, 1836-1852 76

Correio das Modas. Rio de Janeiro, 1839-1840 79

Correio Familiar, O. Rio de Janeiro, 1886 295

Corymbo, O. Rio Grande, RS, 1884-1944 277

Despertador das Brasileiras, O. Salvador, 1830-1831 52

Domingo, O. Rio de Janeiro, 1873-1875 195

Domingo, O. São João del-Rei, MG, 1885-1886 291

Echo das Damas. Rio de Janeiro, 1879-1888 231

Escrinio, O. Bagé, RS, Santa Maria, RS,
Porto Alegre, 1898-1910 377

Esmeralda, A. Recife, 1850. 115

Espelho das Bellas. Maragogipe, BA, 1860-1861 145

Espelho das Bellas. Recife, 1841-1843 81

Espelho das Brasileiras. Recife, 1831 54

Espelho Diamantino, O. Rio de Janeiro, 1827-1828 39

Espelho Fluminense ou Novo Gabinete de Leitura.
Rio de Janeiro, 1843 83

Espelho, O. Rio de Janeiro, 1859-1860 137

Estação, A. Rio de Janeiro, 1879-1904 223

Estrella das Bellas. Recife, 1856 131

Familia, A. São Paulo, Rio de Janeiro, 1888-1897 313

Figaro-Chroniqueur. Paris, Rio de Janeiro, 1859 136

Filha de Timandro, A, ou A Brasileira Patriota.
Rio de Janeiro, 1849 90

Filha Unica da Mulher do Simplicio, A.
Rio de Janeiro, 1832 65

Grinalda, A. Cachoeira, BA, 1869-1870 175

Grinalda, A. Recife, 1849-1850 104

Grinalda, A. Rio de Janeiro, 1861 156

Idade D'Ouro. Porto Alegre, 1833 70

Ideal. BA, 1879 236

Iris, O. Natal, 1875-1876 208

Jardim das Damas, O. Recife, 1852 122

Jardim das Maranhenses, O. São Luiz, 1861 152

Jardim Recreativo. BA, 1879 221

Jasmim, O. Recife, 1850 111

Jornal das Damas. Recife, 1862 162

Jornal das Damas. São Paulo, 1890 341

Jornal das Famílias. Paris, Rio de Janeiro, 1863-1878 164

Jornal das Senhoras, O. Rio de Janeiro, 1852-1855 117

Jornal de Variedades. Recife, 1835 75

Leque, O. Aracaju, 1890 342

Leque, O. Rio Branco, MG, 1897 362

Leque, O. São Paulo, 1886-1887 297

Lirio. Fortaleza, 1875 204

Lyra de Apollo. Rio de Janeiro, 1869-1875 178

Madressilva, A. Recife, 1869-1870 177

Mai de Familia, A. Rio de Janeiro, 1879-1888 228

Manual das Brasileiras. São Paulo, 1830 51

Marmota na Corte, A. / Marmota Fluminense, A. / Marmota, A.
Rio de Janeiro, 1849-1864 97

Marqueza do Norte, A. Recife, 1866-1867 169

Mensageira, A. São Paulo, 1897-1900 371

Mentor das Brasileiras, O. São João del-Rei, MG, 1829-1832 44

Mimo, O. Jaguari, MG, 1897 367

Mineira no Rio de Janeiro, A. Rio de Janeiro, 1833 72

Mocinha, A. Curitiba, 1888 308

Monitor das Familias, O. Recife, 1859-1861 140

Mulher do Simplicio, A. ou A Fluminense Exaltada.
Rio de Janeiro, 1832-1846 60

Mulher, A. Nova York, Recife, 1881-1883 256

Mulher, A. Recife, 1875 201

Myosotis, O. Recife, 1875 206

Nova Sempre-Viva, A. Salvador, 1867 173

Novellista Brasileiro ou Armazem de Novellas Escolhidas.
Rio de Janeiro, 1851 116

Novo Correio das Modas. Rio de Janeiro, 1852-1854 126

Novo Gabinete de Leitura. Rio de Janeiro, 1850 105

Orvalho. Fortaleza, 1888 320

Palavra, A. Pão d'Assucar, AL, 1889-1898 329

Pátria Mineira. São João del-Rei, MG, 1889-1894 326

Perola, A. Oliveira, MG, 1895-1896 355

Perola, A. São Paulo, 1899 392

Phalena. Recife, 1877 216

Porvir, O. Campinas, SP, 1877 214

Primavera, A. Rio de Janeiro, 1861 149

Primavera. Açu, RN, 1875 199

Primavera. Rio de Janeiro, 1880 253

Pyrilampo. Maragogipe, BA, 1887-1889 305

Quinze de Novembro do Sexo Feminino, O.
Rio de Janeiro, 1889-1890. 336

Ramalhete, O. Salvador, 1887 301

Ramilhete, O. São Paulo, 1898-1901 390

Recreio da Mocidade, O. Rio de Janeiro, 1896-1899 361

Recreio da Tarde. Angra dos Reis, RJ, 1880 249

Recreio das Bellas, O. Recife, 1849-1850 103

Recreio das Moças. Rio de Janeiro, 1876-1877 211

Recreio das Senhoras. Salvador, 1861 151

Recreio do Bello-Sexo. Rio de Janeiro, 1852-1856 124

Recreio, O. Rio de Janeiro, 1892 354

Relator de Novelas. Recife, 1837 78

Republica das Moças. Rio de Janeiro, 1879 237

Revista Alagoana. Maceió, 1887 299

Revista das Senhoras. Cachoeira, BA, 1881-1885 259

Revista Familiar. Belém, 1883 269

Rosa, A. Recife, 1890-1893 348

Rosa, A. Rio de Janeiro, 1883 272

Sensitiva, A. Bananal, SP, 1881 262

Sexo Feminino, O. Campanha, MG,
Rio de Janeiro, 1873-1889 188

Sorriso, O. Rio de Janeiro, 1880-1882 246

Tulipa, A. Estância, SE, 1879-1880 241

Verdadeira Mai do Simplicio ou A Infeliz Viuva Peregrina.
Rio de Janeiro, 1831 58

Violeta Fluminense, A. Rio de Janeiro, 1857-1858 134

Violeta, A. São Paulo, 1848 86

Violeta, A. São Paulo, 1887 302

Violeta. Rio Grande, RS, 1878-1879 219

Voz da Verdade. Rio de Janeiro, 1885 282

Sumário por ano de publicação

1827
O Espelho Diamantino. Rio de Janeiro..39

1829
O Mentor das Brasileiras. São João del-Rei, MG 44

1830
Manual das Brasileiras. São Paulo..51
O Despertador das Brasileiras. Salvador..52

1831
Espelho das Brasileiras. Recife...54
Verdadeira Mai do Simplicio ou A Infeliz Viuva Peregrina.
Rio de Janeiro 58

1832
A Mulher do Simplicio ou A Fluminense Exaltada.
Rio de Janeiro 60
A Filha Unica da Mulher do Simplicio. Rio de Janeiro 65

1833
Belona Irada Contra os Sectarios de Momo. Porto Alegre...............68
Idade D'Ouro. Porto Alegre 70
A Mineira no Rio de Janeiro. Rio de Janeiro 72

1835
Jornal de Variedades. Recife 75

1836
O Correio das Damas. Lisboa, Rio de Janeiro 76

1837
Relator de Novelas. Recife 78

1839
Correio das Modas. Rio de Janeiro...79

1841
Espelho das Bellas. Recife 81

1843
Espelho Fluminense ou Novo Gabinete de Leitura.
Rio de Janeiro 83

1848
A Violeta. São Paulo 86

1849
O Beija-Flor. Rio de Janeiro 89
A Filha de Timandro ou A Brasileira Patriota.
Rio de Janeiro 90
O Brinco das Damas. Recife 93
A Marmota na Corte/ A Marmota Fluminense/ A Marmota.
Rio de Janeiro 97
O Recreio das Bellas. Recife 103
A Grinalda. Recife 104

1850
Novo Gabinete de Leitura. Rio de Janeiro 105
O Bello Sexo. Recife 107
O Jasmim. Recife 111
O Beija-Flor. Belém 112
A Esmeralda. Recife 115

1851
Novellista Brasileiro ou Armazem de Novellas Escolhidas.
Rio de Janeiro 116

1852
O Jornal das Senhoras. Rio de Janeiro 117
O Jardim das Damas. Recife 122
Recreio do Bello-Sexo. Rio de Janeiro 124
Novo Correio das Modas. Rio de Janeiro 126

1854
A Bonina. Recife 129
A Camelia. Recife 130

1856
Estrella das Bellas. Recife 131

1857
A Borboleta. Rio de Janeiro 132
A Violeta Fluminense. Rio de Janeiro 134

1859
Figaro-Chroniqueur. Paris, Rio de Janeiro..136
O Espelho. Rio de Janeiro 137
O Monitor das Familias. Recife..140
A Borboleta. Aracaju 143

1860
Espelho das Bellas. Maragogipe, BA...145

1861
A Primavera. Rio de Janeiro..149
Recreio das Senhoras. Salvador..151
O Jardim das Maranhenses. São Luiz...152
A Grinalda. Rio de Janeiro 156

1862
Bello Sexo. Rio de Janeiro 159
Jornal das Damas. Recife..162

1863
Jornal das Familias. Paris, Rio de Janeiro 164

1866
A Aurora. Salvador 167
A Marqueza do Norte. Recife...169

1867
A Nova Sempre-Viva. Salvador..173

1869
A Grinalda. Cachoeira, BA 175
A Madressilva. Recife...177
Lyra de Apollo. Rio de Janeiro 178

1870
O Boulevard. Conde D'Eu, BA 180

1871
Almanach das Senhoras. Portugal, Brasil...184

1873
O Sexo Feminino. Campanha, MG, Rio de Janeiro......................................188
O Domingo. Rio de Janeiro...195

1874
Bibliotheca das Senhoras. Rio de Janeiro..197

1875

Primavera. Açu, RN...199
A Mulher. Recife...201
A Brisa. Fortaleza...202
Lirio. Fortaleza...204
O Myosotis. Recife...206
O Iris. Natal...208

1876

Recreio das Moças. Rio de Janeiro...211

1877

O Porvir. Campinas...214
Phalena. Recife, 1877...216

1878

Violeta. Rio Grande, RS...219

1879

Jardim Recreativo. BA...221
A Estação. Rio de Janeiro...223
A Mai de Familia. Rio de Janeiro...228
Echo das Damas. Rio de Janeiro...231
Ideal. BA...236
Republica das Moças. Rio de Janeiro...237
A Tulipa. Estância, SE...241
A Chrysalida. BA...243

1880

O Sorriso, Rio de Janeiro...246
Recreio da Tarde. Angra dos Reis, RJ...249
O Beija-Flor. Recife...251
Primavera. Rio de Janeiro...253

1881

A Mulher. Nova York, Recife...256
Revista das Senhoras. Cachoeira, BA...259
O Beijo. Rio de Janeiro...260
A Sensitiva. Bananal, SP...262
Archivo das Familias. Rio de Janeiro...264
O Beija-Flor. BA...266

1883

O Beija-Flor. Recife...267

Revista Familiar. Belém 269
A Rosa. Rio de Janeiro 272
Chrysalida. Caxias, MA 274

1884
O Abolicionista do Amazonas. Manaus..276
O Corymbo. Rio Grande, RS 277

1885
Voz da Verdade. Rio de Janeiro..282
Ave Libertas. Recife, 1885 283
O Cherubim. Rio de Janeiro...287
O Domingo. São João del-Rei, MG 291

1886
O Correio Familiar. Rio de Janeiro..295
O Leque. São Paulo 297

1887
Revista Alagoana. Maceió..299
O Ramalhete. Salvador 301
A Violeta. São Paulo 302
Pyrilampo. Maragogipe, BA..305

1888
O Colibri. Manaus...306
A Mocinha. Curitiba..308
O Bisbilhoteiro. Rio de Janeiro 309
A Familia. São Paulo, Rio de Janeiro 313
Orvalho. Fortaleza..320
A Borboleta. Teresina 322
Almanach Litterario Alagoano de Senhoras. Jaraguá, AL.......................324

1889
Patria Mineira. São João del-Rei, MG...326
A Palavra. Pão d'Assucar, AL 329
O Bandolim. Rio de Janeiro...331
O Bandolim. Barbacena, MG...333
O Quinze de Novembro do Sexo Feminino. Rio de Janeiro....................336

1890
Jornal das Damas. São Paulo 341
O Leque. Aracaju 342

O Bond. Fortaleza 344
A Camelia. São Paulo..346
A Rosa. Recife 348

1891
O Bandolim. Oliveira, MG......................................350
A Bonina. Oliveira, MG 352

1892
O Recreio. Rio de Janeiro..354

1895
A Perola. Oliveira, MG 355
O Bandolim. Juiz de Fora, MG 359

1896
O Beijo. Rio de Janeiro...360
O Recreio da Mocidade. Rio de Janeiro....................361

1897
O Leque. Rio Branco, MG 362
O Beija-Flor. Viçosa, MG 365
O Mimo. Jaguari, MG 367
A Mensageira. São Paulo..371

1898
O Escrinio. Bagé, RS, Santa Maria, RS, Porto Alegre 377
Cecy. São Paulo 380
O Amor. São Paulo 381
Album das Meninas. São Paulo 382
Ave Maria. São Paulo 385
O Anjo do Lar. Belém 387
A Camelia. Mar de Espanha, MG 388
O Ramilhete. São Paulo...390

1899
A Perola. São Paulo 392

Referências bibliográficas

ALMEIDA, Luciana Andrade de. *A Estrella: Francisca Clotilde e literatura feminina em revista no Ceará (1906-1921)*. Fortaleza: Secretaria da Cultura do Estado do Ceará, 2006.

ALVES, Branca Moreira. *Ideologia e feminismo: a luta da mulher pelo voto no Brasil*. Petrópolis: Vozes, 1980.

AUGUSTA, Nísia Floresta Brasileira. *Direitos das mulheres e injustiça dos homens*. 4. ed. Introdução e notas de Constância Lima Duarte. São Paulo: Cortez, 1989.

AZEVEDO, Silvia Maria. De Revista Popular a Jornal das Famílias: a imprensa carioca do século XIX a serviço dos "interesses das famílias brasileiras". In: Congresso ABRALIC, 2., 1991. Belo Horizonte. *Anais...* Belo Horizonte, 1991.

AZEVEDO, Josephina Alvares de. *A mulher moderna: trabalhos de propaganda*. Rio de Janeiro: Montenegro, 1891.

BAHIA, Juarez. *Jornal, história e técnica – História da imprensa no Brasil*. São Paulo: Ática, 1990. v. I.

BARBOSA, Marialva. *História Cultural da Imprensa – Brasil 1800-1900*. Rio de Janeiro: Mauad X, 2007.

BARBOSA, Marialva. *Os donos do Rio*: imprensa, poder e público. Rio de Janeiro: Vício de Leitura, 2000.

BESSE, Susan Kent. *Modernizando a desigualdade: reestruturação da ideologia de gênero no Brasil (1914-1940)*. Tradução de Lélio Lourenço de Oliveira. São Paulo: EdUSP, 1999.

BITTENCOURT, Adalzira. *Dicionário bio-bibliográfico de mulheres ilustres, notáveis e intelectuais do Brasil*. Rio de Janeiro: Pongetti, 1969.

BOURDIEU, P. *A dominação masculina*. Tradução de Maria Helena Kühner. Rio de Janeiro: Bertrand, 1999.

BUITONI, Dulcília. *Mulher de papel*. Rio de Janeiro: Loyola, 1981.

BRITO, Francisco de Paula. *200 anos do primeiro editor brasileiro*. São Paulo: Secretaria de Estado da Cultura, 2010, 43 p. Catálogo de exposição, 2010, Museu Afro Brasil.

CAMPOS, Sandoval. LOBO, Amynthas. *Imprensa mineira – memória histórica*. Edição comemorativa do centenário da Independência – 1822-1922. Belo Horizonte: Typ. Oliveira, Costa & Comp., 1922.

CARVALHO, André; BARBOSA, Waldemar. *Dicionário biográfico da imprensa mineira*. Belo Horizonte: Armazém das Ideias, 1994.

CASTRO, Maria Céres *et al.* (Org.). *Folhas do tempo. Imprensa e cotidiano em Belo Horizonte – 1895-1926*. Belo Horizonte: Ed. da UFMG; Associação Mineira de Imprensa; Prefeitura Municipal de Belo Horizonte, 1997.

COELHO, Beatriz Amaral Salles *et al. Catálogo de periódicos da Coleção Plínio Doyle*. Rio de Janeiro: Fundação Casa de Rui Barbosa, 1998.

COLEÇÃO DE ESTUDOS BIBLIOGRÁFICOS PLINIO DOYLE. *História de revistas e jornais literários*. Vol. 1. Rio de Janeiro: Ministério da Educação e Cultura, Fundação Casa de Rui Barbosa, 1976.

COLEÇÃO DE ESTUDOS BIBLIOGRÁFICOS PLINIO DOYLE. *História de revistas e Jornais Literários*. Vol. 2. Por Helena Cavalcanti de Lyra... et al. (Org.) Rio de Janeiro: Ministério da Educação e Cultura, Fundação Casa de Rui Barbosa, 1995.

CRUZ, Heloisa de Faria. *São Paulo em papel e tinta: periodismo e vida urbana, 1890-1915*. São Paulo: FAPESP, Imprensa Oficial, Arquivo do Estado, EDUC, 2000.

DEL PRIORE, Mary. *Ao sul do corpo: condição feminina, a maternidade e as mentalidades no Brasil colônia*. 2. ed. Rio de Janeiro: José Olympio, 1995.

DUARTE, Constância Lima. A mulher e o jornalismo: contribuição para uma história da imprensa feminista. In: AUAD, Sylvia M. V. A. V. (Org.). *Mulher – cinco séculos de desenvolvimento na América – capítulo Brasil*. Belo Horizonte: Federação Internacional de Mulheres da Carreira Jurídica, Centro Universitário Newton Paiva, 1999.

DUARTE, Constância Lima. Feminismo e Literatura no Brasil. *Estudos Avançados*, São Paulo, v. 17, n. 49, p. 151-172, set./dez. 2003.

DUARTE, Constância Lima. MACEDO, Diva Maria Pereira de. (Estudo, organização e notas) *Revista Via-Láctea. Palmyra e Carolina Wanderley: Natal, 1914-1915*. Natal: NAC; CCHLA/NEPAM; Sebo Vermelho, 2003.

DUARTE, Constância Lima. Mulher e escritura: produção letrada e emancipação feminina no Brasil. *Pontos de Interrogação*, Alagoinhas, v. I, n. 1, p. 73-83, jan./jul. 2011.

DUARTE, Constância Lima. *Nísia Floresta: vida e obra*. Natal: Ed. UFRN, 1995.

DUARTE, Constância Lima. *Nísia Floresta, a primeira feminista do Brasil*. Florianópolis: Mulheres, 2005.

FONSECA, Silvia Carla Pereira de Brito; CORRÊA, Maria Letícia. (Org.) *200 anos de imprensa no Brasil*. Rio de Janeiro: Contra Capa, 2009.

GIACOMINI, Sônia Maria. *Mulher e escrava: uma introdução histórica ao estudo da mulher negra no Brasil.* Petrópolis: Vozes, 1988.

HAHNER, June E. *A mulher no Brasil.* Tradução de Eduardo F. Alves. Rio de Janeiro: Civilização Brasileira, 1978. (Coleção Retratos do Brasil, vol. 112)

KNAUSS, Paulo *et al.* (Org.). *Revistas ilustradas: modos de ler e ver no Segundo Reinado.* Rio de Janeiro: Mauad X; FAPERJ, 2011.

LINHARES, Joaquim Nabuco. *Itinerário da Imprensa de Belo Horizonte: 1895-1954.* Belo Horizonte: Fundação João Pinheiro; Centro de Estudos Históricos e Culturais, 1995.

LOPES, Ana Maria Costa. *Imagens de mulher na imprensa feminina de oitocentos. Percursos de Modernidade.* Lisboa: Quimera, 2005.

LUCA, Tania Regina de. Mulher em revista. In: PINSKY, Carla B.; PEDRO, Joana Maria. (Orgs.). *Nova história das mulheres.* São Paulo: Contexto, 2012. p. 447-468.

MARINHO, Simone Ramos. *A imprensa e a norma para o Bello Sexo: o periodismo feminino na Bahia (1860-1917).* Salvador: UFBA, 2010. Dissertação (Mestrado em História) – Programa de Pós-Graduação em História, Faculdade de Filosofia e Ciências Humanas, Universidade Federal da Bahia, 2010.

MARTINS, Ana Luiza. LUCA, Tânia Regina de. (Orgs.) *História da imprensa no Brasil.* São Paulo: Contexto, 2008.

MARTINS, Ana Luiza. *Revistas em revista: imprensa e práticas culturais em tempos de República, São Paulo (1890-1922).* São Paulo: FAPESP; EDUS, 2008.

MESQUITA, Leticia Nassar Matos. *A produção literária feminina nos jornais capixabas na segunda metade do século XIX: a revelação de Adelina Lírio.* Vitória: Instituto Histórico e Geográfico do Espírito Santo, 1999.

MOLINA, Matías M. Da era colonial à Regência (1500-1840). In: _____. *História dos jornais no Brasil.* São Paulo: Companhia das Letras, 2015. v. I.

MOREL, Marco; BARROS, Mariana Monteiro de. *Palavra, imagem e poder: o surgimento da imprensa no Brasil do século XIX.* Rio de Janeiro: DP&A, 2003.

NASCIMENTO, Kelly Cristina. *Entre a mulher ideal e a mulher moderna: representações femininas na imprensa mineira – 1873-1932.* Belo Horizonte: UFMG, 2006. Dissertação (Mestrado em História) – Programa de Pós-Graduação em História, Faculdade de Filosofia e Ciências Humanas, Universidade Federal de Minas Gerais, Belo Horizonte, 2006.

NEVES, Lúcia Maria Bastos; MOREL, Mário; FERREIRA, Tania Maria Bresson (Orgs.). *História e Imprensa: representações culturais e práticas de poder.* Rio de Janeiro: DP&A, 2006.

PEDRO, Joana Maria. *Nas tramas entre o público e o privado: a imprensa de Desterro no século XIX*. Florianópolis: Ed. UFSC, 1995.

PEREIRA, Cláudia Gomes. *Contestado fruto: a poesia esquecida de Beatriz Brandão (1779-1868)*. Lisboa: CLEPUL, 2011.

PINHO, Sara Maria Maio Azedim. *Corimbo* e espaço feminino. In: ENCONTRO NACIONAL DE PESQUISADORES DE PERIÓDICOS LITERÁRIOS BRASILEIROS (ENAPEL), 3., 2008, Rio Grande. *Anais...* Rio Grande: FURG, 2009. p. 465-475.

PINTO, Celi Regina Jardim. *Uma história do feminismo no Brasil*. São Paulo: Fundação Perseu Abramo, 2003.

PISAN, Christine de. *O espelho de Cristina (ou Livro das três virtudes)*. Edição fac-similada. Lisboa: Biblioteca Nacional, p. XVIII.

PRIORE, Mary Del (Org.); BASSANEZI, Carla (Coord.). *História das Mulheres no Brasil*. São Paulo: Contexto; Ed. da UNESP, 2004.

RENAULT, Delso. *O dia-a-dia no Rio de Janeiro segundo os jornais*. Rio de Janeiro: Civilização Brasileira; Brasília: INL/MEC, 1982.

RENAULT, Delso. *Rio de Janeiro: a vida da cidade refletida nos jornais*. Rio de Janeiro: Civilização Brasileira; Brasília: MEC, 1978.

ROCHA, Olívia Candeia Lima. *Mulheres, escrita e feminismo no Piauí (1875-1950)*. Teresina: Fundação Cultural Monsenhor Chaves, 2011.

RUBIM, Lindinalva Silva Oliveira. Imprensa Feminista no Brasil. *Textos de Cultura e Comunicação*, Salvador n. 4, p. 1-39, ago. 1985.

SAFFIOTI, Heleieth Iara Bongiovani. *A mulher na sociedade de classes: mito e realidade*. Prefácio de Antonio Candido de Mello e Souza. Petrópolis: Vozes, 1976.

SCHUMAHER, Schuma; BRAZIL, Érico Vital. D*icionário de mulheres do Brasil – de 1500 até a atualidade*. Rio de Janeiro: Zahar, 2000.

SILVA, Marcos. (Org.). *Dicionário crítico Nelson Werneck Sodré*. Rio de Janeiro: Ed. da UFRJ, 2008.

SILVA, Wlamir. Amáveis patrícias: *O Mentor das Brasileiras* e a construção da identidade da mulher liberal na província de Minas Gerais (1829-1832). *Revista Brasileira de História*, São Paulo, v. 28, n. 55, p. 107-130, jan./jun. 2008.

SIQUEIRA, Elizabeth Angélica Santos *et al.* (Org.). *Um discurso feminino possível: pioneiras da imprensa em Pernambuco (1830-1910)*. Recife: Ed. da UFPE, 1995.

SOARES, Pedro Maia. Feminismo no Rio Grande do Sul: primeiros apontamentos (1835-1945). In: BRUSCHINI, M. Cristina A.; ROSEMBERG, Fúlvia (Orgs.). *Vivência: história, sexualidade e imagens femininas*. São Paulo: Brasiliense, 1980.

Dicionário Ilustrado – Século XIX

SOUTO, Bárbara Figueiredo. *"Senhoras do seu destino": Francisca Senhorinha da Motta Diniz e Josephina Álvares de Azevedo – projetos de emancipação feminista na imprensa brasileira (1873-1874).* São Paulo: USP, 2013. Dissertação (Mestrado em História Social) – Programa de Pós-Graduação em História Social, Faculdade de Filosofia, Letras e Ciências Humanas, Universidade de São Paulo, São Paulo, 2013.

WEIGEL, Sigrid. *Estética feminista.* Barcelona: Icaria Editorial, 1986.

WOOLF, Virginia. *Um teto todo seu.* Tradução de Vera Ribeiro. Rio de Janeiro: Nova Fronteira, 1985.

Referências eletrônicas

ABREU, Marcella dos Santos. *Moda, teatro e nacionalismo nas crônicas da Revista Popular (1859-1862).* Campinas: Unicamp, 2008. Dissertação (Mestrado em Literatura Brasileira) – Programa de Pós-Graduação em Teoria e História Literária, Instituto de Estudos da Linguagem, Universidade Estadual de Campinas, 2008. Disponível em: <http://www.bibliotecadigital.unicamp.br/document/?code=vtls000439459&fd=y>. Acesso em: 15 jul. 2012.

ALMEIDA, Nukácia M. Araújo de. Revistas femininas e educação da mulher. In: CONGRESSO DE LEITURA DO BRASIL, 16., 2007, Campinas. *Anais...* Campinas: Ed. da Unicamp, 2007. Disponível em: <http://www.alb.com.br/anais16/sem03pdf/sm03ss14_06.pdf>. Acesso em: 20 mar. 2010

ANTUNES, Bianca. *Espelhos deformantes: mulheres, representações e identidade nos discursos de Marie Claire e Malu.* São Paulo: USP, 2008. Dissertação (Mestrado em Comunicação) – Programa de Pós-Graduação em Ciências da Comunicação, Escola de Comunicação, Universidade de São Paulo, São Paulo, 2008. Disponível em: <http://www.teses.usp.br/teses/disponiveis/27/27152/tde-07052009-125655/pt-br.php>. Acesso em: 30 nov. 2010

GOMES, Edna Maria Rangel de Sá. *Adelle de Oliveira: trajetória de vida e prática pedagógica (1900-1940).* Natal: UFRN, 2009. Tese (Doutorado em Educação) – Programa de Pós-Graduação em Educação, Centro de Educação, Universidade Federal do Rio Grande do Norte. Natal, 2009. Disponível em: <http://bdtd.bczm.ufrn.br/tedesimplificado//tde_arquivos/9/TDE-2010-03-01T232933Z-2443/Publico/EdnaMRSG.pdf>. Acesso em: 12 out. 2010.

HAHNER, June E. O início da imprensa feminina. In: *A mulher brasileira e suas lutas socais e políticas: 1850-1937.* Tradução de Maria Thereza P. de Almeida e Heitor Ferreira da Costa. São Paulo: Brasiliense, 1981. Disponível em: <http://www.amulhernaliteratura.ufsc.br/catalogo/violante_vida.html>. Acesso em: 29 abr. 2009

MICCOLIS, Leila. Mulheres da Belle-Époque e suas parcerias textuais Lyrio-Líricas. Disponível em: http://literaciareteses.blogspot.com/2010/06/normal-0-21-false-false-false-pt-br-x_1040.html. Acesso em: 17 ago. 2010.

MORAIS, Christianni Cardoso *et al.* Leituras "corretas" para mulheres "ideais": Educação moral do "bello sexo"para instrução da família e formação da pátria no século XIX. In: CONGRESSO DA ABRALIC, X., 2006, Rio de Janeiro. *Ensaios...* Rio de Janeiro: [s.n.], 2006. Disponível em: <http://www.caminhosdoromance.iel.unicamp.br/estudos/abralic/leituras_corretas.doc>. Acesso em: 16 mar. 2010

MORAIS, Maria Luiza Nóbrega de. Presença feminina no jornalismo pernambucano: dos primórdios a regulamentação profissional. In: CONGRESSO NACIONAL DE HISTÓRIA DA MÍDIA, V, 2007, São Paulo. *Anais...* São Paulo: [s.n.], 2007. Disponível em: <http://www.intercom.org.br/papers/outros/hmidia2007/resumos/R0156-1.pdf>. Acesso em: 03 mar.10.

NASCIMENTO, Kelly Cristina. As representações do feminino na imprensa mineira. Disponível em: <http://www.ichs.ufop.br/memorial/trab/h11_5.pdf>. Acesso em: 15 dez. 2013.

NUNES, Aparecida Maria. Imprensa e feminismo no século XIX no sul das Gerais. In: CONGRESSO DA ABRALIC, XI, 2008, São Paulo. *Anais...* São Paulo: [s.n.], 2008. Disponível em: <http://www.abralic.org.br/anais/cong2008/AnaisOnline/simposios/pdf/046/APARECIDA_NUNES.pdf>. Acesso em: 17 mar. 2014.

PINHEIRO, Alexandra Santos. *Para além da amenidade –* o Jornal das Famílias *(1863-1878) e sua rede de produção*. Campinas: Unicamp, 2007. Tese (Doutorado em História Literária) – Programa de Pós-Graduação em Teoria e História Literária, Instituto de Estudos da Linguagem, Universidade Estadual de Campinas, Campinas, 2007. Disponível em: < http://www.caminhosdoromance.iel.unicamp.br/estudos/teses/pdfs/alexandra.pdf>. Acesso em: 04 set. 2011

ROCHA, Olívia Candeia Lima. Escritoras piauienses: pseudônimos, flores e espinhos. *Mafuá*, Florianópolis, n. 0, dez. 2003. Disponível em: <http://www.mafua.ufsc.br/numero00/oliviacandeia.html>. Acesso em: 20 set. 2009.

RODRIGUES, Luciana Varga. A representação da mulher na imprensa feminina. S/D. Disponível em: <http://galaxy.intercom.org.br:8180/dspace/bitstream/1904/18106/1/R0992-1.pdf>. Acesso em: 20 out. 2011.

Acervos, arquivos, bibliotecas e sites pesquisados

Acervo da Casa de Rui Barbosa, Rio de Janeiro.

Acervo de Obras Raras da Biblioteca Municipal Baptista Caetano D´Almeida de São João del-Rei, Minas Gerais.

Arquivo Edgar Leuenroth, Unicamp, Campinas, São Paulo.

Arquivo Público da Cidade de Belo Horizonte, Belo Horizonte.

Arquivo Público do Estado de São Paulo, São Paulo.

Arquivo Público Mineiro, Belo Horizonte.

Biblioteca Ana Maria Poppovic, da Fundação Carlos Chagas, São Paulo.

Biblioteca da Fundação Pedro Calmon, Salvador.

Biblioteca Nacional, Rio de Janeiro.

Biblioteca Pública do Estado da Bahia. Salvador.

Biblioteca Universitária da Universidade Federal de Minas Gerais, Acervos Raros, Belo Horizonte.

Fundação Joaquim Nabuco, FUNDAJ, Recife.

Hemeroteca da Biblioteca Pública Luiz de Bessa, Belo Horizonte.

Instituto Cultural Amílcar Martins. Belo Horizonte.

Museu da Comunicação Hipólito José da Costa, Porto Alegre.

Museu Histórico Abílio Barreto, Belo Horizonte.

Real Gabinete Português de Leitura, Rio de Janeiro.

Sites

Biblioteca Nacional: <www.bn.br>.

Hemeroteca Digital Brasileira: <www.bndigital.bn.br/hemeroteca.digital>.

Arquivo Público do Estado de São Paulo: <www.arquivoestado.sp.gov.br>.

Companhia Editora de Pernambuco (CEPE): <www.cepedocumento.com.br>.

Hemeroteca Digital Catarinense: <www.hemeroteca.ciasc.sc.gov.br>.

Acervo do Centro de Documentação e Apoio à Pesquisa Profa. Dra. Anna Maria Martinez Corrêa (CEDAP): <www.assis.unesp.br/#!/Cedap>.

Sobre a autora

Constância Lima Duarte é pesquisadora do CNPq, doutora em Literatura Brasileira pela Universidade de São Paulo e mestre em Literatura Portuguesa pela PUC-RJ. Em 1996, aposentou-se pela Universidade Federal do Rio Grande do Norte e, em 1998, assumiu a Cadeira de Literatura Brasileira da Faculdade de Letras da Universidade Federal de Minas Gerais, em Belo Horizonte, através de concurso público. No pós-doutorado, realizado em 2002 e 2003 na UFSC e na UFRJ, desenvolveu o projeto "Literatura e Feminismo no Brasil: trajetória e diálogo". Pesquisadora do Núcleo de Estudos Interdisciplinares da Alteridade (NEIA) e do Centro de Estudos Literários da UFMG, coordena os grupos de pesquisa Letras de Minas e Mulheres em Letras.

Livros publicados e/ou organizados: *Direitos das mulheres e injustiça dos homens, de Nísia Floresta* (1989); *Mulher e literatura no RN* (1994); *Nísia Floresta: vida e obra* (1995; 2. ed. 2008); *A lágrima de um Caeté, de Nísia Floresta* (1997); Coleção *Mulher & Literatura* (5 livros de ensaios, coautoria, 2002), *Nísia Floresta e Auguste Comte - correspondência* (2002), *Correspondência de Henriqueta Lisboa e Carlos Drummond de Andrade* (2003); *Revista Via Láctea – Natal, 1914-1915* (Edição fac-similar, 2003); *Nísia Floresta: primeira feminista do Brasil* (2005); *Mulheres de Minas: lutas e conquistas* (coautoria, 2008); *Mulheres de Letras: antologia de escritoras mineiras* (Org., 2008); *Dicionário de escritoras portuguesas* (coautoria, 2009); *Dicionário biobibliográfico de escritores mineiros* (2010); *Escritoras mineiras: poesia, ficção, memória* (Org., 2010); *Falas do outro* (coautoria, 2010); *A escritura no feminino – aproximações* (Org. 2011); *Escritoras de ontem e de hoje – Antologia* (Org. coautoria, 2012); *Escritoras do Rio Grande do Norte – Antologia* (Org. 2. ed. 2013); *Arquivos femininos: literatura, valores, sentidos* (Org. coautoria, 2014); e *Mulheres em letras: memória, transgressão, linguagem* (Org. coautoria, 2015).

Este livro foi composto com tipografia Casablanca e impresso
em papel Off-White 80 g/m² na Formato Artes Gráficas.